Perdas
e
Danos

Nº 0171

M351p　Marmitt, Arnaldo
　　　　　Perdas e danos / Arnaldo Marmitt. – 4. ed., rev. e atual.
　　　– Porto Alegre: Livraria do Advogado Ed., 2005.
　　　　　380 p.; 16 x 23 cm.

　　　　　ISBN 85-7348-360-1

　　　　　1. Perdas e danos. 2. Reparação do dano. 3. Dano: Direito Civil. I. Título.

　　　　　　　　　　　CDU – 347.426

　　　　　Índices para o catálogo sistemático:

　　　　Perdas e danos
　　　　Reparação do dano
　　　　Dano: Direito Civil

　　　　(Bibliotecária responsável : Marta Roberto,　CRB-10/652)

Arnaldo Marmitt

Perdas e Danos

4ª edição
revista e atualizada

Porto Alegre, 2005

©Arnaldo Marmitt, 2005

Capa, projeto gráfico e diagramação
Livraria do Advogado Editora

Revisão
Rosane Marques Borba

Direitos desta edição reservados por
Livraria do Advogado Editora Ltda.
Rua Riachuelo, 1338
90010-273 Porto Alegre RS
Fone/fax: 0800-51-7522
editora@livrariadoadvogado.com.br
www.doadvogado.com.br

Impresso no Brasil / Printed in Brazil

Prefácio

Há obras pretensiosas em assumir caráter científico-doutrinário que, nas puras disquisições teóricas, pouco contribuem ao esclarecimento das realidades jurídicas. Outros trabalhos, ditos da prática forense, sem nenhuma elucidação racional, não prestam sequer auxílio de nos introduzir, modo correto, na compreensão dos fundamentos do Direito.

Entre uns e outros, situam-se as *Perdas e Danos*, do Dr. Arnaldo Marmitt. Dividido entre o ensino doutrinário no magistério e a experiência de solver questões jurídicas no exercício da magistratura, o autor teve condições e, por isso, soube, em justa medida, compor a exposição da matéria de maneira não só a iniciar o aprendizado do Direito, como desenvolvê-lo seguramente e encontrar as soluções jurídicas em casos de maior dificuldade, mantendo adequação e com respaldo doutrinário-jurisprudencial.

Nota-se, em especial, que o Dr. Marmitt firma o caminho de uma renovada sistematização, assim em capítulos importantes como dos danos pessoais por morte da mulher e a reparação à mulher de prendas domésticas, de inegável atualidade.

Essa mesma atualidade se verifica, quanto à indenização dos danos morais, na sua crescente confirmação jurídica segundo especificações que desenvolve, não obstante a deficiência legal. Revela aí, além da sua posição jurídica, a visão larga de doutrinador a apontar aos trabalhadores do Direito as conclusões dentro dos "postulados maiores do ordenamento jurídico, considerado em seu todo orgânico".

De igual forma, sobre rediscutir as questões clássicas e sem perder orientação doutrinária, a obra tanto cuida do tradicional "abalo de crédito", como vai ao casuísmo das perdas e danos em "camping", reafirmando a permanente presença do Direito em todas as relações interpessoais.

Aliás, o enfoque moderno de perdas e danos se confirma no particular tratamento dos problemas ecológicos decorrentes de uma nova consciência jurídica.

Outro aspecto importante do livro sobressai no tratamento exaustivo dos temas, versando sobre todos os que se possam encontrar no foro e que, muitas vezes, não estão naquelas doutrinas meramente repetidoras.

Reiterando orientação da excelente *A Penhora, Doutrina e Jurisprudência*, o Dr. Marmitt enfrenta todos os casos possíveis mas também em suas múltiplas circunstâncias, propondo sempre deslinde apropriado às espécies analisadas.

Aí, portanto, as características destacadas da modernidade, abrangência e segurança jurídico-doutrinária das *Perdas e Danos*.

Assinala-se, em conseqüência, a real valia da obra do eminente jurista, Dr. Arnaldo Marmitt, conferindo-lhe inquestionável utilidade a estudantes, advogados e juízes, não só iniciantes, eis que representa aporte dos mais significativos às letras jurídicas brasileiras, digno das estantes e birôs dos bons profissionais do Direito.

Des. Milton dos Santos Martins

Sumário

1. Questões gerais sobre perdas e danos 13
   1.1. Conceito de perdas e danos 13
   1.2. Classificação de perdas e danos 15
      1.2.1. Dano positivo e dano negativo 15
      1.2.2. Dano material e dano imaterial 16
      1.2.3. Dano direto e dano indireto 17
      1.2.4. Dano previsível e dano imprevisível 18
      1.2.5. Dano contratual e dano extracontratual 19
      1.2.6. Dano certo, atual, futuro e eventual 20
   1.3. Perdas e danos nas obrigações de fazer 21
   1.4. Concorrência de culpas nas perdas e danos 24
   1.5. Presunção de culpa na prova de perdas e danos 26
   1.6. Presunção de culpa em incêndio de prédio locado 28
   1.7. Perdas e danos e abuso de direito em demanda judicial . . . 30
   1.8. Perdas e danos e litigância de má-fé 32
   1.9. Competência na indenizatória de perdas e danos processuais . . . 35
   1.10. Pluralidade de litigantes de má-fé nos danos processuais . . . 36
   1.11. Responsabilidade da mulher em acidentes automobilísticos . . . 38
   1.12. Perdas e danos e prescrição 40
   1.13. Perdas e danos e prazo decadencial da Lei de Imprensa . . . 43
   1.14. Perdas e danos e objetos arremessados de edifício 44
   1.15. Perdas e danos e astreintes 45
   1.16. Perdas e danos e responsabilidade civil do preponente . . . 47

2. Perdas e danos pessoais 53
   2.1. Tutela reparatória à mulher de prendas domésticas 53
   2.2. Perdas e danos e desvirginamento de menor 55
   2.3. Perdas e danos por morte de mulher 57
   2.4. Perdas e danos e agravamento de lesões 59
   2.5. Perdas e danos e incapacitação para o trabalho 60
   2.6. Perdas e danos e acidente do trabalho 62
   2.7. Aferição do dano emergente e do lucro cessante 65

2.8. Ganhos da vítima e fixação de perdas e danos 66
2.9. Base de cálculo da pensão por morte da vítima 68
2.10. Perdas e danos e livre disposição do próprio corpo 72
2.11. Responsabilidade civil para consigo mesmo 75

3. Perdas e danos materiais 79
   3.1. Perdas e danos e contrato "leasing" 79
   3.2. Perdas e danos e compromisso de compra e venda 82
   3.3. Perdas e danos e verba para condução da vítima 83
   3.4. Perdas e danos e veículo de reserva 85
   3.5. Perdas e danos e bem dado em comodato 86
   3.6. Perdas e danos e depreciação da coisa 87
   3.7. Perdas e danos e perecimento da coisa 89
   3.8. Perdas e danos e esbulho possessório 90
   3.9. Perdas e danos e imóvel adquirido de vendedora que faliu .. 91
   3.10. Perdas e danos e arrependimento em transação ajustada por instrumento particular 93
   3.11. Perdas e danos e restituição de arras em dobro 95
   3.12. Perdas e danos causados por animais 97
   3.13. Perdas e danos e empresas de vigilância 100
   3.14. Perdas e danos e transporte de pessoas 101
   3.15. Lucro cessante e dano emergente em perdas e danos materiais 105

4. Perdas e danos morais 109
   4.1. Ressarcibilidade dos danos morais 109
   4.2. Legitimidade para postular ressarcimento de dano moral ... 112
   4.3. Intransmissibilidade do direito à indenização por dano moral .. 114
   4.4. Dano moral causado a pessoas jurídicas e a incapazes 116
   4.5. Cumulação de verbas indenizatórias por danos moral e material ... 117
   4.6. Direito da concubina de obter ressarcimento por perdas e danos morais ... 120
   4.7. Perdas e danos e veiculação de notícia falsa 122
   4.8. Perdas e danos e publicação de fotografias de foliões carnavalescos ... 124
   4.9. Perdas e danos e adaptação de obra literária ou artística ... 125
   4.10. Perdas e danos e tutela jurídica da imagem da pessoa 126
   4.11. Perdas e danos e seriados exibidos em televisão 129
   4.12. Perdas e danos e direito autoral 130
   4.13. Critérios para determinar o montante indenizatório por dano moral .. 136
   4.14. Perdas e danos e deficiência legal 139
   4.15. Perdas e danos entre cônjuges 141

5. Perdas e danos no comércio em geral 145
   5.1. Perdas e danos e discordância da mulher na venda de imóvel ... 145
   5.2. Perdas e danos e direito de preferência na venda de imóvel locado ... 147
   5.3. Perdas e danos e ausência de culpa do devedor 149

5.4. Perdas e danos e pagamento em dinheiro 151
5.5. Perdas e danos e cobrança de dívida já paga 153
5.6. Perdas e danos e abalo de crédito 154
5.7. Perdas e danos e embargos de terceiro 157
5.8. Perdas e danos e venda de bens sujeitos a inventário 158
5.9. Perdas e danos e compra e venda mercantil 159
5.10. Perdas e danos e evicção 161
5.11. Perdas e danos e destruição de "trailler" em "camping" particular 163
5.12. Perdas e danos e infringência de arrendamento rural 165
5.13. Perdas e danos e responsabilidade de hoteleiro 167
5.14. Perdas e danos na área da informática 170
    5.14.1. Exposição da matéria 170
    5.14.2. Perdas e danos e empresas fornecedoras de informes cadastrais ... 172
5.15. Perdas e danos na rescisão contratual de revenda de automóveis 174

6. Perdas e danos nas profissões liberais 177
6.1. Perdas e danos e responsabilidade de engenheiros e arquitetos 177
    6.1.1. Compreensão da matéria 177
    6.1.2. Perdas e danos e construção que invade terreno alheio 180
    6.1.3. Perdas e danos e solidez e segurança de prédio 181
    6.1.4. Responsabilidade do construtor e vícios redibitórios 183
    6.1.5. Solidariedade entre construtor e dono da obra 185
    6.1.6. Solidariedade entre administração pública e empresa construtora ... 187
    6.1.7. Solidariedade entre construtor e agente financeiro do SFH 189
    6.1.8. Perdas e danos e plágio de projeto arquitetônico 191
6.2. Perdas e danos e responsabilidade médica 192
6.3. Dano estético praticado por médicos, odontólogos e farmacêuticos 196
6.4. Perdas e danos e lesão corporal que acarretou dano estético 197
6.5. Perdas e danos e defeito estético em mulher jovem e bonita 199
6.6. Ressarcimento do dano estético no Direito Trabalhista 200
6.7. Reparação conjunta por dano estético e redução da capacidade laboral 202
6.8. Estipulação de perdas e danos por defeito estético 204
6.9. Dano estético praticado por agentes do Poder Público 206
6.10. Perdas e danos e exercício da advocacia 207
6.11. Perdas e danos e responsabilidade de engenheiro agrônomo .. 209

7. Perdas e danos na administração pública 211
7.1. Responsabilidade objetiva das pessoas jurídicas de direito público interno .. 211
7.2. Perdas e danos decorrentes de atos judiciais 214
7.3. Perdas e danos originados de liminar e de sentença rescindida 219
7.4. Perdas e danos causados por serventuário de cartório 224
    7.4.1. Entendimento primeiro 224
    7.4.2. Entendimento segundo 227
7.5. Perdas e danos e apreensão ilegal de veículo pela polícia .. 230

7.6. Perdas e danos e direitos do encarcerado 232
7.7. Perdas e danos e rebaixamento de nível de rua pela administração 235
7.8. Responsabilidade do Estado na aquisição e registro de veículo furtado 236
7.9. Perdas e danos e tombamento de bens particulares 238
7.10. Perdas e danos e competência em ação contra magistrado federal 241
7.11. Perdas e danos decorrentes de ato legislativo 243
7.12. Obrigatoriedade e oportunidade de o Estado denunciar à lide o seu servidor ... 246

8. Perdas e danos nas transações bancárias 251
   8.1. Principais atos bancários geradores de perdas e danos 251
   8.2. Culpa grave do banco e cláusulas exonerativas 255
   8.3. Bancário que se apossa de dinheiro do depositante 256
   8.4. Bancário que embolsa cheque recebido em sua residência para depositar na conta do cliente 258
   8.5. Perdas e danos oriundos de operações bancárias e culpa concorrente 260
   8.6. Perdas e danos e remessa de moeda estrangeira a outro país 262
   8.7. Perdas e danos e endosso bancário falsificado 263
   8.8. Perdas e danos e pagamento de cheque adulterado e sem fundos 265
   8.9. Cheque de terceiro e nexo causal 267
   8.10. Perdas e danos e pagamento de cheque roubado 269
   8.11. Perdas e danos e extravio de título confiado à agência bancária 271
   8.12. Perdas e danos e não-pagamento de cheque por sacado a pedido de sacador ... 273
   8.13. Perdas e danos e subtração de valores guardados em cofre locado a particular . 274

9. Perdas e danos na ecologia 279
   9.1. Tutela do meio ambiente na legislação em vigor 279
      9.1.1. Normas do Código Civil 279
      9.1.2. Constituição Federal e mandado de segurança 281
      9.1.3. Lei nº 4.717/65 283
      9.1.4. Lei nº 6.938/81 285
      9.1.5. Lei nº 7.347/85 286
   9.2. Perdas e danos e dano nuclear 288
   9.3. Perdas e danos e dano nuclear no Direito Internacional Privado 291
   9.4. Perdas e danos e direito de vizinhança 293
   9.5. Perdas e danos e nunciação de obra nova 295
   9.6. Perdas e danos e violação de marca 296
   9.7. Responsabilidade objetiva nos danos ecológicos 298
   9.8. Responsabilidade profissional nas atividades nocivas ao meio ambiente ... 302
   9.9. Responsabilidade civil por atos de poluição sonora 304

10. Perdas e danos e menores e incapazes 307
   10.1. Perdas e danos causados por menor ou incapaz 307
   10.2. Perdas e danos causados por menor prestador de serviço não-remunerado . 309
   10.3. Perdas e danos praticados por menor sob guarda conjunta 312

10.4. Perdas e danos causados a crianças e velhos 314
10.5. Limite temporal ressarcitório por morte de menor 316
10.6. Responsabilidade do menor no plano internacional 318
10.7. Reparação de dano *ex delicto* perpetrado por menor 319
10.8. Perdas e danos e menor emancipado 322

11. Causas exonerativas do dever de ressarcir perdas e danos 327
    11.1. Legítima defesa e estado de necessidade 327
    12.2. Perdas e danos e *factum principis* 329
    11.3. Exercício de direito e cumprimento de dever legal 331
    11.4. Fatos naturais 332
    11.5. Defeito mecânico 333
    11.6. Derrapagem de veículo 334
    11.7. Distância regulamentar 335
    11.8. Mal súbito e ofuscamento de motorista 336
    11.9. Estouro de pneu e desapossamento de veículo 338
    11.10. Perdas e danos e fato de terceiro 339
    11.11. Perdas e danos e caso fortuito ou de força maior 341
    11.12. Consentimento da vítima 342
    11.13. Perdas e danos causados por deficiente mental 344

12. Fixação de perdas e danos 347
    12.1. Cláusula limitativa de responsabilidade por perdas e danos 347
    12.2. O ressarcimento mediante reposição natural 348
    12.3. Princípio da *compensatio lucri cum damno* 350
    12.4. Como apurar perdas e danos 352
    12.5. Perdas e danos com correção monetária e juros 355
    12.6. Lucros cessantes nas desapropriações 358
    12.7. Definição prévia de perdas e danos 360
    12.8. Influência da situação econômica na determinação de perdas e danos . . . 362
    12.9. Influência da culpa na apuração do *quantum debeatur* 364
    12.10. Liquidação de perdas e danos por artigos, cálculo do contador e arbitramento 367
    12.11. Reposição de perdas e danos e revisão da liquidação 371
    12.12. Indenização acrescida de verbas relativas a seguros e a pensões 372
    12.13. *In dubio pro creditoris* 735

Autores que contribuíram para as conclusões jurídicas adotadas nesta obra 379

1. Questões gerais sobre perdas e danos

1.1. Conceito de perdas e danos

A expressão *perdas e danos* indica a soma de prejuízos a serem satisfeitos por quem os causou a outrem, ou seja, o responsável pelo ato ou fato ensejador dos danos. Juridicamente, a locução *perdas e danos* representa uma só coisa: os prejuízos sofridos por alguém. Alguns preferem o termo perdas e interesses, por melhormente significar dano emergente e lucro cessante. Outros reservam o emprego de perdas e danos para as relações contratuais, deixando a palavra *indenização* para a responsabilidade civil aquiliana. Pontes de Miranda, por exemplo, refere que o jogo de palavras "busca e apreensão" quer dizer uma só coisa, como a expressão "perdas e danos" quer exprimir prejuízos. "Os conceitos de busca e de apreensão fundiram-se aí mais ainda do que em perdas e danos. Não representam dois atos autônomos, posto que haja dois atos; nem atos simétricos, enantiomorfos, como em compra e venda" (Comentários ao CPC – XII/217).

O conceito de perdas e danos é dinâmico, já não se contendo mais preso à concepção que lhe dera o nosso Código Civil. Abrange os danos emergentes, os lucros cessantes, a correção monetária, os juros de mora, os honorários de advogado e de perito, o fundo de comércio, etc. A reposição deve ser a mais ampla possível, salvante nas hipóteses de caso fortuito, força maior ou estado de necessidade. Sua busca poderá ser empreendida através de ação ordinária de perdas e danos, ordinária de indenização, ordinária de ressarcimento, ordinária de reparação e danos, ou declaratória, cumulada com perdas e danos.

Na prática, as expressões são empregadas indiscriminadamente, tanto na doutrina como na jurisprudência. O próprio Código chega a confundir o uso, ao preceituar no art. 954 que "a indenização por ofensa à liberdade pessoal consistirá no pagamento das perdas e danos que sobrevierem ao ofendido".

A reparação de perdas e danos deve englobar o dano emergente e o lucro cessante. O credor recebe o que perdeu e o que deixou de lucrar. Mas indenizável somente é o dano previsível na data em que a obrigação foi contraída, excetuada a hipótese de inadimplemento doloso. A par disso, apenas os danos diretos são ressarcíveis, ou seja, as perdas e danos que se constituem em efeito direto e imediato da inexecução. Daí estabelecer o estatuto civil em seu art. 403 a observância do princípio da causalidade imediata, mesmo que a inexecução resultar de dolo do devedor.

Para que o dano possa ser ressarcido, pressupõe-se a existência de dois elementos: um de fato, manifestado no prejuízo, e outro de direito, manifestado na lesão jurídica. Indispensável se torna, pois, demonstrar que o prejuízo se traduz na violação de um bem, juridicamente tutelado. Essa prova incumbe à vítima. A rigor, o dano ressarcível vem caracterizado pela antijuridicidade. Dano, prejuízo, perdas e danos são expressões elásticas, de sentido amplo, enfeixando todas as lesões à saúde, à integridade, à propriedade, à honra, à moral, ou a qualquer outro bem de conteúdo moral ou material. Dano é o prejuízo sofrido em algum bem jurídico pelo cidadão e contra a sua vontade. É elemento de importância, que materializa a responsabilidade civil.

Estipulando que as perdas e danos abrangem, além do que o credor efetivamente perdeu (dano emergente), o que razoavelmente deixou de lucrar, o art. 402 do diploma civil dá a entender que o dano emergente não é presumível, mas de existência real, concreta e efetiva. Será indispensável sempre na fase cognitiva a comprovação do prejuízo, e depois, na execução, o seu valor exato. O mesmo se dá com o lucro cessante, cuja comprovação se impõe em sua existência e quantidade, para que possa merecer o ressarcimento devido.

Para Carvalho Santos, o "verdadeiro conceito do dano contém em si dois elementos, pois, se representa toda a diminuição do patrimônio do credor, é claro que tanto ele se verifica com a perda sofrida, ou seja, a perda ou diminuição do patrimônio que o credor sofreu por efeito da inexecução da obrigação (*damnum emergens*), como também com a privação de um ganho que deixou de auferir, ou de que foi privado em conseqüência daquela inexecução ou retardamento (*lucrum cessans*)" (Código Civil – 14/255).

Na definição de Amílcar de Castro, "o que se denomina perdas e danos é a estimativa dos prejuízos que ao credor resultarem de não haver o devedor cumprido a sua obrigação; ou provenham da efetiva diminuição do patrimônio do credor (dano emergente); ou de não se haverem realizado os lucros, que do cumprimento lhe deviam resultar (lucro cessante). Por outras palavras: dano emergente é o que já era nosso e perdemos, ao passo que lucro cessante é o que se deixou de ganhar".

1.2. Classificação de perdas e danos

1.2.1. Dano positivo e dano negativo

Considerados em conjunto as causas e os efeitos do dano, ele tem sido classificado em dano positivo (dano emergente) e dano negativo (lucro cessante); dano material (dano patrimonial) e dano imaterial (dano moral); dano direto e dano indireto; dano previsível e dano imprevisível; dano contratual e dano extracontratual (dano aquiliano ou delitual); dano certo, atual, futuro e eventual. Dano positivo é o dano emergente, ao passo que dano negativo é o lucro cessante.

Na forma do art. 402 do Código Civil, as perdas e danos compõem-se "além do que o credor efetivamente perdeu, o que razoavelmente deixou de lucrar". No dano emergente, há efetiva diminuição patrimonial, porquanto no lucro cessante a expectativa de lucro deixou de agregar-se ao patrimônio do lesado. Nem sempre os dois são decorrência de fato ilícito. Se a máquina de costura do alfaiate é furtada e dias após reposta sem danificação, há apenas lucro cessante a reparar. O advérbio "razoavelmente" empregado no texto significa tudo o que se reputar admissível na composição ressarcitória, como o lucro cessante, pautando-se o ressarcimento mais pelo positivado do que pelo razoável. Ensina Agostinho Alvim que, "admitida a existência do prejuízo (lucro cessante), a indenização não se pautará pelo razoável, e sim pelo provado" (Da Inexecução das Obrigações – p. 190).

Por se projetarem às mais das vezes ao futuro, não há critério firme para determinar os lucros cessantes. A dificuldade recrudesce com a intervenção de causa impeditiva do lucro esperado. No dano emergente, o interesse é atual, e o direito à reparação surge imediatamente. No lucro cessante, porém, o objeto ainda não se definiu. Figure-se o episódio de um táxi injustamente abalroado, que fica paralisado para conserto durante um mês. Ao ser levado à oficina, é novamente atingido por outro veículo, nos mesmos lugares, sem se saber se essa segunda colisão aumentou, ou não, as danificações. Pela nossa legislação, os danos materiais devem ser pagos à vítima pelo culpado, bem como os lucros cessantes. Estes, se a paralisação ocorreu em época de intenso movimento, como num congresso ou torneio de futebol, darão ensejo a acréscimo de renda. Mas todos os lucros cessantes serão indevidos se provado ficar que o táxi não tinha mais condições de trafegar, e que por defeito de máquina deveria ser levado à oficina mecânica imediatamente. Assim, o dano emergente é de fácil determinação, sendo avaliado através de orçamentos de firmas idôneas, ao passo que difícil será apurar o lucro cessante, sempre ligado a acontecimentos futuros, de complexa previsão, máxime quando ocorrer outro fato que igualmente teria causado o mesmo dano já acarretado pelo primeiro.

Concernente à responsabilização de quem bateu em segundo lugar, na mesma parte em que já batera o primeiro cidadão, impõe-se perquirir se o segundo evento importou em aumento dos prejuízos. Do contrário, se não chegou a agravar a situação, não há como responsabilizar por dano emergente. Já quanto aos lucros cessantes, tem-se preconizado como justa a solução que dá pela responsabilidade dos causadores de ambos os eventos. Com essa alternativa, contemplar-se-ia o autor da primeira colisão com um abrandamento indenizatório, eis que a segunda batida se dera quando começara a correr o curso causal que determinaria a extensão do lucro cessante. Trata-se de uma solução substituível por outra, que em determinado caso concreto melhormente atenda aos interesses das partes ou dos prejudicados.

A questão do nexo causal tem proporcionado soluções divergentes. Veja-se, por exemplo, a situação de quem por descuido deixa sair do campo o gado, que imediatamente estraga todo o trigal vizinho, prestes a ser colhido. O dono das reses prontifica-se a pagar o valor da safra, mas logo após o estrago uma violenta chuva de pedras inutiliza todas as plantações da região. Se o gado não tivesse acabado com o trigal, a chuva de pedras o teria feito. Nessas circunstâncias, qual é o dever do proprietário do gado? Deve reparar as perdas e danos, ou não? Sem dúvida, importa aí a relação de causalidade real, e não a fictícia. O primeiro raciocínio será verificar se o evento posterior proveio de caso fortuito ou força maior, que se erigem em eximentes de responsabilidade em matéria contratual (art. 393, CC). Não se pode olvidar, porém, que o inadimplente em mora é responsável pela impossibilidade da prestação, mesmo que devido à fortuidade, a não ser que prove "isenção de culpa, ou que o dano sobreviria ainda quando a obrigação fosse oportunamente desempenhada".

Na exemplificação de Pontes de Miranda, se um comerciante embarca mercadoria pelo navio B, e não pelo navio A, em desacordo com o contrato, e a mercadoria perecer, terá condições de eximir-se de responsabilidade, se comprovar que a mercadoria teria do mesmo modo perecido, se tivesse sido despachada pelo navio A.

Já nas relações extracontratuais, a regra anteriormente citada não terá validade. Na esfera extracontratual, o segundo fato não interrompe a causalidade a que se vincula o primitivo agente, máxime se o fato posterior é desencadeado pela natureza. Tal ocorre com o exemplo dado, dos animais que danificaram as plantações, que igualmente seriam inutilizadas pela subseqüente chuva de pedras.

1.2.2. Dano material e dano imaterial

O dano material ou patrimonial atinge os bens do patrimônio do cidadão. O vocábulo *bens* aí tem a compreensão mais ampla possível, envolvendo os objetos corpóreos e incorpóreos, sempre avaliáveis em pecúnia. O dano patrimonial lesa bens apreciáveis pecuniariamente. Sua definição é dada em contraposição ao dano moral, que prejudica valores sem específico teor econômico. No dano patrimonial, a pessoa é lesada no que tem, e no dano moral, a pessoa é lesada no que é. Mas em termos clássicos o dano material equivale a uma diminuição no patrimônio, entendido esse como um conjunto de relações jurídicas apreciáveis pecuniariamente. Mas o dano em si, em sentido amplo, é sempre a lesão a um direito, desimportando a natureza.

Enquanto os danos materiais afetam o patrimônio, os imateriais afetam a personalidade. Todavia, assim como uma causa moral pode ensejar prejuízo material, uma causa material pode ensejar prejuízo moral. Exemplo da primeira hipótese é a ofensa à honradez, e exemplo da segunda hipótese é o caso da perda de um animal de estimação. Por vezes um só fato, uma só lesão, é capaz de causar ambas as conseqüências. O aleijão no semblante de uma bela artista tem a força de encerrar a sua carreira e acarretar grandes vexames, humilhações e sofrimentos. Em tal situação há danos materiais e morais conjuntos.

Os danos morais que ordinariamente reclamam reparação são os que acarretam prejuízos à integridade física, à reputação, à honorabilidade, à liberdade, aos sentimentos, às convicções, etc. Dano moral de alta expressividade é o dano estético, que obriga a vítima a sentir-se diminuída e enfeiada. São elementos integrantes desse mal: a) modificação para pior no estado da vítima; b) estado permanente ou prolongado da alteração advinda do efeito danoso; c) causação de um dano moral ao lesado, consistente em humilhação, tristeza, prostração, constrangimentos, enfim, uma diminuição no estado de espírito e de felicidade, em conseqüência da lesão.

Cabível pode ser a reparação, ainda que não tenha havido um dano efetivo, como no caso dos juros moratórios, da cláusula penal, das arras penitenciais, e na cobrança de dívida já paga ou não vencida. Igualmente isso é possível no dano moral puro, como observa Sílvio Rodrigues: Isso ocorre no caso do esbulhador que, não podendo devolver a coisa esbulhada, fica obrigado a pagar não apenas o preço ordinário da coisa perdida, como também o seu valor de afeição; isso se dá no caso de injúria ou calúnia, em que a vítima, embora não consiga provar prejuízo patrimonial, tem, não obstante, direito a uma reparação em dinheiro; isso se encontra em outras hipóteses contidas na lei (Direito Civil – IV/206).

1.2.3. Dano direto e dano indireto

O dano direto atinge de cheio o bem do lesado, traduzindo-se em prejuízo imediato, aferível de pronto em sua extensão e profundidade. Seus efeitos são logo constatáveis, ao contrário do que sucede com o dano indireto, determinável *a posteriori*.

O texto do art. 403 do Código Civil consagra a irressarcibilidade do dano indireto, tanto o defluente de relações contratuais, como extracontratuais. Doutrina a propósito Antônio Carlos Costa e Silva que "a nossa lei precisa que a indenização, embora se diga que ela deve ser a mais completa possível, deve observar somente o dano emergente e o lucro cessante (art. 402, CC), que seja previsível (inexecução por culpa do devedor) ou efeito direto e imediato da inexecução (descumprimento por dolo do devedor – art. 403, CC). Não há lugar, portanto, para indenização do chamado dano indireto, e remoto, mesmo que haja dolo do devedor" (Tratado do Processo de Execução – 2/1.149).

Havendo nexo causal, ao ofensor compete reparar o mal feito a outrem, se desamparado por qualquer eximente. Desde que o prejuízo se insira na relação de causalidade, deve ser ressarcido, impondo-se apenas afastar da causalidade os fatos anormais, dependentes de elementos hipotéticos. A teoria do dano direto, consubstanciada no já mencionado art. 403 da lei civil, é definida por Agostinho Alvim pela necessidade da causa: "Suposto certo dano, considera-se causa dele a que lhe é próxima ou remota, mas, com relação a esta última, é mister que ela se ligue ao dano, diretamente. Ela é causa necessária desse dano, porque ele a ela se filia necessariamente; é causa exclusiva, porque opera por si, dispensadas outras causas" (Inexecução das Obrigações – p. 313).

De conseguinte, responderá o devedor pelas perdas e danos somente na medida dos prejuízos por ele causados de forma direta. Se o lesado, por desatenção em assunto próprio, deixou de auferir renda, não obstada por ato do réu, não é justo responda este pela totalidade do prejuízo (*RJTJRS* – 103/350). No dizer de Pontes de Miranda, "se o ofendido concorreu para o dano, ou se o aumentou, a relação de causação entre o dano e o fato pelo qual outrem é responsável é apenas a do dano causado 'menos' aquele que se liga ao ato do ofendido" (Tratado – XXII/197).

1.2.4. Dano previsível e dano imprevisível

No descumprimento contratual, o devedor responde pelo dano imprevisto. As perdas e danos de regra abrangem o que o credor perdeu e o que deixou de lucrar. Mas, mesmo que a inexecução resulte de dolo do devedor, só incluem os prejuízos efetivos e os lucros cessantes "por efeito dela diretos e imediato, sem prejuízo do dispostos na lei processual" (arts. 402 e 403, CC). Os danos indiretos, inobstante enfeixados nos lucros cessantes, não são danos imprevisíveis. O lucro cessante somente se condiciona ao critério da previsibilidade em ocorrendo mora obrigacional. Da mesma forma, a conceituação de dano imprevisto não distingue entre dolo e culpa.

Sublinha Carvalho Santos que os lucros cessantes, para poderem ser alvo de ressarcimento, devem fundar-se em bases sólidas, de modo a não compreenderem lucros imaginários ou fantásticos. Acrescenta o jurista que "a simples alegação de um lucro que poderá ser obtido com os proventos do contrato que não foi executado não pode ser objeto de indenização, por isso que se trata de uma possibilidade ou expectativa em que predominam o arbítrio ou o capricho do reclamante, quando não haja nisso tudo apenas uma ilusão ou fantasia" (Código Civil Brasileiro Interpretado – 14/256).

Falando em sentido figurado, Agostinho Alvim salienta que, "se alguém não me entrega o cavalo que comprei e por isso fui obrigado a adquirir outro por maior preço, essa diferença, que representa dano direto, é também dano previsível, porque sendo certo que todas as mercadorias estão sujeitas a alteração de preço, a elevação, em tal caso, não é senão um fato ordinário. Do mesmo modo, se arrendei minha casa, e, no decurso do contrato, sofro evicção, vindo o locatário a perdê-la, devo indenizá-lo pelo dano que isto lhe causar. Ao contratar eu podia, suposta a possibilidade da evicção, antever o dano conseqüente. Tais danos aparecem como conseqüência natural, previsível" (Da Inexecução das Obrigações – p. 201).

1.2.5. Dano contratual e dano extracontratual

O dano contratual pressupõe a existência de liame obrigacional. Deriva de contrato estabelecido entre cidadãos, e cujo inadimplemento gera o dano. Já no extracontratual inexiste vínculo contratual, eis que decorre do princípio universal do *neminem laedere*, do dever de cada um de não prejudicar o próximo. Em sua esfera situam-se os danos morais, insuscetíveis de conversão em pecúnia. Isso em tese, vez que o dano não deixa de ter contornos aferíveis em dinheiro. Nos danos contratuais há viabilidade de as perdas e danos serem estimadas previamente. Admite-se fixar de antemão o montante devido por um contraente a outro, na ocorrência de certos eventos futuros. A cláusula penal e a estipulação de arras guardam semelhança com a possibilidade aventada nos danos contratuais.

Com relação ao dano contratual, se o agente obrou com dolo, responderá pelo fato danoso, mas se agiu com simples culpa, ficará isento de responsabilidade. Está na lei que a mora do credor "subtrai o devedor isento de dolo à responsabilidade pela conservação da coisa" (art. 400), e que "nos contratos benéficos responde por simples culpa o contraente, a quem o contrato aproveite, e só por dolo, aquele a quem não favoreça; nos contratos onerosos responde cada uma das partes por culpa" (art. 392). A intensidade da culpa não influencia na determinação do *quantum debeatur*, medido exclusivamente com base na extensão do prejuízo.

No dano contratual por mora, se a prestação se tornar inútil devido ao retardo, o credor poderá enjeitá-la e exigir satisfação de perdas e danos (art. 395, parágrafo único). Clássico a propósito é o exemplo de Carvalho Santos: "Pedro compra de João mil sacas de café, para lhe serem entregues em determinado dia, véspera da partida de um navio, em que serão embarcadas para a Europa. Esse navio é o único apto a chegar a tempo no lugar de destino. Entretanto, só depois da partida, entrega o vendedor a mercadoria alienada. Em tal eventualidade, ao adquirente assiste o direito de enjeitar o produto adquirido, já agora inútil para si, reclamando, outrossim, contemporaneamente, ressarcimento dos prejuízos" (Código Civil Brasileiro Interpretado – 12/323).

A teor do art. 399 do Código Civil, o inadimplente sempre responderá pela impossibilidade da prestação, só se exonerando se comprovar isenção de culpa, ou que o dano ocorreria mesmo que a obrigação fosse cumprida *opportuno tempore*. Verificada a mora, o devedor será responsável pelo dano emergente e pelo lucro cessante, inclusive se a coisa perecer por caso fortuito ou força maior. É o que decorre da interpretação conjunta dos arts. 394, 395 e 399 do estatuto civil.

Nas relações contratuais, a disponibilidade da matéria comporta restrições criadas em prol do cidadão. A construção pretoriana tem emprestado cunho de interesse público às causas exoneradoras de responsabilidade. Tanto isso é verdade que pela Súmula nº 161 do Supremo, "em contrato de transporte é inoperante a cláusula de não indenizar". Na responsabilidade contratual "há uma simples modificação do objeto da prestação devida, que não prejudica, segundo a melhor doutrina, a identidade da relação obrigacional. A obrigação, como relação complexa que é, continua a ser a mesma, após o não cumprimento do devedor. Na responsabilidade extracontratual, a obrigação de indenizar nasce em regra da violação de uma disposição legal ou de um direito absoluto que é inteiramente distinto dela" (João de Matos Antunes Varela – Das Obrigações em Geral – I/399). A responsabilidade extracontratual condiz com o descumprimento de uma obrigação genérica, ordinariamente de forma negativa, ou seja, de não causar dano à pessoa ou aos bens de outrem.

1.2.6. Dano certo, atual, futuro e eventual

Dano certo é aquele que tem existência determinada. É o dano efetivo e materializado, embora vinculada a sua apuração a eventualidades futuras, como probabilidade de lucros ou prêmios. É o caso de um veículo preparado para uma corrida importante, com possibilidades de conseguir valioso troféu. As perdas e danos compreenderiam aí, além do valor normal do automóvel, a parcela extraordinária, relativa à chance de consagrar-se grande campeão, ou a láurea respectiva. As peculiaridades de cada situação apontarão a melhor maneira de obtenção do justo ressarcimento, com a inclusão ou a exclusão de referida parcela.

Dano atual é o dano presente, como o próprio adjetivo expressa. Não precisa ser certo, mas relativamente ao fato ilícito deve estar consumado, findo, definido, com a geração de todos os seus efeitos. Não há dano sem conseqüências, ou sem lesão ao direito de outrem.

Dano futuro é o dano *in fieri*, aquele que ainda não brotou no mundo jurídico. Apesar de certo, ainda não está definido ao ensejo da propositura da demanda ressarcitória. O dano futuro corresponde ao lucro cessante.

Quando o dano não se compõe desses elementos de atualidade e certeza, qualifica-se de eventual. Dano eventual é de difícil indenizabilidade, eis que quase impossível é admitir ou indenizar um prejuízo meramente hipotético, apenas existente na fantasia ou na imaginação.

Os danos futuros e eventuais não precisam do mesmo rigorismo na determinação do *quantum* como o dano atual. A reparação do dano futuro não necessita ser exata, como no dano atual e concreto, podendo inclusive a apuração ser relegada para outra oportunidade. Isso, se a estimativa for muito aleatória, de complexa aferição. A sentença poderá ressalvar o direito do lesado a ingressar com nova postulação, se isso for recomendável, tangente ao dano futuro. Aliás, o dano futuro poderá depender de circunstâncias que impermitem a fixação do montante a indenizar.

Transitada em julgado a sentença, o surgimento de novos fatos danosos, em decorrência do mesmo ilícito, e que não foram analisados na fase cognitiva, nem mencionados no *decisum*, não podem ser incluídos no cálculo do total devido. O dano não contemplado ou o agravamento não previsto só através de nova ação é que poderão ser apurados e ressarcidos.

1.3. Perdas e danos nas obrigações de fazer

Ainda que não postulada a conversão em perdas e danos, pode a sentença desde logo defini-la, eis que inerente às obrigações de fazer não-cumpridas. Mas, uma vez ajustado que o devedor pessoalmente pratique determinado ato, o credor poderá obter do juiz que assine prazo para o cumprimento da obrigação. Se fluir o prazo concedido sem atendimento, a obrigação passará a converter-se em perdas e danos, segundo deflui dos arts. 633 e 638 do Código de Processo Civil.

Aludindo a perdas e danos cabíveis pelo descumprimento de obrigação de fazer, atinente ao objeto da promessa, Frutuoso Santos expressa que, "não podendo, pois, a obrigação de fazer ser executada *in natura*, não há outro recurso a não ser a indenização pecuniária". Não se trata, portanto, de uma alternativa, de uma faculdade conferida ao devedor, mas de uma impossibilidade por parte do credor. O pagamento das perdas e danos, esclarece Clóvis, não é o cumprimento da obrigação, é o único remédio possível contra a falta do devedor, como já observara Teixeira de Freitas. É o que também afirma Carvalho Santos: "A obrigação de fazer somente obriga indenizar perdas e danos, quando não cumprida na forma estipulada, se não puder ser exigida pelo outro contratante a execução perfeita, de modo que a prestação possa ser coativamente imposta à parte inadimplente. Isso é do sistema do nosso Código" (Contrato de Promessa de Compra e Venda de Imóveis não Loteados – p. 112).

Não discrepa dessa exegese a jurisprudência, ao salientar que a obrigação de fazer descumprida se resolve em perdas e danos, em consonância com os ditames legais: "O promitente vendedor que não cumpre a obrigação a que se vinculou mediante assinatura de promessa de compra e venda, e depois transfere o direito de propriedade a terceiro, através de escritura de compra e venda transcrita no registro de imóveis, fica sujeito, se for o caso, à devolução do preço e à reparação de perdas e danos, por ser direito do promitente comprador, no caso deste ter cumprido a sua obrigação, segundo o disposto no art. 389 do CC; ou sendo caso de arrependimento, com base no art. 420, do mesmo diploma legal" (*Jurisprudência Catarinense* – 44/290).

Como ensina Moacyr Amaral Santos, "em princípio, as obrigações de fazer e não fazer, quando não cumpridas, se resolvem em perdas e danos. De tal forma, nada veda a que a pena cominada consista precisamente em sujeitar-se o réu, que desobedeça o preceito, a pagá-los no montante a ser apurado em execução" (Ações Cominatórias – II/782). A cominação de pena é da essência da ação cominatória. Essa penalização, contudo, pode consistir em perdas e danos a serem fixados em execução de sentença, desde que o autor tenha postulado a cumulação na sua petição inicial.

O desatendimento de obrigação positiva e líquida, no seu termo, obriga o devedor a pagar perdas e danos, mas, sendo ilíquida a obrigação, impõe-se previamente quantificar a importância a ser paga. Sendo impossível o cumprimento da obrigação na espécie avençada, será substituída, pelo seu valor respectivo, por numerário. A recomposição de perdas e danos há de ser justa e equivalente ao prejuízo real, na medida do possível. Por isso, a sua apuração deve corresponder ao tempo da execução e a valores atuais. Assim, cuidando-se de mercadoria não entregue em tempo hábil, a reparação deverá operar-se através da diferença do preço, apurando-se o valor ao tempo da execução.

Nas perdas e danos causados por co-responsáveis, ainda que com pluralidade de causas, apuráveis subjetiva ou objetivamente, cada qual responderá apenas pela parcela do dano que efetivamente acarretou. Sendo difícil ou inviável a distinção, apela-se para a solidariedade, podendo o lesado obter a reparação de qualquer um dos responsáveis: "O credor tem direito a exigir e receber de um ou alguns dos devedores, parcial ou totalmente, a dívida comum" (art. 275, CC). Nas relações extracontratuais comumente surgem dúvidas quanto à aplicação desse dispositivo. Mas tem-se dado ao credor o direito de declinar suas conveniências, e de acionar a qualquer um dos responsáveis, conjunta ou separadamente. Na aferição da extensão do dano, as incertezas podem aumentar, principalmente na análise das causas e concausas. Cada situação deve ser equacionada com atenção às suas peculiaridades próprias, e com especial relevância ao critério da previsibilidade na teoria da causalidade.

Expõe o art. 643 da lei processual que, "havendo recusa ou demora do devedor, o credor requererá ao juiz que mande desfazer o ato à sua custa, respondendo o devedor por perdas e danos. Parágrafo único. Não sendo possível desfazer-se o ato, a obrigação resolve-se em perdas e danos". O cabeço do dispositivo prevê um prejuízo do credor, em face da demolição da obra e recusa no adimplemento, como dano emergente e lucro cessante. Além do desfazimento do ato, o devedor arcará ainda com as perdas e danos que ele tiver ensejado. Trata-se de perdas e danos pertinentes à execução de prestação fungível, que se somam aos gastos que o credor tiver feito com a demolição da obra.

Outra é a situação contemplada no parágrafo único, eis que inviável a destruição da obra. Nesse caso, faz jus o credor a uma determinada quantia em dinheiro, a ser fixada com ponderação e senso de justiça. Pode suceder, contudo, que a prestação seja fungível por sua própria natureza, e que o credor opte pela não-destruição da coisa, por tal alternativa lhe ser mais conveniente. Em tal caso assiste-lhe o direito de requerer que a obrigação se transforme em perdas e danos.

De sabença, outrossim, que, enquanto não assinado o instrumento público, da essência dos contratos constitutivos ou translativos de direitos reais, há possibilidade de arrependimento das partes. O ato não chegou a ter existência jurídica. Se, porém, havia promessa de lavrar a escritura, constante de um contrato particular, o não-cumprimento acarreta a responsabilidade por perdas e danos, como sucede em toda a obrigação de fazer descumprida por culpa do devedor (*Paraná Judiciário* – 16/78).

1.4. Concorrência de culpas nas perdas e danos

A culpa recíproca importa na partilha dos danos e dos encargos processuais. Na distribuição dessas responsabilidades observar-se-á a porcentagem de culpa de cada participante na produção dos prejuízos, estabelecendo-se maior proporção culposa ao deflagrador do sinistro, ao que proporcionou a eclosão dos fatos. A dosimetria da culpa oscilará conforme a realidade probatória. Pode, por exemplo, ser atribuído ao réu o pagamento de 2/3 dos danos causados ao autor, e a este 1/3 dos danos causados ao réu. É apenas uma hipótese entre as incontáveis que a respeito poderiam ser invocadas. Aqui, como em toda a matéria relativa à responsabilidade civil, é fundamental o problema da relação de causalidade. Afigura-se razoável e justo, contudo, não haver lugar para a atenuação de responsabilidade, se o agente tiver obrado com dolo. A propósito, o Código Brasileiro do Ar, que data de 1966, já inseriu em seu art. 106 norma do seguinte teor: "Quando o dano resultar de dolo, ainda que eventual, do transportador ou de seus prepostos, nenhum efeito terão os artigos deste Código, que excluam ou atenuem a responsabilidade."

A concorrência de responsabilidade, com redução do dever ressarcitório, ocorre quando a vítima ou terceiros tiverem concorrido para a realização do acontecimento danoso. Cada qual responderá pelo dano que proporcionou, na proporção do grau de cooperação. A tipificação de culpa bilateral é encontradiça na culpa aquiliana, e prolifera em matéria de acidentes automobilísticos. Muito embora o Código silencie, a jurisprudência a proclama a cada passo. É o caso do motorista que desenvolve velocidade excessiva, e daquele que trafega na contramão; o de quem ingressa em avenida principal, não desimpedida, e o que desobedece o sinal vermelho. Na área do direito comum também poderiam ser citadas hipóteses pertinentes, como a do correntista que deixa que seu talão de cheques seja facilmente furtado, e a do banco que paga cheque com assinatura visivelmente falsificada; dos contratantes que dão causa à rescisão contratual, um por não pagar as prestações, e outro por não arrumar a documentação a que se comprometera, para a viabilização da escritura, e assim por diante.

O art. 17 do Decreto nº 2.681/12 admite o princípio da culpa presumida da empresa de transportes, exceto no caso fortuito e força maior, e no de culpa do passageiro. O dispositivo não afasta a concorrência de culpas. Se um usuário salta de um coletivo em andamento, intempestivamente, lesionando-se com a queda, fora do local de parada, e sem pedir para apear, evidente é que nem o motorista, nem o seu preponente poderão ser responsabilizados. É comum reconhecer-se culpa recíproca do motorista e do usuário, quando este, ao subir pela porta da entrada, tem esta fechada, fazendo-o cair, ou prendendo-lhe a mão. Na concorrência de culpas, o que ocorre é simples abrandamento de culpa, não eliminação, que somente se dá na fortuidade e na culpa exclusiva da vítima. O nexo causal há de prender e obrigar o transportador somente até certo limite. Daí por diante a produção do resultado e suas conseqüências poderão ser imputadas ao passageiro.

Na concorrência entre dolo e culpa, a parte que agiu dolosamente é reputada a única responsável pela reparação. Embora o dano não se teria configurado sem a culpa da vítima, por intencionar o mal, o que se houve com dolo fez dessa culpa o seu instrumento. Devido a ela conseguiu o seu objetivo. O ofensor doloso comandou os fatos, constituindo-se na verdadeira causa da realização do resultado lesivo. É em tal sentido a lição ministrada pelos irmãos Mazeaud (Traité Theorique et Pratique de la Responsabilité Civile – 2/431). Porquanto o dolo exclua o direito a uma reparação atenuada, se o dano resultar de atos culposos independentemente das partes, quando lesado e ofensor não praticam conjuntamente o mesmo dano, o princípio reclama diversidade de solução, já que de aplicação muito remota e difícil.

Se a vítima concorrer para o aumento dos prejuízos, o que muitas vezes implicem verdadeira concausa, responderá por seu ato. O lesionado que inaceita médico, ou seus tratamentos, que se recusa a submeter-se a cirurgia necessária, culposamente agrava os danos, devendo responder por sua conduta.

Em matéria obrigacional, a concorrência de culpas geralmente neutraliza os direitos e obrigações de ambos os contratantes, com a conseqüente desconstituição do contrato e a restituição das partes ao estado anterior. Quando impossível for precisar a culpa de cada qual, não se chegando a saber quem se houve com culpa, outra alternativa não há do que voltarem os pactuantes à situação anterior à avença, ou de partilharem os prejuízos em parcelas iguais. No entanto, na compra e venda de imóveis freqüentemente isso não basta, nem mesmo a devolução das importâncias pagas devidamente corrigidas. Impõe-se ainda levar em consideração a grande valorização imobiliária, para não prejudicar um e beneficiar outro.

Configurações outras podem surgir em que, inobstante culposo, o ato de determinada pessoa era totalmente inócuo para gerar o dano, razão pela qual não tem a força de obrigar a ressarcir. O estacionamento irregular, *v.g.*, que constitui mera infração administrativa, deve ser tido como inidôneo para produzir culpa concorrente, com dever reparatório. Trata-se do critério da autonomia de culpas, em que a culpa grave, necessária e suficiente por si mesma para o dano, exclui a concorrência de culpas. Se, embora culposo, o fato de certo agente era inócuo para gerar o dano, não pode ele, decerto, arcar com prejuízo nenhum. O que impende apurar é quem estava em melhores condições de evitar o dano, de quem partiu o ato que decisivamente influiu para o dano (Aguiar Dias – Da Responsabilidade Civil – 2/679). A jurisprudência desde longa data vem adotando o mesmo entendimento (*Revista Jurídica* – 24/184 – *Julgados* – *TARS* – 14/281).

No que tange à concorrência de culpas, envolvendo crianças, há entendimento de que, "subjetivo como é o conceito de culpa na nossa lei civil, é a mesma inimputável a uma criança de menos de dois anos. Logo, não há como falar em culpa de quem é absolutamente incapaz. Descaracterização de culpa decorrente, já que à vítima, de tenra idade, não se pode imputar qualquer parcela de culpa, dentro dos conceitos subjetivos que a regulam em nossa lei civil" (*Revista Forense* – 291/256).

De todo inaceitável tal argumentação. É manifesta a responsabilidade objetiva dos pais, ao deixarem criança de tenra idade engatinhar para o leito da rua, com uma desatenção indesculpável, e a toda evidência culposa. É indiscutível a culpa de quem assim procede, e até prescinde de comprovação, pois ninguém tem o direito de expor a perigo uma criança, deixando-a arrastar-se sozinha para a via pública, e jogar-se em frente dos veículos em andamento. Quem age com tamanho desleixo e tão gritante irresponsabilidade não só assume o risco da morte da criança, mas também assume a responsabilização criminal por qualquer ofensa à integridade do infante. Evidencia-se, pois, inquestionável responsabilidade objetiva dos genitores ou responsáveis pelo menor, circunstância que deve influir efetivamente no julgamento, na hipótese de configuração de culpa do motorista que passa a atropelar a criança.

1.5. Presunção de culpa na prova de perdas e danos

A violação de contrato não gera necessariamente perdas e danos. Além da infração contratual, impõe-se a comprovação da efetiva existência do dano, para que possa ser ressarcido. A ação pressupõe a prática de um dano a alguém, a ser comprovado no processo de conhecimento, podendo a extensão ser deixada para a fase executiva. Também na responsabilidade aquiliana não basta a prática do ilícito, fazendo-se necessária a prova da existência efetiva das perdas e danos, ainda que futuros. Apenas nos casos expressamente previstos haverá dispensa desse ônus, como sucede na cláusula penal, onde há pré-avaliação das perdas e danos.

A prova de culpa é feita com menos rigor na área cível do que na penal, onde está em jogo a liberdade humana. No âmbito civil, por vezes a culpa aquiliana é provada através de simples indícios e, inclusive, com aplicação do princípio *in dubio pro misero*. A regra geral, no entanto, vem traçada no art. 333 do regramento processual, que fixa a teoria da normalidade: o autor prova os fatos normais, o réu, os anormais. A teor do art. 335 do mesmo estatuto, deve ser analisada com maior rigorismo a prova do fato que ordinariamente acontece, e com menos rigor o fato excepcional. Assim, na responsabilidade por fato de outrem, o ônus da prova incumbe ao demandado, que deverá demonstrar não ter podido evitar o fato, dando-se o mesmo com a prescrição como causa extintiva.

A presunção de culpa no fundo inverte o ônus da prova. Na presunção *juris et de jure,* a presunção de verdade imposta por lei inadmite prova em contrário, assemelhando-se à responsabilidade pelo risco. Já na presunção *juris tantum,* o ofensor tem direito de fazer prova para afastar a presunção de culpa contra ele erigida. O regime das presunções encontra terreno fértil em matéria de acidentes automobilísticos, e em todos aqueles casos em que alguém é responsável por fato de outrem, como o pai por ação do filho, o preponente, por ato do preposto, e assim por diante. Ainda que as presunções devam ser tratadas restritivamente, é assente que se presume culpado o motorista que abalroa outro por trás; que o fato de o motorista não portar carteira de habilitação na hora do evento, por si não determina a presença de imperícia, nem constitui presunção *juris et de jure* de culpa; que o estacionamento irregular não caracteriza culpa do motorista, pois não basta a inobservância de disposição regulamentar para configurar a culpa, etc.

Presume-se também a culpa do motorista que abalroa por trás o veículo que trafega à sua frente. Essa presunção pode ser elidida por prova contrária, como a de que o da frente abruptamente mudou de pista e parou, obstacularizando o carro que vinha atrás, não lhe permitindo evitar a batida, etc.

Predomina entre nós o entendimento de que, na interpretação do referido art. 932, "a vítima não precisa provar que houve a culpa *in vigilando.* A lei a presume. Basta, portanto, que o ofendido prove a relação de subordinação entre o agente direto e a pessoa incumbida legalmente de exercer sobre ela a vigilância, e que prove ter ele agido de modo culposo, para que fique estabelecida presunção *juris tantum* de culpa *in vigilando.* A natureza dessa presunção revela que o legislador considerou própria a culpa de quem tem o dever de vigilância. Tanto que o autorizou a provar seu cumprimento com o fim de exonerar-se da responsabilidade. Mas, tendo presumido a sua culpa, não poderia exigir que a vítima ficasse obrigada a prová-la. A presunção é um meio de prova" (Orlando Gomes – Obrigações – p. 335).

Em tese, não necessitam comprovação os danos morais oriundos de males causados a parentes próximos da vítima, vez que a presunção é que sempre sofrem perdas e danos com o óbito de um ente querido, por exemplo. O dano material, ao contrário, sempre deve ser positivado em sua existência e profundidade. Muitas vezes, porém, a vítima não tem condições de demonstrar a culpa do réu, por fatores múltiplos, inclusive por falta de solidariedade humana. Numerosos acidentes acontecem com ônibus repletos de passageiros, e o lesado não consegue testemunhas para deporem sobre o sinistro. Isso faz com que grande parte de responsáveis fique impune e se beneficie com a dificuldade na apuração de sua culpa. Mas essa verdade desoladora também impulsiona o raio de ação e de incidência da culpa presumida e da responsabilidade objetiva, como única possibilidade de fazer-se justiça, em muitas situações concretas.

Escreve Alvino Lima que o progresso econômico-social trazido pelas grandes indústrias, pelas importantes invenções modernas, pela "multiplicação quase incomensurável de causas de acidentes, do aumento vertiginoso da densidade das populações, criou a insegurança material da vítima, e quase anulou a possibilidade de reparação de danos. Desta forma, para um aumento assustador de acidentes e para a criação cada vez mais acentuada da impossibilidade de provar a causa dos mesmos ou a culpa dos seus responsáveis, procuram o legislador e o juiz uma nova fórmula de se contrapôr à desigualdade patente entre a vítima e o agente do fato danoso. Para novos inventos que surgem, criadores de atividades perigosas que põem em risco a segurança individual, a consciência jurídico-social reclama um novo conceito" (Da Culpa ao Risco – p. 219).

A presunção de culpa firmada em nossa sistemática jurídica, e inserida em várias Súmulas do Supremo e de outros Tribunais da República, atinge os representantes legais por Direito de Família, os empregadores, os hoteleiros, os possuidores de animais, e os diretores de escolas ou educandários em geral. Para eximir-se do seu dever de ressarcir, a essas pessoas que têm obrigação de vigilância cumpre provar não terem agido com culpa elas próprias ou seus prepostos, com exceção dos nominados no art. 933 do CC.

1.6. Presunção de culpa em incêndio de prédio locado

Responderá o locatário pelo incêndio do prédio, se não provar caso fortuito ou força maior, vício de construção ou propagação de fogo originado em outra unidade do prédio? Se o prédio tiver vários moradores, todos responderão pelo incêndio, cada um na proporção da parte que ocupa, salvo prova de ter começado o incêndio na utilizada por um só morador?

Essas indagações têm suscitado divergências e em torno delas formaram-se duas correntes de opinião. A primeira delas empresta caráter limitativo ao assunto. Afora as justificativas expressas ao locatário seria ilícito invocar fato com fins de excluir sua responsabilidade. Inadmissível seria pretender ir além desses limites para comprovar a inexistência de culpa. Entre os que sufragam tal entender emergem os nomes de Pontes de Miranda (Tratado – 40/142), Washington de Barros Monteiro (Direito das Obrigações – 5/163), Arnoldo Medeiros da Fonseca (De Caso Fortuito e Teoria da Imprevisão – p. 170), João Luiz Alves (Código Civil – 2/281).

Já para a segunda corrente, por tratar-se de presunção *juris tantum* de culpa, é perfeitamente possível afastá-la mediante prova em contrário. Estará vencida a presunção, quando o locatário comprovar não ter culpa na deflagração do incêndio. A prova da negativa de culpa deve ser admitida, pena de fazer-se meia justiça, ou justiça nenhuma. Entre os que defendem esse raciocínio encontram-se Aguiar Dias, Carvalho Santos e Eduardo Espíndola.

Para o primeiro desses autores, "a presunção de culpa do locatário é apenas *juris tantum*. Pode ser destruída por prova em contrário. E esta tanto se faz em sentido positivo, como é a que demonstra ter o incêndio resultado de caso fortuito, força maior ou propagação de fogo originado em outro prédio, como é a prova de ausência de culpa por parte do locatário" (Da Responsabilidade Civil – I/367).

Para o segundo jurista, trata-se de presunção "que poderá ser destruída, como é também de ver, por prova em contrário. Ora, essa prova em contrário tanto pode resultar de uma prova negativa, a de ausência de culpa, ou de uma prova positiva, ou seja, que o incêndio resultou de caso fortuito, força maior, vício de construção ou propagação de fogo originado em outro prédio. Quer dizer, não se derrogam os princípios do direito comum " (Código Civil Brasileiro Interpretado – 17/171).

Também Clóvis Beviláqua frisa inocorrer derrogação das regras do Direito comum, admitindo a neutralização da presunção *juris tantum* pela prova em contrário. "E para estabelecer a prova em contrário, outra coisa não tem que fazer o inquilino, senão demonstrar ausência de culpa" (Código Civil Comentado – 4/313).

Essa segunda posição doutrinária tem sido adotada na faina judicante, por apresentar melhores chances de fazer justiça na maior parte dos casos concretos. Repugna a qualquer senso de justiça condenar alguém por perdas e danos, se não tiver agido culposamente, se não tiver concorrido de qualquer maneira para a produção do dano. O fator culpa assume capital importância, na espécie. Não se pode obrigar ninguém a pagar indenização a outrem, se não tiver obrado culposamente na produção do dano, salvo as exceções estabelecidas para alguns casos. As instalações elétricas em edifícios, fábricas e indústrias ainda não davam uma idéia correta dos grandes riscos e das variadas indeterminações que podem proporcionar. Por vezes os próprios técnicos não têm possibilidade de detectar e definir com exatidão as causas de determinados incêndios, freqüentemente de proporções trágicas e incomensuráveis. A questão não pode ser fechada, assim, dentro de lindes tão acanhados. Do contrário, ao inquilino restaria sempre e unicamente uma possibilidade mínima e longínqua de poder provar a sua inocência.

De outra parte, a circunstância de o locatário contribuir para o seguro contra o incêndio não o exonera de responsabilidade, ou da sua obrigação de bem cuidar da coisa locada.

1.7. Perdas e danos e abuso de direito em demanda judicial

O art. 186 do Código Civil define o abuso de direito: "Aquele que por ação ou omissão voluntária, negligência ou imprudência, violar direito e causar dano a outrem, ainda que exclusivamente moral, comete ato ilícito." Caracteriza-se, de conseguinte, o abuso de direito através do exercício anormal do direito, sem motivação legítima e sem justa causa, para fins de prejudicar. Mas o exercício de ação só implicará abuso de direito com dever de indenizar, se o agente tiver obrado com má-fé, com erro crasso, ou injustificável teimosia.

A norma do art. 188 do mesmo diploma traça os contornos da figura jurídica, ao explicar não constituírem atos ilícitos os praticados em legítima defesa ou em exercício regular de direito reconhecido. Condiz o abuso com o exercício do direito com extrapolações ou excessos, quer intencionais, quer involuntários, quer dolosos, ou culposos, desde que nocivos a terceiros.

É bem de ver, entretanto, que o interesse legítimo sempre excluirá a responsabilidade. Não se tipificará o abuso de direito sem que a demanda proposta seja temerária, maliciosa e injusta. "Quem usa dos poderes atribuídos pela lei, e dentro dos limites por ela fixados, não comete um ato ilícito, nem abuso de direito. Os Tribunais têm feito larga aplicação desse princípio, julgando que não constitui abuso de direito" (Carvalho Santos – Código Civil Brasileiro Interpretado – 3/363).

A orientação pretoriana sobre o tema é antiga e pacífica, podendo assim ser resumida: "Desde que se use dos poderes atribuídos por lei e dentro dos limites por ela fixados, para realizar um interesse legítimo, o fato praticado não pode ser considerado ilícito, não há abuso de direito e, conseqüentemente, não se pode imputar, ao seu autor, a responsabilidade por quaisquer prejuízos que desse fato resultem" (*Jurisprudência Catarinense* – 1/153 – 44/294).

O princípio latino do *neminem aledit qui juri suo utitur* pressupõe que o exercício do direito não extravase, que não saia dos seus limites para resvalar no vasto campo do desmando. A doutrina pátria destaca a irrelevância da presença da culpa, quando presente o abuso do direito: "O abuso de direito, sob pena de se desfazer em mera expressão de fantasia, não pode ser assimilado à noção de culpa. Inócua, ou de fundo simplesmente especulativo, seria a distinção, uma vez que por invocação aos princípios da culpa se teria a reparação do dano por ele causado" (Aguar Dias – Da Responsabilidade Civil – II/120).

Na área criminal, qualquer lesado tem direito de requerer instauração de inquérito, mas em seu prol sempre lhe convirá agir com cautela. O elemento subjetivo que fomenta sua medida será de grande relevância, e poderá gerar efeitos indesejados. Se movido por dolo, o criador da falsa *notitia criminis* responderá por denunciação caluniosa; se por culpa, seu comportamento não se revestirá de feições criminosas. No entanto, se de sua culpa tiver originado algum dano a alguém, por ele será responsabilizado o agente. Todo aquele que por mero capricho, espírito de emulação, ou para simplesmente prejudicar, tiver inventado acusações falsas, deverá responder pelas conseqüências, impondo-se a total recomposição das perdas e danos. Embora a absolvição se arrime em insuficiência probatória, se toda a instrução evidenciar que o requerente do inquérito o fez abusivamente, sem nenhum adminículo de prova e de foro de veracidade, deverá ser responsabilizado por culpa ou por abuso de direito, mediante reparação integral das perdas e danos causados ao indiciado (*JTJSP* -- 97/170).

Cumpre deixar claro que a simples comunicação de um fato aparentemente delituoso à polícia, para a sua devida apuração, por si só não gera responsabilidade indenizatória do comunicante, quando a investigação resultar inócua, nem quando sobrevier absolvição. Para que o informante seja compelido a pagar perdas e danos, imprescindível é que tenha agido com dolo, imprudência grave ou leviandade inescusável. Sem tais requisitos subjetivos e sem a má-fé do denunciante ou querelante, não haverá lide temerária apta a acarretar obrigação de compor perdas e danos.

Altera-se a situação e configura-se dano moral indenizável quando o agente insiste em imputação penal embora convicto da inocência do imputado: "É indenizável o dano moral quando alguém insiste em imputação penal, sabendo inocente o acusado, evidenciando-se o *animus nocendi*. Presença do dano a quem tem o nome injustamente enxovalhado e deve zelar por sua reputação, inclusive em face da própria atividade profissional" (*RJTJRS* – 106/421 – 110/314).

Esse abuso de direito tem grande incidência no campo das ações penais privadas. Não raro a malícia humana aproveita-se da Justiça para humilhar e incriminar infundadamente o próximo, por ciúme ou outra mesquinharia qualquer. Se inexistir fundamento para o processo, se este foi usado de forma reprovável e indevida, impõe-se a condenação do querelante em perdas e danos, inclusive honorários e despesas processuais (*RJTJRS* – 51/312).

Na área cível, porém, principalmente na trabalhista, é um direito da parte pedir ao Judiciário o exame de sua pretensão, sem isso implicar temeridade ou má-fé. Existirá abuso de direito quando houver exercício com desvio de sua finalidade, "apreciada prevalentemente do ponto de vista social. De forma que, ainda quando se não possa taxar indiscutivelmente de ilegítimo o procedimento do agente, ele abusa do direito que, então, invoca, quando o direito com o qual colide merece, à luz do interesse social, mais ampla proteção, precisamente porque o fim para que lhe é deferido aquele direito não abrange o direito de lesar esse outro" (Aguiar Dias – Da Responsabilidade Civil – 2/498).

1.8. Perdas e danos e litigância de má-fé

A Lei nº 4.215/63 impõe ao advogado o dever de "pugnar pela boa aplicação das leis e rápida administração da justiça", e de "observar os preceitos do Código de Ética Profissional". Outros diplomas legais, inclusive o de processo civil, estabelecem idêntica obrigação, exigindo boa-fé e lealdade profissional. Além disso, para os casos de intenção induvidosa de enganar, confundir e procrastinar, que evidenciam má-fé, culpa ou dolo, a lei estipula sanções a serem impostas pelo julgador da causa em que tais fatos ocorreram. Mas a medida deverá ser aplicada comedidamente, com equilíbrio e ponderação, não se podendo exigir do profissional do Direito uma lisura total, a ponto de impedi-lo de defender amplamente o cliente sem razão. O parâmetro a observar será o senso de moralidade média do mundo jurídico da atualidade.

Litigância de má-fé punível, por exemplo, é a indiscutível industrialização de testemunhas, a circunstância de alguém apresentar sempre as mesmas testemunhas, bem instruídas, a atestarem falsamente serem presenciais; será o abuso nos meios de prova quanto a peritagens, v.g., quando é conseguida a anulação de processo por dispensa de perícia, que o próprio requerente ao depois despreza, não formulando quesitos, não providenciando no custeio ao perito, etc.; será alguém, após um acidente automobilístico, inverter a posição dos veículos, para frustrar o correto levantamento, pagar pessoas para encobrirem a verdade sobre o evento, ou induzi-las a calar ou a inverter a veracidade da ocorrência. São casos típicos que surgem a cada passo na vida forense, e que merecem pronta repulsa de quem quer que preze a si próprio e a sua atividade profissional. Prejudicam não só a imagem do advogado inconseqüente, mas também a do Judiciário, perante o qual se procura a justiça e a verdade, e que deve zelar para que o processo não reste distorcido e desfigurado.

Válidas são a propósito as exortações de Adroaldo Leão, para quem "abusivamente, protela-se, por mero capricho ou ato emulativo, o cumprimento de obrigações, as quais, porque tardiamente adimplidas, são incompletas. Agrava-se a angústia pela observação de que tal descaracterização se passa com a omissão e beneplácito do Estado-juiz. A lei, se cumprida, conteria esses abusos. O Poder Judiciário gozaria do merecido prestígio. A grande reforma talvez seja a erradicação, por todos os meios, da figura do litigante de má-fé, co-responsável pelo congestionamento da Justiça. Os juízes devem ser convencidos de que os fins inatingidos pela chamada 'reforma' do Judiciário podem ser alcançados através da luta sistemática contra o dolo processual" (O Litigante de Má-Fé – p. 4).

Na verdade, a chicana consistente na mentira e na criação de incidentes inúteis e infundados, à parte de premiar a parte desarrazoada, transfere os efeitos nocivos à sociedade e ao Judiciário. Apesar da gravidade do assunto, o legislador não providenciou os mecanismos expeditos para reprimir a prática reprovável, e muito menos em conferir meios eficientes para aplicar a sanção adequada a cada espécie. Objetivamente, será útil sempre o critério temporal, ou seja, a averiguação da demora forjada pelo litigante maldoso, o montante do trabalho desnecessário que exigiu do *ex adverso* e do Judiciário, e o prejuízo que com tal manobra causou à boa distribuição da justiça. Diante da inexistência de uma solução legislativa eficaz, os juízes defrontam-se com grandes dificuldades, na busca da melhor solução para cada caso que lhes é confiado.

De lege ferenda, parcialmente solucionaria a questão um dispositivo legal que permitisse a aplicação de uma multa de 10% a 20% do valor da causa ou da condenação, além de custas, honorários e correção monetária. Semelhante alternativa evitaria discussões dilatadas que geralmente se originam do arbitramento aleatório preconizado no § 2º do art. 18 do CPC. Na prática, muitos magistrados estão fixando referida multa, sem com isso vulnerarem o princípio da reserva legal, pois sua função judicante comporta determinada dose de arbítrio, sem o qual se tornaria difícil o exercício de sua jurisdição, sobretudo diante de legislações falhas e incompletas, que não se ajustam mais aos tempos em que são aplicadas. Sem essa pequena discricionariedade, impossível seria até garantir a eficácia dos arts. 16 a 18 da lei adjetiva.

Aliás, a lamentável deficiência legislativa faz com que no particular os juízes se valham também da analogia, na busca da penalização justa para coibir os excessos prejudiciais. Assim, *v.g.*, o art. 538 do CPC prevê pena por litigância de má-fé no montante de 1% do valor da causa, na hipótese de embargos de declaração claramente protelatórios, e o décuplo das custas, em se cuidando de agravo de instrumento não conhecido por intempestivo. O art. 488, II, de sua vez, estipula multa de 5% para o caso de improcedência ou inadmissibilidade, por unanimidade de votos, da ação rescisória. Embora diminuta a porcentagem de 1%, ela tem a vantagem de advertir o causídico e de diminuir-lhe a confiabilidade. A imagem profissional é algo muito importante na vida do cidadão, máxime para quem lida com o Direito. O maior resultado logicamente está na multa de 5% e na condenação no décuplo das custas. Trata-se de medidas muito salutares, que depõem a favor do prestígio e do bom nome da Justiça. Se de um lado não deve haver exageros, pena de prejudicar-se o postulado do contraditório, observe-se que a interposição extemporânea de agravo pode significar mero cochilo, de que não estão livres os mais argutos bacharéis. Se para tal falha há cominação de multa no décuplo das custas, ela também será viável, no mesmo teto, para as situações de patente má-fé processual.

A averiguação da existência, ou não, da má-fé, é questão de fato, mas que não raro desponta com muita clareza, até confessadamente. De uns tempos para cá tornou-se moda pleitear e obter vantagens através de liminares, inclusive em mandados de segurança. Até que as mesmas venham a ser cassadas, algum tempo já transcorreu, e que foi o suficiente para a parte inescrupulosa alcançar os seus objetivos, que sabia desonestos e contrários ao Direito. Entre a multifária tipicidade da litigância de má-fé sobressai, ainda, o mau vezo de agredir, de ofender e de suscitar impasses inócuos, com isso visando truncar o andamento da demanda, valorizar honorários e impressionar o constituinte. Por isso, no dizer do já citado Adroaldo Leão, impõe-se a condenação ao pagamento das custas em décuplo "ao excipiente que argúi a suspeição do juiz imotivadamente e de maneira grosseira. A má conduta processual do litigante, violadora das escorreitas normas de comportamento, se inclui entre os atos que caracterizam a má-fé, nos termos do art. 17, do CPC" (O Litigante de Má-Fé – p. 75).

As dificuldades no deslinde quantitativo, na concretização da pena e na recomposição da moralidade afrontada, criam uma desconfiança na Justiça e ameaçam a própria ordem pública. Daí o grande alcance pragmático das criações pretorianas, que num esforço ingente têm procurado todos os recursos de hermenêutica, inclusive do Direito comparado. Nessa faina por vezes não deixou de socorrer-se das "punitive" ou "exemplary demages" norte-americanas, que se direcionam ao ilícito grave em geral. Seus princípios autorizam o juiz a conceder ao litigante vencedor, na sentença, uma soma ressarcitória complementar às perdas e danos indenizados, quando o ato ilícito é agravado por malícia, arbítrio, opressão, fraude, emulação, premeditação e assim por diante. A reparação situa-se tanto no âmbito dos interesses do lesado, como no da coletividade, mas o prejudicado obtém compensação por aqueles danos morais que não avaliações e ressarcimentos precisos. A maior virtude desses postulados está, porém, no fato de servirem como escarmento para o danador inescrupuloso, convidando-o a não reincidir em ilicitudes de tal natureza. Formam, assim, um remédio a mais de que se tem lançado mão para restabelecer a probidade e coibir o dano processual, muitas vezes facilitado pela lacunosidade da lei.

1.9. Competência na indenizatória de perdas e danos processuais

Onde e como postular reparação por dano processual? Enquanto uns sustentam que o pedido e o pagamento devem ser feitos no mesmo processo em que o dano ocorreu, outros argumentam poder ser pleiteado em demanda autônoma, se não requerido nos autos em que se corporificou o fato gerador. Na verdade, a ação para indenizar o dano processual advém do processo em que referido dano se definiu. Toda vez que uma ação se origina de outra, entre ambas se cria um nexo de acessoriedade. E como tal faz-se incidir o art. 108 da lei processual: "A ação acessória será proposta perante o juiz competente para a ação principal." Em conseqüência, prevalece a competência em razão de acessoriedade com o processo em que se definiu a má-fé, em princípio, frente aos termos expressos da lei (*RJTJSP* – 97/426). "A ação para indenizar o dano processual é oriunda do processo em que ele foi produzido. Quando uma ação é oriunda de outra, estabelece-se entre ambas o nexo de acessoriedade e, em conseqüência, a incidência do art. 108 do CPC" (*RT* – 603/53).

Sem embargo das respeitáveis opiniões em contrário, esse parece ser o posicionamento mais lógico e mais coerente, também defendido por Barbosa Moreira (*RT* – 544/76) e por Edson Prata. Esclarece esse último autor que, para receber a indenização, "a parte contrária a requererá expressamente, nos próprios autos, visto que não há razão alguma para propositura de ação autônoma ou em autos apartados, o que iria, simplesmente, onerar o prejudicado com novo processo e beneficiar o litigante de má-fé, com protelação da apuração de sua responsabilidade. Afirme-se, entretanto, que não se afasta a possibilidade de o lesado vir a pedir indenização em ação autônoma, desde que esta opção lhe seja mais favorável.

Tão logo verificado o procedimento fraudulento, com a configuração de prejuízo causado ao adversário, requererá este o pagamento da indenização. Tratando-se de procedimento incorreto no curso do incidente, o magistrado, desde logo, condenará o lesador ao pagamento da indenização ao lesado" (*Juriscível do STF* – 126/16).

Controverte-se também quanto à maneira de pleitear a reparação. Deverá ela ser provocada pelo interessado, ou será facultado ao juiz desencadeá-la de ofício? Tudo está a indicar que, nas hipóteses em que o legislador autorizou o julgador a agir de ofício, fê-lo expressamente, como nos arts. 15 e 130 da lei processual. A prudência recomenda, portanto, não atuar sem provocação dos interessados, a não ser que razões fortes o imponham.

Respeitante ao assunto, escreveu-se que "um dos problemas mais importantes a respeito da lealdade processual consiste em se saber se é possível ou não, independentemente de pedido, ser condenado o responsável pela infringência aos cânones do princípio da lealdade. Afigura-se-nos que o pedido é indispensável. A doutrina bem como a jurisprudência, de forma absolutamente preponderante, inadmite uma condenação que não tenha sido antecedida de regular pedido do interessado. Não há processo *ex officio*, e a condenação que não precedida de pedido seria procedimento oficioso" (Arruda Alvim – CPC Comentado – II/164 – Marcos Afonso Borges – Comentários ao CPC – I/27).

Outra questão é como pleitear a reparação. Deverá ela formalizar-se através de ação própria ou de reconvenção? Tocante a esse particular também divergem as opiniões, mas a maioria entende não bastar simples petição ou contestação. Renomados doutrinadores, entre os quais Pontes de Miranda, salientam que os direitos decorrentes dos citados dispositivos legais, em prol do litigante inocente, são exercitáveis somente através de demanda adequada ou via reconvencional. Apesar de isso poder significar formalismo exagerado, importa notar que se trata de pedido de condenação e, admitindo-se a postulação na própria contestação, o autor que nas circunstâncias se transforma em réu teria restringido o seu prazo de defesa. Este, de quinze dias passaria para apenas cinco, desde que o juiz lhe oportunizasse falar sobre a peça contestacional e documentos que o instruem. Seria um inaceitável prejuízo para a defesa.

De lembrar, contudo, que em ação consignatória são carecedores de reconvenção os réus para pleitearem perdas e danos na vigência de contrato de promessa de compra e venda. "Na vigência de contrato de promessa de compra e venda, condicionada a rescisão a forma e rito próprios, não cabe a condenação em perdas e danos, conseqüência da inexecução das obrigações" (*RJTJRS* – 30/229).

1.10. Pluralidade de litigantes de má-fé nos danos processuais

Em casos de incontestável deslealdade processual, o prejuízo ordinariamente se converte na imposição da atualização monetária e na condenação em horários no máximo legal, ainda que, em processo regular, possa mostrar-se descabida tal verba (*JTASP* – 72/185). A teor do art. 18 do Código de Processo Civil, a correção monetária pode ser concedida para reparar prejuízos causados à parte contrária pelo litigante de má-fé, mas o respectivo pedido deve ser formulado nos autos antes da sentença, para que esta o possa apreciar. Feito após, será tardio, eis que, "não tendo havido condenação por dano processual, só em ação própria poderá a parte pleiteá-la. Na falta de pedido tempestivo do lesado, a este resta buscar a indenização através de demanda própria" (*JTASP* – 71/221). Assim, a condenação a pagar dano processual por responsabilidade processual qualificada, na forma dos arts. 16 e 18 mencionados, subordina-se a requerimento do lesado, "deduzido no mesmo ou em outro processo. Esta a intelecção mais consentânea com os princípios, segundo experiência pretoriana que, embora elaborada à luz do artigo 3º do CPC de 1939, merece aproveitada" (Arruda Alvim – CPC Comentado – 2/162-165 – *RT* – 563/174 – *JTACSP* – 82/233).

O § 1º do art. 18 distribui a responsabilidade por perdas e danos, em caso de pluralidade de litigantes de má-fé. Cada qual responde na proporção do seu interesse na causa, quando tiverem praticado isoladamente a atividade ilícita. "Essa condenação proporcional ocorre quando a atividade ilícita for praticada isoladamente pelos litigantes, isto é, quando eles não se unirem para esse objetivo. Se, mesmo tendo interesses proporcionalmente diferentes, os litigantes se coligarem para lesar a parte contrária, a lei lhes dá um tratamento mais rigoroso, considerando-os solidários na obrigação de indenizar" (Celso A. Barbi – Comentários ao CPC – 1/182).

Observe-se que a condenação apenas compreende os prejuízos causados à parte contrária, quando também poderia abarcar os que necessariamente são acarretados ao Estado, ou à Administração da Justiça, que se obrigam a efetuar gastos para desarmar e repelir as pretensões desonestas e fraudulentas.

Criticando esse critério adotado pelo legislador, Hélio Tornaghi enfatiza que, "havendo mais de um litigante de má-fé, a lei poderia haver distribuído entre eles a responsabilidade pelos prejuízos segundo vários critérios. O mais justo, porém, nem sempre exeqüível, seria o de condenar cada um pelos prejuízos que causou. Até porque, a intensidade do dolo, a eficácia dos meios empregados e o resultado produzido pode não ter sido igual para todos, preferiu, entretanto, o caminho mais prático de repartir a responsabilidade na razão do interesse de cada um na causa. Com isso o litigante de pequeno interesse mas que tenha agido com superlativa má-fé, causando vultosos prejuízos, será condenado a pagamento muito inferior ao que terá de fazer o litigante que causou pequeno prejuízo, mas tem grande interesse na causa. Parece que aí a lei confundiu cousas completamente diversas: o grau de interesse na causa e o grau de má-fé; o valor de interesse em causa e o valor do prejuízo; o vulto que pleiteia o litigante de má-fé (ou é dele pleiteado) e o vulto de dano processual por ele causado" (Comentários ao CPC – p. 157).

A verdade é que, se na prática algum dos litigantes conluiados na má-fé se sentir prejudicado quanto à intensidade da penalização a ele imposta, terá direito de bater às portas do Judiciário e postular abrandamento da sanção.

Silencia o Código quanto à hipótese de existência de vários prejudicados pela litigância de má-fé. Evidente que, em tal ocorrendo, cada qual deverá ser integralmente ressarcido das perdas e danos que tiver experimentado. Se relativamente a alguma parcela faltarem elementos para a definição individual do montante de prejuízo de cada litigante, a solução será a preconizada pelo art. 257 do Código Civil: "Havendo mais de um devedor ou mais de um credor em obrigação divisível, esta presume-se dividida em tantas obrigações, iguais e distintas, quantos os credores ou devedores".

1.11. Responsabilidade da mulher em acidentes automobilísticos

A nova ordem constitucional estabelece igualdade entre o homem e a mulher. Os direitos e deveres referentes à sociedade conjugal são exercidos igualmente por ambos. Qualquer norma infraconstitucional que revele superioridade de um em relação a outro cônjuge restou revogada. Inexistem mais privilégios ou vantagens de um em prejuízo de outro. Não vige mais nenhuma desigualdade patrimonial para os casados pelo regime da comunhão universal. Em face a essa integral paridade, a ambos compete representar a sociedade conjugal.

Essa novel disciplinação obriga a que os bens comuns do casal sejam geridos de forma igual pelo homem e pela mulher. A chefia não é mais privativa do varão. Todos os atos de administração, concernentes à sociedade matrimonial, discriminados na legislação vigente, devem ser exercidos conjuntamente pelos cônjuges.

Os prejuízos decorrentes da reparação em acidente de veículo atingem não só a quem tem o carro registrado em seu nome, mas a ambos os consortes. Se o veículo integra o patrimônio comum do casal, e praticado o acidente por qualquer um deles, ou por qualquer familiar, ou mesmo por estranho a quem foi permitido o uso ou o acesso, tanto os bens do marido como os da mulher devem garantir o ressarcimento. A mulher casada é responsável na mesma proporção do esposo, pelas conseqüências da má condução do automotor, sendo solidária na obrigação reparatória, em razão da co-propriedade do veículo.

Como os bens do cônjuge respondem pelo ilícito praticado por qualquer um deles, possível é a penhora de parte ideal de imóvel a eles pertencente, consoante art. 1.659, IV, do Código Civil. Comentando o preceito, Sílvio Rodrigues refere que os bens do casal "respondem pelo ilícito praticado por qualquer dos cônjuges, imputando-se a importância da indenização paga na meação deste, na hora da partilha. Esta solução, além de justa e legal, é a única a conformar-se com o maior interesse social, que consiste em ver restabelecido o equilíbrio social, pelo ressarcimento do dano causado" (Direito de Família – p. 206).

Trata-se de co-propriedade de automóvel e de co-responsabilidade pelos danos com ele acarretados a outrem. Os efeitos indenizáveis tocam a ambos os conviventes, sem ascendência e sem culpa *in vigilando* de um sobre o outro.

A jurisprudência compagina com essa orientação, ao assentar que, no abalroamento causado por mulher casada, "de capacidade plena, na direção do veículo do marido, é dela a responsabilidade direta e em caráter pessoal, pelo ato ilícito praticado, inexistente, no caso, culpa *in vigilando* do marido. Na apuração da responsabilidade civil por delitos automobilísticos, o que se discute é a responsabilidade direta ou indireta do indivíduo apontado como agente, preponente ou responsável, nos termos dos arts. 932 e 942, do Código Civil, sendo irrelevante a questão do domínio" (*Revista de Julgados – TAMG – 14/167 – 21/216 – Revista da AMAGIS – Associação dos Magistrados Mineiros – X/163*).

Ainda que a mulher tenha pago o veículo com numerário seu exclusivo, e que ele se constitua em bem só dela, não será impenhorável por ilícito praticado por quem teve acesso ao uso do automóvel. Embora incomunicável a responsabilidade por ato ilícito de outrem, comunicável é a responsabilidade pelo fato da propriedade do veículo, que integra o domínio de cada cônjuge. Se ambos são donos do carro, ambos são responsáveis pelos prejuízos que terceiros com ele causarem, sejam filhos ou não, desde que ensejado o uso da coisa.

Consoante Ap. 23.300 do Tribunal de Alçada gaúcho, da primeira câmara, "conquanto excluídas da comunhão obrigações provenientes de atos ilícitos do cônjuge, responde a mulher pelo fato da coisa, seja pela propriedade do automóvel mal utilizado por seu filho, e que produziu danos em patrimônio de outrem. Solidária na obrigação pela co-propriedade, não isenta da obrigação de indenizar, eximindo sua meação ou todo o imóvel penhorado, ainda quando se constituísse em bem reservado. Decorre a dívida do fato de ser o casal dono do automóvel causador das conseqüências indenizáveis, desimportando que o causador dos danos fosse o filho ou usuário outro, desde que autorizado".

1.12. Perdas e danos e prescrição

A prescrição exclui o dever de ressarcir, mas ela, como fato extintivo que é, precisa ser comprovada. De conformidade com o art. 206, § 3º, V, do Código Civil, prescreve em três anos a pretensão de reparação civil. O lapso temporal é curto, pelo que requer atenção do credor.

Nem sempre ao ato ilícito corresponde um dano, e nem sempre coincidem temporalmente ato ilícito e dano. Por vezes a vítima sofre acidente, e só mais tarde a doença é detectada, geralmente através de aparelho médico de alta precisão. Indaga-se por isso se na responsabilidade civil aquiliana o prazo começa na data do ilícito ou do dano. Sem propriedade é dizer que as ações prescrevem a contar da data em que poderiam ter sido propostas. Razoável entender-se que o lapso fatal deve iniciar-se na data em que for constatado o dano. Se nasceu com o prejuízo a responsabilidade civil, e não com o ato ilícito que o causou, inconcebível seria cogitar de prescrição da ação antes de concretizado o prejuízo.

Esse entendimento afina com o manifestado pelo Pretório Excelso na Súmula nº 230, relativamente à matéria acidentária. "A prescrição da ação de acidente do trabalho conta-se do exame pericial que comprovar a enfermidade ou verificar a natureza da incapacidade."

De outra banda, a reparação por perdas e danos funda-se no prejuízo causado pelo ato ilícito, ao passo que a prestação alimentar repousa no parentesco. As prestações periódicas devidas em virtude de fato ilícito, a título de perdas e danos, são inconfundíveis com as prestações alimentares. Isso porque, ao disciplinar a indenização por morte, embora fale em "prestação de alimentos às pessoas a quem o defunto os devia", na verdade o art. 948 do Código Civil não versa prestação de alimentos, do Direito de Família. A natureza pessoal da ação indenizatória é indiscutível, e não se confunde com a ação alimentar. A indenizatória por ato ilícito tem sua liquidação apontada pela lei via pensão mensal, "com caráter de alimentos, mas não como seu fundamento. Ora, como a ação de ressarcimento tem por objetivo recompor o patrimônio de quem foi injustamente lesado, conclui-se logo que a pensão alimentícia referida no art. 948, do Código Civil, somente é válida como critério para fixação do cálculo da reparação, mas não para conferir o caráter *stricto sensu* de alimentos, quer para quem os presta, quer para quem deles se beneficia" (*RTJ* – 84/990).

Nos contratos de empreitada de construções, o empreiteiro responde durante cinco anos pela solidez e segurança do trabalho, em razão do material e do solo, salvo quanto a este, se não o achando firme, preveniu oportunamente o dono da obra (art. 618, CC). O prazo aí fixado é de simples garantia. Condiz com a responsabilidade objetiva, sem excluir a subjetiva a ser demandada no lapso comum de dez anos das ações pessoais (*RJTJRS* – 110/441).

De atentar-se, outrossim, para os prazos estipulados em leis especiais. É o caso dos direitos autorais, que prescrevem em cinco anos, mas não há confundir o direito à imagem com o direito do autor de fotografia. A indenizatória por uso abusivo da imagem sujeita-se ao prazo comum, e não ao qüinqüenal, dos direitos autorais, da Lei nº 5.988/73, art. 131. Inconfundível é, pois, o direito à imagem, como atributo da personalidade, com o direito do autor da foto. O primeiro pertence ao retratado; o segundo, ao fotógrafo. A distinção encontra-se implícita no art. 82 da Lei nº 5.988/73, que regulou os direitos autorais. A doutrina também acolhe, como se vê em Pontes de Miranda (Tratado – 7/60 e 16/125, 126 e 136) e Carvalho Santos (CCB Interpretado – 8/476). Prescreve em cinco anos apenas o direito do autor, isto é, o do fotógrafo, em reclamar pagamento pela reprodução abusiva de seu trabalho. A imagem do retratado, porém, se integra nos direitos da personalidade, e a ação de ressarcimento pelo seu uso indevido incide na prescrição geral, cujo termo inicial, no caso, a partir da maioridade da autora (*RJTJRS* – 111/257).

A pretensão de obter reparação civil por ofensa ao direto de propriedade prescreve em três anos.

Na explicação de Pontes, não se trata aí de turbação ao exercício ou ofensa por negação do direito de propriedade, mas de ofensa à coisa objeto da propriedade (Tratado – 6/402). Outros tratadistas, como Ari Franco (A Prescrição Extintiva no Direito Brasileiro – p. 372) e Washington de Barros Monteiro (Curso de Direito Civil – I/335), são de opinião de que a prescrição cogitada aqui "é da ação (cujo fim é a indenização do prejuízo causado a quem sofreu dano na sua propriedade) ou nasça essa ação de um delito propriamente dito, ou de um delito civil ou ato ilícito que não revista as características de crime". Outros, como Câmara Leal, tecem acerbas críticas ao tema, por vaga e indefinida, mas não lhe conferem nenhuma outra interpretação melhor (Da Prescrição e da Decadência). Também para os pretórios em geral a reparação por ofensa ou dano à propriedade deve ser proposta em um triênio, consoante art. 206, § 3º, V, da lei civil, pouco importando a sua causa.

Lavrando-se escritura com firma inautêntica de um dos cônjuges, a venda deve ser reputada ineficaz. A ausência de consentimento de um dos consortes justifica a declaração de nulidade da escritura.

Há de distinguir-se entre as hipóteses de vícios de consentimento e as hipóteses de inexistência de consentimento. É nulo o negócio jurídico quando for preterida solenidade que a lei considere essencial para a sua validade (art. 166, V, CC).

É de quatro anos o prazo decadencial para a anulação do negócio jurídico, contado do dia em que ele se realizou. Mas, dispondo a lei que determinado ato é anulável, sem estabelecer prazo para a anulação, será este de dois anos, a contar do dia da conclusão do ato (arts. 178 e 179, CC)

Nem o juiz, nem as partes podem manipular os prazos prescricionais, que são de ordem pública. A prescrição não pode ser renunciada por ser ela um instituto de ordem pública, que independe da vontade das partes. Após consumada, porém, é um direito, uma vantagem, um valor patrimonial, de que o cidadão pode dispor.

Em prol da Fazenda Pública, foi instituída a prescrição qüinqüenal, nos termos do art. 1º, do Decreto nº 20.910/32. Esse prazo começa a fluir a contar da sentença penal condenatória, ou da data em que nasceu o direito ao ressarcimento? Embora inexista pacificidade no assunto, ao lesado tem-se reconhecido o direito de, alternativamente, ajuizar sua pretensão no qüinqüídio legal, a partir da existência das perdas e danos, ou aguardar o trânsito em julgado da respectiva sentença criminal e executá-la para fins civis.

No sentir da jurisprudência dominante, "a prescrição da ação civil de reparação de dano *ex delicto*, proposta de imediato e independentemente de sentença criminal, e não sendo execução desta, nos termos do art. 63, do CPP, não se conta do trânsito em julgado desta, senão de quando nasceu a pretensão autônoma naquela veiculada. A execução só pode ser dirigida contra o acusado no processo. Esta linha restritiva foi adotada, francamente, pelo CPC, quando, ao reconhecer a sentença penal condenatória como título executivo, atribui legitimidade passiva na execução ao devedor, reconhecido como tal no título executivo. Não teria aplicação à espécie o parágrafo único do art. 64 do CPP, pois, mesmo que tivesse sido proposta contra o Poder Público, o juiz não poderia suspendê-la até o julgamento da ação criminal contra o preposto, vez que as obrigações têm fundamentos diferentes" (*Lex – Jurisprudência do STF –* 32/82).

Induvidoso é, de conseguinte, que a prescrição da ação ressarcitória *ex delicto* em relação às pessoas jurídicas de Direito Público começa a fluir do dia em que nasceu a pretensão indenizatória contra elas, e não do trânsito em julgado da sentença penal condenatória, prolatada contra o funcionário que, nessa qualidade, tenha causado o dano. A obrigação do Poder Público funda-se no art. 37, § 6º, da Constituição Federal, e tem fundamento bem diferente da de seu servidor.

Questão prática de suma importância é a relacionada aos exíguos prazos prescricionais da ação redibitória, como na compra de um relógio ou outro objeto, com garantia dada pelo vendedor ou fabricante. Na interpretação conjugada das normas civis e comerciais pertinentes, os intérpretes têm sido sensíveis às dificuldades dos consumidores, fazendo-o por isso mesmo com arrimo no art. 5º da LICC. Pacificou-se, assim, o entendimento de que aludido lapso prescricional ou de decadência para recusa, ou abatimento do preço, de coisa móvel entregue com vício ou defeito oculto, só começa a fluir após o término da garantia (*RT* – 186/100 – 288/332 – *RTJ* – 68/222 – *RJTJRS* – 112/411).

1.13. Perdas e danos e prazo decadencial da lei de imprensa

É equívoco pensar que em matéria de imprensa a lei especial não derroga a norma geral, do Direito comum. Desde que o legislador passou a editar legislação própria para determinado assunto, este deixou de ser regido pelas normas gerais, ou seja, pelo Código Civil. Aliás, no particular, o art. 77 da Lei nº 5.250/67 consigna expressamente a revogação das disposições em contrário. A par disso, o mesmo diploma preceitua que a ação para obter ressarcimento por dano moral pode ser exercida separadamente da demanda para haver o dano material e, pena de decadência, deverá ser ajuizada dentro de três meses da data da publicação ou transmissão que lhe deu causa.

Não fica, pois, à livre escolha do prejudicado intentar sua pretensão indenizatória ou no prazo da Lei de Imprensa, ou no do regramento civil. O texto legal peremptoriamente dispõe que a causa "deverá" ser proposta "dentro de três meses da data da publicação". Trata-se de prazo decadencial, que não comporta interrupção, e de uma lei especial que disciplinou exaustivamente as questões pertinentes à liberdade de imprensa, inclusive tarifando as infrações e pré-estimando o valor do dano sofrido, em suma, especializando com minúcias toda a matéria. Assim sendo, contém em seu bojo todas as normas necessárias e suficientes, tanto substantivas como adjetivas, para equacionar as controvérsias atinentes. O delito de imprensa é tido como algo à parte, com caracteres próprios e distintos do crime comum, pelo que também lhe foi destinado um tratamento especial e mais adequado, diferente do dispensado pelo Direito comum.

Afastando a idéia de ficar ao alvedrio do lesado optar pelo regime jurídico que mais lhe convier, Darcy Arruda Miranda ensina que, para início da ação civil por danos materiais ou morais, não há mister que esteja findo o processo criminal, devendo a causa ser aforada em três meses a contar da publicação, pena de decadência (Comentários à Lei de Imprensa – p. 798).

De igual modo, Freitas Nobre afasta a possibilidade do uso de dois prazos, ao bel-prazer do interessado, de uma das partes em detrimento da outra, frisando a ocorrência de revogação de todas as normas que conflitarem com as da lei especial. "O período decadencial para o exercício da ação cível que visa ao ressarcimento dos danos morais e materiais é de três meses a contar da data da emissão ou da publicação abusiva" (Comentários à Lei de Imprensa – p. 335).

Portanto, cuida-se de lei especial, "que revoga expressamente os demais preceitos que lhe forem conflitantes. Expirado o prazo decadencial, não se pode permitir seja a ação acolhida pelo Direito comum, com isso ultrapassando o prazo de decadência consignado na Lei de Imprensa. A duplicidade do prazo importa em situação de injustiça para uma das partes, desequilibrando seu papel no plano do Direito material, gerando caso de iniqüidade" (*RJTJRS* – 118/376).

Na sua fundamentação, o citado aresto lembra a impossibilidade de permitir ao trabalhador pleitear vantagens trabalhistas na esfera civil, após o decurso da prescrição bienal, sob alegação de arrimar sua pretensão no princípio do enriquecimento ilícito. O subterfúgio da procura de outro rótulo não tem a força de contornar o obstáculo, pois jamais poderá inutilizar os prazos prescricionais, e muito menos implantar a insegurança jurídica nas relações entre empregado e empregador, com prejuízo total a este último.

Escoado o lapso decadencial, é de ser proclamada a carência de ação, se intentada for com base em normas gerais do Direito comum.

1.14. Perdas e danos e objetos arremessados de edifício

Atirado algum objeto do alto de um apartamento ou edifício, em cima de um veículo ou outro bem, ou ser humano, ou animal com a provocação de prejuízos, muitas vezes se torna impossível identificar o autor dos danos. Por tal razão, inadmissível também é imputar a conduta a alguém em especial, motivo pelo qual o condomínio é que deve ser responsabilizado. Nos termos do art. 938 do Código Civil, "aquele que habita um prédio, ou parte dele, responde pelo dano proveniente das coisas que dela caírem ou forem lançadas em lugar indevido". O texto deve ser transportado em seu conteúdo teleológico desde a data de sua longa gestação, até os dias atuais. Naquela época, a atenção do legislador se voltava às coisas da realidade então vivida, quando a habitação em geral e quase que toda ela consistia em casas de moradia ou residências. Na atualidade, são os apartamentos em edifícios que constituem a maioria dos meios habitacionais. Naquela época ainda não existiam os grandes e numerosos edifícios de condomínio vertical, que formam verdadeiras comunidades de moradores, por vezes de maior contingente populacional de que certas vilas ou cidades. Nada obsta, pois, a interpretação atualizada e extensiva, de forma a abarcar também o condomínio na compreensão do conceito. De mister buscar na palavra "prédio" o seu real significado, a sua verdadeira conceituação, adaptando-a ao presente. Com tal visualização da linguagem e do direito, fácil é concluir dever a norma jurídica abranger em seu teor semântico a responsabilidade não só do morador do edifício em condomínio, mas também deste próprio. A responsabilidade sem culpa, ou o anonimato desta, emerge do texto legal. Diante da impossibilidade de o lesado descobrir a autoria, justo é que o condomínio responda pelas perdas e danos causados, através de seu representante, que é o síndico.

Na expressão de Aguiar Dias, "é como habitante principal que responde, o que sugere o problema da responsabilidade em relação às coisas e líquidos lançados ou caídos dos apartamentos. A solução não pode ser outra senão a que já oferecia o édito: responsabilidade solidária de todos os moradores" (Da Responsabilidade Civil – 2/87). Da mesma opinião comunga Carvalho Santos (Comentários ao CPC – XX/338). Aliás, Celso já ensinava que "nem tudo o que está escrito prevalece como Direito; nem o que não está escrito, deixa de constituir matéria jurídica. Anterior e superior à palavra é a idéia de quem preceitua" (Digesto, Livro 33, tít. 10 frag. 7, § 2º). Nem o Direito, nem a Justiça, se exaurem na norma escrita. A justiça não se confunde com a letra da lei. Por vezes o justo legal não se basta, e por vezes também pode ser recusada a lei injusta.

De outra parte, o conteúdo do aludido art. 938 foge à regra comum do art, 186 da lei civil, dispondo modo específico sobre a responsabilidade e imputando o evento danoso ao seu autor de forma objetiva. Tanto Aguiar Dias, à fl. 86 de sua obra mencionada, como Sílvio Rodrigues, asseveram ser objetiva a responsabilidade do condomínio, no caso, ficando dispensada a demonstração do comportamento culposo do agente (Direito Civil – 4/136). Também Washington de Barros Monteiro preleciona que "a responsabilidade civil a que se refere aludido preceito legal é objetiva, recaindo sobre o habitante da casa, que não se escusa, a pretexto de que o ato lesivo fora praticado por outra pessoa. Não importa, outrossim, que os objetos tenham caído à rua acidentalmente, ou para ela tenham sido intencionalmente arremessados. Funda-se a responsabilidade na obrigação geral a que todos estão sujeitos de não pôr em risco a segurança da coletividade" (Curso de Direito Civil – 5/409).

A mesma solução é alvitrada pelos pretórios: "Danos causados por objeto arremessado de unidade autônoma de edifício a veículo no seu pátio estacionado. Responsabilidade do condomínio caracterizada, dispensada a prova do comportamento culposo. Indenizatória procedente" (*JTACSP* – 87/138).

1.15. Perdas e danos e astreintes

Astreinte significa adstringência, constrangimento, violência. Vem do verbo *adstringere*, que se traduz em ligar, amarrar estreitamente, apertar, contrair, obrigar, sujeitar. Criação da jurisprudência francesa, no princípio a "astreinte" era confundida com perdas e danos, mas logo a seguir os próprios franceses convieram em que os conceitos não se conciliavam. Assim, lê-se em Josserand que a "astreinte" nada tem a ver com perdas e danos, eis que se caracteriza pelo fato de ser uma via de execução para forçar o devedor a cumprir uma obrigação de fazer, estritamente pessoal. Mazeaud assinala não passar de equívoco a equiparação da "astreinte" a perdas e danos, eis que a medida se constitui em mecanismo de constrição exercitado sobre os bens do obrigado. O aumento da resistência e do atraso reforça a pressão e o peso da "astreinte", que não se relaciona com o prejuízo, por não visar a reparação de dano futuro e eventual pelo descumprimento da condenação. Como simples medida de constrangimento que é, pode ser pronunciada mesmo na inexistência de dano e ainda que o atraso não tenha acarretado prejuízo nenhum. Por isso, o seu valor pecuniário não guarda relação com perdas e danos que o atraso da execução possa ensejar, mas mantém proporcionalidade com a força da resistência do condenado, força essa que a medida objetiva vencer.

De outra parte, em face do seu caráter coercitivo, nada compensa, e seu pagamento não exime o devedor de adimplir a obrigação principal. Em razão disso, é modificável pelo juiz que a pronunciou, e essa modificação pode consistir em diminuí-la, aumentá-la, ou até supri-la. Outrossim, a condenação a uma astreinte é provisória, deixando de existir com o adimplemento obrigacional, o que não sucede com as perdas e danos, com que se acumula. O fato de as perdas e danos se acumularem com a condenação em "astreinte" decorre de suas origens distintas: uma decorre da mora, outra da desobediência à ordem judicial. Não procede argumentar que a cumulação proporcionaria um enriquecimento sem causa, por atribuir-lhe o valor da multa aplicada ao devedor desobediente, eis que a rebeldia deste à ordem judicial àquele acarreta transtornos e prejuízos que não se saldam com o simples pagamento do dano (*RT* – 394/37).

Alcides de Mendonça Lima bem estabelece estas diferenciações, ao lembrar que, porquanto as perdas e danos são fixados em valor exato e em caráter definitivo, as "astreintes" não têm limite e assumem caráter provisório, cessando no instante em que o devedor adimplir sua obrigação. Enquanto as astreintes podem superar o valor da obrigação, as perdas e danos não devem ultrapassá-lo. Exemplificando, diz, que se um pintor se comprometeu a pintar e entregar um quadro, e não o faz no tempo convencionado, quando o prejuízo para o comprador ou dono de uma galeria de arte foi de cem mil reais, as perdas e danos apurados não podem exceder esse *quantum*. Se, porém, no contrato for estipulada pena pecuniária ou, não o sendo, o autor postular na ação mil reais por dia de atraso, em completando o devedor cinco meses, terá de pagar cento e cinqüenta mil reais. Findando a infração, suspende-se o pagamento da pena e o credor também fará jus a perdas e danos a apurar, cujo pagamento, se realizado, também extinguirá a obrigação de o devedor continuar solvendo a pena pecuniária. Nas "astreintes" o credor não é satisfeito diretamente, porquanto elas envolvem uma "execução indireta", ao passo que as perdas e danos em princípio substituem a obrigação descumprida (Comentário ao CPC – VI/776).

Entre nós cuidam da matéria os arts. 644 e 645 do CPC, oferecendo mecanismos ao credor, que merece proteção do Estado, no mínimo, igual à do devedor recalcitrante, dando-lhe meio seguro e eficiente para obter a prestação em si mesma, sem se contentar com perdas e danos. Como coação econômica e psicológica, o instituto atua no sentido de que o devedor não retarde demasiadamente a solvência da obrigação, pois quanto mais demorar, maior será a pena, cuja duração mínima será de um dia, e a máxima será sem limite. Note-se, contudo, que a pena pecuniária correspondente à "astreinte" não poderá ser concedida de ofício. Deve ser postulada na inicial e é facultativa a sua aplicação, quer dizer, não estará jamais o magistrado obrigado a impô-la.

Através das "astreintes" a obrigação se realiza por ato do próprio devedor, sem violência física, sendo ele induzido a atender sua obrigação voluntariamente, a fim de livrar-se de pesadas sanções. Daí definir Liebman a "astreinte" como "a condenação pecuniária proferida em razão de tanto por dia de atraso (ou por qualquer unidade de tempo, conforme as circunstâncias), destinada a obter do devedor o cumprimento da obrigação de fazer pela ameaça de uma pena suscetível de aumentar indefinidamente. Caracteriza-se a astreinte pelo exagero da quantia em que se faz a condenação, que não corresponde ao prejuízo real causado ao credor pelo inadimplemento, nem depende da existência de tal prejuízo. É antes uma pena imposta com caráter cominatório para o caso em que o obrigado não cumprir a obrigação no prazo fixado pelo Juiz" (Processo de Execução – p. 169).

Entrementes, situações há que possibilitam ao credor pleitear unicamente perdas e danos, e nas quais as "astreintes" não teriam eficácia nenhuma. Tal se dá, *v.g.*, em "show" de artista que se compromete a exibir-se em determinado dia, para o qual são vendidos ingressos e feitos grandes preparativos, e afinal não se faz presente. A pena só teria cabimento se a obrigação enfeixasse uma série de espetáculos, e aí então ela poderia ser aplicada para cada exibição que se deixou de realizar. Mas se a apresentação era única, a infração consumou-se com a sua não-realização.

1.16. Perdas e danos e responsabilidade civil do preponente

A responsabilidade civil do preponente por atos ilícitos praticados por seu preposto é aquiliana ou extracontratual. Consoante previsão do inc. III do art. 932 do Código Civil, são responsáveis pela reparação civil o patrão, o amo ou comitente, por seus empregados, serviçais e prepostos, no exercício do trabalho ou por ocasião dele. Trata-se de responsabilidade solidária pelos prejuízos causados a outrem por culpa *lato sensu*, sendo a presunção absoluta, com a culpa concorrente do patrão presumida *legis et de lege*, não se admitindo prova em contrário. A tese da presunção absoluta é adotada pela Súmula nº 341 do STF: "É presumida a culpa do patrão ou comitente pelo ato culposo do empregado ou preposto." Daí afirmar Washington de Barros Monteiro "descaber ao ofendido comprovar a culpa concorrente do patrão, competindo-lhe na indenizatória apenas demonstrar a existência do ato lesivo, e que este é devido à culpa do preposto. Evidenciada esta, emergirá *ipso facto* a culpa do preponente" (Direito das Obrigações – 5/40).

São pressupostos da responsabilidade civil do preponente:

a) Culpa do preposto, *stricto sensu* ou dolo. É um requisito óbvio este, que consiste na necessidade de o ato danoso dever resultar de culpa do preposto. Sem culpa, nem ele, nem o preponente poderão ser responsabilizados, figurando aí o elemento subjetivo como *conditio sine qua non* na tipificação da responsabilidade civil.

b) Relação de preposição. Para que esta se caracterize, desimporta que o preposto seja assalariado ou que exerça função em caráter permanente. Tanto compreende o trabalho duradouro como o isolado, bastando o estabelecimento de um vínculo de dependência ou a prestação do serviço sob a direção de outrem. Sem relevância, também, o fato de a relação de dependência envolver mandato ou locação. Possível até que possa advir de mera cortesia, como o empréstimo de veículo a um amigo, segundo observa Sílvio Rodrigues (Direito Civil – 4/76). Solução diferente, contudo, terá a atitude do preposto que sem permissão retira da garagem do preponente o carro deste e com ele se acidenta. Se a sua condição de preposto não lhe facilitou o acesso, e se o dono empregou toda a vigilância necessária para que ninguém se apoderasse do veículo, em princípio não há como responsabilizá-lo pelo ato do preposto ou empregado.

Não raro há dificuldades na averiguação da existência da relação de preposição. Especialmente nos setores da indústria e do comércio em geral costumam surtir dúvidas, em decorrência de procedimentos incorretos de representantes ou prepostos. Mas nem por isso se haverá de exigir dos compradores cautelas excessivas, ou o dever de conferir sempre os poderes, as procurações e formalidades outras, quando se tratar de pessoas e de empresas conhecidas e de longo trato comercial. A teoria da aparência oferece grande utilidade prática nestas circunstâncias, máxime quando a pessoa tida como preposto pratica ordinariamente os negócios e encomendas da firma vendedora.

c) Ocorrência do ato danoso do preposto no exercício do trabalho ou por ensejo dele. Desinfluente aí o abuso funcional do preposto, pois mesmo com ele persiste a obrigação indenizatória do preponente, salvo se a vítima obrar com má-fé, ciente da exorbitância e das reais atribuições do preposto. Persiste a responsabilidade do preponente ainda que seu preposto contrarie suas instruções e culposamente prejudique a terceiros. Imprescindível sempre será que o empregado se encontre a serviço, no exercício do trabalho ou por ocasião dele, ao danificar outrem. Sem isso não se configura a responsabilidade do preponente, para cuja tipificação, todavia, "pouco importa que o ato lesivo não esteja dentro das funções do preposto. Basta que essas funções facilitem sua prática. A expressão 'no exercício do trabalho ou por ocasião dele', constante do art. 932, III, deve ser entendida de modo amplo e não restritivo" (Washington de Barros Monteiro– Direito das Obrigações – 5/401).

Havendo culpa concorrente da vítima, a responsabilidade do preposto será atenuada, e ocorrendo culpa exclusiva dela, ou resultando o ato prejudicial de caso fortuito ou de força maior, eximir-se-ão tanto o preposto como o preponente pelos danos causados à vítima. A partilha do ônus indenizatório será proporcional ao grau de culpa de cada partícipe no evento danoso, e quando isso não for possível quantificar a repartição dos prejuízos geralmente é feita em partes iguais. A propósito, vale a observação de Cunha Gonçalves, para quem "a melhor doutrina é a que propõe a partilha dos prejuízos: em partes iguais, se forem iguais as culpas, ou não for possível provar o grau da culpabilidade de cada um dos co-autores; em partes proporcionais aos graus das culpas, quando estas forem desiguais. Note-se que a gravidade da culpa deve ser apreciada objetivamente, isto é, segundo o grau de causalidade do ato de cada um. Tem-se objetado contra esta solução que 'de cada culpa podem resultar efeitos mui diversos, razão por que não se deve atender à diversa gravidade das culpas'; mas é evidente que a reparação não pode ser dividida com justiça sem se ponderar essa diversidade" (Tratado de Direito Civil – XII/nº 1.906).

Sucedendo que a culpa de uma das partes exclua a da outra, se por si foi suficiente para gerar o resultado, tornando inócua a participação do outro agente, a responsabilidade será tributada exclusivamente àquele que interveio com culpa eficiente para o dano. Em conseqüência, fica excluída a culpa do outro, tornada sem relevância no evento, com o qual não tem nexo causal.

A condenação criminal do preposto não impede a que no cível se examine a culpa concorrente da vítima, a não ser que o juízo criminal tenha afirmado a culpa exclusiva do preposto causador do dano. Tratando-se de sentença absolutória que não tenha afirmado a culpa exclusiva da vítima, na área cível poderá ser analisada a culpa concorrente do preposto. A ab-

solvição por insuficiência probatória não opera coisa julgada no cível, onde pode ser reaberta a questão para fins ressarcitórios, ocasião em que se perquirirá da culpa do preposto, da vítima ou de ambos. Não tem força de coisa julgada no cível:
    a) a decisão que extingue a punibilidade;
    b) a sentença absolutória por não constituir crime a imputação feita ao réu;
    c) a sentença de pronúncia, impronúncia ou despronúncia;
    d) a determinação de arquivamento do inquérito policial;
    e) o *decisum* que conceder anistia ou perdão judicial.

Todavia, o contrário acontece com as seguintes decisões, que fazem coisa julgada no cível, impedindo a reabertura de discussões:
    a) a sentença condenatória do preposto, desde que tenha reconhecido que ele agiu com culpa exclusiva;
    b) a sentença denegadora da existência do fato ou da autoria;
    c) a sentença que reconhece ter sido o ato praticado sob as excludências da legítima defesa, estado de necessidade, estrito cumprimento do dever legal, ou exercício regular de um direito.

No respeitante às pessoas jurídicas de Direito privado, todas elas, independentemente de exercerem atividade lucrativa, respondem civilmente pelos atos ilícitos cometidos por seus prepostos. Já no que tange às pessoas jurídicas de Direito público, subordinam-se elas à disciplinação exposta no Capítulo VII deste trabalho, referente à Administração Pública. Note-se, contudo, que a teoria objetiva sob a modalidade de risco administrativo, sem chegar ao risco integral, não é aplicável apenas às pessoas jurídicas de Direito público. Estende-se também às pessoas físicas ou pessoas jurídicas de Direito privado, que exercem funções públicas delegadas, como as entidades paraestatais ou empresas concessionárias ou permissionárias. Sendo a função por eles desenvolvida essencialmente estatal, não poderá a delegação a um particular desvirtuar a sua natureza pública.

Quem titula a demanda indenizatória tem o direito de escolher a quem acionar: ou só o preponente, ou só o preposto danador, ou os dois, em face da solidariedade passiva que os une. O preposto, autor direto do dano, por ser solidariamente responsável pela indenização com o preponente, não tem direito regressivo contra este. Mas o preponente que ressarcir dano acarretado por seu proposto tem ação regressiva contra este, para dele reaver o que pagou. Por tal razão deve denunciá-lo à lide, para reguardar seu direito de regresso. Descaberá a postulação regressiva se o preposto descender do preponente, pois onde a lei não distingue não é lícito ao intérprete distinguir: quem reparar o dano causado por outrem, se este não for descendente seu, pode reaver daquele que pagou o que houver pago, diz o art. 934 da lei civil.

Da mesma forma não pode a empregadora reembolsar-se da importância que despendeu em virtude do ato praticado culposamente por seu preposto. A pretensão só obteria êxito em caso de o preposto ter agido com dolo, ou se tivesse sido celebrado acordo a respeito no contrato.

Segundo princípios basilares o Direito Trabalhista, consubstanciados de forma patente no art. 2º da CLT, a assunção dos riscos da atividade econômica incumbe ao empregador. Em conseqüência disso, salvo previsão contratual, o empregado não responde pelos danos causados ao empregador durante o exercício laborativo, ou em função dele, por simples culpa. É o caráter social e protetivo da legislação trabalhista, sem a qual o operário estaria a colher mais perdas do que ganhos. Impera, assim, o princípio geral de que os riscos da atividade econômica são exclusivos do patrão. Em decorrência, o empregado que por qualquer forma culposa acarreta prejuízos a seu empregador, perante ele não responde pelo ressarcimento dos mesmos, a não ser que no seu contrato conste a obrigação.

Todavia, se as partes convencionarem entre si que o preposto seja o único responsável pelas perdas e danos que vier a causar a outrem, durante a prestação de serviços ao preponente, a avença produzirá efeitos apenas em relação aos contratantes. Será totalmente estranha a terceiros lesados, relativamente aos quais não gerará nenhuma eficácia. É por tais razões que, em matéria de responsabilidade civil de empresas perante terceiros, por atos culposos de prepostos, não se pode acolher a denunciação da lide feita pelas rés a seus empregados. Será incabível a denúncia pelo fato de os funcionários só poderem ser responsabilizados se tiverem obrado dolosamente.

A matéria por vezes pode suscitar certa complexidade. Atente-se a propósito para o caso de responsabilidade civil da Caixa Econômica Federal, por pagamento equivocado do prêmio da loteria esportiva, através de ato de seu preposto. Em sendo a loteria esportiva instituída como serviço público, descabe à lei e ao decreto regulamentar transferir a responsabilidade de seu controle e de sua fiscalização ao usuário. De evidência, pois, a extrapolação do § 3º do art. 1º do Decreto nº 73.821/74.

O cidadão que utiliza o serviço público facultativo obriga-se através de contrato de adesão que, contudo, não lhe impõe o dever de aceitar normas inconstitucionais baixadas no concernente a tal serviço. Ninguém pode ser compelido à subjugação de leis e decretos conflitantes com as regras maiores traçadas pela Constituição Federal. Como preponente em nome da União, pois, a Caixa Econômica Federal é responsável pelo prejuízo causado a terceiros em razão de falhas de suas prepostas, as casas lotéricas, no recolhimento ou registro remunerado de apostas, pela não-perfuração do cartão-matriz por culpa do revendedor, ou por qualquer outro ato culposo ou fraudulento do preposto, que importe em perdas e danos ao acertador do prognóstico (*LEX – JTFR* – 72/168 e 177).

2. Perdas e danos pessoais

2.1. Tutela reparatória à mulher de prendas domésticas

A saúde, a liberdade, o bem-estar, a honra, o nome, a imagem, como atributos da personalidade, constituem bens morais. Juntamente com os bens físicos, pertinentes à integridade corporal, têm sua proteção assegurada nas legislações de todos os povos civilizados. Dano à pessoa é toda a ofensa à sua incolumidade física ou moral, com reflexos negativos no patrimônio ou no psiquismo. A integridade psicofísica nem sempre é traduzível em dinheiro, quando então se passa a indenizar não o mal em si, mas apenas a redução da capacidade laboral. Em caso de morte, não se paga a vida, a qual não tem preço, mas destina-se uma soma de pecúnia, para servir de lenitivo para os familiares.

O prejuízo econômico, composto de dano emergente e de lucro cessante, é determinado pelas conseqüências da lesão, considerada esta em sua profundidade e extensão. Assim, sendo a vítima estudante, que ficou impedida de continuar seus estudos, e que teve de enfrentar tratamento em outros Estados, faz jus ao recebimento de danos emergentes, a serem apurados em liquidação. A regra vale para todos quantos tenham sofrido prejuízos injustos em decorrência de ato ilícito, sejam braçais ou intelectuais.

A divisão em patrimonial e moral condiz com os efeitos danosos. A ofensa a bens imateriais pode gerar danos materiais, e vice-versa. A restauração deve sempre ser a mais completa possível, incluindo o dano emergente e o lucro cessante, quando for o caso, ou seja, o valor relativo ao dano patrimonial, acrescido de uma quantia em dinheiro, a ser fixada com ponderação a título de compensação pela dor e pelo sofrimento padecidos pela vítima, ou familiares.

O trabalho exercido pela dona-de-casa é tão honroso e até por vezes mais digno do que muitas outras profissões desenvolvidas exclusivamente por mulheres. Não se limita às variadas atividades inerentes à administração da casa, que vão desde a cozinha até as agências bancárias, mas também se relaciona com o esforço diuturno na educação dos filhos, com uma assistência integral, máxime em casos de doença. A par das nobres atribuições de rainha do lar, ela chega a desempenhar misteres que transcendem os seus próprios, de mãe, esposa, dona-de-casa, para incursionar nas funções de professora, de psicóloga, de médica, de juíza, e assim por diante. Inobstante isso, a lei não oferece disciplinação própria para a defesa de sua capacidade laboral, se ofendida for por ato antijurídico.

Por inexistir solução mais feliz e mais consentânea com o conjunto de todos esses afazeres, os tribunais têm utilizado como parâmetro o salário mínimo regional para recompor os danos por ela sofridos, sempre que faltarem dados concretos sobre os seus rendimentos. Servirá de base para o cálculo do *quantum debeatur* o montante de despesas que terá de realizar na sua substituição por outrem nos trabalhos caseiros e mais aqueles específicos da mãe e da esposa, desde que impedida de executá-los devido ao evento lesivo. À jurisprudência e aos juízes de primeiro grau fica reservada a grande tarefa de encontrar a solução mais justa para cada situação concreta, suprindo o descompasso entre a lei e a realidade da vida. O ressarcimento haverá de adequar-se com harmonia e com a maior perfeição possível à laboriosidade e à abnegação total, sem limitação de tempo e de generosidades.

Se o ato ilícito roubar a vida à esposa que desempenhava os serviços domésticos, a reparação é deferida ao marido e aos filhos. Todavia, se ela não desenvolvia nenhum trabalho no lar, nem exercia nenhuma função lucrativa, seu passamento não renderá ensejo de ressarcimento segundo o rigor da teoria das perdas e danos. O dano a ressarcir, nessas condições, será meramente moral, consistente em simples consolo ou satisfação simbólica.

Contudo, se a dona-de-casa de classe média vier a perder a visão de um olho, "é razoável avaliar em quatro salários mínimos o trabalho desenvolvido. Estando consolidada a lesão do olho esquerdo, com a perda da visão, e dela resultando redução da capacidade funcional que não impede à lesada o desempenho da mesma atividade, mas lhe exige maior esforço, cabível a definição da hipótese como assemelhada à de auxílio-suplementar, fixado ao nível de 20% sobre o salário contribuição, na forma do art. 9º da Lei 6.367/76. Em se tratando de um trabalhador, a jurisprudência dominante é pela concessão de auxílio-acidente ao operário vitimado com a perda da visão em um olho, mas para isso se tem ponderado a inibição à melhoria de vida daí decorrente, circunstância irrelevante para o caso, em se tratando de uma dona-de-casa" (*Julgados – TARS – 35/394 – 51/376*).

Conseqüentemente, em ordenando a sentença liquidanda que o cálculo siga a legislação previdenciária, cabível é a utilização da legislação acidentária para considerar devido o auxílio suplementar de 20% pela perda da visão monocular. Os pagamentos devem ser feitos até o momento em que a saúde esteja completamente restabelecida, até que a vítima tenha condições de voltar normalmente às suas atividades. Havendo dúvida sobre essa duração, admite-se que o período seja mais longo, porque, em matéria de lesões por ato ilícito, a dúvida milita em prol do lesado, segundo a melhor doutrina.

2.2. Perdas e danos e desvirginamento de menor

Em nosso Direito, a ofensa à honra feminina recompõe-se através do casamento. Não podendo ou não querendo matrimoniar-se com a ofendida, o ofensor terá obrigação de alcançar-lhe determinada soma em dinheiro, a título de reparação, de conformidade com as suas posses e a condição social e o estado civil da mulher. O ideal é a fixação do montante na própria sentença, mas na falta de elementos a apuração do *quantum* é transferível para a fase executória, sob a forma de arbitramento. Tratando-se de mulher menor e virgem, o dever reparatório advém do desvirginamento, independentemente de ter sido seduzida ou violentada a moça. Se reunir ambas as qualidades, ela será presumida inocente, e o ofensor culpado. Valem as mesmas regras para a hipótese de o ofensor induzir a menor e virgem a entregar-se sexualmente após o casamento falso ou nulo ou sem eficácia civil.

A propósito do assunto, Carvalho Santos lembra a obrigatoriedade da reparação "ainda que a mulher seja de maior idade, desde que o sedutor tenha conseguido deflorá-la por meio de sedução consistente em promessas de casamento". Frisa que não se exige noivado solene, e que a expressão "promessas de casamento" tem sentido amplo, abrangendo toda e qualquer promessa que possa parecer verdadeira, induzindo, assim, a mulher à prática do ato sexual (Código Civil Brasileiro Interpretado – 21/404).

Também Washington de Barros Monteiro sublinha que não se reclama a existência de noivado, bastando simples promessa de casamento, num sentido amplo. Sendo séria e de modo a induzir a mulher à prática do ato sexual, daria direito à reparação (Direito das Obrigações – 2/451).

O episódio em si, sem embargo da evolução dos costumes da vida moderna, é capaz de gerar reflexos negativos para a ofendida. Poderá ensejar-lhe dificuldades na vida social, inclusive no que tange a perspectivas de bom casamento. No fundo, equipara-se a reparação a perdas e danos morais, onde nem sempre é possível repor os valores perdidos. Daí por que a mulher agravada em sua honra, após promessa de casamento, tem direito de exigir, do causador do dano, a devida reparação indenizatória, se o ofensor não puder ou não quiser reparar o mal por outro meio.

Na convivência entre menores, com concordância paterna, e sedução com promessa de casamento, a que sobreveio quizila doméstica, responsável pela ruptura afetiva, interrompendo a vida em comum, cabe reparação civil e há responsabilidade dos pais do ofensor, menor, nos termos dos arts. 932, I, e 942, parágrafo único, do Código Civil (*Jurisprudência Catarinense* – 38/216 – 40/321).

Nesses casos, quer se trate de rapto, sedução ou estupro, a respectiva sentença penal condenatória sempre faz coisa julgada no cível. A sentença penal absolutória nem sempre, mas só quando reconhecer qualquer uma das excludentes elencadas no art. 19, do Código Penal: estado de necessidade, legítima defesa, estrito cumprimento do dever legal, e exercício regular de direito. O reconhecimento de qualquer uma dessas justificativas no juízo criminal faz com que o fato danoso seja reputado lícito na área cível. Tal não impede, contudo, a procedência da reparação, por responsabilidade objetiva, em face da teoria do risco, adotada pela nossa sistemática.

Em sendo virgem e menor a mulher, o dever reparatório nasce do simples fato do desvirginamento. Aí, na observação de Clóvis, "considera-se o ofensor sempre culpado, e a ofendida sempre inocente, quando esta reúne as duas mencionadas qualidades" (Código Civil Comentado – V/1.548). A extensão da responsabilidade aos pais tem grande alcance social e busca assegurar o ressarcimento devido. A indenização no caso tem caráter reparatório e objetiva garantir a estabilidade social e econômica da ofendida. No defloramento praticado por filho menor, em virtude da responsabilidade objetiva, impõe-se a reparação (*RJTJSP* – 95/128).

Na forma de reintegração econômica da mulher, controverte-se quanto à possibilidade cumulativa de verbas para o dano moral, e para a supressão de capacidade laborativa. O Supremo tem rejeitado a admissibilidade do cômputo. Explica ser impossível conceder duplicada indenização, adicionando pensão mensal vitalícia (*RTJ* – 72/264).

Na verdade, trata-se de reparação, cuja fixação é determinada mediante decisão judicial, com apreciação e cômputo dos danos morais e patrimoniais. Se a ofendida era integrada no seio de família abastada ou de boa formação, que a acolhera há anos, tratando-a como filha, e se em virtude da ofensa teve de deixar a casa, ou se perdeu o emprego devido ao mal, ou sofreu qualquer outro prejuízo patrimonial, todos esses fatores devem ser sopesados na justa indenização das perdas e danos. Os bens nessas condições recebidos a título de ressarcimento refogem às regras do Direito de Família. Não se tornam inalienáveis, nem se integram no regime dotal, se a ofendida vier a casar com o ofensor ou com terceiro.

Comentando o assunto, Wilson Melo da Silva escreve que a mulher casadoira, deformada ou aleijada em conseqüência de lesão recebida, teria na reparação que o ofensor lhe fosse obrigado a proporcionar, não uma reparação por exclusivo dano moral, mas ainda por danos materiais de difícil prova. Naturalmente, toda mulher, em geral, se destina ao casamento, à formação de uma família, à procriação de filhos. À parte o lado moral, seu bem-estar material praticamente se resume no seu lar, na assistência que o marido lhe presta de maneira ordinária. Seu futuro, sua subsistência, seus alimentos (tomada a palavra no seu mais alto sentido jurídico), comumente ela os encontra no matrimônio. Essa é a regra geral, que não chega a ser infirmada pelas exceções.

Ora, "a mulher deformada por aleijão ou defeito físico dificilmente conseguiria pretendente. Esta a realidade. E, como conseqüência, não compartilharia, como as demais mulheres, em toda plenitude, das possibilidades de uma existência material futura, assegurada e garantida pela constituição de um próprio lar" (O Dano Moral e sua Reparação – p. 506).

Óbvio que esses comentários são referentes à lei anterior, ou seja, à indenização por deformidade deixada na vítima, e não por simples agravo em sua honra.

2.3. Perdas e danos por morte de mulher

Se o dano for de molde a abater a mulher, causando-lhe a morte, a reparação devida aos filhos e ao marido não tem caráter puramente alimentar, embora alguns não vejam aí dano econômico a ressarcir. Entanto, "o artigo 948, II, não comporta esse entendimento, de vez que seu inciso segundo supõe a prestação alimentar *jure sanguinis*, e não entre cônjuges. Entretanto, o julgado me parece perfeitamente jurídico, sendo necessário, porém, mudar os termos da equação legal. Ao meu ver, o direito do marido encontra fundamento na cláusula geral do artigo 186, que consagra em termos amplos o princípio da reparação do dano" (Castro Nunes – Soluções de Direito Aplicado – p. 373).

A mulher está em pé de igualdade com o homem na administração do lar e na educação dos filhos, com os mesmos direitos e deveres, e presta relevante ajuda nos encargos da família.

Na verdade, tais auxílios nos encargos familiares cada vez mais crescem em importância, chegando a constituir-se em verdadeira força geradora de riqueza patrimonial, a par de ajudarem o marido em tudo, dando-lhe suporte psicológico para enfrentar a luta cotidiana. Pela privação desse valor, de fundo econômico inquestionável, aos filhos e ao esposo é devida uma indenização, por perdas e danos efetivos, e não como simples dano moral. Com relação a essa perda inestimável, de quem não só cooperava na manutenção do lar, mas também exercia as mais diversos funções familiares, válida é a observação externada por Aguiar Dias: "Os danos materiais e morais causados aos parentes mais próximos não precisam de prova, porque a presunção é no sentido de que sofrem prejuízos com a morte do parente. Assim, os filhos em relação aos pais, o cônjuge em relação ao outro, os pais em relação aos filhos" (*Revista Forense* – 213/198).

Em princípio, pois, a solução alvitrada é a seguinte: se a mulher não contribuía nem com trabalho lucrativo, nem com trabalho doméstico, sua morte apenas rende ensejo a uma reparação por dano moral puro. Seus parentes farão jus à mera satisfação simbólica, e não a um ressarcimento integral, no teor rígido da teoria das perdas e danos.

Quid inde se a mulher é morta e deixa grande herança? Espínola Filho exemplifica com o caso dos pais pobres, que em conseqüência do perecimento de filha viúva e grávida, em acidente automobilístico, chegam a obter enorme herança. Os genitores, na condição de herdeiros únicos, a par de herdarem todo o patrimônio da extinta, também reclamam indenização por dano moral, após pagarem todas as despesas com o funeral, inclusive mausoléu e exéquias. Tem-se entendido que em tais hipóteses é devida a reparação também por dano moral, pois a vida humana não tem preço, e não se equivale a uma herança, por maior que seja. Ninguém em pleno gozo das faculdades mentais trocaria a vida de um ente querido, como pai, mãe, filho, irmão, esposa, por uma simples herança. Somente por exceção poder-se-ia admitir que, em algum caso prático, se devesse negar o direito a ressarcimento por dano moral a quem, em virtude de ato antijurídico, auferisse também vantagens hereditárias. A herança por si não afasta a percepção do justo, nem faz desaparecer os sentimentos de dor que a morte de um filho normal causa a um pai normal. Daí por que, segundo a ordem natural das coisas, os dois efeitos se acumulam.

Outra questão relaciona-se à duração temporal do dever de pagar pensão. Essa obrigação evidentemente não pode ser perpétua. Na ausência de limitação fixada em lei, a jurisprudência tem traçado as diretrizes a nortear o tema, e sobre o qual não reina grande convergência. Com relação aos menores, o cálculo do capital leva em conta que, sendo do sexo masculino, a prestação lhe é alcançada até atingirem a maioridade ou 18 anos. No respeitante à mulher, até o momento em que vier a convolar núpcias. Já no que tange à pensão devida à viúva da vítima, deve limitar-se à duração provável da vida do ser humano, ainda tida em 68 anos, e relativamente aos filhos, até que fiquem maiores ou os beneficie outro evento, que dispense a pensão. Ao atingir a maioridade, o homem fisicamente capaz tem a obrigação de trabalhar, e por isso não mais fará jus a qualquer pensionamento, salvo motivo de força maior.

De conseguinte, constituem-se em causas extintas da obrigação de pensionar: a) morte do beneficiário; b) novas núpcias da viúva; c) maioridade do menor. Acontecendo um desses motivos em relação a um beneficiário, a sua parte fica incorporada à parcela do outro.

De consignar que essa limitação etária de 18 e 68 anos não é dogmática ou absoluta. Ao contrário, deve flexionar-se em consonância com as necessidades de cada situação concreta e com a busca da solução mais adequada e mais justa possível.

2.4. Perdas e danos e agravamento de lesões

Possível é que, após o julgamento da causa, se verifique um agravamento ou uma melhora no estado mórbido do paciente. Em outras situações, uma cirurgia poderá diminuir a incapacitação laboral, ou até neutralizá-la, gerando o restabelecimento integral da pessoa. Mas não afastam tais fatos a tutela ressarcitória, a qual permanece íntegra e independente da intervenção cirúrgica. Na palavra de Caio Mário da Silva Pereira, "toda pessoa tem a faculdade de se proteger contra tratamento cirúrgico ou tratamento médico que lhe traga risco de vida" (*Revista Forense* – 247/63). Nenhum cidadão pode ser coagido a submeter-se a uma cirurgia perigosa, que apresente graves riscos à saúde e à própria sobrevivência, máxime se a operação visar reduzir indenização devida pelo cometimento de fato ilícito.

O ressarcimento deve adequar-se à real incapacidade, e uma vez fixada em sentença transitada em julgado, qualquer agravação ou surgimento de outros danos, não poderá ser discutido na fase executória. Somente na fase cognitiva tais fatos serão alvo de apreciação, ainda que decorrentes de circunstâncias manifestadas após o ato ilícito. Se o agravamento se dá naturalmente, as conseqüências são suportadas pelo ofensor, pelo causante das lesões. Se ocorrer por culpa do médico, seja por negligência, imprudência ou imperícia, no tratamento que tiver aplicado, haverá interrupção do nexo causal, e o facultativo responderá pelos prejuízos pertinentes à sua ação ou omissão. O ofensor originário, em tal hipótese, terá sua responsabilidade restrita aos efeitos de sua atividade delituosa. A culpa médica aí opera como concausa, como causa paralela ou concomitante, pois também é causa, e concorre como causa preexistente.

A concausa na prática atenua a responsabilidade ressarcitória do primeiro agente, e implica repartição de responsabilidade e deveres de ressarcir, tal como sucede na culpa concorrente. Havendo culpa recíproca de autor e réu, o montante da condenação guardará proporcionalidade com o grau de culpa com que cada qual tiver agido. Não seria justo que, se o estado patológico do lesado se agravasse extremamente por culpa dele mesmo, exclusivamente, em decorrência do fato de não ter ingerido os remédios receituados pelo médico, este fosse responsabilizado por tal fato. De igual, injusto seria conceder a mesma reparação pela perda de um membro como a mão, a uma pessoa normal e intacta, a outro cidadão já mutilado e deformado em todo o corpo.

Há de atentar-se também para a situação anterior da vítima. Se ela já padecia de enfermidade grave e irreversível, que num futuro próximo irremediavelmente haveria de diminuir sua capacidade laboral, a circunstância tem relevo, impondo-se levá-la em consideração ao ensejo da fixação do *quantum debeatur*. A perícia médica assume capital importância em tais ocasiões.

Note-se a propósito que a Lei nº 5.316/67, em seu art. 4º, preceitua que "não será considerada agravação ou complicação de acidente de trabalho, que haja determinado lesão já consolidada outra lesão corporal ou doença que, resultante de outro acidente, se associe ou se superponha às conseqüências do anterior". A interrupção do nexo de causalidade faz cessar a responsabilidade do agente, ao passo que na concausa tal responsabilidade subsiste, embora abrandada por outra causa concorrente. Mas sempre é responsabilizado o ofensor pelo agravamento do dano, na ausência de interveniência de outra causa, como na hipótese de processo patológico em evolução, ou de anomalias orgânicas, que uma simples lesão corporal levem a conseqüências maiores.

2.5. Perdas e danos e incapacitação para o trabalho

A tutela jurídica abrange a integridade pessoal no seu todo, ou seja, tanto a lesão física propriamente dita, como a que apenas chega a perturbar a normalidade funcional do organismo. Desequilíbrio psíquico, choque nervoso, afetação cardíaca e outras lesões podem ser provocadas por mera ameaça originada de ato ilícito, compelindo o ofensor a responder pelas despesas médicas e lucros cessantes. A par disso, segundo o art. 950, do Código Civil, cumpre ao malfeitor prestar ao lesado uma pensão "correspondente à importância do trabalho para que se inabilitou, ou da depreciação que ele sofreu". À perícia médica é reservado o importante papel de aferir se a incapacidade é parcial ou permanente, genérica ou específica. Para tal mister, lícito lhe é socorrer-se da lei acidentária, embora haja autonomia entre esta e os ditames que regem a indenização do Direito comum.

Em ambas as áreas de atuação, os critérios para avaliar as inaptidões para o trabalho se identificam, eis que não têm por fundamentais as perdas anatômicas ou as reduções funcionais em si, mas as suas repercussões no exercício profissional. Difere a maneira de quantificar o devido, pois a lei acidentária tem uma tabela a observar, porquanto na responsabilidade civil não há percentuais fixos. A condenação estende-se a todo o prejuízo, consistente no dano emergente e no lucro cessante somados. Verifica-se, assim, uma *restitutio in integrum* em toda a sua plenitude. Há maior flexibilidade na definição da incapacidade e na avaliação das perdas e danos, em todas as suas circunstâncias, detalhes e peculiaridades.

Ao passo que a capacidade genérica desconsidera o grau de especialidade da vítima, a capacidade específica tem sua tônica na aptidão profissional do lesado. A par disso condiz com as atividades em que o órgão atingido é fundamental no exercício da profissão, como a voz do cantor, o dedo do pianista, ou o pé do bailarino. Quando impedidos de desempenharem sua função específica, continuam aptos a exercer outros ofícios. As perdas e danos deverão levar em conta esse fator, e essa possibilidade de readaptação profissional. Ultimamente a ciência médica tem revelado grandes avanços no particular, o que de certo modo revalidou os conceitos emitidos por Carvalho Santos em época já distante: "As profissões ou ofícios que podem ser exercidos por inválidos, portadores de defeitos físicos de certa monta, não devem ser obrigatórios, por importarem em um sacrifício imenso, que não tem o direito de se exigir de ninguém, principalmente quando daí resultar ficar a pessoa na situação de despertar a caridade pública, que seria verdadeiramente humilhante se fosse forçada pela natureza" (Código Civil Brasileiro Interpretado – 21/146).

No mesmo rumo, o regulamento da lei acidentária em seu art. 34 preceitua que "o acidentado que, em conseqüência do acidente, se tornar incapaz para o exercício da sua atividade, será submetido, quando necessário e indicado, a programa de reabilitação profissional". Conclui-se daí que a teleologia e o espírito da lei é proteger a vítima, ajudá-la, fornecer-lhe as condições de retorno à normalidade funcional, e jamais beneficiar o seu ofensor. O lesado tem direito sagrado a ser ressarcido integralmente das perdas e danos que injustamente lhe foram impostos.

Sendo a vítima abastada, mister levar em conta o seu esforço, competência e empenho para a manutenção da rentabilidade normal. Para tanto, quase sempre é indispensável que ela se entregue totalmente à sua profissão ou a seu empreendimento, tarefas que exigem dedicação e preparo intelectual. O dono de indústrias, o comerciante, o profissional liberal, todos cidadãos bem-sucedidos em seus respectivos ramos de atividade, que tiveram de abandonar por força de um ato ilícito, devem ter sua reparação bem apurada, com vistas ao que efetivamente perderam com os fatos. De qualquer maneira, esse ressarcimento não poderá ser inferior à renda média correspondente à sua categoria profissional, e ao que teriam de despender com a contratação de terceiros para substituí-los com a mesma eficiência e capacidade. Esses elementos poderão ser obtidos mediante prova pericial, se a espécie o recomendar ou exigir.

A mesma precaução já não se torna necessária quando o lesado é rico por nascença ou por herança, e quando não envida nenhum esforço para manter florescente a sua fortuna, bem administrada por terceiros. Não há cogitar-se aí em lucros cessantes, ou pensão correspondente à remuneração do trabalho para o qual se inabilitou. A reparação se restringirá às despesas feitas com o tratamento, e ao dano moral, se configurado.

2.6. Perdas e danos e acidente do trabalho

No acidente do trabalho, as perdas e danos consistem na diminuição ou na interrupção da capacidade laboral do obreiro, tocante à sua atividade normal e cotidiana. O acidente do trabalho tanto ocorre dentro da empresa ao serem prestados os serviços, como durante o trajeto de ida e volta do lar ao local de trabalho. O texto legal equipara ao acidente certas doenças profissionais, conseqüentes da função exercida, e que relaciona. A prova técnica em forma de perícia médica definirá o grau de capacidade perdida, e será o parâmetro para a fixação do percentual indenizatório devido.

Nesse tema, de natureza eminentemente social, a regra é a culpabilidade do empregador ou da empresa. A culpa manifesta-se de ordinário na inexistência ou impropriedade do material protetivo, como luvas, máscaras, óculos, capacetes, andaimes, etc., ou na ausência de vigilância eficiente e adequada. Atingirá a responsabilidade do empregador o seu clímax, erigindo-se em dolo eventual ou culpa qualificada, se obrigar o empregado a cumprir horário excessivo e anormal, além dos limites de suportabilidade do seu organismo. É o caso do motorista de táxi ou de ônibus, que dirige sem dormir e chega a capotar, lesionando os passageiros.

Esses ferimentos tornam obrigatória também a responsabilização criminal do patrão ou preponente. Se em razão das feridas sobrevier a morte do acidentado, agrava-se a situação, podendo inclusive cuidar-se de homicídio culposo. A reparação em tais circunstâncias assume capital importância, com valorização especial do trabalho e do trabalhador, máxime no que este representa no sustento da sua família. Quanto ao fator temporal, para efeitos de cálculo da pensão deixada pelo acidentado, falecido, toma-se por base a vida média do brasileiro, atualmente projetada em 68 anos. A jurisprudência assentou esse limite como tempo de vida útil de trabalho. Assim, se o acidentado no dia do acidente tinha 30 anos, devem ser indenizados 38 anos, ou seja, o tempo até que o extinto atingiria a casa dos 68 anos, se continuasse a viver.

Nas linhas do art. 950 do Código Civil, "se da ofensa resultar defeito pelo qual o ofendido não possa exercer o seu ofício ou profissão, ou se lhe diminua o valor do trabalho, a indenização, além das despesas do tratamento e lucros cessantes até o final da convalescença, incluirá uma pensão correspondente à importância do trabalho, para que se inabilitou, ou da depreciação, que ele sofreu". A reparação devida por perdas e danos será sempre proporcional ao grau de incapacidade, ainda que de simples limitação se trate, ou ainda que o mal tenha limitado o poder de escolha do acidentado, tão-somente. Caberá mesmo que não tenha havido incapacidade para o mesmo trabalho, nem redução laboral, mas desde que o mal tenha impedido o ingresso em outra profissão, de melhores salários, que o acidentado intencionava abraçar num futuro próximo.

Compete ao lesado fazer prova de seus rendimentos. Baseado neles é que se irá encontrar o montante das perdas e danos a ressarcir. Assim, se a sua capacidade laboral diminui de 60%, a indenização obedecerá a essa quantificação, e se impossível for definir a renda, a fixação tomará por base o salário mínimo regional. Não haverá compensação do devido com qualquer parcela auferida em decorrência de contribuição para com a previdência social, impondo-se, ainda, a indenização, mesmo quando a vítima não exerça ocupação rendosa. A propósito, já proclamava a voz autorizada de Clóvis Beviláqua: "Se a lesão corporal tem conseqüências permanentes de tal ordem que a capacidade de trabalho do ofendido se anule ou diminua, depois da cura, é justo que o ofensor lhe dê uma compensação correspondente, e esta melhormente se obterá por meio de uma pensão vitalícia, do que pelo pagamento de uma soma, difícil de determinar e, em muitos casos, difícil de obter" (Código Civil – V/322).

Há consenso geral de que com a pensão prevista no art. 950 do Código Civil não podem ser compensadas outras parcelas auferidas de institutos previdenciários ou assistenciais. Trata-se de vantagens que têm natureza, origem e finalidades distintas e inconfundíveis. Se o lesado foi previdente, acautelando-se de infortúnios futuros, pagando as respectivas prestações ou contribuições, tal fato não poderá jamais ir em benefício de seu ofensor.

De outra parte, embora controvertida a questão, "os juros compostos têm aplicação unicamente às hipóteses em que o dano resulte de ato ilícito considerado crime pela justiça criminal". Segundo essa corrente, os juros compostos somente são computáveis nas restritas hipóteses de prévia condenação criminal. Essa posição afigura-se majoritária no país, e melhormente consulta aos interesses em jogo (Aguar Dias – Da Responsabilidade Civil – II/414 – *RJTJRS* – 96/453 – 98/437 – *Julgados* – *TARS* – 17/230 – 19/355 – *RTJ* – 74/429).

Na infortunística cumpre ao empregador recolher o seguro social ao INPS, em nome de seu empregado que, em caso de acidente, poderá reclamar o benefício. Se a quantia não cobrir toda a reparação, inclusive dano estético, abre-se-lhe o caminho para postular a complementação na Justiça comum. Por outra, buscará na Justiça comum o integral ressarcimento a que tiver direito, dele abatendo a quantia já auferida do seguro. Em tal caso, tratando-se de responsabilidade subjetiva ou aquiliana, ao trabalhador compete provar a culpa ou o dolo do seu patrão. A cumulação importaria em enriquecimento sem causa.

Entretanto, viável será a soma da indenização securitária com a civil, quando a lesão ao empregado foi causada por terceiro, estranho à relação empregatícia, no decurso do expediente normal. Na hipótese, o seguro previdenciário foi satisfeito pelo empregado, mediante descontos em folha. As causas de indenização diferem, pois uma é vínculo trabalhista com o desconto em folha, e outra é o ato ilícito gerador da responsabilidade, fundada no art. 186 da lei civil. Inocorre *bis in idem* no particular, inexistindo razão a justificar a impunidade do causador do dano.

A reparação não se afeiçoa perfeitamente ao dano, eis que tarifária, com teto em nível inferior ao concedido no Direito comum. Restringe-se geralmente à área da aptidão laboral, motivo por que, se o operário sofrer lesão que não reduza sua capacidade, deve fundar a sua pretensão no Direito comum. Compete-lhe a culpa do empregador, através de ação de responsabilidade civil, ao contrário do que sucede com a lei especial do acidente do trabalho, onde pontifica a teoria do risco. Daí por que, "o empregado que teve corte na face, com deformação, sem que isso lhe diminua a aptidão profissional, tem direito à reparação conforme direito comum" (Pontes de Miranda – Tratado – 54/87).

Ações de acidente do trabalho significam ações reparatórias por danos decorrentes de acidentes do trabalho, pouco importando fundamento jurídico das pretensões deduzidas em juízo, isto é, sejam demandas fundadas em legislação acidentária, sejam fundadas em Direito comum, vale dizer, no dolo ou na culpa. O que se pretende nessas ações é sempre a mesma coisa: a indenização do dano defluente do infortúnio, sendo irrelevante que este tenha o seu fundamento na teoria do risco ou na culpa do empregador, assim como não tem relevo que as prestações consequentes tenham diferentes obrigados e devam ser satisfeitas por modos iguais (*Revista Trimestral de Jurisprudencial dos Estados* – 38/108).

2.7. Aferição do dano emergente e do lucro cessante

Na perda parcial ou total da capacidade laborativa, a apuração do dano emergente não apresenta maiores dificuldades. Não passa de simples cálculo aritmético ou soma de valores documentados, como recibos, notas fiscais e outros. São as despesas feitas com o tratamento da vítima, com hospital, médicos, remédios, viagens, etc. Incluem-se entre estes gastos os necessariamente realizados com o aforamento da causa judicial, como custas, honorários, passagens, etc. De igual, não é de se olvidar a computação dos prejuízos de outra natureza, embora não previstos em lei, desde que oriundos do ato antijurídico. Computáveis, portanto, também são as parcelas referentes ao dano moral e à destruição ou danificação de objetos de valor, portados pela vítima, como jóias, documentos e outros. São danos que efetivamente devem integrar a condenação. Outrossim, as despesas efetuadas com indispensável acompanhante da vítima durante o tempo de internação hospitalar, e as que esses familiares tiverem suportado pelo afastamento de suas atividades lucrativas, enquanto delas afastadas para dar assistência ao lesado.

Os lucros cessantes visam garantir uma renda ou pensão, apta a substituir os ganhos de que foi privado o ofendido em face da sua inabilitação laboral. Mas na sua reparação há duas parcelas a considerar, como disposto no art. 950 do estatuto civil. A primeira delas refere-se aos ganhos que o lesado deixou de receber, devidos até seu restabelecimento. A segunda condiz com a pensão a ser definida de acordo com sua remuneração e grau de incapacidade. Equivalerá aos rendimentos mensais auferidos antes da inabilitação, nas funções que então desempenhava.

O *quantum debeatur* compreende as prestações vencidas e as vincendas. Às parcelas vencidas somam-se os lucros cessantes devidos até o instante do trânsito em julgado da sentença condenatória, e o montante correspondente ao dano emergente, como despesas de tratamento e outras. Os lucros cessantes, a seu turno, computam-se nas prestações vincendas, incorporando-se na pensão mensal deferida à vítima, e a ser paga enquanto ela viver.

Na sistemática do cálculo indenizatório é fundamental o grau de incapacitação. Se este foi de apenas 30%, o total da reparação não ultrapassará esse teto. A proporção corresponderá exatamente ao prejuízo causado.

Para ser justa, a pensão deve ser sempre atualizada. Por isso, nos termos da Súmula nº 490 do STF, "a pensão correspondente à indenização oriunda de responsabilidade civil deve ser calculada com base no salário mínimo vigente ao tempo da sentença e ajustar-se-á às variações ulteriores".

De outra parte, com arrimo no art. 294 do Código de Processo Civil, se o autor tiver esquecido em sua inicial de postular as prestações vencidas e vincendas, relativas aos lucros cessantes, por ação distinta lhe será possível pleiteá-los. Embora a composição dos danos por ato ilícito deva ser a mais ampla, essa amplitude não pode ultrapassar os limites traçados na inicial, cujo pedido deverá ser explícito a respeito das diversas variações da compensação civil. Não constando claramente do pedido exordial os lucros cessantes, nenhuma verba a esse título poderá ser deferida na sentença, pena de incorrer em julgamento *ultra petita*. Esquecidos, só através de ação distinta poderão ser buscados (*RTJ* – 77/894).

Basta resultarem da ofensa restrições à capacidade laborativa, para que surja o direito ressarcitório de danos emergentes e lucros cessantes, bem como de uma pensão consoante porcentagem de diminuição ou inabilitação profissional. Com tais medidas se busca obter a restituição das coisas ao seu estado anterior. Em contrapartida, porém, se a vítima já antes do acidente era incapaz de trabalhar, como o ancião de 80 anos, ou o paraplégico em cadeira de rodas, não há falar-se em lucros cessantes. Apenas terão direito ao custeio das despesas feitas com o tratamento de sua enfermidade. Nos lucros cessantes o ressarcimento é restrito às atividades que o lesado foi impedido de exercer, em virtude dos ferimentos.

Se a lesada for funcionária pública, que se viu obrigada a contratar doméstica para substituí-la nos trabalhos caseiros, que normalmente desempenhava, dever-lhe-á ser pago o valor correspondente a esse salário que teve de despender. Mas o ressarcimento não passará dessa importância, se ela não deixou de perceber seus vencimentos mensais, ainda que em licença. No mesmo sentido, nenhuma razão há para conceder lucros cessantes a servidor aposentado ou em gozo de benefício previdenciário. Em casos especiais, contudo, poderá fazer jus a essa verba, se normalmente exercia trabalho particular, e para cujo exercício se viu compelida a contratar terceiro, durante o período de duração de sua incapacidade laboral.

2.8. Ganhos da vítima e fixação de perdas e danos

A remuneração da vítima é fator relevante no estabelecimento do *quantum* reparatório. Como elemento seguro, constitui-se em ponto de partida para a aferição. O vocábulo "remuneração" aí significa vencimentos, ordenados, salários, proventos, comissões, soldos, estipêndios, ou qualquer outro rendimento. Não abrange rendas derivadas de bens ou capitais, mas toda a espécie de retribuição ou compensação advinda de atividade laborativa do ofendido, atividade essa que tenha caráter permanente. Representa a soma dos ganhos que o lesado, em virtude de seu trabalho não transitório, leva para a economia doméstica, assegurando a sua subsistência e a de sua família. O *quantum* ressarcitório, assim, abarcará a soma da remuneração obtida pela vítima, se costumeiramente exercer mais de uma atividade lucrativa. Assim ocorre, por exemplo, com o médico prestador de serviços em clínica particular e no Poder Público, em seu consultório particular e em hospital de outrem, ou com o operário que trabalha na fábrica e que fora do expediente se dedica a misteres outros, como de sapataria, de eletricidade, de pintura de casas, etc. Para ser integral, o ressarcimento há de somar todos esses rendimentos auferidos.

Excluem-se do cômputo as atividades de natureza acidental. Mas não são consideradas como tal as atividades extraordinárias, que se desenvolvem periodicamente, como ocorre nas cidades de veraneio, onde a maioria das atividades laborais só se expande no verão. Embora essas temporadas não ultrapassem alguns meses por ano, não desnaturam o caráter de atividade permanente, para efeitos reparatórios. Em geral a gratificação esporádica também não é computada, mas a matéria se reveste de grande flexibilidade. Julgados há que desprezam o fator transitoriedade, incluindo sempre aludida gratificação. Já quando o servidor mais antigo substitui o chefe da repartição, por anos consecutivos, tanto nas férias como nos impedimentos, a gratificação que por isso recebe incorpora-se para fins de ressarcimento de perdas e danos. Justa é tal solução, eis que os ganhos assim auferidos passam a integrar os rendimentos gerais.

Outrossim, quando o empregado presta serviços extras e por eles recebe pagamento à parte, o respectivo valor deverá ser considerado no ressarcimento. Esse detalhe cresce em importância à medida que o montante dos extras se igualizar ao do exercício das próprias funções do trabalhador. A propósito tem-se reduzido o valor de trabalhos extras, se excedentes à normalidade funcional da categoria ou profissão. De um modo geral, tratando-se de profissões como as de pintor de casas, eletricista, pedreiro, motorista, reputa-se excessiva a quantia superior a dois salários mínimos, por serviços extras exercidos.

Outra questão a observar é a melhoria iminente na remuneração, como aumento já concedido ou por conceder, por ato normal da administração, ou por promoção pelo critério da antiguidade. Calha a propósito antiga decisão do Supremo, no sentido de que, sendo a indenização uma reparação do dano, e não fonte de enriquecimento, "andou bem o julgador em atender apenas à ordem natural da promoção por antiguidade. O merecimento do funcionário, aferido por critérios diferentes, não poderia servir de base para o mencionado cálculo" (Min. Barros Monteiro – *Revista Forense* – CIX/64). Da mesma forma, se o lesado por qualquer motivo irreversível estava prestes a ter sua remuneração reduzida, a particularidade deve influir no arbitramento. Desde que a causa de aumento ou de diminuição dos ganhos é inafastável e incontornável, jurídico é considerá-la na fixação do *quantum*. Não significa isso menosprezo ao trabalho e ao trabalhador. Ao contrário, a tutela é toda endereçada ao ser humano, ao seu bem-estar e ao seu progresso. Tanto isso é verdade que se costuma fazer o cálculo da importância devida com base nos salários do último ano de trabalho, e não na média de vários anos.

Muitas situações oferecem dificuldades, como sói acontecer com as profissões liberais e outras, onde a declaração de rendimentos apresentada à Receita Federal, e os recolhimentos a institutos previdenciários não representam critérios seguros. Também não é critério seguro simples prova testemunhal, para quantificar os ganhos percebidos, para fins de fixação de perdas e danos.

Se o lesado não puder demonstrar o montante de seus ganhos, por qualquer razão, e se estava no exercício de qualquer profissão, ao ensejo do evento danoso, seu ressarcimento deverá corresponder ao salário profissional da sua categoria. A adoção do salário mínimo é medida mais apropriada para casos não específicos, como o de o ofendido não desempenhar profissão lucrativa, seja pela idade, por desemprego ou qualquer outro motivo. Tais pessoas, e mesmo as que desenvolvem funções contrárias à ordem pública e aos bons costumes, também têm sua integridade psicofísica tutelada. Para tais hipóteses, à falta de dados orientadores, o salário mínimo tem servido de parâmetro para fixar o montante a ressarcir.

Mesmo não exercendo função rendosa, "para o ponto de vista legal, o homem válido e capaz de trabalhar sempre faz falta à sua família, encarando-se antes a possibilidade de uma regeneração, bem como a obrigação que lhe caiba de prestar alimentos. Era obrigação de prestá-los e é o bastante, mesmo porque essa obrigação é que se transmite, sem embargo do modo pelo qual estivesse sendo cumprida pelo ofendido" (Carvalho Santos – Código Civil Brasileiro Interpretado – 21/89). Essa doutrina é infirmada pelo Supremo Tribunal Federal, ao ponderar que, se é certo que a circunstância de não auferir rendimentos não retira à vítima o direito de pedir indenização, não é menos exato que, em tal caso, a composição do dano deva repousar em valor pecuniário que satisfaça as necessidades normais de alimentação, habitação, vestuário e higiene (*Revista Forense* – 160/109).

Em síntese, recorre-se ao critério do salário mínimo nos seguintes casos: a) se a vítima não tiver atividade lucrativa; b) se não houver prova de sua verdadeira remuneração; c) se os seus ganhos resultarem de atividade contrária à ordem pública e aos bons costumes.

2.9. Base de cálculo da pensão por morte da vítima

Segundo o art. 948 do Código Civil, a indenização por homicídio consiste: a) no pagamento das despesas com o tratamento da vítima, seu funeral, e o luto da família; b) na prestação de alimentos às pessoas a quem o extinto os devia. A pensão alimentar não se confunde com a do Direito de Família. Na responsabilidade civil ela equivale a uma sanção de caráter *sui generis*, contra o ilícito praticado pelo malfeitor. Nos alimentos devidos por parentesco, a fixação funda-se nos recursos do alimentante, *ut* art. 1.694, § 1º, da Lei Civil. Na responsabilidade civil, mesmo que o devedor seja riquíssimo, a pensão aos parentes do extinto não superará o montante que o morto auferia como remuneração. O ressarcimento destinado à viúva e filhos corresponderá à importância que o falecido desembolsaria para alimentá-los. Do contrário, em sendo milionário o ofensor, os seus dependentes enriqueceriam, fato que não iria restabelecer a situação patrimonial anterior.

Ao contrário do que acontece na pensão puramente alimentar, na resultante de ato antijurídico podem ser incluídas outras parcelas, também ligadas ao ilícito, como gastos com médicos, com corridas de automóveis, táxis-aéreos, etc. Na ocorrência de óbito, busca-se restaurar o direito a alimentos, e na de lesões, o restabelecimento da função remuneradora. Por isso o mencionado art. 1.694, § 1º, estabelece que esses alimentos devem atender às necessidades do alimentado. No fundo, lobriga-se uma injusta disciplinação da matéria, porquanto o legislador concede lucros cessantes para as lesões, e nega-os para o homicídio. Outrossim, ao atingirem a maioridade, os filhos do morto perdem o direito: "Se, fixada a prestação de alimentos, sobrevier modificação nas condições econômicas, poderá a parte pedir ao juiz, conforme as circunstâncias, redução ou aumento do encargo" (art. 602, § 3º, CPC). O mesmo acontece com a viúva que se casa novamente. Também ela perde o direito de continuar recebendo os alimentos, o que é correto, já que o dever passa para o novo esposo.

O citado art. 948 tem sido alvo de críticas, em face do elevado teor de injustiça que encerra. A par de não explicitar como ressarcir a morte de menor por ato ilícito, não nomina as pessoas não devedoras de alimentos. Injusto é indenizar os pais por morte de filho menor, sem atividade laborativa, e não indenizar por morte de filho maior, morto nas mesmas circunstâncias e pelo mesmo ato antijurídico. A omissão da lei deve ser contornada pelos julgadores, com a reparação do dano moral e com benévola exegese aos arts. 186 e 950, parágrafo único, desfazendo a discriminação do legislador. A referência a alimentos, feita no dispositivo em questão, "não tem, em nosso sistema de reparações, a influência fundamental que sempre se lhe tem atribuído. Deve ser tida como simples indicação subsidiária para apontar os beneficiários de indenização para coibir abuso na liquidação, o que, como já dissemos, não implica negar a possibilidade da reparação do dano moral" (Aguiar Dias – Da Responsabilidade Civil – II/330).

Instituição de pensão e de lucro cessante são coisas que na prática se equivalem, razão pela qual os julgados costumam determinar pagamento de pensionamento a título de indenização por lucros cessantes. Efetiva-se a indenização por óbito mediante pagamento de uma renda ou pensão, e formação de um capital com imóveis ou títulos da dívida pública, ou fornecimento de uma só vez do necessário para a produção dessa renda. Trata-se de alternativas à disposição do ofensor, para cumprimento de sua condenação, e que não desmerecem os direitos dos parentes da vítima: cônjuge supérstite, descendentes, ascendentes e irmãos, titulares da reparação.

Sendo ofensor o Estado ou suas autarquias, ao invés da aquisição de títulos do Tesouro Nacional, preferível é a inclusão do nome do beneficiário em folha de pagamento do funcionário do órgão competente. A atual redação do art. 20 do regramento processual civil estende essa fórmula aos particulares: "Nas ações de indenização por ato ilícito contra pessoa, o valor da condenação será a soma das prestações vincendas, podendo estas ser pagas, também mensalmente, na forma do § 2º do referido art. 602, inclusive em consignação na folha de pagamento do devedor".

A pensão visa a subsistência dos que viviam a expensas da vítima, e deve ser calculada com base na remuneração mensal auferida pelo extinto, descontadas as parcelas gastas com sua própria subsistência e *status* profissional. Da renda bruta são abatidas as despesas pessoais com alimentação, vestuário, saúde e outras, geralmente calculadas em 1/3 da remuneração. Mais outras parcelas podem ser descontadas, como dispêndios com cursos, aperfeiçoamentos, viagens ao exterior, gastos com livros e instrumentais próprios da profissão exercida, aparelhos, etc.

Com a apuração da renda líquida mensal obtêm-se elementos determinadores do capital a garantir a condenação. Basta multiplicá-lo pelo número de meses referentes à sobrevida da vítima. Porquanto simples a operação, nem sempre é fácil fixar o teto dessa sobrevida. Não há critério uniforme para prefixar a duração da vida humana. Para uns a vida média é de 68 anos, para outros é 70, ou mais. A Constituição da República ordena a aposentação compulsória dos servidores aos 70 anos de idade. Atingindo esse limite, o homem também alcança o ápice da sua resistência psicofísica. Assim, se a vítima ao falecer contava com 60 anos, haveria presunção de viver mais 10 anos. Em auferindo rendimentos mensais de setenta e cinco mil reais, dessa importância seria abatida a parcela de 1/3, ou seja, vinte e cinco mil reais. Restaria a quantia de cinqüenta mil reais, que corresponderia ao capital a ser constituído por títulos da dívida federal. Esses títulos serão inalienáveis, e sua renda será dividida entre a viúva e filhos, se houver. À medida que os beneficiários chegarem a falecer, os filhos atingirem a maioridade, e as filhas convolarem núpcias ou se emanciparem economicamente, o capital reverterá ao patrimônio do ofensor. O mesmo acontecerá com a implementação da idade-limite de 70 anos.

O luto abrange os prejuízos conseqüentes ao falecimento e que naturalmente persistem por algum tempo, impedindo a retomada da ocupação normal. Esse período abarca os lucros cessantes, apesar da omissão da lei. Analogicamente, tem-se igualizado essa duração ao período de nojo, mas ela sempre deverá ficar sujeita ao prudente arbítrio do julgador, ante a omissão da lei.

As despesas com o funeral, igualmente, englobarão tudo o que foi despendido com o velório, flores, coroas, caixão, sepultura, ornamentação, viagens, etc. Sensato é que o túmulo a ser custeado pelo ofensor seja de padrão médio, ou melhor, em quantia equivalente, oportunizando-se aos interessados completar o preço para mausoléu de maior valor.

Registre-se, por fim, que tanto a Consolidação das Leis do Trabalho como os Estatutos dos Funcionários Públicos facultam ao servidor faltar ao trabalho até oito dias conseqüentes ao passamento de cônjuge, filhos ou pais. Esse benefício deve ser extensivo aos que mourejam por conta própria, sem vínculo empregatício. Também eles merecem ter ressarcido o desfalque experimentado pelos dias em que se viram impedidos de exercerem seus trabalhos. Justo ainda é reembolsar-lhes os gastos que fizeram com acompanhantes em hospital, com enfermeiros particulares, com aparelhos mecânicos, com próteses, cadeiras de roda, etc.

Derradeiramente impende aduzir ainda ser irrelevante o fato de o postulante da indenização não depender economicamente da vítima. Tanto o cônjuge sobrevivente como os ascendentes, os descendentes e os irmãos dos vitimados têm legitimidade para a postulação de alimentos que o extinto teria de prestar mais dia, menos dia, se vivo permanecesse. Como já doutrinava em tempos remotos o mestre Carvalho Santos, "não se pode aceitar o princípio de que, em se tratando de indenização, os alimentos só sejam devidos quando a família da vítima deles necessitar e na medida de proporção das necessidades do reclamante". Salienta ser preciso não olvidar, "ao fazer aplicação das regras legais referentes ao direito de alimentos, que se trata de indenizar um dano, não podendo, portanto, deixar-se de levar em conta este dano para bem precisar a extensão do direito de exigir alimentos, no caso da privação deles como conseqüência da morte de quem os prestava, embora não obrigado legalmente a prestá-los no momento em que se verificou o crime" (CCB Interpretado – XXI/90 e 101).

Razoável e justo é, outrossim, o critério geralmente adotado no sentido de que a indenização é devida a partir da data do evento danoso, e com o cômputo de juros compostos, se já houver sentença criminal transitada em julgado.

2.10. Perdas e danos e livre disposição do próprio corpo

Nossa lei penal identifica os crimes contra a liberdade pessoal nos arts. 146 a 148, cominando-lhes a respectiva pena. Tem como ofensivos à liberdade pessoal, entre outros fatos, o cárcere privado, a prisão por queixa ou denúncia falsa e maldosa, e o aprisionamento ilegal, sendo neste último caso obrigado a ressarcir o dano somente a autoridade que ordenou a custódia. É no campo da liberdade pessoal que hoje sobressai o direito de dispor do próprio corpo. Este direito tem as mesmas características dos demais direitos da personalidade, sem ser limitado. A faculdade de usar, gozar e dispor delimita-se com as fronteiras da licitude, com o que evidentemente não se coaduna tudo que infringir a lei e a dignidade humana.

O fato de o direito à integridade física ser irrenunciável e indisponível, e de o corpo consistir em bem extracomércio não deve ser colocado em termos absolutos. Ao contrário, requer uma ótica mais liberal e mais consoante com as necessidades atuais. O direito subjetivo sobre o corpo é exercitado pelo homem em numerosas atividades lucrativas, que exerce para garantir sua sobrevivência, sujeitando-se a riscos de toda a espécie, máxime em contratos circenses, de touradas, de automobilismo, de pugilismos e quejandos. O assunto também passa a interessar o direito quando se transforma em relação jurídica obrigacional, com limitação de liberdade de convencionar. A partir desse balizamento serão reputados ilícitos os ajustes que se traduzem em risco certo para a vida e o corpo do contraente. Em suma, a disposição corpórea deve manter-se dentro dos traçados legais, dos usos e costumes e da moral da época, sem causar diminuição permanente da integridade física, ou sem acarretar a perda de sentido ou de órgão, ou a inutilização destes para suas atividades naturais. Será vedado sempre o ato quando ele atentar contra a ordem pública, como as autolesões, o aborto, a mutilação fraudulenta para receber seguros ou para eximir-se do serviço militar.

No âmbito das cirurgias, elas de regra dependem do consentimento do paciente ou familiares, salvo em se cuidando de perigo de vida ou estado de necessidade. Justificam-se tanto para salvar a vida do paciente e de terceiros, como para evitar a procriação de degenerados. Grandes avanços ultimamente têm surgido no particular, admitindo-se já as esterilizações do homem e da mulher, a inseminação artificial, e até as operações de mudança de sexo, com alteração no registro de nascimento.

De outra parte, revelam-se comuns as doações de sangue e os transplantes de órgãos, em benefício da ciência e dos seres humanos em geral. O art. 10 da Lei nº 5.749/68 expressamente autoriza a pessoa maior e capaz a dispor de seus órgãos e demais partes do corpo, para fins humanitários e terapêuticos, dentro das condições que especifica. Segundo Ricardo A. Parilli, ao cidadão é lícito: a) consentir na ablação de partes enfermas de seu corpo, para salvar a sua saúde ou a própria vida; b) dispor em vida de órgãos ou parcelas renováveis com fins de transplante, mas só em se tratando de órgãos duplos, como rins, se isso não lhe proporcionar dano irreparável e permanente, e desde que a doação seja indispensável para a vida de outrem (El derecho, los transplantes y las transfusiones – p. 44).

Já se afiguram corriqueiros certos tipos de contratos que no passado chocavam a sensibilidade e eram tidos por infringentes ao decoro humano. Entre estes podem relacionar-se: a) o contrato de empréstimo do corpo, para pesquisas científicas; b) o contrato de locação do corpo, como o de manequim, modelo fotográfico e outros; c) o contrato de ablactação ou nutriz, também conhecido por ama-seca; d) os diversos contratos de trabalho, que expõem o corpo a perigos constantes e a ferimentos como os de touradas, automobilismo, pugilismo, circo, prestação de serviços com material explosivo, dentro de postos de gasolina, etc. Tais pactos decerto não podem ultrapassar os limites normais da energia do homem médio, nem o risco normal da atividade lícita, e devem obedecer à legislação trabalhista que lhe for pertinente.

Na apuração do *quantum* indenizatório por ato ilícito ofensivo à liberdade corporal, os danos materiais compreendem o lucro cessante e o dano emergente, ao passo que os danos extrapatrimoniais seguem a regra do art. 954 do Código Civil: "A indenização por ofensa à liberdade pessoal consistirá no pagamento das perdas e danos que sobrevierem ao ofendido, e no de uma soma calculada nos termos do parágrafo único do art. 953." Na falta de orientação adequada para o cálculo poder-se-á utilizar o salário mínimo regional na fixação do valor indenizatório, a cargo do prudente arbítrio do julgador. Esse critério muitas vezes é o mais recomendável. Nem o Código, nem as leis esparsas poderão abranger toda a riqueza casuística diariamente apresentada nos pretórios, razão pela qual é conferida ao julgador certa dose de discricionariedade, ficando a justa indenização afeta ao prudente arbítrio e ao tirocínio do juiz, que pode valer-se de todos os elementos de prova a seu dispor, inclusive jurisprudenciais, aceitar ou rejeitar prova técnica, e assim por diante.

Dano e lesão de direito são noções que se interligam. A cada direito corresponde uma ação ou um amparo legal específico. Quando ofendido for o direito de alguém, há causação de dano a seu titular, cujo ressarcimento se impõe de forma integral, com maior proteção aos interesses do lesado. Inexistindo texto de lei, a reparação das perdas e danos causados à pessoa, resultantes da vulneração do seu direito de ir e vir, ou a disposição do seu corpo e outros, pode e deve ser buscada não só na doutrina pátria, mas também nas lições pretorianas de dentro e fora do país.

Legislações de outros povos respeitam e protegem com maior amplitude e segurança o cidadão na sua esfera íntima e privada, no que tange a todas as expressões de sua personalidade. Admitem inclusive a obrigatoriedade de ressarcir quando o ilícito não chegou a ofender direito subjetivo, mas desde que tenha violado lei protetora dos interesses alheios. A só violação de lei dessa natureza gera o dever indenizatório, não sendo preciso forçar a qualificação dos direitos de personalidade como direitos subjetivos autênticos, para lhes aplicar as normas da responsabilidade extracontratual.

Nosso Direito também já se enriqueceu de legislação esparsa que assegura e resguarda os interesses alheios. Temos exemplo disso não só no diploma que rege a disposição do próprio corpo, mas também na Lei de Imprensa e na Lei dos Direitos Autorais. Quem for injustamente lesado em sua personalidade obviamente tem direito à cessação das lesões e ao pagamento de perdas e danos e sanções de outra natureza, se for o caso. Não há confundir, porém, ressarcimento e pena. Defende-se hoje uma reformulação significativa na sistemática vigente, com vistas à existência de uma complementariedade entre as duas figuras. A conjugação viria a calhar sempre que as técnicas ressarcitórias não proporcionassem reparação total ao lesado e escarmento integral ao lesante. Para muitos agentes a obrigação ressarcitória é insuficiente para demovê-los de reincidir no mesmo ilícito ou para impedi-los de repetir o mesmo comportamento injurídico. Tentativas de eliminar os efeitos do fato lesivo e de intimidar potenciais infratores nos oferecem os "punitive damages" do Direito anglo-saxônico, e as "astreintes" do Direito francês. Não são de olvidar-se, porém, as fronteiras do terreno em que se move a teoria da responsabilidade civil, nem o fato de o ressarcimento e a pena operarem em planos diversos e com finalidades também diferentes. Enquanto a pena privada condiz com instrumentos inibitórios e punitivos, as medidas ressarcitórias buscam reprimir o fato através de indenização à vítima, tanto na esfera material como na moral.

Como parte mais expressiva do corpo humano, o rosto é fundamental na imagem da pessoa. Embora integrando a personalidade, quando materializada em fotografias, retratos, filmes, videocassetes, "posters", quadros, etc., a imagem se corporifica, podendo ser reputada coisa, por reunir os requisitos específicos. Daí ser comum artistas, modelos, atletas e outros personagens famosos venderem sua imagem para capas de revistas e os demais variados setores de propaganda. A fisionomia é um bem jurídico, assim como a nova fisionomia, adquirida em virtude de cirurgia plástica. Se a fisionomia em si constitui um bem merecedor da tutela jurídica, como geratriz de todas as reproduções que dela possam ser feitas, também o é a nova fisionomia, aquela que veio a substituir a anterior. Pertinente, pois, a explanação externada a respeito por Walter Moraes:

"O ato de posar ou servir de modelo artístico, fotográfico, cinematográfico e de processos congêneres de captação da imagem é ato de disposição direta da própria imagem física que reveste o corpo. Claro está que o centro de interesses que determina a ação contratual, o que vale e o que faz valer, é a figura original, o modelo em si; as reproduções valem enquanto extensão do modelo, mas os interesses que possam suscitar implicam contratos de outra natureza, pelo menos outros contratos, distintos do primeiro. Na expressão de Keissner, reproduzida por Pontes de Miranda, sem o modelo o artista reprodutor não logra a figura. Sem o modelo é impossível o negativo fotográfico; ao modelo fotografado pertence, por lei, o direito de autor à cópia. O modelo é o autor, para o qual o fotógrafo está apenas como empreiteiro. Ressalvadas as distorções conceituais de direito de autor, aí está demarcada a objetividade jurídica *per se stante* da imagem original, a sustentar o ato de dispor de um sujeito e o ato de respeito de outro, que compõe uma relação de direito de personalidade puro" (*RT* – 444/19).

2.11. Responsabilidade civil para consigo mesmo

O Direito creditório tradicionalmente pressupõe um sujeito ativo e um sujeito passivo, que devem ser pessoas diferentes. Desaparecendo o dualismo, ou fundindo-se numa só as duas posições, extingue-se a obrigação, dado que ninguém é juridicamente obrigado para consigo mesmo. Na dogmatização do art. 381 do Código Civil, desaparece a obrigação quando na mesma pessoa se concentrarem ambas as qualidades de credor e de devedor. Reunidos num único ser o *jus creditoris* e o *onus debitoris*, dá-se o fenômeno da confusão. Mas a rigor o cidadão não é responsável só relativamente a outrem. Responsabilidade em relação a si próprio, embora pareça estranho, não deve ser de todo afastada. Responsabilidade não significa reparação, pois muitas vezes impossível é a propositura de ação indenizatória, por inexistir interesse ou viabilidade da sua realização. Porquanto pagar perdas e danos, ressarcir em dinheiro, na prática, só respeite a outrem, responsável não é unicamente o condenado ao ressarcimento. Responsável também é quem, a final, suporta as conseqüências do dano praticado. O dano exige a existência de um responsável, e a regra de que todo o dano tem um responsável abrange também a vítima.

A concorrência de culpas enseja partilha de responsabilidades. Exonera-se total ou parcialmente o agente se o evento ocorreu por culpa concorrente ou exclusiva da vítima. Repartem-se os prejuízos quando um ou outro tiveram culpa no resultado, apresentando-se ao mesmo tempo credor e devedor, assim como ocorre na colisão de veículos, onde cada condutor concorreu para o resultado. Cada lesado torna-se responsável em relação a si mesmo, na medida de sua culpa.

Outrossim, a aceitação dos riscos por parte da vítima pode reduzir a responsabilidade do danador. É dever de cada um preservar não só a integridade dos outros, mas também a sua própria. Conseqüentemente, a aceitação dos riscos que proporcione reciprocidade de culpas leva à partilha das responsabilidades, fazendo com que a vítima se torne responsável relativamente a si própria.

Exemplo marcante de responsabilidade civil em relação a si mesmo há no abuso de direito ou na litigância de má-fé, constituindo-se até em doutrina consagrada no Direito legislado. Sempre que o titular de um direito o exercitar de modo extrapolante, ofensivo e malicioso, estará resvalando para o terreno do ilícito. A exteriorização abusiva e prejudicial de seu direito faz nascer a sua própria responsabilidade, que lhe debita sanções, entre as quais sobreleva a recusa da proteção judicial. O abuso de direito é repelido pelos arts. 16 e seguintes do CPC, expressa uma infração à regra geral, uma excepcionalidade reprovável que produz a responsabilidade civil do titular do direito abusivamente exercitado em relação a si próprio. O mesmo sucede com o menor entre 16 e 18 anos que, para se eximir de uma obrigação, não pode invocar sua idade, se dolosamente a ocultou, ou se, no ato de se obrigar, espontaneamente se declarou maior. Tendo ele ilaqueado a boa-fé do outro dolosamente, descabe-lhe invocar ao depois sua própria torpeza, para libertar-se da obrigação que assumiu. O prejuízo que sofreu em seu patrimônio deve absorvê-lo pessoalmente, pois trata-se de um mal que a si mesmo assacou.

A idéia da responsabilidade em relação a si prórpio encontra guarida, assim, em caso de dolo do menor púbere para se eximir do cumprimento de uma obrigação, e no dolo processual ou no exercício malicioso do direito, que pode acarretar para o agente uma sanção que importa em responsabilidade a si próprio infligida.

O artífice da tese é Louis Josserand, o qual, segundo Aguiar Dias, "considera responsável aquele que em definitivo suporta um dano. Toma a responsabilidade civil no seu sentido mais amplo, tanto que abrange na qualificação de responsável o causador do dano a si mesmo. Nós acatamos o conceito do notável professor, cuja contribuição para o estudo da responsabilidade civil nunca será suficientemente encarecida. O fato de se confundirem no mesmo patrimônio o crédito pela reparação e a obrigação respectiva não afeta, ao nosso ver, a figura da responsabilidade, tal qual a entende Josserand. O que se dá é o desinteresse na caracterização do dever de reparação conseqüente à responsabilidade" (Da Responsabilidade Civil – I/21).

De fato, as objeções básicas a essa percepção doutrinária resumem-se a duas:

a) a responsabilidade para consigo mesmo gera a confluência para um único patrimônio do crédito e do débito do credor e do devedor da obrigação;

b) tornando-se uma só pessoa ao mesmo tempo credora e devedora, a obrigação extingue-se por confusão.

Na verdade, porém, a confusão não chega a extinguir a obrigação, mas somente impede a sua exigibilidade. A confusão mais representa um obstáculo à execução da obrigação, que apenas durará enquanto num mesmo ser se reunirem as condições de credor e devedor. A confusão, assim, apenas paralisa a obrigação, sem chegar a terminá-la.

A posição do grande mestre francês é defendida por ele mesmo, e assim pode ser traduzida para o português: "Objeta-se que, quando o autor da ofensa é ao mesmo tempo a vítima, só um patrimônio é interessado, e que desde esse momento, o direito que rege as relações dos homens entre si, se desinteressa de tal situação. Seria, porém, grande erro esta indiferença, tanto mais que indo ao fundo das coisas, é sempre entre dois patrimônios que se levanta a questão: se o pedestre, derrubado por uma carruagem, não é indenizado, perde tanto quanto ganha o dono do veículo obstrutor; entre essas duas partes, para aplicar uma fórmula famosa, o problema que se coloca é o problema de força, de força jurídica, entenda-se, logo de responsabilidade. Por isso convém acrescentar que não é raro ver afirmar-se a responsabilidade de uma pessoa em virtude de atos no interior de seu próprio patrimônio, sobretudo quando esse patrimônio comporta uma compartimentagem: o cônjuge na comunhão de bens responde pelas fraudes por ele perpetradas na administração da sociedade conjugal, mesmo que aos olhos de terceiros esses bens se confundam com os próprios; pelo mesmo motivo, e com maior razão, o herdeiro beneficiário é responsável pelas faltas graves de que é culpável no correr da gestão dos bens sucessoriais, (CC, art. 804), já que esses bens são de sua propriedade. A máxima *qui quase suam rem neglexit nulli querelae subjectus est* está longe de ser verdade absoluta".

Alega-se ainda – e é argumento capital – que não é possível ser credor e devedor em relação ao mesmo direito, e que a confusão, a consolidação, são a consagração tangível desta verdade jurídica, verdade também de senso comum.

Mas a resposta é dupla: primeiramente, é uma idéia banal que a confusão constitui um obstáculo mais de fato do que de direito, da origem ou sobrevivência de uma obrigação; transforma-se em ato, de alguma maneira impossível de executar, e não opera senão na medida desta impossibilidade (v. L. Josserand – Curso de Direito Civil Positivo Francês – t. II – nº 947), e portanto segundo justa observação e M. Demogue, se esta confusão "é mais impossibilidade de agir do que verdadeira extinção, já parece que o direito frente a si mesmo não é concebível a título de virtualidade" (Demogue – Tratado das Obrigações – t. I – nº 40).

3. Perdas e danos materiais

3.1. Perdas e danos e contrato "leasing"

O contrato "leasing" é um contrato de arrendamento mercantil que inclui a possibilidade de aquisição da coisa arrendada. Através dele a empresa, querendo usar um equipamento ou um imóvel, "consegue que uma instituição financeira adquira o referido bem, alugando-o ao interessado por prazo certo, admitindo-se que, terminado o prazo locativo, o locatário possa optar entre a devolução do bem, a renovação da locação ou a compra pelo preço residual fixado no momento inicial do contrato" (A. Lopes de Sá – Leasing e Finanças de Empresas – p. 6).

Nesse tipo de avença, a propriedade do bem objeto do pacto permanece com a financeira, enquanto não exercitado for o direito de opção de compra, por parte do arrendatário. Essa opção reservada ao arrendatário só pode ser exercida no final do contrato "leasing". A propriedade da coisa locada fica com o dono da coisa até o momento em que se realiza essa escolha por compra ou devolução do bem, ou renovação do pacto locativo. A conservação da propriedade constitui-se em garantia da financeira. É em tal sentido a lição ministrada por P. R. Tavares Paes; "A propriedade do material locado em *leasing* é da instituição financeira até que o locatário exercite a opção de compra, em sendo o caso. O Prof. Kondes Comparato esclarece que a garantia primordial da instituição financeira é o fato de conservar a propriedade do material utilizado" (Leasing – p. 7).

Essa realidade enseja importantes implicações na área da responsabilidade civil. Veja-se a situação de um acidente com veículo objeto de arrendamento mercantil, quando o arrendatário ainda não tenha exercido o seu direito de opção. Quem será o responsável pelas perdas e danos decorrentes do sinistro, ele ou o arrendador? Por ser o automóvel reputado coisa perigosa, seu proprietário em princípio deve responder pelos danos que venha a causar a terceiros, pelo simples fato de permitir ou facilitar a circulação. No "leasing" essa responsabilidade toca à entidade financeira, que continua sendo a proprietária. O verdadeiro guardião da coisa é o proprietário, e não quem a arrendou.

Aguiar Dias, apoiando-se em outros doutrinadores, preleciona que "o guardião da coisa não é o que tem poder de fato sobre ela. O ladrão não o é, porque, para que se considere alguém como guardião, é preciso que se lhe reconheça o poder de direção e de vigilância, derivado de um direito, que pode ser o da propriedade ou outro qualquer, capaz de criar esse poder. A noção de guarda jurídica se completa com a do proveito econômico; responde, porém, o proprietário em qualquer hipótese" (Da Responsabilidade Civil – p. 459).

Empresa comercial que arrenda veículos com fim exclusivo de lucro não tem como eximir-se dos riscos da circulação, nem como esconder seus objetivos econômicos, devendo conformar-se com o princípio latino do *ubi emolumentum ibi onus*. De conformidade com a Súmula nº 492 do Supremo Tribunal Federal, "a empresa locadora de veículos responde civil e solidariamente com o locatário, pelos danos por este causados a terceiros, no uso do carro locado". Embora não se confundam entre si o contrato de locação de veículo e o contrato de "leasing", a verdade é que em ambos o dono do carro não tem poder de bem vigiar a forma de uso do veículo, nem se pode aferir se escolheu bem ou mal o condutor. Mas trata-se de situações muito assemelhadas, nada impedindo que tenham igual tratamento jurídico. A jurisprudência dos tribunais direciona-se em tal rumo de maneira firme, segura, coerente e majoritária, máxime nas hipóteses em que o arrendatário ainda não chegou a optar na forma avençada (*JTACSP* – 80/37 – 81/60 – 95/18).

As perdas e danos que compõem o ressarcimento, em tais contingências, devem ser suportadas pela entidade financeira, proprietária do veículo, se o arrendatário ainda não tivera ensejo de exercer o seu direito de opção. A responsabilidade solidária entre locador e arrendatário torna inoperante qualquer cláusula que atribua responsabilidade exclusiva ao arrendatário, por dano causado a terceiro. Convenção de tal teor somente tem condições de vincular os contratantes entre si, mas jamais terceiros, que são estranhos a semelhante ajuste, e que estão garantidos pela obrigação do locador de arcar com as perdas e danos ocasionados pela coisa arrendada.

A dinâmica da vida e do comércio atuais pode criar situações em que a Súmula nº 492 não se enquadre com perfeição. Nessas hipóteses, havendo concorrência de culpas, a locadora responde solidariamente com o locatário pelas perdas e danos por este acarretados, durante o período da locação. A propósito, referindo-se ao locador, Ulderico Pires dos Santos entende que atribuir-lhe responsabilidade, "se está exercendo o seu comércio de acordo com os regulamentos administrativos e comerciais, sem concorrer para o evento com qualquer parcela de culpa, ainda que superficial, insignificante, extremamente tênue, não será apenas injusto, mas antijurídico. Nesse caso, responsabilizar a locadora só pelo fato da coisa parece-nos algo sem nexo, irreal e despropositado" (A Responsabilidade Civil na Doutrina e na Jurisprudência – p. 443).

É inegável que a aplicação sistemática da Súmula, máxime quando inexistir relação de causalidade entre o evento danoso e a culpa por ação ou omissão do arrendatário, pode levar a flagrantes injustiças. Se isso ficar evidenciado, outra alternativa se impõe. Dentro da flexibilidade que o ordenamento jurídico lhe oferece, ao julgador caberá então encontrar a solução que lhe parecer mais adequada e mais justa para cada questão concreta.

Não pode ficar sem registro, por isso mesmo, o posicionamento contrário, também de larga aplicação prática. Por não se confundirem entre si o contrato de arrendamento mercantil e o de locação, não seriam extensivos àquele todos os efeitos derivados deste. Não tendo o arrendante a posse, mas só a propriedade restrita do bem, também não teria legitimidade para responder por prejuízos causados pelo arrendatário. A má utilização do objeto por arrendatário ou preposto igualmente não geraria responsabilidade solidária da empresa arrendante.

Inaplicável seria, outrossim, o teor da Súmula nº 492 do STF, posto que destinado a definir a abrangência da responsabilidade em acidente de trânsito no aspecto do Direito Civil, e com referência a determinada atividade econômica. Visando unicamente à locação de veículos, sem a menor intenção de venda, nem de compra, o proprietário apenas explora a atividade comercial do bem, sem jamais abrir mão da propriedade. O arrendatário, a seu turno, tem em vista apenas o uso por algum tempo e mediante paga.

Na espécie "leasing" emerge a prestação de serviços, a característica forte da locação, mas sem se tratar de locação em sentido estrito. Se a este detalhe outras circunstâncias se agregarem, relativamente à posse e ao uso da coisa, nem sempre seriam extensivos ao contrato "leasing" todos os efeitos capazes de serem colhidos do instituto da locação. Necessário seria temperar e adaptar as conseqüências jurídicas do pacto, de conformidade com a realidade emergente.

Argumentam, ainda, com a semelhança situacional do instituto da alienação fiduciária. Nesta o credor adquire a propriedade restrita e resolúvel, mas não a posse e a disponibilidade do bem, razão pela qual não responde por danos praticados pelo devedor. O mesmo deveria ocorrer na espécie "leasing", onde a propriedade da coisa pelo arrendante é restrita, vez que adquirida para o arrendatário, a quem é entregue juntamente com a posse. A utilização é desempenhada pelo arrendatário, sem interferência do arrendante nesse direito, pena de desconstituição do contrato. Assim, por não ter o arrendante a posse da coisa, mas apenas a propriedade restrita, deve ser reputado parte ilegítima para responder por perdas e danos produzidos pelo arrendatário ao ensejo da utilização da coisa objeto do instrumento contratual.

3.2. Perdas e danos e compromisso de compra e venda

Se a transação imobiliária não se ultima por culpa do alienante, deverá ele pagar ao adquirente, a título de perdas e danos, a diferença do preço entre o convencionado ao ensejo do fechamento do negócio, e o valor do imóvel transacionado, consoante avaliação a ser feita na fase de liquidação. Essa atualização de valores se impõe, por uma simples questão de justiça, que salta aos olhos dos leigos. Trata-se de parcela a que tem direito o adquirente, eis que representa o que deixou de razoavelmente lucrar com o desfazimento do negócio. Consiste a parcela na real valorização do imóvel, da data do pré-contrato à data em que foi alienado a terceiro, valorização real revelada pela diferença entre o preço fixado no compromisso de venda e o preço pelo qual o imóvel posterior resultou alienado a outrem, se for o caso. A valorização verificada sempre deve ser levada em conta: "Pedido o valor atual do imóvel, neste compreendido preço pago, correspondente ao dano já desembolsado e a valorização verificada (perdas ou lucros cessantes). Não previsto no Código Civil Brasileiro, como feito no italiano, a responsabilidade do recebedor das arras inadimplente, apurar-se-á esta pelas normas gerais pertinentes à inexecução das obrigações com as conseqüentes perdas e danos, com o pagamento integral daquilo que seria o objeto do contrato, devidamente pago e satisfeito, no tempo" (*RJTJRS* – 102/259).

Em certas oportunidades, o mesmo resultado pode ser obtido através de simples aplicação de correção monetária. Isso evidentemente dependerá das circunstâncias do caso concreto. O ônus da depreciação da moeda é algo que incumbe ao vencido suportar. É ele que, pagando valores atualizados, não faz nenhum favor a quem quer que seja. Apenas repõe o que deveria ter pago na ocasião oportuna e já passada. A correção monetária é "a técnica pelo direito consagrada de se traduzirem, em termos de idêntico poder aquisitivo, quantias ou valores que, fixados *pro tempore*, se apresentam em moeda sujeita à desvalorização" (*Revista de Direito Público* – I/54 – São Paulo).

Na rescisão de promessa de compra e venda, cumulada com perdas e danos, portanto, a reparação consistirá na diferença entre o valor do contrato e o valor venal do imóvel, no momento da liquidação. Enquanto aquele fica inalterado, porque não desembolsada a quantia pelo compromissário, este deve corresponder ao valor atual do imóvel no mercado. Injusto seria considerá-lo apenas no valor estimatório para efeitos fiscais. Por isso o valor da causa igualmente deve aproximar-se do valor do proveito econômico que para o autor representaria a procedência de sua pretensão. Na ação de perdas e danos é o da própria indenização postulada, e não o valor histórico do contrato, cuja violação teria ensejado a reparação pretendida. Mas se a ação visa apenas à restituição de quantias pagas, já resolvido o contrato e até retomado o bem, o valor da causa será o da pretensão, e não o do contrato desfeito (*RJTJRS* – 90/283).

Em se tratando de perdas e danos produzidos em bens móveis, ao ofensor competirá recompor os prejuízos sofridos pelo lesado, com o pagamento do valor atual das coisas. O vencedor na causa não pode ser compelido a suportar o ônus da desvalorização, mas sim o vencido, o causador do dano.

Outrossim, na ação adjudicatória de terreno, cumulada com perdas e danos, com título não registrado, embora ocorra carência daquela, pode contudo a demanda prosseguir para exame da existência ou não do direito de haver perdas e danos.

3.3. Perdas e danos e verba para condução da vítima

As perdas e danos advindos da paralisação do bem danificado, enquanto perdurar o seu conserto, devem ser indenizados sempre que verificados forem. O exemplo que salta à memória é o do taxista que, em virtude de acidente, tem seu táxi retido em oficina de consertos. Inegável, em casos que tais, o seu direito ao ressarcimento dos lucros que normalmente auferia, quando o veículo se encontrava em regular funcionamento. Idêntica é a situação da casa comercial ou do escritório, obrigados a cerrarem as portas por algum tempo, em conseqüência de ato ilícito praticado. Os respectivos prejudicados fazem jus ao que realmente deixarem de lucrar com o evento danoso, durante o período de paralisação, quantia essa a ser buscada através de prova técnica. Mas a inércia e o desinteresse do lesado em voltar rapidamente à situação de normalidade funcional não o poderão beneficiar na apuração do *quantum debeatur*. Nem lhe aproveitará a alegação de falta de dinheiro para o conserto do veículo, ou para a retomada das atividades normais, vez que problemas particulares dessa natureza não terão influência na reparação. Não significa isso, porém, que em casos excepcionais a particularidade não possa ser considerada. De qualquer maneira, válida é a propósito a advertência feita por Aguiar Dias: "Como lucro cessante não podem ser considerados os resultados artificialmente criados pelo prejudicado. A este não é lícito, por exemplo, por sua inércia ou demora em mandar reparar o objeto ou o bem danificado, agravar a situação do responsável, aumentando a indenização dos lucros cessantes. Os prejuízos devem ser calculados de acordo com o tempo realmente necessário para concluir as reparações e assim fazer desaparecer as conseqüências daí decorrentes, como, por exemplo, a não percepção de aluguel, por sua forçada inatividade" (Da Responsabilidade Civil – II/367).

De ordinário as perdas e danos devidos por danificação de veículo compõem-se do conserto, da depreciação do carro e dos rendimentos deixados de auferir. Mas a jurisprudência também tem concedido verba destinada à condução da vítima, em certas circunstâncias. Justifica-se essa quantia não só quando o veículo paralisado produz renda, mas também quando o lesado dele precisa para deslocar-se ao seu trabalho diário. Não seria razoável, nem justo, obrigá-lo a usar ônibus, viajar em pé no corredor, ou pagar táxi ou avião, em conseqüência de danos sofridos injustamente. A responsabilidade civil não força nem compele a tal sacrifício, que unicamente beneficiaria o culpado. Não se exigirá do médico, nem de qualquer outro profissional liberal, que vá atender sua clientela via transporte coletivo, nem que exiba comprovação matemática das despesas de táxi que realizou, nos deslocamentos para exercer sua profissão, mesmo porque os motoristas de táxi não fornecem tais recibos. Impor um rigorismo extremado implicaria negar o direito ao ressarcimento, em tais circunstâncias, onde as despesas efetuadas mais se identificam com prejuízos.

A privação do veículo se traduz em prejuízo suscetível de aferição econômica também aos representantes comerciais, viajantes de indústrias, laboratórios e outros estabelecimentos, que se deslocam para colher pedidos de encomendas. Também eles fazem jus a ressarcimento, com base no decréscimo proporcional de suas vendas e rendimentos. Em cada caso há de verificar-se a necessidade, ou não, de locar outro veículo, a existência, ou não, de eficiente transporte coletivo na região das vendas. Difícil será, por vezes, saber o que efetivamente se deixou de lucrar, em face da privação do veículo. Por isso, se os lucros cessantes "não puderem ser cumpridamente demonstrados, em razão de sua natureza, podem ser estimados pelo juiz, valendo-se para tanto do seu prudente arbítrio. A ser diferente, naquelas hipóteses em que o ônus da prova se revela uma impossibilidade para aquele que sofreu o dano, estar-se-ia consagrando princípio da irresponsabilidade civil. Nos lucros cessantes a prova destina-se a demonstrar a razoabilidade da pretensão do lesado. O juiz não deve apreciá-la com o mesmo rigor com que se aprecia o valor do dano efetivamente acontecido" (*Julgados – TARS* – 40/233 – 40/324).

A substituição de veículo particular por transporte coletivo ou outro qualquer mais vagaroso reflete negativamente nos rendimentos, aumentando os lucros cessantes, máxime em se cuidando de médico, o qual, com a perda de tempo, terá reduzida a sua disponibilidade para consultas e outros serviços rendosos. A queda de produtividade não poderá favorecer o malfeitor, nem comprometer a função do ressarcimento. Aliás, se assim não fosse, o ofensor deveria responder pelo déficit econômico, a título de lucros cessantes, o que decerto aumentaria o total devido.

3.4. Perdas e danos e veículo de reserva

O proprietário que tem seu caminhão de carga danificado injustamente, ao transportar mercadorias de um local para outro, faz jus a ressarcimento por perdas e danos, durante o período em que o cargueiro ficou paralisado para conserto. Mas se ele demorar nas providências de restauração e de pleitear a indenização, e se o cargueiro se tornar imprestável em face da demora, os fatos deverão ser considerados em tempo oportuno. A mesma providência vale no pertinente ao desconto das despesas de manutenção, ordenado do motorista, depreciação do bem, etc.

Os lucros cessantes basicamente atenderão aos rendimentos de caminhão semelhante, no tempo compreendido entre a citação e o efetivo pagamento. As perdas só deixarão de ser computadas a partir da paga, quando o proprietário passou a ter condições de adquirir outro caminhão com o numerário recebido, retomando, assim, suas atividades normais de fretista.

Tratando-se de coletivo, os lucros cessantes deverão ser proporcionais à receita deixada de auferir, pela desativação do ônibus, durante a duração do conserto, e da recolocação do veículo nas linhas da empresa. Na apuração do montante devido, o perito levará em conta, para abater os custos diretos da operação, os salários do motorista, o combustível e a manutenção. Todos os esforços são endereçados na recomposição do prejudicado no seu estado anterior, sem desfalque em seu patrimônio. Mas a concessão dos lucros cessantes pressupõe a efetiva comprovação da ocorrência dos mesmos. Sem essa prova, impossível se torna a concessão, pois inviável é condenar alguém a perdas e danos improvados ou inexistentes.

Uma questão tem suscitado grandes discussões na doutrina e na jurisprudência: se a empresa dispuser de frota de caminhões e coletivos, com numerosos veículos de reserva, prontos para substituírem os carros acidentados? Assim mesmo terá ela direito a lucros cessantes pela utilização do carro de reserva? Os tribunais têm respondido negativamente à indagação, entendendo não se justificar a condenação do responsável ao pagamento de lucros cessantes, quando o veículo reserva é ativado no lugar do veículo acidentado. Essa solução afigura-se correta e justa, sendo dever jurídico da empresa fazer as substituições necessárias, que o desgaste normal vem impondo em todas as viaturas em circulação. Essas revisões periódicas e atos de conservação constituem ônus e obrigação de quem explora a atividade comercial. São providências que, antes de mais nada, assumem as feições de um dever indeclinável dos proprietários, que devem respeito à integridade dos passageiros.

A postura jurisprudencial não discrepa dessa orientação: "Tratando-se de firma proprietária de vários carros, tem de comprovar os lucros cessantes alegados por ter ficado parado um de seus veículos. O simples fato de ter ficado um deles fora de serviço não é suficiente, como não basta provar quanto rende um dos táxis em atividade. Pode haver um carro parado e, contudo, pela substituição, manter-se constante a quantidade média de carros em atividade, sem decréscimo nos lucros" (*Julgados – TARS –* 12/267).

3.5. Perdas e danos e bem dado em comodato

No imóvel dado em comodato, ao término do respectivo pacto, se o comodatário se negar a devolver o bem, deverá pagar perdas e danos, consistentes não só no pagamento dos estragos acaso feitos, como também, numa importância a ser arbitrada em forma de aluguel, até que o proprietário entre na posse da coisa. Essa estipulação de locativo ao comodatário em mora na restituição do imóvel não transforma o contrato primitivo em outro pacto locatício. O direito do proprietário vem garantido pelo art. 582 do Código Civil. Esse dispositivo, a par de dissuadir o comodatário a não persistir no esbulho, apresenta fórmula para a composição das perdas e danos: "O comodatário constituído em mora, além de por ela responder, pagará o aluguel da coisa, arbitrado pelo comodante, durante o tempo do atraso em restituí-la."

Se alguém entra na posse de casa alheia, sob a condição de adquiri-la, sem que a transação se concretize, a ocupação deverá ser indenizada na forma da lei. As perdas e danos atinentes consistirão no pagamento ao dono do imóvel de uma quantia arbitrada como locativo mensal, durante o período de ocupação do bem.

Ao comodatário cumpre usar a coisa consoante sua natureza e de conformidade com o avençado, pena de arcar com perdas e danos. Se o bem vier a correr risco, juntamente com coisas suas, e se não o salvar, como o fez com os objetos de sua propriedade, será obrigado a ressarcir o dano assim causado, ainda que atribuível a caso fortuito ou força maior.

Quando o objeto do comodato for um veículo que se envolveu em acidente, impõe-se a comprovação da culpa do motorista. Somente responderá civilmente o comodatário se tiver agido com culpa. Do contrário, ao comodante competirá pleitear reparação junto ao causador direto dos prejuízos. É regra geral que, sem a efetiva comprovação da culpa do comodatário, impossível é responsabilizá-lo por danos defluentes de responsabilidade civil. O empréstimo gratuito de automóvel, entregue por alguém a outrem para usá-lo, sem a menor contraprestação, tipifica a figura do comodato. Em tal ocorrendo, se a culpa do comodatário não restar demonstrada, não poderá ser responsabilizado pela perda ou pela deterioração do automotor emprestado. Ao comodante incumbe o ônus de tal prova, incidindo no particular o disposto nos arts. 233 e seguintes do Código Civil.

Por sua própria definição, o comodato é temporário. Se instituído for sem prazo determinado, lícito será ao comodante exigir a restituição do bem emprestado, notificando previamente o comodatário. E uma vez extinto, por força da notificação, a posse passará a caracterizar-se como injusta, rendendo ensejo a perdas e danos. Praticará esbulho o comodatário que, após recebida a manifestação notificatória, não se demite da posse do imóvel. A existência da figura do comodato, como contrato bilateral que é, não se presume, devendo sempre ser comprovada.

De outro lado, tratando-se de comodato com prazo definido, ao comodatário sempre será permitido restituir a coisa ao comodante. A própria natureza do instituto autoriza a devolução a qualquer momento.

O prazo do aviso premonitório ao comodatário, ou seja, o lapso temporal da notificação para desocupar o prédio, é fixado de ordinário com base na eqüidade, com um mínimo de trinta dias, podendo ir a noventa, se imóvel (art. 576, § 2º, CC). Não seria prudente enxotar de inopino o beneficiado, causando-lhe transtornos e dificuldades, que nos tempos correntes podem tornar-se invencíveis em certas conjeturas.

3.6. Perdas e danos e depreciação da coisa

O conserto da coisa danificada nem sempre resolve o problema da indenização integral. Embora o *quantum* indenizatório fixado em sentença deva conservar-se atualizado ou corrigido monetariamente, ainda assim o ressarcimento poderá restar despojado de sentido e de razão de ser. É o que sucede com as danificações ocasionadas em modesta casa residencial existente em cima de terreno que vem a obter altíssimo preço em aquisição feita por firma construtora que sobre ele constrói requintado edifício. Não raro o terreno é agregado a outro, tendo a compradora interesse em pagar preço muito acima do real. A vantagem econômica auferida em transação dessa ordem pelo dono do imóvel suplanta em muito qualquer necessidade de conserto. Esse, nas circunstâncias, se torna absolutamente irrelevante e inútil.

O ressarcimento completo não pode menosprezar a depreciação do bem, gerada pela sua danificação. Em princípio, a desvalorização deve ser analisada com tríplice ótica: a) quanto à finalidade de alienação; b) quanto ao uso do próprio lesado; c) quanto a fins locativos. A depreciação pode ligar-se tanto à afetação de partes vitais do bem, como à sua estética ou aparência, independentemente da estabilidade e da segurança da coisa. Em tese, a batida ou o choque prejudica sempre o veículo, e conseqüentemente o desvaloriza. Mas tal inocorre se a parte atingida ou inutilizada for substituível por outra, como o pára-lama, o pára-choque, os faróis, ou qualquer outra peça. Muitas são as colisões, mesmo fortes e de grandes proporções, que praticamente não chegam a danificar o veículo em si, a ponto de diminuir-lhe o valor. Ao contrário, um sinistro até pode proporcionar a valorização de um veículo, se em conseqüência dele tiverem sido substituídas peças velhas por novas, inclusive de alta importância no todo.

Os índices de depreciação geralmente são determinados através de critérios contabilistas ou fiscais, dentro de uma escala oscilante entre 1% a 100%. Assim, tomado como exemplo um bem com durabilidade estimada em vinte anos, a média anual de sua depreciação será de 5%. Em sendo sua durabilidade avaliada em dez anos, a taxa anual de desvalorização será de 10%; se em cinco anos, a referida taxa será de 20%, e assim por diante. Essa depreciação, contudo, é a que decorre só da prática de ato ilícito, e não a proveniente do desgaste natural ou de outros fatores.

No tocante às coisas móveis, a sua depreciação de ordinário é fixada em cifras que vão de 1% a 60% sobre o valor do objeto desvalorizado pelo ato ilícito. Ultrapassado esse teto, em certos casos não valerá a pena proceder ao conserto. Em outras hipóteses, entretanto, apesar de a desvalorização superar a 60%, o bem ainda poderá continuar satisfazendo as necessidades do prejudicado. Nesses casos, se rejeitar a reparação, duas alternativas se lhe apresentam: ou aceita o preço no valor da coisa antiga, ou recebe um bem novo, repondo em dinheiro a diferença de preço a maior.

Tanto em relação aos objetos que a rigor não têm valor pecuniário, como naqueles que não possuem valia aos olhos do público, mas que representam valor extraordinário para colecionadores e artistas, a precaução e a perspicácia devem preponderar. Quanto a eles impende usar de todos os meios disponíveis, como indícios, presunções, arbítrio, eqüidade, máxime prova técnica, para encontrar a medida mais adequada e justa na reparação ao prejudicado.

3.7. Perdas e danos e perecimento da coisa

Nos termos do art. 952 do Código Civil, em caso de usurpação ou esbulho, para se restituir o equivalente, quando não mais exista a própria coisa, estimar-se-á ela pelo seu preço ordinário e pelo de afeição, contanto que este não avantage aquele. Perecendo a coisa por fato alheio à vontade do proprietário, terá ele ação pelos prejuízos contra o culpado.

Se a coisa deixou de existir, quer por perecimento, quer por destruição, seu respectivo ressarcimento sempre compreenderá o dano emergente e o lucro cessante, a não ser que haja vedação legal a respeito.

A aplicação do aludido art. 952 oportuniza a cumulação do dano material e do dano moral. O valor de aferição a que se refere tipifica o dano moral, na hipótese expressamente contemplada. Daí calhar a lição de Agostinho Alvim, na parte em que frisa que "caso típico de dano moral puro, expresso em nosso Código, é o artigo 952. Se não existir mais a coisa que deve ser entregue, manda a lei que se embolse ao prejudicado o seu valor (art. 952, e § único). Ora, toda recomposição do patrimônio se opera pela restituição do equivalente. Logo, o valor de afeição, que se dá a mais, é uma reparação moral, uma satisfação aos sentimentos afetivos" (Da Inexecução das Obrigações e suas Conseqüências – p. 222).

Mencionado dispositivo legal visa recompor todo o desfalque, somando o dano emergente e o lucro cessante. A outra parcela reparatória, relativa ao valor de afeição ou dano moral, consistirá em verba adicional, a ser fixada ponderadamente pelo julgador, nos casos em que for cabível. Tal ocorre, por exemplo, na morte de menor, em conseqüência da prática de fato ilícito, quando a indenização não poderá restringir-se ao simples pagamento de funeral e luto. Impõe-se aí um ressarcimento mais amplo, com a reparação da vida ceifada, ao menos de forma simbólica e como consolo ou lenitivo aos genitores e relativamente ao dano estritamente moral. Na satisfação desse dano tem-se recorrido a todos os expedientes lícitos e válidos, tomando como base de cálculo uma hipotética contribuição futura do menor para com sua família, até a idade em que estaria apto a matrimoniar-se.

Já no homicídio de pessoa maior, inviável será a prestação alimentar se a vítima superar em idade os limites da sobrevida presumida, ou os 21 ou 25 anos estabelecidos pela jurisprudência como de limite de contribuição alimentar ao ascendente. Mas em tal hipótese há possibilidade de ser reparado o dano moral, em face da exclusão da outra indenização, a ser apurado na forma de arbitramento judicial (*RJTJRS* – 97/418). Entretanto, se os autos oferecerem elementos probantes que se bastem para a correta fixação do *quantum*, não há por que relegar a matéria à liquidação de sentença.

3.8. Perdas e danos e esbulho possessório

A posse é um fato, com especial proteção da lei. Qualquer danificação, qualquer prejuízo sofrido em decorrência de esbulho possessório deve ser integralmente reparado. Nos tempos atuais é comum serem invadidos terrenos e imóveis outros, sob alegação de que foram abandonados. Daí a necessidade de verificar-se em cada caso se efetivamente se caracterizou o alegado abandono, e qual a verdadeira qualificação da posse exercida pelo novo ocupante da coisa. Em muitas situações a falta de cuidados de ordem física, tidos por indispensáveis, ou a falta de uso ou de visitação, por dois ou mais anos, não chegam a configurar o abandono.

Na forma da lei, a posse das coisas é perdida pelo abandono ou pela posse de outrem, ainda que contra a vontade do possuidor, se ele não foi manutenido ou reintegrado em tempo oportuno. O possuidor deterá a posse da coisa enquanto se portar relativamente a ela como se comporta o proprietário. Segundo Washington de Barros Monteiro, o possuidor perderá a posse da coisa "quando deixar de se conduzir como dono diante do que lhe pertence. O possuidor há de manifestar pela coisa possuída o mesmo interesse, o mesmo cuidado e as mesmas atenções, uma vez que a posse outra coisa não é senão a visibilidade do domínio. Se o possuidor não evidencia essa diligência, privando-se de seus direitos sobre a coisa, perder-lhe-á a posse" (Direito das Coisas – p. 71).

Esses seus cuidados, essa sua administração e esse seu exercício do direito de posse, e resguardo do poder dominial, podem ser exercitados por meio de administrador, podendo inclusive exteriorizar-se através de interditos possessórios ou qualquer outra medida apta a defender a posse. Pouco ou nada adiantará alguém apossar-se injusta ou precariamente de um bem e transmitir a posse a outrem, para fins de aparentar posse justa e de boa-fé. Se a posse iniciou-se de forma violenta, precária ou clandestina, com os mesmos caracteres passará aos novos posseiros. Mesmo que de boa-fé, sem conhecimento do vício originário, a posse pode revelar-se injusta. À primeira vista, "toda a posse justa deveria ser de boa-fé, e toda posse de boa-fé deveria ser justa. Mas a transmissão dos vícios de aquisição permite que um possuidor de boa-fé tenha posse injusta, se a adquiriu de quem a obteve pela violência, pela clandestinidade ou pela precariedade, ignorante da ocorrência: *nemo sibi causam possessionis mutare potest*" (Orlando Gomes – Direitos Reais – p. 45).

Na definição das perdas e danos há de ser levado em conta também o fato da posse de boa-fé, que se converte em posse de má-fé. Isso ocorre quando o possuidor de boa-fé ignora o vício que lhe impede a aquisição do direito possuído. No momento em que fica ciente do obstáculo impeditivo da aquisição cessa a sua boa-fé, e a posse passa a transformar-se em posse de má-fé, com a ciência do possuidor de que possui indevidamente.

Opera-se a perda da posse pelo abandono da coisa, quando presentes dois requisitos: a) a derrelição da coisa (*res derelicta*); b) o propósito de não a ter mais para si. Simples negligência não configura abandono, sendo indispensável a intenção de abandonar (*Jurisprudência Catarinense* – 37/265).

As perdas e danos são conseqüências da possessória, razão pela qual devem fazer parte da respectiva condenação. A ação possessória procedente, por sua natureza dúplice, implica satisfação de perdas e danos. Omissa a sentença a respeito, cabe ao autor da demanda, ao ensejo da execução da sentença, comprovar os prejuízos que efetivamente sofreu, mostrando a quantidade e a extensão dos mesmos. Em nosso Direito não se indeniza a infração em si, mas o dano resultante da infração. As perdas e danos são devidos pela utilização de imóvel alheio e pela conseqüente privação do uso compatível e rentável, pelo proprietário, o que é válido também para o Poder Público. No esbulho praticado por ele em propriedade particular, sem processo expropriatório regular, a respectiva reparação deve ser justa e integral, não só no pertinente ao valor atualizado, mas também no tocante a perdas e danos resultantes da perda do uso da propriedade. Sem a parcela referente aos prejuízos pela privação de uso, a reposição não será completa.

3.9. Perdas e danos e imóvel adquirido de vendedora que faliu

No âmbito das promessas de compra e venda, máxime de terrenos em prestações, localiza-se talvez a maior freqüência das perdas e danos. A própria natureza da transação e o modo prolongado de pagamentos sucessivos fazem com que, ao final de tudo, vencidos os prazos ajustados, os contratantes se desentendam quanto ao sentido das cláusulas contratuais. Especialmente em aquisições de terrenos loteados, e que se situam em balneários, após pago todo o preço e satisfeitos os encargos fiscais, o adquirente se depara com surpresas ao pretender efetuar a escritura. Constata, então, que os terrenos não mais pertencem ao vendedor, que já foram objeto de escritura ou de dação em pagamento a outrem, que a firma vendedora faliu, que outra a sucedeu, e que esta se nega a outorgar escritura, e assim por diante.

Nessas oportunidades, certo é que a vendedora está impedida de escriturar os imóveis, por já alienados a terceiros, como certo também é que o promitente comprador tem direito a perdas e danos. Essas perdas e danos deverão ser satisfeitas por quem, pela firma vendedora ou pela que a sucedeu? Em que consistirão tais perdas e danos? Influirá a falência no direito do comprador? A resolução da promessa de compra e venda, por culpa exclusiva do vendedor, obriga a este ao pagamento de perdas e danos, que no caso deverão equivaler ao preço atual dos imóveis. O vendedor apenas terá o direito de obter a devolução das parcelas pagas. A falência da empresa não tem a força de dissolver os contratos bilaterais, como é de lei. Ademais disso, a posterior extinção das obrigações da firma falida pressupõe o adimplemento dos contratos bilaterais pendentes. A empresa que sucedeu à promitente vendedora o fez ativa e passivamente, assumindo os riscos inerentes ao negócio, e comprometendo-se legalmente pelos débitos existentes. Para o promitente comprador torna-se irrelevante a falência da vendedora, vez que outra a sucedeu em todos os direitos e obrigações.

Não cumprida a obrigação, o devedor responde por perdas e danos, mais juros e atualização monetária segundo índices oficiais, e honorários advocatícios (art. 389, CC). Outrossim, conforme a lei de quebras, "os contratos bilaterais não se resolvem pela falência, e podem ser executados pelo síndico, se achar de conveniência para a massa". Ademais disso, de conformidade com a mesma lei, "nas relações contratuais abaixo mencionadas prevalecerão as seguintes regras: VI – na promessa de compra e venda de imóveis, aplicar-se-á a legislação respectiva".

Note-se que a dedução do preço das quantias pagas faz-se por imperativo de justiça, eis que a aquisição dos bens pelo vendedor também lhe tem custado dinheiro. As circunstâncias inclusive podem determinar que tais quantias sejam atualizadas, se irrisórias e totalmente fora da realidade. Assim, têm julgado os tribunais: "Ação de perdas e danos. Descumprimento, por empresa sucessora, de promessas de venda de lotes de praia, pela empresa sucedida. Irrelevância da falência desta. Cálculo dos prejuízos a serem ressarcidos: preço atual dos imóveis transacionados e não entregues. Pretender a não-dedução do preço, no cômputo da indenização, equivale a pretender que a aquisição dos terrenos nada tivesse custado ao autor, de modo que o patrimônio dele fosse acrescido sem qualquer investimento" (*RJTJRS* – 108/324).

De conseguinte, o promitente comprador é titular de direitos e obrigações contratuais, oriundos de promessa de compra e venda, pelo que não precisa habilitar-se no processo falencial da vendedora. A declaração de extinção das obrigações da massa em nada o afeta, mercê da natureza e da origem de seus direitos, e porque os contratos bilaterais não se resolvem pela falência.

Outrossim, releva consignar que as despesas com urbanização e afins constituem ônus do loteador, e não dos adquirentes dos lotes. Destarte, não são dedutíveis do valor da indenização. Inerentes ao próprio loteamento, são operadas por conta exclusiva do loteador, a não ser que por documento escrito as partes tenham disposto de maneira diferente.

Melhor sorte não tem a vendedora se os documentos da transação foram assinados por diretor seu sem poderes para tanto, ante a teoria da aparência, que confere legitimidade a tais atos, ligados à confiança do público. Nem mesmo lhe socorre o fato de referido diretor não ter recolhido aos cofres da firma as importâncias que recebeu em pagamento. O contratante de boa-fé não tem condições nem dever de penetrar nos meandros negociais da sociedade, para inteirar-se do seu funcionamento e dos poderes distribuídos entre os gerentes, sócios e funcionários. Nem obrigado está a examinar a documentação estrutural da vendedora e o seu registro no órgão competente, nem os seus demais atos constitutivos. Na promessa de compra e venda de imóvel formalizada através de arras, onde consta o nome da firma vendedora, firmadas as arras por diretor sem poderes específicos, de firma que posteriormente faliu, invocável é a teoria da aparência, segundo maciça orientação pretoriana: "A falência e o fato de o gerente pelo contrato social não estar apoderado para contratar a venda de imóveis não retiram o aspecto de o negócio ter sido efetuado com a firma falida. Trata-se de ato interno da firma, a quem incumbe responsabilizar o diretor exorbitante. Não há confundir o negócio em si com o cumprimento do mesmo. Quem recebe o preço se beneficia. Com o fornecimento da coisa comprada também há benefício, vez que se obtém credibilidade para novos negócios. Exceção é a falência, mas esta interessa apenas à massa e a seus credores. Não muda o aspecto de o dinheiro não ter sido recolhido aos cofres da vendedora. Trata-se de direito da massa, que pode acionar o diretor faltoso. Negócio lícito, acabado, perfeito, contratado de boa-fé, não pode ficar prejudicado por norma interna da vendedora, e que apenas condiz com a sua administração" (*Revista Trimestral de Jurisprudência dos Estados* – 39/222).

3.10. Perdas e danos e arrependimento em transação ajustada por instrumento particular

O contratante não é obrigado a cumprir contrato de que se arrependeu. Não pode ser compelido a receber qualquer prestação referente à avença, mas também não lhe é lícito exonerar-se das obrigações assumidas mediante simples devolução da importância recebida. A lei lhe impõe o dever de compor as perdas e danos defluentes do seu arrependimento. Não ajustado o negócio por instrumento público, exigido para a substância do ato, precisará restituir a quantia recebida mais perdas e danos.

Em nossa sistemática, se o instrumento público for exigido como prova do contrato, qualquer das partes pode arrepender-se antes de assinar o ato, ressarcindo ao outro contratante as perdas e danos resultantes do arrependimento. Comentando o assunto, Carvalho Santos assevera que "em qualquer hipótese, a parte que se arrepende fica obrigada a responder pelas perdas e danos resultantes do seu arrependimento" (Código Civil Brasileiro Interpretado – 15/190).

Versando a matéria concernente à resolução contratual, Pontes de Miranda diz *in verbis*: "Se no contrato ou pacto posterior os contraentes se reservaram, ou reservaram a algum, ou a algum deles, direito de resolução ou a resilição, nascem para eles, se sobrevém a resolução ou a resilição, o dever e a obrigação de restituírem as perdas e danos que cada um fez. Esta regra jurídica faz parte de todos os sistemas jurídicos, sem ser preciso que neles apareça escrito. Entre a primeira parte da regra jurídica no campo, deixada a autonomia da vontade; e a referência à restituição (segunda parte) resulta o princípio geral de direito: uma vez que se resolveu ou se resiliu o contrato, não dá mais razão para que as prestações fiquem aos que as receberam."

Não tendo havido prefixação de perdas e danos, como na hipótese disciplinada nos arts. 418 e 419 do CC, ao arrependido do negócio compete restituir as prestações recebidas e as perdas e danos a serem arbitradas no curso da demanda. Sem tal providência, lícito não será declarar a resolução do pacto, para liberar o arrependido. Uma vez operada a resolução por arrependimento, os efeitos contratuais não mais se irradiam, extinguindo-se os direitos e obrigações objeto do contrato.

As duas hipóteses de arras contempladas na lei civil são distintas entre si. Sem estipulação de arrependimento equivalem a contrato retratável. Não se aplica a regra se no pacto constar cláusula explícita de irrevogabilidade e irretratabilidade. De qualquer maneira, no particular, a exegese é esta: para poder exercer o direito ao arrependimento, cumpre ao arrependido oferecer ao outro contraente a prestação já recebida, acrescida das perdas e danos pertinentes.

Se a lei nada dispuser em contrário, a escritura pública é essencial à validade do negócio jurídico que vise à constituição, transferência, modificação ou renúncia de direitos reais sobre imóveis de valor superior a trinta vezes o maior salário mínimo vigente no país. No negócio jurídico celebrado com a cláusula de não valer sem instrumento público, este é da substância do ato (arts. 108 e 109, CC).

No ensinamento de Clóvis Beviláqua, "enquanto não for assinado o instrumento público, as partes podem arrepender-se, porque sem essa forma o ato não tem existência jurídica. Se, porém, havia promessa de lavrar a escritura, constante de um contrato particular, o não cumprimento dela acarreta a responsabilidade por perdas e danos, como acontece em toda a obrigação de fazer não cumprida por culpa do devedor" (Código Civil – 4/248).

O direito de arrependimento implica também o direito de pleitear perdas e danos, por descumprimento da promessa de lavrar a escritura. Mas assim não sucederá se no contrato constar cláusula de irrevogabilidade e irretratabilidade, com expressa exclusão de direito. Inaplicável ainda será ela quando a escritura pública não for exigível como prova do contrato. Inobstante envolver direitos reais sobre imóvel de valor acima do indicado no art. 108, a cessão pode ser celebrada por instrumento particular, consoante o art. 13 do Decreto-lei nº 58/37, com a redação que lhe deu a Lei nº 6.014/73. Segundo a jurisprudência, na cessão de direitos de promitente comprador de imóvel por instrumento particular, não incide a regra, em se tratando de negócio irretratável e irrevogável, e sem possibilidade do exercício de arrependimento (*RJTJRS* – 102/322).

3.11. Perdas e danos e restituição de arras em dobro

Nosso Direito permite aos contratantes arrependerem-se do negócio feito, inobstante as arras dadas. Isso ocorrendo, se o arrependimento for de quem as deu, perdê-las-á para o autor; se de quem as recebeu, devolvê-las-á em dobro. Inexistindo ajuste em contrário, as arras em dinheiro são reputadas princípio de pagamento. Afora isso, devem ser devolvidas quando a avença for concluída ou desfeita. O embolsamento do numerário correspondente ao preço do imóvel vendido, sem transferir o domínio e a posse ao comprador, implica locupletamento ilícito. Em tal caso descaberiam as perdas e danos só diante de cláusula de arrependimento e restituição do sinal em dobro, na forma da Súmula nº 412 do Supremo Tribunal Federal: "No compromisso de compra e venda com cláusula de arrependimento, a devolução do sinal, por quem o deu, ou a sua restituição em dobro, por quem o recebeu, exclui indenização maior, a título de perdas e danos, salvo os juros moratórios e os encargos do processo."

Entretanto, em tendo havido cumprimento dos promissários com o pagamento integral do preço, justo que seja devolvida esta parcela em dobro, como vêm decidindo os tribunais.

Quid, se quem ocasiona a impossibilidade da prestação ou a rescisão do contrato é quem recebe as arras? Em sendo a inexecução de quem recebeu as arras, quem as deu pode ter o contrato por desfeito e exigir sua devolução mais o equivalente, com atualização monetária, segundo índices oficiais, juros e honorários advocatícios.

Também para a Instância Superior, "simples recibo arras, sem cláusula de arrependimento, não obriga a restituição em dobro de numerário recebido como parte de pagamento da venda de imóvel. Não tendo havido devolução do sinal ou restituição em dobro, é admissível o pedido de perdas e danos e restituição pura e simples das arras, consoante a Súmula 412 do Pretório Excelso e art. 1.096, *in fine*, do CPC" (*Jurisprudência Catarinense* – 37/121). Estabelece mencionado artigo na sua íntegra que "salvo estipulação em contrário, as arras em dinheiro consideram-se princípio de pagamento. Fora esse caso, devem ser restituídas, quando o contrato for concluído ou ficar desfeito".

No compromisso com cláusula de arrependimento, a devolução do sinal por quem o forneceu, ou a sua restituição em dobro por quem o recebeu, exclui reparação maior, a título de perdas e danos, com exceção dos juros moratórios e dos encargos processuais. Ao comprador é permitido, contudo, no caso de inadimplência do vendedor que recebeu arras, optar em reclamá-las em dobro ou postular perdas e danos.

Se quem deu as arras não executar o contrato, o outro contraente poderá tê-lo por desfeito, retendo as arras. Quando for de quem recebeu as arras, poderá quem as deu haver o contrato por desfeito, e exigir devolução mais o equivalente, com juros, correção monetária e honorários, ou seja, perdas e danos integrais. Sofrendo o contratante inocente maior prejuízo, poderá pedir indenização suplementar, valendo as arras como taxa mínima, ou exigir a execução do pacto, com as perdas e danos, valendo as arras como o mínimo da indenização (arts. 418 e 419, CC).

No inadimplemento de promitente vendedora, a diretriz a seguir é a indenização à promitente compradora, consistente no que efetivamente perdeu, devolução das arras corrigidas monetariamente, acrescido do que razoavelmente deixou de lucrar. Essa segunda parcela é importante e se traduz na verdadeira valorização do imóvel, desde a data do pré-contrato, até a data em que se deu a alienação a terceiro. Trata-se de uma valorização real, revelada pela diferença entre o preço fixado no compromisso de venda e o preço pelo qual o imóvel resultou posteriormente avaliado. Em outras palavras, a indenização pelo valor atual do imóvel se compõe do preço pago (restituição) e da valorização verificada (perdas e danos) (*RJTJRS* – 98/389 – 115/344).

Nesse assunto, porém, não há lugar para generalizações, muito menos para dogmas. Soluções casuísticas por vezes estarão fadadas a realizarem melhormente a justiça. Suponha-se que no caso anteriormente citado a valorização tenha sido muito elevada em virtude de loteamento e urbanização feitos a expensas exclusivas do novo dono, fato que nem sequer era cogitado pelos anteriores proprietários, ou que o imóvel de repente obteve enorme valorização em face de obras governamentais realizadas. Em tais eventualidades, outras soluções podem ser alvitradas. Apresenta-se como solução justa aquela da devolução da quantia paga, corrigida monetariamente, a contar do efetivo pagamento, e não do valor do preço atual, que não foi obra sua, mas ônus de outrem, e que implicou enormes gastos e grande valorização. A par disso, nessas circunstâncias geralmente são postulados perdas e danos em sentido geral, e como tal concedidos, a título de lucros cessantes. Como se fará essa aferição? Costuma-se tomar por analogia as desapropriações, concedendo a título de lucros cessantes juros compensatórios de 12% ao ano, desde a segunda venda, quando houve a transmissão da propriedade, e a perda da disponibilidade do bem. Os juros compensatórios seriam computados desde a segunda escritura até o efetivo pagamento da obrigação.

Essa construção jurisprudencial, embora não se constitua pacífica, para muitas situações pode ser solução justa, ou esforço muito válido, já que o Código não prevê a responsabilidade do recebedor das arras. Na apuração dessa responsabilidade conforme as regras gerais relativas à inexecução das obrigações com as conseqüentes perdas e danos, e com o pagamento do que seria o objeto do contrato, pago no tempo, importa verificar os detalhes que compõem cada situação fática.

As arras para compromisso de transação de imóvel são tidas por confirmatórias e não penitenciais, quando inexistir cláusula de arrependimento. Nesse caso, ocorrendo culpa de quem as prestou, perde ele as arras e ainda responde por perdas e danos.

Assinala João Luiz Alvesque "o texto regula as arras no caso em que o arrependimento não é facultativo. Facultado este, perde o devedor arrependido as arras. Não facultado, além da perda das arras, o devedor culpado pela impossibilidade da prestação ou pela rescisão do contrato, responde por perdas e danos. Sem isso ficaria na mesma posição jurídica do devedor que pode arrepender-se, o que seria absurdo. Assim, pois, quando não é facultado o arrependimento, se o contrato se desfaz por culpa de quem dá arras, perde-as ele e responde pelas perdas e danos: se por culpa de quem recebe as arras, restitui-as ele em dobro, além das perdas e danos" (Código Civil – 4/192).

3.12. Perdas e danos causados por animais

O proprietário de animal é obrigado a guardá-lo de tal modo que ele não possa ofender a terceiros, desimportando que o irracional seja domesticado ou não. Toda a vez que for produzido algum dano, presume-se ter havido negligência no dever de vigiar, gerando-se presunção de culpa contra o guardião ou dono. E, em conseqüência, impõe-se o ressarcimento devido, que abrange todo e qualquer prejuízo, quer seja contra pessoas, coisas ou plantas. Trata-se de uma presunção de culpa na forma preconizada pelo art. 936 do Código Civil. Para livrar-se dessa obrigação reparatória, ao dono ou detentor do animal incumbe provar um dos seguintes elementos: a) que guardava e vigiava o animal com cuidado preciso; b) que o animal foi provocado por outrem; c) que houve imprudência do ofendido; d) que o fato resultou de caso fortuito ou força maior. O ônus da prova compete ao dono do semovente, sempre que se entender no direito de invocar a causa exonerativa. Sua posição é menos cômoda do que a do lesado, que só precisa mostrar que realmente sofreu perdas e danos, provocados por animal do acionado. Não é de obrigação do proponente da causa indenizatória comprovar que o dono do irracional agiu com culpa *in custodiendo*, mas é tarefa do réu mostrar que guardava o animal com cuidado preciso.

O dono do animal deve ter os cuidados necessários a que não cause danos a outrem. Cabe-lhe manter vigilância contínua e adequada, de molde a não oportunizar a fuga. Não se trata somente do cuidado normalmente usado pelo homem comum, mas de todas as cautelas que encerram uma atenção maior, uma precaução mais acentuada, idônea para evitar a fuga. É o cuidado necessário para que não ocorra a fuga. Não age com cuidado preciso, na concepção do hermeneuta, quem evidenciar ter obrado negligentemente, vez que, como gizado, a expressão requer atenção maior e vigilância apropriada às circunstâncias de cada conjuntura.

Segundo Aguiar Dias, "basta atentar em que, perante o nosso Código, à vítima só incumbe provar o dano e identificar o dono ou detentor do animal. Para escusar-se, o responsável não pode invocar a fuga ou extravio do animal *tout court*. Terá de provar ou que o vigiava com cuidado preciso, ou a imprudência do ofendido, ou caso fortuito ou de força maior ou provocação do animal, por parte de outros" (Da Responsabilidade Civil – 2/476). Idêntica lição é ministrada por Washington de Barros Monteiro (Curso de Direito Civil – 2/428) e por Carvalho Santos (Código Civil Brasileiro Interpretado – 20/321), ao dissertarem sobre o conteúdo do art. 936 da lei civil. Lembra o último autor que "a palavra animal visa a todos os que fazem objeto de um direito de propriedade, vivam ou não em estado de liberdade, como o cavalo, boi, cão, gato, porcos, coelhos, cabritos, abelhas, pombos, etc.". Também se aplica aos animais ferozes capturados para recreio ou para deles se tirar proveito, como os veados, javalis, ursos, leões, etc.". Mais adiante refere que, "se um animal, guardado ou não, haja pastado em lugar sobre que não tenha direito o proprietário dele, ou em tempo em que não seja permitido o pasto, será o seu dono obrigado à indenização; se o mesmo animal, além do pasto abusivo, haja praticado algum dano, p. ex., quebrando árvores ou rompendo cercas, pisando semeaduras, revolvendo terreno, o proprietário será, da mesma forma, obrigado a ressarcir também estes danos; se um cão brabo ou hidrófobo, solto ou mal guardado, morde alguém, será responsável pelo dano o proprietário, ou pessoa que o detenha, pois devia conservá-lo preso e afastado da possibilidade de ofender: o mesmo se um boi, que tenha o defeito de dar chifradas, fere alguém, por não estar bem vigiado, ou por não ter dado o aviso de que seria perigoso aproximar-se dele; ainda a mesma responsabilidade cabe ao dono do cavalo ou burro que dê coices ou morda".

O furto do animal comumente afasta a responsabilidade do proprietário, quanto ao dano praticado após a subtração. Mas se o animal fugiu por ato de terceiro, como quando pessoa estranha abre o portão e o larga, caberá ao dono ressarcir os prejuízos causados, por ser quase que totalmente impossível à vítima a recomposição dos prejuízos em tais circunstâncias. A tarefa de descobrir o responsável direto e de sujeitar-se à sua incapacidade econômica muitas vezes existente são contingências a serem arredadas ao lesado, da mesma forma que o proprietário indeniza os danos causados por fato de terceiro.

A mesma responsabilidade já não existe no furto de animal bem guardado. Se o larápio causar acidente com semovente assim furtado, o dono fica isento de qualquer obrigação ressarcitória, vez que ilicitamente e contra a sua vontade foi privado da guarda, impossibilitado de manter a posse, e de prever qualquer movimento do irracional.

De outra parte, se os animais que causaram os danos foram emprestados, todos que tiverem tirado proveito do empréstimo, inclusive o dono, deverão arcar com a indenização pertinente.

Em se tratando de exposições, concursos ou conclaves outros, de animais em geral, quando algum deles causar danos aos circunstantes, ou a outros irracionais ou coisas, as entidades promotoras dos eventos só responderão pelo ressarcimento se positivada for a sua culpa. Essa culpa será aferida de acordo com os arts. 186 e 932, III, do Código Civil, vez que não se confunde com a responsabilidade do art. 936 do mesmo Código.

Também o depositário é responsável pelas perdas e danos causados por animal a ele confiado. Apenas poderá exonerar-se parcialmente se o poder de direção, o proveito extraído do animal, o serviço por ele prestado, etc., se tudo isso for partilhado com o proprietário. Então, se o dono não se libertou por completo do dever de vigiar, embora transferido o semovente, e por não distinguir a lei a que título o detentor é responsável, a ambos afetará a responsabilidade, na proporção do grau da culpa de cada qual. Não seria justo onerar demasiadamente a um só deles, em benefício do outro.

Parte legítima passiva para a demanda ressarcitória será o proprietário ou mantenedor do animal. A ação pode ser proposta contra um só, ou contra ambos, se ambos tirarem proveito do animal. A responsabilidade do dono transfere-se no momento em que outra pessoa vem a ter a posse do semovente, como acontece no usufruto, no comodato, na locação, e assim por diante. A partir da tradição, o novo possuidor passa a responder pelas eventuais perdas e danos que vierem a surgir.

Em síntese, pois, tratando-se de caso excepcional de culpa legalmente presumida, ao sujeito passivo do dano e autor da ação indenizatória não pesa senão o ônus de provar que o prejuízo foi produzido pelo animal e a propriedade deste. A prova da tipificação de alguma das excludentes previstas em prol do dono é encargo dele mesmo. Não conseguindo qualquer circunstância exculpatória, não há como admitir a exoneração de responsabilidade, impondo-se o dever de compor as perdas e danos.

Ao proprietário incumbe vencer a presunção *juris tantum* que contra ele milita, máxime quando seu animal vai livre e solto em estrada ou via pública, e assim vem a causar acidente. A culpa é *in vigilando*, porque a lei lhe impõe a guarda e vigilância. Não realizando a prova preconizada no art. 936, isto é, que vigiava com o devido cuidado o irracional causador dos danos, o ressarcimento será de rigor. (Orlando Gandolfo – Acidentes de Trânsito e Responsabilidade Civil – p. 14 – *Revista da AMAGIS* – p. 175).

3.13. Perdas e danos e empresas de vigilância

Distingue-se doutrinariamente entre obrigação de meio, de resultado e de garantia. Na primeira, o devedor obriga-se na obtenção do resultado, sem se responsabilizar por sua ocorrência; na segunda, compromete-se a produzir determinado resultado, em prol do credor ou terceiro; na última, assume o risco da não-realização do resultado previsto, qualquer que seja a sua causa (Antunes Varela – Das Obrigações em Geral – 2/72).

Esse ensinamento, posto que válido, impende seja tomado em termos, sem grande rigidez, pena de não se ajustar com perfeição aos casos concretos, de matizes e colorações múltiplas. A empresa prestadora de serviços, sujeita às prescrições trabalhistas quanto a seus empregados, também se vincula aos ditames da responsabilidade civil. Contratada para fins de guardar e vigiar certo prédio, salão, garagem, compartimento ou afins, tem obrigação de usar do zelo e da diligência exigidas para os misteres específicos. Se não o fizer, afastando-se do local, ou pondo-se a dormir, estará incorrendo em omissão funcional. Age culposamente, com elevada dose de negligência, vigia que assim se comporta, sem ter sua atenção despertada por larápios que removem obstáculos e subtraem coisas confiadas à guarda do vigilante. Sem dúvida, o que se configura aí é uma má prestação de serviços, pela qual a empresa deve responder civilmente.

Também não há normalidade no fato de o vigilante não perceber que o ladrão revire cofres, arrombe portas e gavetas, e obstrua outros obstáculos, para levar a efeito furto de determinados objetos, em depósito ou compartimento outro, não muito grande. De todo improvável e inconcebível ocorrer furto em tais circunstâncias, com ruídos e ligação de luz, sem ser apercebido pelo vigia, se este estivesse exercendo com diligência o seu ofício, como de obrigação dele e de sua empregadora. Em tais hipóteses importa recorrer ao provável e ao verossímil, ao *id quod plerunque accidit*, na busca da verdade e da justiça. Nem sempre o autor terá condições de provar a realidade. Em casos como o examinado, a presunção e os indícios merecem ser levados em sua devida conta, máxime pela ausência de testemunhas presenciais e de outras provas concretas.

Na lição de Aguar Dias, em matéria de responsabilidade civil, verifica-se "o progressivo abandono da regra do *actori incumbit probatio* no seu sentido absoluto, em favor da fórmula de que a prova incumbe a quem alega contra a normalidade, que é válida tanto para a apuração de culpa, como para verificação da causalidade. À noção de normalidade juntam-se, aperfeiçoando a fórmula, as de probabilidade e de verossimilhança, que, uma vez se apresentem em grau relevante, justificam a criação das presunções de culpa" (Da Responsabilidade Civil – I/104).

Afigura-se evidente, pois, que a empresa de guarda e vigilância responde pela negligência de seu preposto, que se afasta do local de prestação de serviços, ensejando o furto de coisas, ou que, mesmo presente, põe-se a dormir ou a distrair-se, enquanto o ladrão age, obstruindo obstáculos, fazendo arrombamentos, acendendo luzes, etc., e se apoderando das coisas submetidas à guarda. Os julgados dos tribunais orientam-se em tal sentido, ressaltando que o ônus da prova em tais contingências não seguirá sempre o rigorismo contido no art. 333 do Código de Processo Civil, podendo estribar-se em comprovação indiciária e circunstancial (*RJTJRS* – 111/308 – 116/408).

3.14. Perdas e danos e transporte de pessoas

O contrato de transporte encerra uma obrigação de resultado e uma obrigação de segurança. Pela primeira, ao transportador cumpre levar são e salvo e dentro do horário previsto o seu passageiro ao local de destino. Não o fazendo, se por causa de um atraso injustificável o usuário perder negócio importante, o transportador poderá ser compelido a recompor perdas e danos pertinentes. A obrigação de segurança equivale ao direito de incolumidade, inclusive quanto a qualquer distúrbio na saúde. Assim, se o usuário tiver sofrido alguma lesão à integridade por culpa do transportador ou preposto, cabe-lhe pleitear as perdas e danos a que se julgar de direito.

Na forma do Decreto nº 2.681/12, ainda vigente e ainda extensivo à matéria, a responsabilidade do transportador é sempre presumida. Somente será arredada a presunção pelo caso fortuito, pela força maior e pela culpa exclusiva da vítima, embora haja opiniões no sentido da admissão da culpa concorrente.

O fato de terceiro não exime de responsabilidade o transportador, conforme assentado na Súmula nº 187 do STF: "A responsabilidade contratual do transportador, pelo acidente com passageiro, não é elidida por culpa de terceiro, contra o qual tem ação regressiva." Não impede isso, contudo, que excepcionalmente o fato de terceiro se constitua em *vis major*, com força de excluir a responsabilidade, como quando um tiro desfechado por alguém atinge o passageiro de um veículo em andamento.

A responsabilidade objetiva do transportador persiste ainda que o automóvel causante do acidente pertença a terceiro, e que tenha sido integrado apenas transitoriamente à frota do transportador. De igual, não isenta à firma transportadora do seu dever de ressarcir a extinção da punibilidade do preposto, por prescrição, nem mesmo a absolvição por insuficiência probatória. Na matéria, a jurisprudência avançou com o tempo, estando bem à frente da literalidade textual do Código Civil. Em boa hora construiu uma responsabilidade objetiva, no sentido de que a culpa do preposto faz presumir a responsabilidade civil do preponente. As necessidades da vida fizeram com que fosse construída essa teoria objetiva para as transportadoras, com arrimo na jurisprudência sumulada do pretório maior: "É presumida a culpa do patrão ou comitente pelo ato culposo do empregado ou preposto." Não afasta essa responsabilidade o fato de o veículo provocador do sinistro pertencer a outrem, e que se tenha incorporado por empréstimo à frota do transportador.

O estágio atual do desenvolvimento justifica plenamente a adoção da responsabilidade objetiva. A proteção ao passageiro tem sua razão de ser na circunstância de "a empresa se tornar co-responsável porque, auferindo lucros dos negócios, deve arcar com os prejuízos que a exploração cause a terceiros. O fato é que, já de muitos anos, foi abandonada qualquer ficção ou presunção de culpa, e hoje se admite tranqüilamente que os preponentes respondem pela culpa dos prepostos, bastando comprovar o liame da preposição. Se o legislador está em mora, o juiz proverá na satisfação das exigências da justiça" (*RJTJRS* – 72/317).

Essa responsabilidade objetiva, que implica uma tutela especial ao usuário, na verdade tem sua *ratio essendi* na co-responsabilidade da empresa, que aufere lucros, e que por isso mesmo deve arcar com os prejuízos que da exploração comercial do ramo resultarem para os passageiros. Já restou de todo pacificado o fato de bastar à vítima comprovar o liame da preposição e da causalidade. Satisfeita a reparação, à firma pagadora assistirá o direito de acionar regressivamente o seu empregado para reembolsar-se da quantia despendida.

Ao transportador sempre estará aberta a possibilidade probatória de causas eximentes, como o caso fortuito, a força maior, e até a ausência de sua própria culpa, ainda que inoperante essa última comprovação relativamente ao prejudicado. Para este será impertinente indagar da culpa do motorista do veículo sinistrado, ou de seu preponente.

Ao lado do transporte oneroso situa-se o transporte gratuito e o aparentemente gratuito. Neste último inexiste remuneração específica, mas ele enseja ao transportador vantagens indiretas. São os casos de cidadão que transporta pessoas para sua casa a fim de prestarem serviços domésticos; do fazendeiro que transporta veterinário para a sua fazenda; do corretor de imóveis que transporta comprador, entre outras hipóteses, onde se revela apenas em aparência o fator gratuidade. Os problemas surgem no transporte inteiramente gratuito. Para muitos seria antijurídico e injusto condenar alguém pela prestação de mero favor. Em especial nos tempos hodiernos, onde mais se acentua a crise do petróleo e derivados, que sobem de preço quase que semanalmente, dever-se-ia incentivar tal espécie de locomoção, fato que geraria grandes economias para a nação. Nesta linha de raciocínio, mais correto seria penalizar apenas o motorista quando tiver agido com dolo. Tal solução poderá fazer justiça em muitos casos, mas não em todos. É que a culpa – negligência, imprudência ou imperícia – acarreta sanção penal ao causador de homicídios ou lesões. A par disso, a sentença penal condenatória constitui título executivo judicial, a teor do art. 584, II, do CPC. Daí a manifesta contradição se a simples sanção civil reparatória ficasse reservada às ocorrências de dolo ou culpa grave.

Discute-se, outrossim, sobre a natureza do transporte puramente gratuito, se contratual ou extracontratual. Segundo o art. 736 do Código Civil, "não se subordina às normas do contrato de transporte o feito gratuitamente, por amizade ou cortesia. Não se considera gratuito o transporte quando, embora feito sem remuneração, o transportador auferir vantagens indiretas". Esta orientação parece prevalecer, embora outras existam em sentido contrário. Para Pontes de Miranda, "o chamado transporte amigável não é contrato, por inexistir vínculo jurídico, e sim apenas consenso que não entra no mundo jurídico. A responsabilidade, por isso mesmo, é extracontratual, constituindo ilícito absoluto o ato lesivo, estando o dever reparatório disciplinado pelos arts. 734 e seguintes do CC" (Tratado de Direito Privado – XLV/51-52).

Na verdade, responsável é o condutor que agiu culposamente. A gratuidade não se reveste de força bastante para eliminar a responsabilidade, vez que a lei cogita da voluntariedade da ação ou omissão, na negligência, imprudência, imperícia e do prejuízo. Ainda que se trate de caroneiro e de mera benevolência, o favor deve ser realizado sem colocar em risco a segurança e a vida do beneficiário, e sem indagação quanto ao dolo ou culpa grave, já que em nosso sistema impera a teoria da culpa subjetiva. Por certo não valerá a mesma regra para a carona inconsentida ou desautorizada, daquele indivíduo que habilmente se intromete ou se esconde no veículo que vem a sofrer acidente. O caroneiro ignorado ou clandestino não pode merecer a mesma tutela que é dispensada ao que explicitamente recebe o serviço gratuito.

Teria sido melhor se também neste particular o legislador não tivesse ficado omisso, porquanto a justiça deve ser feita com segurança, assim como a segurança deve ser feita com justiça. Inobstante as divergências que a omissão tem suscitado, surge como prevalente o ponto de vista de que a responsabilidade do prestador de transporte amigável é de natureza extra-contratual. Conseqüentemente, para indenizar a vítima torna-se inexigível a configuração de dolo ou culpa grave do transportador ou preposto. Não significa isso, contudo, esteja impedido o julgador de, em certas situações especiais e peculiares, optar por outra alternativa, que nas circunstâncias apresente melhores possibilidades de fazer justiça ao caso concreto. Mesmo os que sustentam a teoria contratual concordam em que a obrigação de vigilância e de atenção não é idêntica quando se cuida de transporte por empresa especializada, que desenvolve tal serviço a título oneroso. No transporte benévolo a responsabilidade do transportador deve ser tratada sem o rigorismo imposto pelo transporte oneroso. Haverá de ser examinada com mais indulgência, como dizem os franceses.

Aliás, é na doutrina francesa que se manifestaram com mais vigor os partidários da responsabilidade delitual, inadmitindo qualquer presunção de culpa. Regendo-se a responsabilidade civil do transportador gratuito pelos princípios da responsabilidade delitual, não há falar-se em presunção de culpa, cabendo ao transportado gratuitamente o ônus de provar a culpa do transportador. Que em tal espécie de transporte o dever de reparar só pode decorrer dos postulados da responsabilidade delitual, apregoam-no com rara maestria Josserand (Le Transport Bénévole et la Responsabilité des Acidents D'automobiles); Demogue (Traité des Obligations – II/ n°s 564 e 1.142); Mazeaud et Mazeaud (Traité de la Responsabilité Civile – II/n° 113); Rippert e Esmein (Traité de Droit Civile – II n° 622).

Mais perto de nós, o grande civilista argentino Henoch D. Aguiar doutrina no mesmo sentido: "Puede, sin embargo, suceder que el transportador de personas solo comporta un acto de amistosa cortezia y hasta de simple beneficencia. En casos talis, no assumirá el caracter de un contrato en cuanto no está destinado a reglar los derechos entre conductor y conducido. Durante la realización de actos semejantes puede acaecer que, por culpa del conductor, se ocasione un daño a la persona benévolamente transportada por él; pero como sus relaciones, anteriores al accidente, no eran jurídicas es que la nueva vinculación al no tener un origen contractual, solo pude ser de origen delictual" (Culpa, Criterios de Apreciación – *in* Estudios de Derecho Civil – p. 102).

O transportador responde pelos passageiros e pelas bagagens, sendo nula cláusula excludente. Sua responsabilidade contratual por acidente com o passageiro não se elide por culpa de terceiro, contra quem tem ação regressiva. Cabe-lhe cumprir os horários e trajetos previstos, pena de perdas e danos. Se o prejuízo do usuário for devido à transgressão de normas ou regulamentos, a indenização será reduzida à medida que a vítima tiver concorrido para o dano.

3.15. Lucro cessante e dano emergente nas perdas e danos materiais

Muito útil seria uma disciplina geral sobre a ressarcibilidade do dano material, formado de dano emergente e lucro cessante, com mecanismos e fórmulas de liquidação. As legislações, principalmente a nossa, no particular, costumam prender-se a casuísmos nem sempre abrangentes e satisfatórios.

A danificação à coisa gera a responsabilização pelo dano emergente e pelo lucro cessante. Daí estabelecer o art. 952 do Código Civil que na ocorrência de usurpação ou esbulho ao alheio, a indenização consistirá na restituição da coisa, mais o valor de suas deteriorações, ou, faltando ela, no reembolso do seu equivalente. Esse dispositivo deve ser interpretado conjuntamente com a norma do art. 186, de forma elástica e benevolente, com extensão a todas as hipóteses de prejuízo decorrente de ato ilícito, tanto pela privação de uso, como pela destruição da coisa.

A restituição aí "não é propriamente uma indenização, por isso que, em se verificando, só por força de expressão se pode falar em responsabilidade, que surge tão-somente quando a usurpação ou o esbulho ocasionar um prejuízo que deve ser reparado" (Orlando Gomes – Obrigações – p. 421). Nesse particular, a boa-fé do possuidor assume relevância, influindo no cômputo indenizatório e ensejando direito de retenção. Tal direito hoje é extensivo a mecânicos e artífices em geral, até serem pagos dos consertos efetuados nas coisas retidas. Observe-se que o possuidor de boa-fé tem direito aos frutos percebidos, sendo que os frutos pendentes, cessando a boa-fé, devem ser retirados, após deduzidas as despesas de produção, bem como os colhidos antecipadamente. Além disso, não responderá pela perda ou deterioração do objeto, a que não tiver dado causa.

Sendo de boa-fé, o possuidor também faz jus à reparação das benfeitorias necessárias e úteis, que tiver introduzido. Ao preceituar que o reivindicante obrigado a indenizar as benfeitorias tem direito a optar entre o valor atual e o seu custo, o legislador ensejou interpretações divergentes. Abandonando a literalidade, e buscando adequação e justiça, tem-se entendido que a indenização das benfeitorias deve corresponder ao seu preço atual. Do contrário, haveria enriquecimento ilícito do proprietário, em detrimento do possuidor de boa-fé. A norma em questão foi editada em época de estabilidade, em que ainda não se fazia sentir a violenta inflação que na atualidade aflige a todos. Nem poderia ser tão inflexível a regra, porque a matéria comporta tratamento diferenciado. É o que sucede, *v.g.*, no caso de benfeitorias feitas por locatário e que absolutamente não interessam ao locador, como as relacionadas a esportes, computação, assuntos nucleares, etc. Se tais benfeitorias não oferecem interesse nem ao dono da coisa, nem a terceiros, mas só dizem respeito ao inquilino, o ressarcimento por perdas e danos deve considerar a particularidade, pena de criar-se solução injusta.

Nas perdas e danos materiais, a lei, via de regra, obriga o ofensor a responder pelo dano emergente e pelo lucro cessante, e beneficia o possuidor de boa-fé, judicialmente compelido a restituir a coisa, assegurando-lhe justa indenização. Ao mesmo tempo que lhe concede essa prerrogativa, estipula sanções ao possuidor de má-fé. A par de garantir ao dono a devolução da coisa, defere-lhe integral ressarcimento pelos prejuízos injustamente suportados. Quem maliciosamente plantou ou construiu em terreno de outrem, perderá a plantação ou a construção em prol do proprietário ou, se este preferir, a reposição das coisas em seu estado anterior, além de pagar os danos acarretados. Ficando com a construção, o dono do imóvel não fará jus à indenização, vez que o valor do dano equivale ao valor da obra aceita. Mas, se o montante do prejuízo for bem superior ao da construção adquirida, o possuidor de má-fé responderá por esse excesso.

Na reparação por perdas e danos, os lucros cessantes limitam-se aos lucros cessantes decorrentes direta e imediatamente da inexecução contratual. Sua base é a vigente à data do evento, e não à da sentença. Lucros hipotéticos, que poderiam ser obtidos, não se incluem no *quantum debeatur*. Cunha Gonçalves afirma não poderem ser pleiteados lucros "que o credor poderia obter com os proventos esperados da transação a rescindir, em quaisquer operações posteriores, porque estas operações não são uma realidade tangível, são uma fantasia, ou, quando muito, uma possibilidade ou expectativa, em que predomina o arbítrio ou o capricho do reclamante. Os prejuízos fantasiados não são efeito necessário ou conseqüência imediata e direta da inexecução do contrato" (Tratado do Direito Civil – 4/729).

Igualmente Washington de Barros Monteiro lembra que, para serem atendidos os lucros cessantes, devem apresentar-se plausíveis ou verossímeis, no mínimo. Aduz não se poder levar em conta benefícios ou interesses hipotéticos, "porquanto estes, pela sua própria natureza, não admitem direta comprovação, tendo-se, pois, como inexistentes em direito. Medite-se, com efeito, no exemplo de Van Wetter: o vendedor deixa de entregar as iscas para uma projetada pesca. O comprador não pode pretender ressarcimento do valor dos peixes que apanharia, se as iscas lhe tivessem sido realmente entregues. Ao direito compete distinguir cuidadosamente essas miragens de lucro, de que falava Dernburg, da verdadeira idéia do dano. Não se indenizam esperanças desfeitas nem danos potenciais, eventuais, supostos ou abstratos" (Direito das Obrigações – p. 366).

4. Perdas e danos morais

4.1. Ressarcibilidade dos danos morais

Os atributos do ser humano, as virtudes que o adornam e dignificam, são seus valores espirituais, os valores da honradez, do bom nome, da personalidade, dos sentimentos de afeição, enfim, todo um patrimônio moral e espiritual de valia inestimável. Qualquer atentado a esse patrimônio deve ser ressarcido da melhor forma possível. Justificando essa tutela, Wilson Melo da Silva argumenta que, "quando se manda reparar o prejuízo do dono do cão de luxo, atropelado, ou o preço do asinino roubado, dos exemplos de Giola e de Giorgi, e se recusa a reparação da mágoa do pai que, em vez do cão, tivesse nos braços, morto, o próprio filho, ou da vergonha do honesto chefe de família que, ao invés de um burro, se visse espoliado da própria honra por inescrúpulo de terceiros, não saberíamos ao certo, caso nos enfileirarmos no número dos negadores da tese, de que lado, seguramente, estivessem a justiça e o direito, a moral e a lógica, o bom senso e a eqüidade. Ninguém põe em dúvida que pelo burro roubado, a seu dono assistiria, por isso, uma indenização. No entanto, se o que se rouba é a honra ou a tranqüilidade, ou a ombridade? Nenhuma compensação, por isso, lhe seria devida?

Deixa-se também impune a difamação contra a honra e contra o crédito, apenas porque a honra e o crédito não se compram ou não se vendem? Se à moça esquiva deforma o amante preterido o rosto, com um punhal ou se desvirgina o sedutor vulgar a moça inexperiente, apenas ficariam sujeitos, ambos, à simples despesas médico-hospitalares e nada mais? Não, exclama Giorgi. Tais conclusões aberrariam do sentimento natural, ínsito em todos nós, do justo e do injusto" (O Dano Moral e sua Reparação – p. 677).

A indenizabilidade puramente moral tornou-se inquestionável. Não poderia ser negado, *v.g.*, a um comerciário de conduta ilibada e de alto conceito perante o público em geral, que repentinamente se visse despedido, desempregado, com *capitis diminutio*, taxado de larápio, forçado a responder inquérito e ação criminal injustamente. Sem dúvida, pratica abuso de direito quem leva avante acusações infundadas, e sujeita-se a ressarcir perdas e danos pelo dano moral causado, e consistente no profundo e injustificado abalo provocado. Nesse caso, aliás, cabe a cumulação de dano moral com patrimonial. O dano moral não se repara *in totum* com absolvições e desmentidos, pois o resquício dele sempre permanece indelével, a perpetuar a dor, a vergonha e o vexame. O prejuízo moral em tais condições é evidente, vez que somente uma pessoa anormal não se sentiria prejudicada pela acusação falsa de ter cometido delito de furto ou de apropriação indébita.

Para Yussef Said Cahali, o dano moral é indenizável claro e definitivamente, tanto quanto o dano patrimonial. "Dizer-se que repugna à moral reparar-se a dor alheia com o dinheiro, é deslocar a questão, pois não se está pretendendo vender um bem moral, mas simplesmente se está sustentando que esse bem, como todos os outros, deve ser respeitado. Quando a vítima reclama a reparação pecuniária do dano moral, não pede um preço para a sua dor, mas, apenas, que se lhe outorgue um meio de atenuar em parte as conseqüências da lesão jurídica. Por outro lado, mais imoral seria ainda proclamar-se a total indenidade do causador do dano" (Dano e Indenização – p. 13).

A dificuldade em encontrar em muitos casos uma estimação adequada ao dano moral, ao sentimento íntimo de pesar, não deve jamais impedir a fixação de uma quantia compensatória, que mais se aproxime do justo, ao menos para abrandar a dor e para servir de lenitivo à prostração sofrida. Não se exige uma exata e eqüitativa reparação, mas que simplesmente pareça justa e razoável para cada caso. O problema da dificuldade na determinação do *quantum debeatur* não poderá vulnerar o direito em si, existente e indenizável.

Apropriadas continuam sendo as palavras proferidas na fundamentação de um voto, há alguns anos, pelo ex-presidente da Associação dos Magistrados Brasileiros – AMB – Desembargador Milton dos Santos Martins, a propósito do tema: "Sempre atribuímos mais valores às coisas materiais do que às coisas pessoais e do espírito. Não se indenizam as ofensas pessoais, espirituais, e se indenizam os danos materiais. Quer dizer, uma bicicleta, um automóvel, tem mais valor do que a honra e a boa fama do cidadão. Não se mediria a dor. Esta não tem preço, indigno até cobrar. Tem-se de começar a colocar no ápice de tudo não o patrimônio, mas os direitos fundamentais à vida, à integridade física, à honra, à boa fama, à privacidade, direitos impostergáveis à pessoa. O direito é feito para a pessoa. Não se concebe que se queira discutir, ainda hoje, se indenizável ou não o chamado dano moral" (*RJTJRS* – 91/320).

Para efeitos condenatórios na esfera criminal, "lesão corporal não é apenas ofensa à integridade corpórea, mas também à saúde; portanto, tanto é desordem a lesão das funções fisiológicas, como a das funções psíquicas, como é o caso da vítima que desmaia em virtude de forte tensão emocional, produzida por agressão do réu" (*Revista de Julgados do Tribunal de Alçada de Minas Gerais* – 23/286). Ora, se assim é, a mesma agressão gera efeitos marcantes na personalidade do cidadão, no seu psiquismo, no seu patrimônio moral, eis que o faz sentir vexame, menosprezo e humilhação.

Discutida é a possibilidade de os pais intentarem postulação reparatória por dano moral ainda antes do óbito da vítima. Em determinados casos, a morte não se erige em *conditio sine qua non* para legitimar a pretensão. É o que sucede, por exemplo, com a situação do jovem que por culpa de terceiro se torna paraplégico irreversivelmente, desgraça que angustia e aflige de tal modo que o óbito tivesse ocorrido logo após o desastre. E pode até ser pior, gerando dores martirizantes e quase insuportáveis, tanto para o paciente como para seus genitores. A vida impregnada de morte, apenas vegetativa, e por vezes artificialmente mantida por técnica médica, não pode constituir-se em obstáculo ao ressarcimento pela dor moral. É o sofrimento injusto e forte que legitima o direito, e não a morte em si. Não há lei que proíba aos pais em tais circunstâncias extremas e difíceis o uso da ação reparatória, pois na verdade procura-se não só mitigar o sofrimento, mas também debitar ao ofensor uma pena pecuniária pelo mal que injusta e antijuridicamente causou. A rigor, não deixa de esconder-se na condenação um elemento expiatório, como apontado por numerosos juristas.

Nossos projetos de Código Civil sempre registraram a ressarcibilidade dos danos morais, já desde priscas eras, desde Teixeira de Freitas, passando depois pelo anteprojeto de Código das Obrigações de 1941, pelo anteprojeto de Código das Obrigações, de Caio Mário da Silva Pereira, de 1965, e pelo projeto de Código Civil de 1975. Esse último consigna em seu art. 184 que "aquele que, por ação ou omissão voluntária, negligência ou imprudência, violar direito ou causar dano a outrem, ainda que simplesmente moral, comete ato ilícito".

O valor a ser dado a essas causas de interesses morais é estimado pelo demandante, mas deve sê-lo de forma razoável e adequada. Se arbitrário for, a outra parte pode impugná-lo, cabendo ao julgador, dentro de seu equilíbrio, fixá-lo de acordo com a relevância e o significado da causa para os litigantes que disputam a decisão judicial. Inclusive é corrigível de ofício, vez que o assunto é de ordem pública, e pelos efeitos processuais a que dá causa deve ficar sob fiscalização do juiz, mesmo porque envolve interesse tributário do Estado (Arruda Alvim – Jurisprudência do CPC – 16/228 e 16/230).

No dano moral, o ressarcimento identifica-se com a compensação. É uma reparação compensatória. O patrimônio moral é formado de bens ideais ou inatos, ou direitos naturais, muito embora sua reparação tenha a característica de reparação comum. Em várias passagens nossa lei reconhece o ressarcimento do dano moral, máxime no art. 186: aquele que, por ação ou omissão voluntária, negligência ou imperícia, violar direito e causar dano a outrem, ainda que exclusivamente moral, comete ato ilícito. Figurada que está em lei, a reparação torna-se imperativa. Nem a extinção da punibilidade do ofensor apaga essa viabilidade reparatória na esfera cível. Vale a pena trazer à colação interessante estudo sobre "a indenização autônoma do dano moral", da autoria de Fonseca Costa, que apresenta as seguintes conclusões:

a) O art. 186 do CC, fundamento da responsabilidade entre nós, contempla o dano em geral, material e exclusivamente moral;

b) O ressarcimento do dano moral decorre do princípio básico de responsabilidade civil, de que a indenização deve ser a mais ampla possível, abrangendo sempre todo e qualquer prejuízo;

c) A dificuldade de aferição, em quase todos os casos, da extensão da dor moral e impossibilidade de sua exclusão, não pode servir de base para a negativa da reparação, já que esta representa apenas uma equivalência que, apesar de incompleta, atenua os efeitos danosos;

d) Sendo fundamento da indenização da dor moral a necessidade de reparação, o deferimento de indenização do dano patrimonial não abrange, evidentemente, o dano moral, já que embora proveniente da mesma coisa, o ato culposo, são efeitos nitidamente distintos;

e) O direito positivo brasileiro não contém norma restritiva a esta cumulação, já que, quando regula formas específicas de indenização, não afasta a norma geral do art. 186, fundamento da mesma reparação;

f) Assim, haverá sempre que ocorrer dano moral em razão de ato ilícito, lugar para a competente indenização, arbitrada com prudência (*Jurisprudência Brasileira* – 84/13-17).

4.2. Legitimidade para postular ressarcimento de dano moral

Os danos morais devem ser ressarcidos toda vez que ocorrem, independentemente de se originarem de delitos civis ou penais, ou de simples culpa aquiliana ou contratual. O juízo cível é reparatório, não punitivo. A pena pressupõe lei que a comine, e existência de crime que a justifique, ao passo que a existência de dano moral advém do princípio do *neminem laedere*. No cível, indeniza-se a conseqüência do delito, e não a prática do delito. Não há crime sem culpa do agente, mas há dano sem culpa do agente. A obrigação de indenizar pode prescindir da culpa. Na responsabilidade civil, importa o ofendido, e não o ofensor, a quantificação do prejuízo, e não da culpa. A pena é pessoal, pode ser imposta por mera tentativa e jamais passará do delinqüente. Na área cível não basta a tentativa, impondo-se a configuração de dano efetivo, a par de ser transferível o ônus reparatório aos herdeiros do ofensor.

A legitimidade ativa para postular a reparação por perdas e danos morais abrange a todos quantos efetivamente tiverem sofrido os prejuízos. Qualquer cidadão atingido por forte dor, por traumatismo moral, em face da morte de um ente querido, *v.g.*, terá direito a ser ressarcido pelo ofensor. Entre tais pessoas encontram-se em primeiro plano os familiares do extinto. O conceito de família aí tem sentido amplo, nele se incluindo para os efeitos específicos, além dos cônjuges, os descendentes, ascendentes e os colaterais até o sexto grau. Entre esses membros da família inserem-se o próprio lesado, seus parentes, e, segundo alguns, em muitos casos também pessoas ligadas por laços afetivos. Essas muitas vezes substituem os parentes próximos, constituindo-se em amigo fraternal, ou em dependente econômico, em filho adotivo ou natural, e até em simples serviçais ou empregados. Quando essas pessoas convivem com a vítima, dela recebendo assistência moral e econômica, por longo tempo, como se verdadeiros irmãos, cônjuges, filhos ou parentes próximos fossem, e se a dor moral os abalou fortemente, não há razão para excluí-los do rol das pessoas da família. Todos esses cidadãos têm direito a provar o seu sofrimento, os danos morais que experimentaram, e o direito de merecerem também os benefícios a que fazem jus os parentes em idênticas situações.

Na verdade, a família propriamente dita é composta dos cônjuges, filhos e irmãos. Esses, ou mais precisamente os pais em relação aos filhos, os filhos em relação aos pais, os irmãos relativamente uns aos outros, os cônjuges entre si, têm a seu favor a presunção *juris tantum* da existência do dano moral. Só lhes cabe provar a configuração desse mal, apto a gerar ressarcibilidade, quando terceiros se opuserem à sua pretensão, procurando neutralizar a presunção.

Para as demais pessoas, parentes, amigos, filhos adulterinos, concubinas, companheiros, adotados, e assim por diante, o direito à reparação sempre estará condicionado a uma prova cabal e insofismável. Estreitos vínculos de amizade, notória afeição, sedimentada assistência mútua, estável ligação fraternal ou concubinária, são alguns dos fatores a serem devidamente sopesados em cada situação concreta. Conveniências pessoais, interesses indignos, pretensões de lucro fácil ou de vantagens indevidas, enfim, todas essas espécies de cambalachos próprios de pessoas inescrupulosas, existentes até nos cenáculos da Justiça, devem ser devidamente analisados e rechaçados. Na verdade não se harmonizam com a nobre finalidade do ressarcimento das perdas e danos morais, de elevado cunho social, somente reservada para os corações também nobres, como prêmio ao amor e à dedicação dispensados à pessoa do extinto.

Em princípio, pois, a reparação de danos morais interessa a quem os tenha sofrido. A legitimidade *ad causam*, contudo, pode oferecer pequenas dificuldades, em especial quando contemplada em leis especiais. Exemplificando, o autor do escrito não é legitimado para responder à pretensão reparatória por dano moral, a requerimento do injuriado ou difamado. Nos termos do art. 49, § 2º, da Lei de Imprensa, quem é o responsável pelas perdas e danos em tais circunstâncias geradas é a pessoa natural ou jurídica que explora o periódico, e a quem o art. 50 da mesma lei assegura ação regressiva contra o signatário do escrito (*RT* – 608/214). Ainda no que tange à legitimidade passiva, ocorrendo a figura de cisão de sociedades, tornando-se uma empresa controlante e outra empresa controlada, a responsabilidade de ambas é solidária em face de terceiros, se a cisão não importou em extinção, nos termos do art. 233 da Lei nº 6.404/76. Em conseqüência, não são carecedores de ação os que acionam a empresa controladora por violação de direitos autorais praticada pela empresa controlada (*Revista Trimestral de Jurisprudência dos Estados* – 38/134).

4.3. Intransmissibilidade do direito à indenização por dano moral

Controvertido é se o dano moral é transmissível a terceiros, pelo *jus hereditatis*. Dado o seu caráter subjetivo, sua pessoalidade, sua inerência à pessoa, os bens morais não podem subsistir sozinhos, daí serem pertinentes ao foro íntimo e insujeitos à transmissão. As dores, os sentimentos, as angústias, as prostrações não podem ser transferidos de uma pessoa para outra. Ainda que a memória do extinto represente valores patrimoniais para os familiares, ainda que estes tenham direito a cultuar essa memória, ainda assim estão diante de um direito moral próprio, e não de um direito herdado. Em nosso ordenamento jurídico existe o reconhecimento do *jus hereditatis* tocante aos danos morais puros. A personalidade e todos os valores que a adornam perecem juntamente com o ser humano. Os bens espirituais, ele os leva consigo para a eternidade, deixando apenas os materiais. Aos bens imateriais aplica-se, assim, o axioma latino do *mors omnia solvit*. No entanto, a questão não se apresenta tão pacífica assim, em face da ausência de disciplinação legal específica.

Procurando demonstrar a intransmissibilidade, Wilson Melo da Silva apresenta o seguinte exemplo: "Se, por danos morais, pudesse caber, ao morto, a compensação X e a seus herdeiros tocasse, *jure proprio*, pelo mesmo fato, uma compensação Y, ditos herdeiros jamais receberiam, por isso, X mais Y. O X teria desaparecido com o morto" (O Dano Moral e sua Reparação – p. 649).

No Direito português não difere muito o problema. O Código lusitano também não disciplina a contento a matéria, deixando margem a posicionamentos jurídicos divergentes. Delfim Maya de Lucena, após dizer que os danos patrimoniais "têm na sua origem a injúria de bens insuscetíveis de quantificação pecuniária", e que "o direito à indenização tem sempre indiscutível natureza patrimonial e consiste num direito a uma prestação monetária", entende nada justificar o seu afastamento do regime geral. Diz o ilustre professor: "Neste sentido, aliás, vão as lições da generalidade dos autores que, sobre o assunto, se pronunciaram. Assim, o Prof. Dr. Adriano Vaz Serra afirma que o direito à indenização por danos morais deve ser transmissível" (Anotação ao Acórdão do STJ-BMJ, nº 184/176).

Da mesma forma o Prof. Dr. Nuno Espinosa Gomes da Silva diz ser o direito à indenização "um direito patrimonial, que se traduz numa prestação pecuniária e que se inclui na regra geral da transmissão das relações de natureza patrimonial, trate-se de indenização por danos patrimoniais ou por danos morais, uma vez que, em ambos os casos, o direito à indenização, esse sim, é patrimonial" (Direito das Sucessões – Lisboa – 1980 – p. 83-84).

Por sua vez, Oliveira Assunção ensina que os direitos à indenização que o *de cujus* porventura tenha adquirido integram o seu patrimônio e são objeto de sucessão, o mesmo se passando com a compensação que vise a cobrir danos pessoais, como acontece nos casos em que sendo o *de cujus* mortalmente atingido, a morte não é imediata e ele sofre, antes de morrer (Direito das Sucessões – p. 84).

Também Pereira Coelho escreve que o direito à indenização por danos causados à vítima, antes da sua morte, se transmite a seus sucessores, desde que ela não tenha renunciado ao direito. Frisa que a distinção entre danos patrimoniais e morais não tem, para o efeito de saber se os herdeiros do lesado podem ou não intentar a ação de indenização por danos morais, qualquer base legal ou racional (Lições de Direito das Sucessões – p. 141 e Direitos das Sucessões – p. 56). Pouco mais adiante, porém, o mesmo autor registra "não serem as afirmações acima reproduzidas e reprisadas, levadas às suas últimas conseqüências, quer pela generalidade da doutrina (Inclusive, até, por quem as produz), quer, enfim, também pela jurisprudência" (Danos Não Patrimoniais – Coimbra – 1985 – p. 28-30).

Destarte, enquanto uns negam a transmissibilidade do direito, outros sustentam que com o óbito do *de cujus* esse direito se incorpora *ipso facto* na esfera patrimonial do extinto, indo transmitir-se a seus herdeiros legais ou testamentários. O patrimônio econômico sobrevive ao dono, mas o patrimônio moral termina com a morte do dono. Os bens componentes não se transmitem aos herdeiros, por dependerem necessariamente do ser a que pertencem, ao qual são inerentes, e com cuja existência se confundem. Se esse patrimônio moral deixou de existir juntamente com o seu titular, não há como transmitir-se a outrem. Trata-se de intransmissibilidade ativa do direito à reparação, adotada em nossa sistemática jurídica, apesar de inaceita por estudiosos da qualidade de Aguiar Dias: "A ação de reparação é transmissível? Não há princípio algum que a isso se oponha. A ação de indenização se transmite como qualquer outra ação ou direito aos sucessores da vítima. Não se distingue, tampouco, se a ação se funda em dano moral ou patrimonial" (Da Responsabilidade Civil – 2/506). O art. 186 não distingue, e a transmissão com a herança é prevista no art. 943 do CC.

4.4. Dano moral causado a pessoas jurídicas e a incapazes

A dor, em sentido amplo, consistente em angústias, depressão moral, vergonha, vexame, sofrimentos interiores, atinentes à alma e ao espírito, é o fundamento principal dos danos morais. Esses sentimentos são próprios do ser humano, pois condizem com o seu sistema nervoso, com sua sensibilidade, com seu organismo. O fenômeno dor, por ser um fenômeno vital, próprio dos seres com capacidade de sentir, não atinge as pessoas jurídicas, que não se angustiam, não sofrem e não choram a morte de ninguém. Sem capacidade afetiva e sensorial, só passivamente podem ser responsáveis por danos morais. Nunca lhes será lícito pleitear ressarcimento com base em dano moral experimentado.

Os membros da pessoa jurídica, pessoalmente considerados, se atacada a firma através de difamações injustas, têm direito a reclamarem reparação por dano moral efetivamente sofrido. Desde que tenham suportado lesões próprias, fazem jus à respectiva indenização. Entretanto, a pessoa jurídica tem honra objetiva a resguardar. Tem direito de defender sua imagem perante terceiros. Abalada esta honra objetiva, que lhe é de inestimável valia, abalados também ficam seu nome, seu conceito e seu crédito. Tal fato causa enormes repercussões morais, sujeitas à indenização respectiva. A pessoa jurídica não só pode ser responsabilizada por dano moral, como também pode reclamar exitosamente as indenizações pertinentes. Daí ensinar Maria Helena Diniz que dano moral "vem a ser a lesão de interesse não patrimonial de pessoa física ou jurídica" (Curso de Direito Civil – p. 71).

Na lição de Aguiar Dias, a pessoa jurídica "pública ou privada, os sindicatos, as autarquias, podem propor ação de responsabilidade, tanto fundada no dano material como no prejuízo moral" (Da Responsabilidade Civil – 7ª ed. – Forense – 2/897).

É hoje tese vencedora a de que as pessoas jurídicas têm legitimidade para postular indenização por dano moral, em face de agressão à sua consideração e ao seu bom nome. Afinal, aplica-se às pessoas jurídicas, no que couber, a proteção dos direitos da personalidade (art. 52, CC).

Quanto ao incapaz, a sua honra é acautelada pela nossa legislação. O fato de alguém não se encontrar no exercício pleno de sua capacidade, não o joga à margem do direito e da proteção à sua intimidade e à sua honra. O direito do incapaz é reconhecido, seja ele maior ou menor, porque a capacidade não vem erigida em pré-requisito para a existência do direito à honra.

A inimputabilidade não elimina a titularidade dos direitos de personalidade. A ausência de discernimento perfeito não o livra de ser vítima de lesões. Pode sofrer prejuízo moral, máxime por violação de direito personalíssimo. A capacidade de avaliar o evento danoso não é requisito da configuração do ilícito indenizável.

Aliás, "se a aferição da ocorrência da lesão tivesse por suporte o grau de compreensão da vítima, reinaria grande injustiça, e ficariam desamparados todos aqueles (menores, débeis mentais, loucos, ingênuos, etc.), que mais necessitam de amparo legal, em benefício de pessoas inescrupulosas e maldosas, que lograriam sair imunes das ofensas praticadas" (Aparecida I. Amarante – Responsabilidade Civil por Dano à Honra – 3ª ed. – p. 73-74).

A morte injusta do pai ou da mãe do incapaz lhe confere o direito à indenização respectiva, porque foi privado da assistência e do amparo que os genitores lhe davam. Igualmente, a amputação indevida de um braço ou de qualquer outro membro do corpo do incapaz, ou uma deformidade, uma lesão grave, rendem ensejo à reparação correspondente.

4.5. Cumulação de verbas indenizatórias por danos moral e material

Se um só ato ilícito simultaneamente produz dano moral e dano patrimonial, dupla deve ser a indenização, já que o fato gerador teve duplos efeitos. Não havendo disposição legal em sentido contrário, justa será a reparação somada. É o caso do ato antijurídico que concomitantemente reduz a capacidade laboral e fere a honra da vítima. O episódio gera titularidade dúplice, ensejando ressarcimentos distintos, com verbas distintas para cada ação, ou fato específico.

A antiga Lei nº 2.681/12, ainda vigente, já consagrara a reparação cumulada, ao dispor em seu art. 21 que nos casos de lesão corporal, além das despesas com o tratamento e os lucros cessantes, "deverá pelo juiz ser arbitrada uma indenização conveniente". Embora essa cumulação se mostre pacífica enquanto se trata de lesões, controvertida tornou-se ela nas hipóteses de homicídio, principalmente após a opinião abalizada de Clóvis Beviláqua. Doutrina ele que o art. 948 do Código Civil não confere indenização por dano moral no homicídio, mas cuidando-se de ferimentos que produzam aleijões ou deformidades, admissível seria computar o dano material e o moral (Código Civil dos EEUU do Brasil – V/322).

Inobstante essa lição do mestre, proferida há muitos anos, na atualidade há uma tendência ampla em desconsiderá-la, por não mais sintonizar com as exigências da sociedade contemporânea. Apesar da limitação ressarcitória por homicídio ao "pagamento das despesas com o tratamento da vítima, seu funeral e o luto da família", e à prestação de alimentos às pessoas a quem o defunto os devia, os julgadores têm concedido também ressarcimento pelo dano moral. Tudo está em encontrar a solução justa, dentre as limitações contingenciais que cada situação apresentar, com todas as nuanças e particularidades. E como a lei não oferece melhores elementos ao magistrado, a ele se torna permitido usar de todos os mecanismos lícitos para construir a maneira de reparar o mal causado, maneira essa que lhe pareça a mais adequada e justa possível. O ofensor é que não pode ser beneficiado com a omissão da lei. Verificada a existência do dano moral juntamente com o patrimonial, à vítima assiste o direito de postular a reparação correspondente a ambos, de forma acumulada.

Exemplo típico de acumulação fornece o próprio art. 952, parágrafo único, do Código Civil: "Para se restituir o equivalente, quando não exista a própria coisa, estimar-se-á pelo seu preço ordinário e pelo de afeição, contanto que este não se avantage àquele." A primeira parte do dispositivo refere-se ao dano patrimonial, consistente no dano emergente e no lucro cessante, porquanto a parte final condiz com o dano moral. A norma apenas observa que o montante a ser determinado como valor de afeição do bem, correspondente ao dano moral, não poderá exceder a quantia relativa ao dano patrimonial.

Quando alguém de repente tem sua honra enxovalhada injustamente, perante o público, e se em conseqüência ao episódio vem a ser internado em hospital, onde é submetido a tratamento dispendioso, evidente que está a sofrer dois males. Um desses males tem efeitos morais e outro tem conseqüências patrimoniais. Induvidosamente o ofensor responderá pelas despesas hospitalares e outras ligadas ao tratamento e à internação, tidas por indispensáveis, e ainda por mais uma outra parcela a ser judicialmente fixada, a título de danos morais.

De registrar que leis esparsas soem definir as importâncias destinadas à reparação de dano moral, dentro de certas variantes. Tal sucede, *v.g.*, com a Lei nº 1.117/62, Código Brasileiro de Comunicações, art. 84. Seguidamente há publicações de julgados, e a própria imprensa os divulga, em que são condenados ofensores que em programas de televisão irrogam injúrias e outras ofensas à honradez de outro cidadão, e depois são condenados a ressarcirem o dano patrimonial, em fase executória, cumulativamente com o dano moral, fixados em salários mínimos, consoante diretrizes traçadas pelo citado art. 84.

O legislador não faz distinção entre o dano moral e o patrimonial, decorrentes de ato ilícito, sendo ambos indenizáveis. Cuidando-se de responsabilidade civil, nada impede a cumulação de reparação de dano moral com indenização de dano material, segundo Súmula n° 37 do STJ.

Registre-se, contudo, a existência de respeitável corrente de opinião, com adeptos inclusive no Supremo Tribunal Federal, que não aceita a acumulação salientando que a hipótese versada pelo art. 21 da Lei n° 2.681/12 é a de dano moral em prol da vítima, pois respeita apenas à lesão corporal. O escopo do dispositivo seria reparar também o *pretium doloris*, propiciando como que um consolo à pessoa ferida ou deformada, que deve agüentar para o resto de sua vida as conseqüências angustiantes da deformidade. Já a dor dos parentes da vítima fatal, embora possa ser mais intensa, tem a possibilidade de atenuar-se e até de desaparecer com o fluir dos tempos. Aliás, para o caso de óbito a própria lei, em seu art. 22, restringe-se a danos patrimoniais: "No caso de morte, a estrada de ferro responderá por todas as despesas e indenizará, a arbítrio do juiz, a todos aqueles aos quais a morte do viajante privar de alimentos, auxílio ou educação."

Realçam inexistir contradição no fato de admitir-se a indenização pelo dano moral na hipótese de deformidade e afastar solução idêntica para o caso de homicídio. Para tanto apegam-se à duração limitada e passageira do dano moral sofrido pelos familiares ou parentes do morto. Essas pessoas não chegam a padecer um sofrimento constante e duradouro, eis que ele decresce e se esvai ao cabo de alguns meses, contrariamente ao que sucede com quem foi alvo de deformidade permanente, como a amputação de pernas ou de braços, ou a perda da visão, ou a produção de cicatriz indelével no rosto, etc. O portador de semelhantes defeitos evidentemente sofre muito e leva consigo em caráter permanente os seus reflexos. Por isso mesmo devem ser ressarcidos nos seus duplos efeitos que acarretam, ou seja, quanto ao dano material e quanto ao dano moral, visto que ambos os prejuízos coexistem e perduram pela vida afora.

Em suma, em ocorrendo a morte da pessoa vitimada, nunca seriam acumuláveis as indenizações por dano patrimonial e dano moral. O dano moral causado por conduta ilícita somente seria indenizável, como direito subjetivo da pessoa ofendida, tal qual ocorre na hipótese de lesão corporal deformante, que resulta do acidente. Só neste caso seriam acumuláveis as indenizações por dano moral e lucro cessante. Aliás, segundo a Primeira Turma do Supremo, já reina pacificidade na corte maior, no sentido de descaber a indenização de dano moral aos parentes e dependentes do falecido, simultaneamente com o dano material. O dano moral cumulado com o dano material seria indenizável unicamente à própria vítima, não a seus descendentes ou beneficiários (*Revista Jurídica* – 120/99).

4.6. Direito da concubina de obter ressarcimento por perdas e danos morais

A tutela deferida à concubina tem relevante sentido humanitário. Na maioria das situações chega a igualar-se à dispensada à esposa legítima. Tem ela direito à meação, ao seguro deixado pelo companheiro, à pensão previdenciária e, inclusive, à repartição de bens com a esposa. Se essa proteção toda se endereça a amparar a família legítima ou não, quando a mulher conviveu com o homem durante muitos anos, sob a aparência de casamento, apenas não o tendo formalizado, dando assistência ao marido e criando os filhos que com ele gerou, portando-se como esposa e mãe, não há nenhuma diferença fundamental, e outra não poderia ser a solução natural das coisas. A companheira assim integrada no convívio familiar sente as mesmas dores e aflições por injúrias morais infligidas a seu companheiro e filhos. No particular, inexiste diferença quanto à esposa legítima, e muitas vezes a concubina supera a esposa em dedicação, fidelidade e afeição conjugal e maternal. A dor moral é a mesma, não se sofrendo mais nem menos por não ter querido ou podido o casal matrimoniar-se em cartório. Essa dor moral tem força de gerar direito reparatório, quando sofrida em suas entranhas pela companheira.

Acima de tudo, o direito é lógico e justo. De há muito superada é a questão de negar ressarcimento de dano moral no concubinato, e de considerar tal união imoral e contrária ao direito e aos bons costumes. A reparação em proveito da concubina é hoje aceita pacificamente, pois nada justifica o contrário. Não vai nisso absolutamente nada de antijurídico, nem de desarrazoável.

Tornou-se de todo vitoriosa a tese defendida há muito por Aguiar Dias. Salienta ele que a concubina, inobstante não poder apresentar sua certidão de casamento, tem interesse legítimo. Para verificar se um interesse dela é legítimo, ao demonstrar haver sofrido um dano, "devemos dirigir a investigação para o fundo do problema da reparação e não para a questão das sanções à desobediência aos cânones matrimoniais. Nesse terreno perguntaríamos: o dano sofrido pela concubina foi provocado por ela? Teve ela intervenção no fato danoso ou devia suportar-lhe as conseqüências, de modo a excluir a responsabilidade do agente? E, por fim: sofreu realmente um prejuízo? Só essas perguntas interessam ao problema da reparação do dano. Aos superiores desígnios que põem a funcionar o seu sistema o que interessa, essencialmente, é que todo dano injusto seja reparado. E, sem de qualquer maneira fazer a apologia do concubinato, estamos certos de que a nenhum espírito de jurista parecerá justo o dano infligido à concubina, com a morte do companheiro, prostrado à sanha de um assassino, esmagado por um ônibus lançado em louca velocidade ou encontrado sem vida nos destroços de um trem dirigido por maquinista cego, embriagado ou desidioso" (Da Responsabilidade Civil – n° 182).

Interessantes colocações sobre a tutela da concubina, fundadas na teoria da obrigação natural, são apresentadas por Edgard Moura Bittencourt. Uma delas condiz com a promessa de indenizar, externada pelo companheiro, a qual encerra uma obrigação que, uma vez reconhecida pelo concubino, pode ser exigida judicialmente. Mas assinala também que, se a companheira não sofreu perdas e danos com o abandono pelo concubino, ou se até chegou a tirar proveito da união, com acréscimo patrimonial, não lhe assiste direito a exigir o cumprimento da promessa, impondo-se sempre a comprovação das perdas e danos efetivamente sofridos, "sem embargo de bastar para tal a prova indireta, circunstanciada ou indiciária". Aduz o autor que, se a promessa tiver sido instituída antes da união concubinária, "pode revestir-se do aspecto do *pretium stupri*; se durante a união, presume o aspecto de uma garantia ou segurança para a concubina; se após ou por ocasião da ruptura do vínculo concubinário, terá o caráter de reconhecimento do dever de consciência. Salvo quanto a este último caso, a questão da época se constitui em elemento subsidiário e não fundamental".

Adiante, reportando-se aos dispositivos do Código Civil, que contemplam ilícitos contra a honra e a liberdade sexual da mulher, refere que, "mesmo para os opositores da doutrina de amparo à concubina, a ruptura do vínculo iniciado por delito ou quase-delito remonta ao ato ilícito imputável exclusivamente ao homem. Conseqüentemente, o prejuízo sofrido pela mulher com o abandono não se depreende da relação de causalidade com o próprio ato delituoso. Já então, a culpa pela união concubinária caberá somente ao homem, pois não se poderá falar em integral liberdade da mulher na aquiescência à ligação irregular" (O Concubinato no Direito – II/206, 227, 187).

De notar que, se espontaneamente passa a concubinar-se, a mulher renuncia *ex ante* a qualquer reparação civil, não se podendo então falar em situação delituosa. Mas alcançará juridicidade a situação na consolidação de direitos futuros, como a morte natural do concubino, ou por ato ilícito de terceiros.

Quid inde, se a esposa do *de cujus* vivia em concubinato com outro homem, quando seu esposo foi vitimado fatalmente? Terá ela direito a ser indenizada por danos morais? Sem dúvida, aí questionável será se efetivamente chegou a sofrer abalo moral de molde a proporcionar-lhe reparação.

Seu concubinato com outro varão em princípio afasta tal direito, a não ser que haja prova muito robusta em sentido contrário. Não provado tal requisito fundamental, apenas fará jus ao ressarcimento do que despendeu com os funerais e com o erguimento de túmulo, e outros gastos pertinentes e devidamente positivados.

As novéis disposições constitucionais consagram esse direito, sobretudo aquelas que nesse aspecto procuram igualar a concubina à esposa, e os filhos ilegítimos aos legítimos. Para efeito da proteção estatal, diz o art. 226, § 3º, da lei maior, "é reconhecida a união estável entre homem e mulher como entidade familiar, devendo a lei facilitar sua conversão em casamento." E os filhos, dispõe o § 6º do art. 227, "havidos ou não da relação do casamento, ou por adoção, terão os mesmos direitos e qualificações, proibidas quaisquer designações discriminatórias relativas à filiação". Isso tudo está integrado no atual Código Civil.

4.7. Perdas e danos e veiculação de notícia falsa

A veiculação de notícias pelos meios de comunicação em geral requer cautelas especiais, máxime na imprensa escrita: *verba volant, stripta manent*. Os escritos permanecem, vencendo anos e séculos. Se redigidos com desvio do Direito público de informação, fomentados por sensacionalismo fácil e sem preocupação com a verdade, configura-se abuso do direito de noticiar. O abuso de direito consistente no exercício anormal da faculdade de informar o público é ato ilícito reparável pelo Direito comum, desde que tenha causado dano moral ou patrimonial a alguém.

Qualquer empresa jornalística, e a imprensa como um todo, tem o dever de respeitar o leitor e de usar imparcialidade, sem ferir injustamente interesses legítimos de quem quer que seja. O abuso de direito na atividade de bem informar prescinde da culpa, impondo-se aos agentes da comunicação comprovar o uso das cautelas necessárias e o fato de não terem veiculado noticiário falso, que implicasse dano a terceiros.

Notícias precipitadas, colhidas sem escrúpulos e sem a menor cautela quanto à veracidade, para fins de causar impacto, vender jornais ou afirmar o periódico, são muito inconseqüentes, e poderão ter efeitos indesejados. Atente-se para o caso de um jornal que irresponsavelmente difunde negligência médica relativamente a um paciente, sem se certificar da realidade dos fatos. Com a falta de cautela necessária assume o risco de responder pelas conseqüências advindas de seu ato impensado. Culpa grave, equiparável ao dolo, poder-lhe-á ser atribuída ao depois, se constatada a falsidade do noticiário, quando o nominado médico nem sequer atendeu o paciente, ou em outras hipóteses, se não tiver obrado com a mínima negligência, imprudência ou imperícia. O fato inclusive é apto a influir negativamente na clientela e na profissão do facultativo, acarretando-lhe dano moral e dano patrimonial cumulativamente.

Inegável é em tais condições a ocorrência de dano moral para o médico apontado pela imprensa como relapso e negligente, quando nem sequer teve a vítima sob seus cuidados profissionais. Injustiça assim desencadeada requer integral desagravo, com pagamento não só do que o médico perdeu com o episódio, mas também daquilo que deixou de ganhar, e mais o dano moral. Assim, pleiteados perdas e danos, a vítima postula reparação do dano patrimonial (dano emergente e lucros cessantes), e o dano moral correspectivo. Este, oriundo da propagação de notícia falsa, sem a elementar cautela da apuração prévia da verdade dos fatos, o que importa em responsabilidade civil por abuso do direito de informar (*Revista Forense* – 292/260).

Nessa concepção, todos quantos tiverem injustamente seu nome exposto à reprovação pública, em escrito de qualquer natureza, em princípio poderão acionar o responsável, reclamando a recomposição de perdas e danos. Isso, principalmente em face de insistência em atribuir inveridicamente a autoria de fatos ilícitos a alguém, apesar de sabê-lo inocente. Atitude assim nefasta evidencia o *animus nocendi*, e a vontade consciente de denegrir o nome de quem por profissão ou *status* social deve zelar pela sua reputação.

Indenizável também será o dano se ele consistir no fato de alguém fazer imputação falsa a outrem, inclusive requerendo investigações policiais, com o exclusivo intuito de prejudicar. Observe-se, porém, que, por mais mesquinhos que sejam tais atos, a indagação policial infrutífera não se basta por si para gerar direito a perdas e danos. De mister que o comunicante inescrupuloso tenha agido com dolo, com culpa grave, ou com leviandade inescusável. Então, sim, não terá como fugir do dever de reparar, podendo até ser responsabilizado criminalmente. A simples difusão de fato que está sendo apurado pela polícia não implica ato ilícito, mas se constitui em direito de informar. Aliás, a imprensa tem o direito e o dever de bem informar ao público. No exercício dessa função, ao publicar o que acontece, sem extrapolar, nenhuma ilegalidade comete, e as perdas e danos que daí resultarem eventualmente não emanam da publicação em si, mas dos próprios fatos acontecidos. Desde que a imprensa não devasse a privacidade do cidadão, para publicar reservas pessoais e desautorizadas, ou a intimidade dos lares, ou a privacidade a que tem direito a pessoa, enquanto não violar interesses do Poder Público, que em benefício da coletividade não devem ser do conhecimento de todos, se apenas criteriosamente informa o leitor, estará no exercício regular de sua missão de manter a população ciente do que acontece ao seu redor e no mundo em que vive.

4.8. Perdas e danos e publicação de fotografias de foliões carnavalescos

Em nosso Direito positivo não há lei expressa a proteger o direito à imagem. Mas a doutrina e a jurisprudência não são omissas a respeito, pois reconhecem amplamente o direito à personalidade. A existência desse direito é reputada inquestionável, inadmitindo-se a reprodução da imagem em propaganda ou em anúncios rendosos, sem autorização da pessoa fotografada. Quem unicamente pode permitir a reprodução é o cidadão a quem pertence a imagem, por cuidar-se de algo sumamente particular, integrativo do subjetivismo, da própria personalidade. Foto sem permissão do retratado, usada para fins lucrativos, constitui ato ilícito, e como tal, fato gerador da responsabilidade civil. Na impossibilidade de desfazer o ato, a obrigação resolve-se em perdas e danos, nos termos do art. 643 do Código de Processo Civil.

Possível é aparecerem situações capazes de criar dúvidas no tocante ao cabimento ou não do ônus de ressarcir. Tal sucede, por exemplo, com o retrato tirado de folião, ou participante de bloco carnavalesco. Nessa presunção tem-se entendido que aquele que participa de evento de tal natureza, fantasiado e despersonificado, "travestido" de outra pessoa, renuncia *ex ante* de sua privacidade. O fotografado que assim se expande procura massificar-se, sair da realidade, exteriorizar o seu lado oculto, despojar-se de sua personalidade e abraçar o anonimato.

Os cidadãos que se expõem desta maneira, que assim se transformam, representando outras pessoas, escondendo-se atrás de máscaras, para extravasar alegrias e sentimentos reprimidos, evidentemente assumem o risco de serem fotografados publicamente, e de serem depois mostrados em revistas e jornais. E todo aquele que em quejandos festejos for alvo de filmagem ou fotos, depois reproduzidos em revistas, telejornais, cartões, etc., torna-se objeto do Direito Público à informação, sem possibilidade de alegar violação de privacidade. Se tais foliões com suas imagens compõem acontecimento público, não lhes cabe pretender que ninguém os olhe, filme ou retrate. O interesse público na divulgação dos desfiles ou exibições carnavalescas, através dos mais diversos meios de comunicação, sobrepuja interesses menores do folião ou do artista, que de tal modo age, sem direito a invocar violação de imagem.

Difere o tratamento jurídico a ser dado à questão, quando uma empresa se utiliza das fotos e "slides", transformando a festa popular e a imagem retratada, máxime se for de uma pessoa famosa, como um artista, um jogador de futebol e outras, em fins exclusivamente comerciais. Isso ocorrendo, haverá abusiva intervenção no direito personalístico do cidadão, "visando não objetivo jornalístico, compreensível e aceitável, referente a evento público e de interesse geral, mas ao desejo da pecúnia, da exploração da imagem, visando a vantagens comerciais". É esse o posicionamento da jurisprudência. Em princípio, descabe direito à imagem, em fotografia de acontecimento carnavalesco, pois quem dele participa renuncia à sua privacidade. No entanto, se a foto representar pessoa famosa e for usada com fim lucrativo por empresa privada para extrair vantagem pecuniária, então há de reconhecer-se direito ao fotografado de pleitear ressarcimento das perdas e danos efetivamente sofridos com o ocorrido (*Revista Forense* – 292/257).

4.9. Perdas e danos e adaptação de obra literária ou artística

Na contrafação de propriedade literária, científica ou artística, a lei tutela de forma incisiva o direito dos autores. Exemplificando, se professores universitários imprimem apostilas das suas lições ou aulas ministradas, e se tais apostilas, sem sua permissão, e sem conterem os seus nomes, forem impressas e vendidas por outrem, opera-se uma verdadeira falsificação, ensejadora de reparação por perdas e danos. Todos os autores terão legitimidade ativa para, conjunta ou separadamente, pleitearem o ressarcimento devido, consoante art. 126 da Lei Federal nº 5.988/73, mais dano moral. Isso porque "a mesma lei dos direitos autorais permite a indenização pelos danos ou prejuízos morais. E, evidentemente, para um professor, autor de obra literária ou técnica, a omissão de seu nome na publicação, ao contrário do que ocorria anteriormente, dando-a como de autoria desconhecida, é gravame a justificar a imposição da pena" (*RJTJSP* – 98/84).

Diferentemente é, porém, a problemática das adaptações. O adaptador não tem direito a opor-se a outras adaptações, também oriundas do mesmo original. Essa faculdade somente cabe ao criador da obra, como previsto no art. 8º da mesma lei. A norma inserida no art. 6º do mesmo diploma legal reputa criação do espírito suscetível de proteção às adaptações de obras. O adaptador passa a ter sobre elas direitos morais e patrimoniais, com vistas à preservação e à defesa de seu trabalho.

Nota Pontes de Miranda que os dois direitos autorias de exploração, o do autor do original e o do autor da adaptação, coexistem, sem que no entanto coincidam ou haja co-autoria ou comunhão. Nenhum direito tem o adaptador sobre a obra adaptada. Nem o autor da obra adaptada sobre a adaptação: "Os dois direitos autorais de exploração, o do autor do original e o do autor da adaptação, coexistem. A respeito deles passa-se o mesmo que a respeito dos direitos autorais de exploração, que têm o autor e o tradutor. Não é de admitir-se que só o autor do original tenha o seu, nem que só o tenha o autor da adaptação. Nem que um seja superposto ao outro. Nem que haja co-autoria: cada um é autor da sua obra. Nem há comunhão *pro diviso*. Nenhum direito tem o adaptador sobre a obra adaptada. Nem o autor da obra adaptada sobre a adaptação" (Tratado – 16/110).

O adaptador só tem possibilidade de impedir a reprodução da sua adaptação, de seu trabalho feito, e pedir ressarcimento quando não conseguir seu intento, e se vier a sofrer danos conseqüentes. Na qualidade de simples adaptador, descabe-lhe opor-se à obra de criadores de outras adaptações. Ademais disso, para poder invocar tutela, a sua adaptação deve conter características marcantes, capazes de influir na personalidade da criação, mas com independência total com a obra adaptada.

Exagerada seria a proteção legal às adaptações, traduções e demais transformações de obras alheias, "se se chegasse ao ponto de, por amor àquelas e zelo ao transformador, se considerassem prejudiciais a este toda e qualquer nova transformação inspirada exclusivamente na obra original. Essa interpretação exagerada do inciso XII, do art. 6°, traria indisfarçável colisão com o que está no art. 8° da lei especial, já citado, ou seja: ela conduziria a dar ao adaptador forças para impedir nova adaptação da obra original. Esse dispositivo refere-se diretamente aos adaptadores de obras intelectuais caídas no domínio público, mas é inevitável a sua aplicação, *a fortiori*, aos demais casos: seria incompreensível afirmar que os adaptadores podem opor-se a outras adaptações da obra original, que não só não lhes pertence (como também acontece com as que são do domínio público), mas ainda, mais do que isso, pertencem a outrem (o que não sucede com as que são do domínio público). A independência entre a obra e sua adaptação há de prevalecer tanto numa hipótese como em outra" (*RJTJSP* – 99/79).

4.10. Perdas e danos e tutela jurídica da imagem da pessoa

Como visto anteriormente, o uso da imagem da pessoa do povo ou da alta sociedade, em filmagens ou propaganda comercial, sem autorização, ofende o direito da personalidade e impõe o dever de reparar os danos causados. A tutela jurídica da imagem, que também é um bem jurídico, consiste no direito indenizatório gerado pela própria utilização indevida, com fulcro no art. 49, I, "f", da Lei n° 5.988/73, e art. 186 da Lei Civil. Abrange qualquer reprodução não autorizada, desimportando o órgão de divulgação, seja através de fotografias, de filmagens ou de escritos, e transmite-se aos herdeiros dos prejudicados. Legitimada passiva desse tipo de ação é ordinariamente a entidade que se beneficiou com a publicação e a própria agência de publicidade. A prova pode vir materializada em teipes ou fotos, como também pode ser produzida por meio de depoimentos e inclusive através de busca e apreensão.

O direito à imagem é um direito da personalidade, pois a imagem da pessoa é algo muito pessoal, muito privativo, que exige respeito, e que não pode ser usada contra a vontade do retratado. Agrava-se a ofensa a esse direito sagrado do ser de preservar o seu "ego", se a imagem é explorada com fins lucrativos, dolosa ou culposamente, por vezes com menosprezo e ultraje. Essa proteção está definitivamente consagrada entre nós, por muitos erigida em direito absoluto, enquanto reflexo da própria personalidade. Aqui, como em outros países, o direito dos povos considera o direito à imagem um direito subjetivo público pessoal. Cada um pode impedir que seja fotografado, filmado ou pintado contra a sua vontade. A falta de autorização será fato gerador para indenização, em face de danos materiais e morais experimentados.

Pedro Ruiz e Tomas, em obra clássica sobre o tema, lembra que cada um é dono de sua imagem, e a ninguém é lícito, sem autorização, propagar a efígie alheia, ou torná-la pública ou famosa mediante ilustrações, quer se trate de pessoa simples ou famosa. Nestas últimas realça-se o direito à imagem enquanto atributo de sua personalidade, não sendo permitido a ninguém explorar sua fama. Vedada é sempre a exploração inconsentida, e não a simples filmagem ou fotografia, que até costuma satisfazer a vaidade humana. Diz o autor que "a fisionomia de uma pessoa pode ser objeto de curiosidade pública, mas não se compreende que se destine a benefício público, e embora se reconheça a impossibilidade de distinguir-se o homem público do privado, afirma-se que o sábio, o soberano, etc., poderão ser admirados por suas qualidades, posição social, etc., mas não seu corpo. De outra sorte, qual seria a linha divisória entre o homem público e o privado? Um é conhecido pelos habitantes de um município, outro pelos de um Estado, e não pelos de outro Estado, outro por um determinado grupo de pessoas, por exemplo, sábios, artistas, etc., mas não pelos indivíduos pertencentes a outro campo de atividade humana. Daí se concluir que são as próprias ações e não os próprios traços, que o homem público lança à publicidade" (Ensayo sobre el Derecho a la Propia Imagen – p. 94-96).

Daí por que, no ressaltar dos pretórios, a reprodução inconsentida, em órgão de divulgação ou qualquer veículo de comunicação social, gera direito à recompensa indenizatória. "Assegurado em lei o direito à imagem, pode a pessoa representada, filmada ou fotografada, ou seus herdeiros em caso de morte, opor-se à confecção de película cinematográfica, e, uma vez realizada, sem autorização, o direto de promover a respectiva apreensão, sem prejuízo de perdas e danos, sendo procedente a ação movida com tal objetivo" (*Revista de Jurisprudência do Tribunal de Justiça do Rio de Janeiro* – 50/83 – 50/279 – *RJTJRS* – 110/433).

O direito à imagem está intimamente ligado ao direito da intimidade, ainda não suficientemente protegido em nossa legislação. Cada cidadão deve ter a possibilidade garantida de desenvolver livremente a sua personalidade, sem qualquer ingerência maléfica. É um direito considerado essencial à dignidade humana de suma importância nas atividades individuais, sociais e políticas. Tem o homem esse direito subjetivo à privacidade, por alguns visualizado como de interesse público relevante. Não é por menos que o direito ao recato e à intimidade é assegurado pela própria Constituição da República, em seu art. 5º, e no art. 332 do Código de Processo Civil, no pertinente à violação de comunicações telefônicas. Daí ser posicionamento pacífico do Supremo Tribunal Federal o de infringir a garantia constitucional do direito da personalidade, e de ser moralmente ilegítimo captar provas mediante interceptação de telefonemas, à revelia do comunicante. Tal ato à evidência lesa direito individual e é repulsivo, a par de ser impugnável através de mandado de segurança, ou se inserido em autos judiciais, como meio de prova, mediante gravação, impondo-se aí o seu imediato desentranhamento.

Em artigo doutrinário sobre a intimidade como Direito subjetivo privado, o desembargador sergipano Artur Oscar de Oliveira Deda assim se expressa: "A necessidade que, muita vez, sente o homem de isolar-se em sua vida contra os olhos e ouvidos da curiosidade alheia, sempre foi considerada um interesse legítimo, mas nos tempos modernos é que o problema do devassamento da vida privada tem despertado a atenção dos juristas, que passam a preocupar-se com a proteção do indivíduo em seu retiro, para assegurar-lhe a intimidade. O avanço tecnológico dos tempos vertentes veio agravar o problema, de tal maneira que já não é possível resguardar da curiosidade pública a nossa própria imagem. No Brasil, a violação da intimidade agravou-se de tal modo que nem a sala de despachos do Presidente da República esteve a salvo da escuta clandestina" (*Revista do Tribunal de Justiça de Sergipe* – 7/12-13).

O mesmo articulista evoca excerto de Paulo José da Costa Júnior, no sentido de que "máquinas recentemente aperfeiçoadas revelam-se capazes de captar, com nitidez e a despeito de enorme distância, o que é possível ver através de uma fresta ou janela. Uma catadupa de engenhos – via de regra extraídos do arsenal da guerra fria – tem sido franqueada aos interessados em penetrar, à distância e furtivamente, no espaço privado de terceiros: sistemas internos de televisão, aparelhos de interceptação telefônica, câmaras fotográficas e gravadores de minúsculas dimensões, a lista é infindável. Chegou-se ao extremo de instalar um supermercado de espiões, requinte que só se justifica pelo crescimento da demanda em relação a artigos desse gênero. Nem é de espantar quando não se ignora que a espionagem privada experimenta hoje um crescimento e organização ao nível de indústria. Largamente procurados nos Estados Unidos são os aparelhos especialmente fabricados para devassar a intimidade da alcova, seja com vista à obtenção de prova instrutória de pedidos de divórcio, seja para a mera satisfação de tendências mixoscopistas. Certos engenhos (microfones parabólicos) são capazes de interceptar diálogos travados a uma distância de 150 metros e sua venda tem proporcionado lucros entusiasmantes à indústria responsável por seu lançamento" (O Direito de Estar Só).

Embora se trate de um direito não-patrimonial, por insuscetível de avaliação pecuniária, a sua natureza não impede a reparação pecuniária em caso de violação. Como direito da personalidade é absoluto em tese, no sentido de que se impõe ao respeito geral, sendo indisponível, irrenunciável e imprescritível. No seu campo de configuração aplica-se também o princípio do *neminem laedere*, que não só abarca os atos danosos que atingem os bens e o corpo, mas também os que prejudicam a alma e o espírito, mais precisamente os valores da personalidade humana.

4.11. Perdas e danos e seriados exibidos em televisão

Nos seriados exibidos na televisão em obra coletiva, o ator ou a atriz terá direito ao pagamento do seu trabalho realizado na filmagem, ou também por cada apresentação da obra? Nem sempre as normas contratuais previstas em lei são abrangentes e suficientemente claras, ensejando ao depois desentendimentos entre os integrantes da equipe de artistas e a empresa televisora. O assunto deve ser analisado e equacionado à luz das normas específicas da Lei nº 5.988/73, reguladora dos direitos autorais, e os que lhe são conexos, e mais os regramentos da Lei nº 6.533/78, que dispõe a respeito da profissão de artista e de técnicos em espetáculos de diversões públicas.

É de sabença que a teor do art. 15 da citada Lei nº 5.988/73, nas obras coletivas os direitos autorais são de propriedade da firma que as organizou e promoveu. Todavia, os direitos do autor e da atriz não são direitos autorais propriamente ditos, mas direitos conexos com os direitos autorais, de conformidade com a definição contida nos arts. 94 e seguintes das Leis n°s 5.988/73 e 6.533/78.

A legislação mencionada reconhece ao artista o direito de auferir, além da remuneração a que faz jus, por sua representação, mais o direito de obter pagamento por cada transmissão de seu trabalho, que futuramente vier a ser feita. Tal direito emerge expungido de qualquer tergiversação, ante os termos expressos do art. 13, parágrafo único, da Lei nº 6.533/78: "Os direitos autorais e conexos dos profissionais serão devidos em decorrência de cada exibição da obra." Por isso mesmo, em havendo exibições sucessivas, também deve haver remunerações sucessivas. O pagamento devido deverá abranger todas as exibições efetuadas, em qualquer unidade da Federação.

O critério a observar na apuração do *quantum* devido, em caso de a empresa só ter satisfeito o pagamento do trabalho, sem nenhuma exibição, é efetuar o cálculo sobre a renda líquida obtida pela firma com tais exibições, com a devida consideração e avaliação do trabalho do ator na peça, e em seu conjunto, o tempo de sua participação na obra coletiva, e tudo o mais que for conveniente na aferição das circunstâncias, através de prova pericial a ser levada a efeito. É essa efetivamente a melhor maneira de se conseguir arbitrar com mais justiça os direitos conexos do artista, sem prejuízo da renda e dos direitos da firma para quem prestou seus serviços profissionais.

Essa, aliás, a solução preconizada pelos pretórios, em consonância com a legislação invocada: "Direitos autorais e conexos. Seriados exibidos na televisão. Nas obras coletivas, os direitos autorais cabem às empresas que as organizam. Ao artista que participa de obras coletivas cabe remuneração não só pelo seu trabalho, como também por cada exibição da obra. É proibida a cessão ou promessa de cessão de direitos autorais ou conexos decorrentes dos serviços profissionais do artista" (*RT* – 602/183).

Também nessas filmagens "a ninguém é permitido, pela obtenção de uma vantagem material, desfazer-se de seus interesses morais. A prática demonstra, contudo, ser possível a privação temporária da intimidade, autorizada por seu titular, onerosamente. É o que não raro acontece também no Brasil, com personagens ilustres, particularmente nos domínios da televisão, do cinema, das artes, e até mesmo da política. Essa disposição, entretanto, não é do direito abstratamente considerado, mas apenas de aspectos da vida privada" (*Revista do Tribunal de Justiça de Sergipe* – 7/16).

4.12. Perdas e danos e direito autoral

Os atos que habitualmente infringem o direito autoral podem ser relacionados como o plágio, a copiagem e a imitação. Lesando o direito de propriedade, e provindo de conduta dolosa, com fim lucrativo, configuram amiúde um verdadeiro estelionato cultural. A reparação impõe-se nessas oportunidades, em face do desprezo ao direito moral, "diretamente vinculado à pessoa do autor, e fundado no fato de ser a obra a projeção de sua personalidade" (Dirceu de Oliveira e Silva – Direito de Autor – p. 2).

No plágio, a imitação na letra ou na música é realizada de maneira sofisticada e sutil. Sem identificação correta, não passa de cópia de obra alheia. Em substância, é um furto intelectual. A responsabilidade civil, com o dever de reparar perdas e danos, mede-se aí pela vantagem pecuniária obtida com o fato. Se o plágio se desenvolve por meio de pessoa jurídica, haverá responsabilidade objetiva, com a solidariedade do plagiador direto. A culpa, a má-fé e o dolo de ambos serão presumidos, mas o direito do lesado limitar-se-á ao recebimento de perdas e danos correspondentes ao uso da cópia plagiada.

Nas obras literárias, o plágio denomina-se copiagem ou reprodução. Para a sua configuração é preciso que as reproduções sejam extensas, e que sejam de obras já publicadas. De ordinário a porcentagem da parte reproduzida deve ser no mínimo de 10% da obra em que foi copiada, em se tratando de livro. Sem isso, não há falar-se em ilícito cultural, ou em reprodução idônea a gerar obrigação ressarcitória. Também não se tipifica a figura do plágio relativamente a citações ilustrativas de autores, com a finalidade de fundamentar exposições ou escritos.

Quando o plagiador editar obra plagiada por conta própria, sem a participação de outrem, será o único responsável pelas perdas e danos que causar. Se a obra for lançada ao público por editora, o plagiador responderá solidariamente com a editora, sendo oportunas nessas contingências a busca e a apreensão de todos os exemplares. Agrava-se a situação do plagiador, em se tratando de obra de autor falecido. Em tal caso, além do dano patrimonial, assume relevância o dano moral, a ser devidamente sopesado na fixação do montante a ressarcir. "Com o advento da Lei nº 5.988, de 1973, sufragou o Direito brasileiro a inalienabilidade e a irrenunciabilidade dos direitos morais (art. 28), ressalvando, também, como reforço, a sua intangibilidade mesmo na cessão total de direitos (art. 52, parágrafo único). Desse modo, em face da atual lei, a convenção sobre o direito de paternidade é nula de pleno direito, em vista do respeito ao aspecto moral, seguindo-se pois a melhor orientação na matéria. Assim, mesmo que o autor conclua com terceiro a cessão total de seus direitos patrimoniais, restará sempre intacto o seu direito sobre a obra, presentes as limitações expostas" (Carlos Alberto Bittar – Direito do Autor na Obra Feita sob Encomenda – p. 97).

A reprodução fiel, com linguagem igual, ou seja, a cópia literal, sem prévio consentimento do autor, também configura plágio. Qualquer outra adulteração pode violar direito autoral. Os arts. 122 e 123 definem a responsabilidade do editor, juntamente com as demais normas que asseguram os seus direitos patrimoniais e morais. O art. 124 estende a responsabilidade a terceiros que não o editor e o autor da obra atentatória àqueles direitos. Esses terceiros são todos aqueles que vendem ou expõem à venda a obra fraudada. O dispositivo restringe essa responsabilidade solidária de quem apenas vende e expõe à venda, aos casos de reprodução fraudulenta da obra. O dano moral por usurpação de direito autoral sempre deve ser postulado na inicial, sem o que não há como indenizá-lo. Ausente pedido específico na inicial de indenização por dano moral, não há como agregá-lo à parcela referente ao prejuízo patrimonial (*RJTJSP* – 95/76).

Quem imita procura obter a mesma imagem da pessoa imitada, copiando-lhe a voz, os gestos, o penteado, o modo de vestir, etc., para assemelhar-se o máximo, e com isso tirar vantagem econômica e pessoal. Trata-se de forma grosseira de imitar outrem, máxime cantor ou artista, ou qualquer outra pessoa famosa, para com tal recurso locupletar-se ilicitamente. Nessa exploração do prestígio do imitado, o imitador deve ser responsabilizado civil e penalmente. Tratando-se de imitação feita em auditórios, teatros e telas de TV, com ingressos pagos, ou mediante paga a empresários ou pessoas jurídicas, com exploração habitual e profissional, haverá responsabilidade objetiva dos que assim auferem lucros e falseiam a imagem alheia. Quando a imitação se dá através de disco ou fita, a gravadora e a distribuidora responderão objetivamente por perdas e danos, em solidariedade com o imitador. Adriano de Cupis, referindo-se à matéria, em especial quando envolve pessoas famosas, diz que "a lei entendeu satisfazer o interesse do público em conhecer a sua imagem. A rigorosa determinação de tais passos não se apresenta fácil, mas de um ponto de vista geral, as pessoas objeto daquela publicidade podem identificar-se sobretudo pela notoriedade na arte, na ciência, no desporto, na política. Elas consentem, de uma forma geral, na difusão de sua imagem, que consideram uma conseqüência natural da própria notoriedade, mas, mesmo que se pudesse provar o contrário, seria isso relevante dado o reconhecimento do interesse público por parte da lei" (Os direitos da Personalidade – p. 138).

Nem o nome, nem o retrato de pessoa notória ou famosa podem ser colocados no comércio, se tal fato prejudicar a honra, a reputação e o decoro da pessoa retratada. A própria imagem tem sido tutelada pela nossa legislação, impedindo sua reprodução inconsentida em propaganda rendosa, como entre nós tem acontecido com craque de futebol, que integrava a seleção brasileira (*RT* – 464-226). A indenização no plágio ou imitação visa a impedir que o imitador, o plagiador, ou a pessoa jurídica que explora o ramo comercial se locuplete ilicitamente.

Se a infração envolver pessoa notória, "o âmbito de sua vida privada haverá de reduzir-se de forma sensível. E isto porque, no tocante às pessoas célebres, a coletividade tem maior interesse em conhecer-lhes a vida íntima, as reações que experimentam e as peculiaridades que oferecem. E tal interesse será ainda mais legítimo quando aquele episódio íntimo tiver desempenhado papel relevante na formação da personalidade notória. As personalidades em evidência pertencem literalmente ao público, pois como que alienaram a própria existência privada. Em razão do *status* social do indivíduo, o seu papel – que é o aspecto dinâmico do próprio *status* – é o de exibir a sua pessoa e concentrar sobre si o interesse popular" (Paulo José da Costa – O Direito de Estar Só – Tutela Penal da Intimidade – p. 34-35).

A imagem do homem do povo, do cidadão simples, merece igual tutela jurídica, quando injustamente usada. É o que sucede, por exemplo, na transmissão pela TV de cenas onde aparece a imagem de alguém submetido a revista policial, com apoio em texto falado e montagens outras, sugerindo a figura de um criminoso. Em tal hipótese é fixada uma parcela indenizatória para cada exibição feita, com observância do teto estabelecido à empresa proprietária do órgão de comunicação, na forma dos arts. 51 e 52 da Lei nº 5.250-67.

Contratado um artista para determinadas filmagens, com cenas de nudez ou não, sua imagem não poderá ser retratada em jornais, revistas e cartazes, ainda que no interesse publicitário do filme, se o contrato firmado não o autorizar expressamente. O descumprimento da regra e a discordância do artista levam à reparação por perdas e danos. Aliás, como frisado, qualquer forma de utilização de obra artística depende sempre de autorização do seu produtor. Do contrário, ocorrerá violação de direito personalíssimo, consistente em dano moral, e com repercussão patrimonial e conseqüente dever de indenizar (*RJTJSP* – 93/98 – 93/161 – 94/170).

De notar, porém, não violar os direitos do autor a reprodução de sua obra sem consentimento, se ela tiver sido feita em caráter didático, científico ou religioso. Ordinariamente, a publicidade proporciona vantagens ao autor, revelando-se de seu próprio interesse. De regra todos os escritores, especialmente os ainda não consagrados em definitivo, empenham-se no sentido da divulgação de seus escritos, mostrando vontade a que sejam utilizados excertos no ensino e nas exposições em geral. A inserção de citações ou trechos em obras didáticas tem o condão de difundir o nome dos autores e, inclusive, ensejar-lhe reflexos patrimoniais inegáveis.

Relativamente aos autores que já sejam renomados, quanto a eles como que existe uma certa vinculação com a coletividade que os estima, e uma obrigação no sentido de autorizarem a divulgação resumida de suas obras. Com isso há um superior interesse que visa ao aperfeiçoamento intelectual do povo, um interesse na instrução popular, na formação cultural da juventude, fatos que têm a força de determinar a licença constante de nossa legislação (*RT* – 531-247).

A transcrição de pequenas partes não invalida nem menospreza a obra como um todo, mas ao contrário lhe traz benefícios, tornando-a mais conhecida e atribuindo-lhe maior função social, se útil for para o grande público. Aliás, a função social está inerente ao direito autoral, no que pertine à divulgação da cultura e da informação. Tanto isso é verdade, que o art.

49, I, da Lei nº 5.988/73 registra não constituir ofensa aos direitos do autor: "I – a reprodução: a) de trechos de obras já publicadas, ou ainda que integral, de pequenas composições alheias no contexto de obra maior, desde que esta apresente caráter científico, didático ou religioso, e haja a indicação da origem e do nome do autor". Isso observado, não haverá elemento caracterizador de publicação irregular, com a intenção de usurpar ao escritor ou aos detentores dos direitos autorais.

De igual modo, pesquisas e compilações de textos legais, seleção de material, notas de rodapé, remissão a textos e julgados, elaboração de índices remissivos, etc., não tipificam criatividade ou engenho por parte do compilador. Por isso mesmo estão excluídos da abrangência do art. 7º da Lei nº 5.988/73: "Protegem-se como obras intelectuais independentes, sem prejuízo dos direitos dos autores das partes que as constituem, as coletâneas ou as compilações, como seletas, compêndios, antologias, enciclopédias, dicionários, jornais, revistas, coletâneas de textos legais, de despachos, de decisões ou pareceres administrativos, parlamentares ou judiciais, desde que, pelos critérios de seleção e organização, constituam criação intelectual." Textos de tratados ou convenções, leis, decretos, regulamentos, decisões judiciais e outros atos oficiais, portanto, não são compreendidos na proteção. O norteamento impresso pelo legislador é no sentido de que, para merecer o amparo da lei, o trabalho desenvolvido deve representar um mínimo esforço criativo e uma originalidade manifesta. Sempre que os critérios de seleção e organização não demonstrarem uma efetiva criação intelectual, não há cogitar-se de tutela legal.

Inobstante a amplitude da matéria, ainda merece breve registro o fato de unicamente o autor de obra de arte figurativa ter o direito de reproduzi-la. Só em casos expressamente autorizados em lei, a reprodução não gerará ofensa aos direitos do autor. Mas a permissão do autor a que terceiros reproduzam sua obra apenas valerá se feita por escrito. A reprodução inconsentida é crime, que geralmente se tipifica na reprodução de arte figurativa em grande escala pela indústria e pelo comércio, com vultosos efeitos também. A violação de direito autoral é delito contra a propriedade intelectual, e como tal é punida. O art. 184, § 1º, do Código Penal comina pena de reclusão de um a quatro anos e multa de dez mil a cinqüenta mil reais para o crime de violação consistente na reprodução, por qualquer meio, de obra intelectual, para fins de comércio e sem autorização expressa do autor ou de seu representante.

De outra parte, para efeitos de compreensão, de observar que obra de arte e obra de arte figurativa são expressões que se equivalem. Porquanto sinônimas entre si, a obra de arte figurativa é gênero do que a obra de arte plástica é espécie.

O art. 80 da Lei nº 5.988/73, segundo o qual o autor que alienar sua obra de arte plástica transmite ao adquirente também o direito de reproduzi-la, é reputado inconstitucional. O direito exclusivo de utilização da obra por seu criador vem consubstanciado em norma de eficácia plena, que independe de lei ordinária que a assegure. A redação do citado art. 80 tem sido considerada um equívoco, vendo-se nela omitida a partícula "não". Onde está escrito "transmite ao adquirente o direito de reproduzi-la", deveria constar "não" transmite.

Quanto ao artesanato, sua proteção condiciona-se à presença de efetiva criatividade pessoal do artista. Não alcançará amparo legal específico enquanto restrito a simples resultado de habilidade manual, sem formar um trabalho criativo e pessoal marcante.

Outro aspecto a observar é o relacionado com os direitos do tradutor, assim assegurados pelo art. 36 da Lei nº 5.988: "Se a obra intelectual foi produzida em cumprimento a dever funcional ou a contrato de trabalho ou de prestação de serviços, os direitos do autor, salvo convenção em contrário, pertencerão a ambas as partes, conforme for estabelecido pelo conselho nacional de direito do autor." O tradutor-geral terá sempre seus direitos autorais garantidos, independentemente dos termos da convenção, e na falta dessa referidos poderes podem ser definidos pelo conselho de forma justa e fundamentada.

Se a tradução consistir em encomenda para fins de edição, todos os poderes em sentido lato caberão ao editor, e os restantes ao tradutor. Consoante este critério, os direitos do editor compreendem tudo que respeitar ao fim colimado, podendo ele efetuar a edição ou a quantidade de edições que lhe aprouver, sem prévia anuência do tradutor e sem aumentar-lhe a remuneração convencionada. Mas as atividades outras, desvinculadas da edição, competem ao tradutor-geral. Atente-se para as traduções sucessivas, muito em voga entre nós: a tradução castelhana de uma obra inglesa é usada para uma versão portuguesa. Quem deve autorizar tal operação é o autor da obra primitiva ou original, que autorizou a versão para o castelhano, pois a nova tradução gera outra utilização de sua obra. Neste caso não se prescinde da permissão do tradutor-geral, que é titular do "resto", o qual enfeixa todos os demais poderes não atribuídos ao tradutor. É ele que, juntamente com o autor original, intervirá com seu consentimento para que a tradução seja levada a efeito. Já o editor não precisa consentir, vez que a nova tradução independe da normal exploração editorial da obra e se baseia no texto de idioma castelhano.

Já quanto à cedência de tradução a outra editora reina certa conflitância de opiniões, parecendo prevalecer aquela no sentido de que a editora pode praticá-la *sponte sua*, por se cuidar de ato inerente às suas atividades específicas. Esta solução, contudo, refoge aos fins próprios do contrato de tradução, eis que esta é feita para a publicação, e não para ensejar locupletamentos outros para a editora. Diante da divergência tem-se adotado uma posição intermediária, reconhecendo-se o direito da editora para efetuar a cedência, e o direito do tradutor a um pagamento suplementar. Em havendo discordância sobre o *quantum*, a fixação poderá ser deferida ao Conselho Nacional de Direito Autoral ou ao próprio Judiciário.

Estas sucintas referências apóiam-se nas diretrizes gerais sobre a temática, e assim podem ser sintetizadas:

a) prevalece a convenção das partes, a qual, porém, não poderá privar *in totum* de direito autoral o criador intelectual;

b) inexistindo convenção em contrário, pertencerá a obra a seu criador intelectual e ao comitente, ambos titulares originários do direito autoral;

c) ao comitente competem os poderes respeitantes às finalidades visadas ao ensejo da encomenda, e ao criador intelectual todos os poderes restantes;

d) em hipóteses específicas o Conselho Nacional de Direito Autoral poderá definir o âmbito de incidência dos direitos de cada qual.

4.13. Critérios para determinar o montante indenizatório por dano moral

No dano material, o ressarcimento visa a reconstituir a situação anterior, que existia antes da ocorrência do ato ilícito causador dos prejuízos. Já no dano moral impossível é obter-se equivalência econômica ou de valores, entre o dano e a quantia fixada como compensação ou lenitivo, já que a dor e a vida não têm preço, não podem ser pagas em dinheiro. A omissão do Código tem feito com que se buscasse todo o elemento possível para encontrar sempre, em cada caso, o valor mais adequado para a situação em exame. O arbitramento, por isso, é o critério de maior uso, sempre somado ao prudente arbítrio do juiz. Mais sensato teria sido o legislador, se tivesse disciplinado a matéria, prescrevendo uma indenização tarifada, em salários mínimos, atendendo às peculiaridades de cada caso. Essa alternativa, aliás, costuma ser considerada pelos julgadores, eis que se apresenta com probabilidades de melhor justiça em muitas oportunidades. É uma opção que permite graduar o montante indenizatório com a gravidade do prejuízo moral e, inclusive, com o grau de culpa, no caso de concorrência de culpas. Possibilita, assim, melhor averiguar o devido, determinando-o em consonância com as exigências que se impõem. Válida é, outrossim, tanto para a reparação de simples insulto, como para a morte de menor, que ainda não exercia atividade rendosa.

Aliás, desde longa data firmou-se jurisprudência iterativa, inclusive no Supremo, no sentido da concessão aos pais de menor morto por ato ilícito de uma pensão calculada com base no salário mínimo regional. Na fixação do *quantum* considerar-se-á especialmente a posição familiar, cultural e social do autor do dano e da vítima, tendo em vista o cidadão médio. Este, na caracterização de Wilson Melo da Silva, "tipo médio do homem sensível de cada classe, seria o daquele cidadão ideal que estivesse a igual distância do estóico ou do homem de coração seco de que fala Riperto, e do homem de sensibilidade extremada e doentia". E acrescenta que, "para poder ordenar em consciência uma reparação que atenda a essa dor, o juiz há de apelar para o que lhe parecer eqüitativo e justo" (Do Dano Moral e Sua Reparação – p. 250 e 513). De igual modo a jurisprudência recomenda que, se não forem facilmente constatáveis os danos de natureza moral, "de atentar-se para o que parecer eqüitativo e justo" (*RJTJRS* – 96/384).

Outro dado de fundamental importância na mensuração do montante devido agasalha-se na dosagem da culpa com que se houve o autor das perdas e danos. Importa auscultar a conduta do agente, antes e depois da prática danosa. A tal passo o art. 84 do Código de Telecomunicações estabelece que "na estimação do dano moral, o juiz terá em conta, notadamente, a posição social e política do ofensor, a intensidade do ânimo de ofender, a gravidade e a repercussão da ofensa". Inexistindo juízo mais seguro e mais democrático, o dispositivo citado serve de subsídio para determinar o *quantum debeatur* em matéria de responsabilidade civil, como válidos são todos os demais que auxiliem na tarefa de encontrar o valor justo e adequá-lo ao ordenamento jurídico vigente.

Diante da impraticabilidade de fazer-se voltar a vítima ao seu estado anterior, tem lugar a reparação por equivalência, quando o agente assume obrigação de dar. Então o ressarcimento em base mercantil e aritmética "é a forma geralmente utilizada, e dizemos geralmente porque a reparação pode cumprir-se por meios distintos, como a outorga de uma situação similar e equivalente à desfrutada pelo sujeito passivo antes do evento. Quando o Estado, *v.g.*, suprime cargo público provido por servidor estável, cuja simples dispensa incorreria em agravo a direito líquido, exercita, com a disponibilidade, uma reparação por equivalência em dinheiro, tanto quanto percebia o servidor dispensado, até seu aproveitamento em outro cargo compatível, ocasião em que, então, se caracteriza a outra forma de reparação, também por equivalência, mas de maneira diversa da reparação pecuniária."

"É da mais comezinha lógica entender, sobretudo no capítulo do dano não-patrimonial, que a reparação por equivalência, em qualquer de suas modalidades, somente deve ter lugar em razão de não se poder proporcionar ao lesionado situação idêntica à que desfrutava. Pretendemos mesmo fazer coro com os que entendem que o dinheiro da indenização representa, não uma equivalência, mas uma compensação, à falta de outro meio mais adequado" (J. J. Othon Sidou – Inconstitucionalidade de Lei e Reparação do Dano por Mandado de Segurança – p. 57-58).

Essas palavras, escritas há várias décadas, não perderam a sua validade, e ainda se harmonizam com a jurisprudência vigorante, máxime no arbitramento do valor do dano moral. Nesse mister torna-se preciso "ter em conta o grau em que o prejuízo causado terá influído no ânimo, no sentimento daquele que pleiteia a reparação. A intensidade da culpa, a violência, as circunstâncias em que ocorreu o evento danoso, poderão informar o critério a ser adotado em tal arbitramento, árduo e delicado, porque entranhado de subjetividade. É hoje dominante o entendimento de que a correção monetária no dano moral incide desde a data do evento danoso" (*RT* – 602/181).

Sugere Volnei Ivo Carlin que, para a fixação do montante reparatório do prejuízo extrapatrimonial, "poder-se-ia, numa primeira fase, remeter a apuração do *damnum* ao prudente arbítrio do julgador. Mais tarde, quando consagrado plenamente pelos nossos tribunais o caráter autônomo e próprio desse dano, seriam projetados, anualmente, pelas próprias cortes superiores, tabelas especificativas de valores de cada prejuízo constatado, a exemplo do que acontece nas cortes francesas. Nosso país já possui estrutura suficiente, para pôr em prática, inspirado nos julgados dos tribunais, uma lei especial que se ocupe exclusivamente das conseqüências práticas dos danos morais. Seriam modificados, assim, os critérios existentes e que não encontram, modernamente, proteção no Judiciário, de forma que os cidadãos, vítimas de lesões morais, ficariam resguardados e confiantes".

Lamenta o ilustre jurista que "por ora só nos resta extrair da casuística inserta na lei substantiva civil uma interpretação ao nível das circunstâncias emergentes e à luz de nossa época, posicionando o magistrado num plano mais real, fazendo-se sentir um maior prestígio do direito e introduzindo-se uma outra face da justiça no contexto social" (*RT* – 569/11).

A liquidação das perdas e danos opera-se de acordo com o art. 402 e seguintes do Código Civil, seguindo critério de arbitramento. Embora difícil às vezes, nunca será de todo impossível a avaliação, porque não se requer uma perfeita equivalência da prestação com a lesão nascida da dor moral. No particular a justiça é feita por homens e para homens, e a perfeição e a infalibilidade não são próprias do ser humano.

O conceito de dano é único, enquanto lesão de direito. O ressarcimento do dano moral proporciona ao lesado uma compensação, "e o único critério razoável para avaliá-lo é o arbítrio judicial" (Responsabilidade Civil – Jurisprudência Brasileira Civil e Comercial – *Revista Forense* – 287/345). Na lição de De Page, citado por Martinho Garcez, a "extensão do dano é uma questão que depende da apreciação soberana do juiz da causa, e o magistrado pode recorrer ao arbítrio do bom varão ou valer-se dos usos e costumes do lugar a fim de encontrar uma solução justa e razoável ao caso concreto" (Prática da Responsabilidade Civil – p. 42-43).

4.14. Perdas e danos e deficiência legal

Nossa legislação sobre responsabilidade civil, perdas e danos, e dano moral, ainda é acanhada, deficiente e omissa. Os casuísmos que apresenta não alcançam a grande pletora de situações, principalmente as criadas pelo modernismo e pelo estágio atual da humanidade. Bem-vinda seria uma reformulação de idéias e de conceitos, uma sistematização efetiva e atual, de acordo com a realidade. Faltam princípios amplos e fecundos, verdadeiros e abrangentes, com capacidade total de disciplinar as relações humanas e a vida do povo no momento presente.

O direito nasce do fato atual e palpitante. Nasce da vida, do convívio dos cidadãos. É feito para o homem, para solucionar seus problemas e para garantir seus direitos, sem ideologia, sem partidarismo, e sem cor sectária ou fanática.

O direito legislado deve estar em harmonia com a ciência jurídica e com as necessidades prementes das pessoas, a quem se destina. Os interesses da sociedade como um todo, seu bem-estar presente e futuro, seus anseios e aspirações, têm de prevalecer sobre os interesses menores dos fazedores da lei, muitas vezes submetidos a conveniências e negociações de seus partidos. A lei não pode servir de moeda de troca, pena de prejudicar os cidadãos e todos quantos trabalharam na sua elaboração, e pena de baixar a cotação dos legisladores na Bolsa de Valores dos brasileiros. O homem já criou meios e técnicas avançadas. Já vai à lua, utiliza-se da computação, da cibernética, da internet, da eletrônica, da bomba atômica, enfim, encontra-se em excelente fase de progresso. Mas sente também o abismo aberto entre esses progressos e a estagnação do seu ordenamento jurídico. Há uma distância acentuada entre essas conquistas e o sistema jurídico em vigor. A lacunosidade e as impropriedades da legislação têm exigido muita criatividade dos aplicadores do Direito. Verdadeiras ginásticas têm sido feitas para proporcionar justiça aos casos concretos. Esforços especiais têm sido enviados na área da responsabilidade civil, do dano moral, e das perdas e danos, através de reiterados julgamentos, que vieram a consolidar orientação jurisprudencial. Muito ainda há para fazer, e longe se está no que tange à adequação da legislação existente à realidade da vida, e à necessidade de aplicar o direito na ausência de texto legal em relação ao assunto em exame.

Significativa é a função da Justiça naquelas hipóteses em que há omissão legal, como na esfera do dano estético, como na fixação da idade limite para as reparações, e como no arbitramento do *quantum debeatur*, no dano moral. Enquanto faltar melhor disciplinação, aos julgadores cabe a tarefa de, em consonância com os reclamos sociais e as exigências do bem comum, encontrar a solução mais adequada e mais justa para cada situação. Hão de lançar mão dos princípios gerais e do norteamento do art. 5º, da Lei de Introdução ao Código Civil: "Na aplicação da lei o juiz atenderá aos fins sociais a que ela se destina e às exigências do bem comum."

Em sendo a norma jurídica "a cristalização do comportamento ético-sócio-econômico do homem num determinado momento histórico, formado nas experiências do passado, é dever do Judiciário buscar suas futuras tendências para evitar o obsoletismo, dada a transitoriedade da regra e de toda a situação social que a informou. Ao Judiciário é reservada a missão de manipular a regra jurídica para torná-la móvel, flexível e adequável ao momento de sua aplicação. Julgar, apenas julgar, estreito à literalidade e à gênese da norma é de uma singeleza apropriada aos chips de um computador; é mera aplicação rígida da lei. Antes de ser julgador, o magistrado é um exegeta, um hermeneuta, um intérprete; longe de quebrar a norma jurídica, ele zela por sua sobrevivência. Daí ser a sentença fonte de direito, e não instrumento para o Judiciário legislar. Haverá, sim, um atropelo à razão e ao bom senso jurídico, se o juiz se escudar na inflexibilidade e literalidade normativas para fundamentar sua decisão, impermeável às constantes mutações que ocorrem no mundo fático, e que exigem do legislador o esforço para que, ingressando no mundo dos fatos jurídicos, nele permaneçam. A flexibilidade da norma, a potencialidade de se adaptar às tendências futuras, são os elementos que poderão reduzir ou aumentar sua vida útil" (Glênio Bastos Soares – *RJTJRS* – 116/387).

Na medida em que o tempo passa, as coisas mudam, e o ser humano também. A vida evolui, traz o novo, o melhor, e as pessoas têm de superar o velho, e fazer as adaptações necessárias. Para problemas novos, soluções novas. Para tempos novos, leis novas. Mas não bastam leis novas. É preciso que as leis novas efetivamente abordem os problemas novos e lhes indiquem as soluções cabíveis.

A verdade é que o direito "deve ser estável, e contudo não pode permanecer imóvel. A vitória não pertence aos partidários de uma lógica inflexível, e nem aos niveladores de todas as regras e precedentes, mas àqueles que souberem fundir essas duas tendências numa adaptação a um fim, ainda que imperfeitamente discernido" (Benjamin C. Cardozo – A Natureza do Processo e a Evolução do Direito – p. 252-253).

Para Lopes da Costa não é bom juiz "esse para quem nada pode haver de pior que se pronunciar sem apoio numa regra expressa, sem uma citação de artigo de uma lei" (Direito Processual Civil – 3/10); para Dalmo A. Dallari, "decidir a favor dos poderosos, ou contra eles, é secundário, desde que se decida com justiça. Não afrontar injustamente um direito, nem vender a consciência, por temor, conveniência ou vaidade, eis o que se impõe ao juiz dotado de consciência jurídica" (O Renascer do Direito – RT – 608/149).

4.15. Perdas e danos entre cônjuges

O instituto do casamento gera uma relação complexa, carregada de direitos e deveres, cujo inadimplemento culposo obriga a compor perdas e danos. As sevícias praticadas entre marido e mulher tanto alicerçam a dissolução da sociedade conjugal quanto a obrigação de reparar os danos causados à vítima. A prática de sevícias é ato ilícito, que impõe a obrigatoriedade de indenizar, sendo inegável que o consorte que espanca e lesiona violentamente o outro viola profundamente seu dever matrimonial, máxime quando essa agressão chega a reduzir a capacidade laboral. Nestas circunstâncias, além da tutela própria do Direito de Família, justo é que a vítima também se socorra dos meios reparatórios do art. 186 do Código Civil.

No magistério de Caio Mário da Silva Pereira, "afora os alimentos, que suprem a perda de assistência direta, poderá ainda ocorrer a indenização por perdas e danos (dano patrimonial e dano moral), em face do prejuízo sofrido pelo cônjuge inocente" (Instituições de Direito Civil – V/155). E para Aguiar Dias, a violação dos deveres do casamento "é indubitavelmente falta contra a honestidade. É o que se verifica por parte de quem dá, por seu procedimento, causa à separação de corpos, desquite ou divórcio, acarretando prejuízo moral ou material ao outro cônjuge. Como o marido que, negligente ao estado de saúde da mulher, permite que se desenvolva moléstia que a acomete sem levá-la a submeter-se a exame médico e sem usar de sua autoridade neste sentido". Mais adiante invoca a lição de Adolfo Bravo, jurista português, que assevera: "Se o cônjuge inocente sofreu, por culpa do outro, prejuízo diverso do que lhe causou a ruptura do casamento e que a pensão alimentícia teve por fim reparar, então pode ele também exigir a reparação civil de tal prejuízo" (Da Responsabilidade Civil – II/409).

Referida pensão alimentar equivale a um ressarcimento devido a título de socorro e auxílio, e cumpre função assemelhada às perdas e danos decorrentes do dever descumprido. A dívida de alimentos prevista no art. 19 da Lei nº 5.515/77 identifica-se com a reparação por ato ilícito, embora se apresente com roupagem de alimentos. É uma compensação pecuniária pela ruptura precoce e injusta da sociedade conjugal, por culpa de um dos consortes, como também ocorre no divórcio, que termina com o próprio casamento, onde a prestação imposta ao esposo culpado é delitual e radica no art. 186 da lei civil. Já não paira mais dúvida de que a pensão do cônjuge culpado na dissolução litigiosa do casamento e do divórcio-sanção indeniza um prejuízo resultante de delito civil. Tem origens diferentes a pensão paga pelo cônjuge culpado ao inocente e pobre, a qual substitui o dever de assistência, e a indenização por perdas e danos, inclusive morais, suportados pela parte inocente.

Cabível é a indenização quando os fundamentos da ruptura trouxerem ao cônjuge inocente um grave dano moral, como injúrias e sevícias. Lesões corporais têm significação lancinante e arrasadora para o cônjuge, maiores que o dano patrimonial, pelo que não justificam apenas a dissolução contenciosa da sociedade conjugal e a imposição de alimentos. O responsável deverá responder cumulativamente pela saúde do consorte que agrediu, segundo os arts. 186 e 950 do Código Civil, sem prejuízo das sanções penais atinentes. Não só as ofensas físicas, os atentados contra a integridade corporal, mas também os ataques à honorabilidade, à respeitabilidade e à dignidade humana comportam indenização. Qualquer injúria e sevícia causa danos morais e físicos a quem se preza, de modo que uma simples pensão alimentícia não os indeniza e não tem força de exonerar das obrigações resultantes do matrimônio, por transbordarem da esfera cível e configurarem ilícitos penais. A difamação que atinge de cheio o bom nome, a atividade profissional e o conceito social é ultraje gravíssimo e que representa valores inestimáveis para quem os perde injustamente. Por isso mesmo justifica a separação judicial, a pensão alimentícia, e também o ressarcimento por dano defluente de injúria, nos termos do art. 953 do diploma civil. Tal ação independe da que objetiva dissolver a sociedade conjugal e o divórcio, pois se trata de indenizações cumuláveis, que podem ser requeridas em uma só demanda, consoante permissivo do art. 292 do CPC.

De outra parte, a indenização fundada no art. 186 pode ser anterior ou posterior à propositura do divórcio ou da dissolução contenciosa da sociedade conjugal. Nela o cônjuge inocente não precisa invocar necessidade do numerário indenizatório, ao contrário do que sucede na hipótese do art. 19 da Lei nº 6.515/77. A reparação aí não tem índole alimentar, eis que o dano decorre de um ilícito civil. A nomenclatura empregada nem sempre define a natureza da obrigação, confundindo-se por vezes o sentido do vocábulo "alimentos". Exemplo disso é o art. 948 do Código Civil, que contempla o ressarcimento por homicídio, e o art. 950 do mesmo estatuto, que se refere a lesões corporais. A palavra aí expressa apenas o critério ou a referência de base para o cálculo da importância devida.

Maus tratos, injúrias e demais tipos de agressão entre cônjuges sempre geram efeitos danosos, sobretudo morais, e que são ressarcíveis entre todos os povos civilizados. O constrangimento e a ofensa a direito personalíssimo, sofridos injustamente, não podem ficar impunes. A alegação defensiva de falta de prejuízo material não releva, pois prejuízo sempre ocorre, sendo muito difícil também provar o contrário, ou seja, de que espancar e aviltar o cônjuge nenhum mal lhe produzira. É verdade que entre nós inexiste lei expressa que autorize a colocação da matéria em tais termos. Mas ela deve ser analisada com vistas ao ordenamento jurídico nacional como um todo, em face da deficiência legal e do fato de o direito não se exaurir na lei escrita. Sensíveis a tudo isso, a doutrina e a jurisprudência têm reconhecido a existência de responsabilidade civil entre marido e mulher, e com apoio no direito comparado têm adotado a tese de que a pensão do consorte inocente indeniza a supressão maliciosa e prematura da vida em comum, sem ressarcir prejuízos outros. Os alimentos impostos ao culpado só reparam o mal resultante da ruptura anormal e culposa dos laços matrimoniais. Se mais outros danos ocorreram, embora vinculados aos motivos que embasaram a dissolução da sociedade conjugal, ou do próprio casamento, ao cônjuge inocente duplamente prejudicado é facultada também uma dupla indenização. Repetindo, o art. 19 da Lei do Divórcio apenas recompõe os danos sofridos com a injusta supressão do auxílio devido. Os demais prejuízos que decorrerem do divórcio ou da separação têm seu ressarcimento assegurado pelas regras do Direito comum, o que não importa em dupla indenização pelo mesmo fato, mas reparações diferentes de prejuízos também diferentes.

Não se trata de meras ilações doutrinárias, expedidas *de lege ferenda*, e que só valeriam após transformadas em teor legal, mas de uma alternativa indispensável para o juiz poder fazer justiça às partes. A própria lei recomenda que sua aplicação atenda aos fins sociais a que se dirige e às exigências do bem comum. Sem espírito crítico, sem preencher a lacunosidade segundo os princípios superiores do Direito, impossível será a correta prestação jurisdicional, nas hipóteses acima ventiladas. Segue-se no particular a orientação de outros povos, principalmente o francês, cuja legislação é precisa no sentido de que as perdas e danos se cumulam com a pensão alimentar, sem prejuízo da possibilidade de aforar ação ressarcitória pertinente a danos distintos dos decorrentes da dissolução da sociedade conjugal. O art. 301 do Código Civil gaulês, *v.g.*, dispõe que, "independentemente de todas as outras reparações devidas pelo esposo contra o qual o divórcio foi pronunciado, os juízes poderão conceder ao cônjuge que obteve divórcio as perdas e danos pelo prejuízo material ou moral a ele causado pela dissolução do casamento". Também o art. 266 do mesmo diploma preceitua que, "quando o divórcio é decidido por culpa exclusiva de um dos cônjuges, este pode ser condenado a perdas e danos pelo prejuízo material ou moral que o término do casamento acarretou a seu consorte". O dever de reparar funda-se na violação do direito e na causação do prejuízo, mediante dolo ou culpa, mas não depende da demonstração efetiva das perdas e danos patrimoniais. O direito à indenização surge com a própria ofensa à honra, que se basta por si mesma, pois o dano moral nela se insere, presumido *juris et de jure*. Torna-se irrelevante, pois, a existência ou não de reflexos patrimoniais explícitos.

O proceder de quem sevicia e lesiona seu cônjuge, incapacitando-o para o trabalho, embasa os pedidos de dissolução da sociedade conjugal, fixação de alimentos e ressarcimento de danos causados à saúde, independentemente das sanções penais atinentes. A postulação fundada no art. 186 do Código Civil independe da que busca dissolver a sociedade conjugal e o divórcio-sanção. Segundo ensinamento de Mário Moacyr Porto, "as indenizações são, assim, cumuláveis. Os dois pedidos podem ser formulados em uma mesma demanda (art. 292, do CPC). Nada impede, porém, que a indenização, com apoio no art. 186, do CC, seja pleiteada antes ou depois da instauração do processo para a obtenção da dissolução contenciosa da sociedade conjugal ou divórcio. Na demanda intentada pela esposa prejudicada contra o esposo culpado com apoio no art. 186 do CC, não é necessário provar ou mesmo alegar que "necessita" do dinheiro da indenização, como na hipótese prevista no art. 19, da lei 6.515. A indenização não tem absolutamente, caráter alimentar, e se baseia nos pressupostos do direito comum, quanto ao ressarcimento do dano decorrente de um delito civil" (*AJURIS* – 28/180).

5. Perdas e danos no comércio em geral

5.1. Perdas e danos e discordância da mulher na venda de imóvel

A promessa de compra e venda constitui simples obrigação de fazer, e como tal dispensa a anuência da mulher do promitente vendedor. A falta dessa autorização não se erige em causa de anulação da promessa. Entretanto, se a venda definitiva do imóvel depender da outorga uxória, ao Poder Judiciário é vedado sobrepor-se à vontade da esposa que nega a sua permissão. Trata-se de anuência indispensável e insuprível, que milita em prol dos terceiros adquirentes. O juiz somente suprirá a outorga quando a mulher a denegar sem motivo justo, ou quando lhe for impossível dá-la. Mas referido suprimento não chega a obrigar os bens próprios da mulher, inobstante autorizar o ato do marido. Só a mulher e seus herdeiros poderão demandar a anulação dos atos do marido, praticados sem outorga da mulher, consoante arts. 1.647 a 1.649 do Código Civil.

Diante da recusa da esposa, a única alternativa é devolver o numerário pago, com juros a partir da notificação e correção monetária a contar da vigência da Lei nº 6.899/81, conforme Decreto nº 86.649/81, que regulamentou mencionada lei, e as perdas e danos que vierem a ser apurados em liquidação. Apesar de a falta de consentimento só obrigar o homem, a verdade é que ele implicitamente prometeu fato de terceiro, pelo que apenas responde por perdas e danos. Na busca desse valor observar-se-á o preço do imóvel transacionado, devidamente corrigido, e o seu valor atualizado, mas as perdas e danos não poderão superar o montante dessa diferença.

Na ausência de consentimento da mulher do vendedor no contrato de compra e venda, e na falta do registro do título no ofício imobiliário, ao juiz é dado prolatar sentença substitutiva do contrato, que surta o mesmo efeito do pacto a ser firmado (art. 639, CPC). A falta de anuência da mulher "impede o registro do contrato no registro de imóveis e, decorrentemente, gera a carência da ação que objetiva a outorga da escritura definitiva. Porém, o promitente vendedor, e só ele, responde por perdas e danos" (*Jurisprudência Catarinense* – 40/283).

A indispensabilidade da anuência da consorte na transmissão imobiliária por pessoa casada é algo do conhecimento público. Não se perdoará alegado desconhecimento a gente medianamente esclarecida, que atua no comércio, ou que tenha formação média ou superior. Quem arrisca comprometer-se sem a concordância do outro cônjuge age culposamente. Se o faz apesar da oposição do consorte, procede até com malícia. Manifesta é a imprudência de quem vende imóvel sem antes certificar-se de ser cumprida a alienação, tal como sucede com o condômino que tenta alienar a coisa comum em seu todo, sem antes buscar a anuência dos demais co-proprietários. Resulta daí a evidência da culpa de quem, "sendo homem culto, se compromete à alienação de imóvel sem certificar-se previamente da anuência da mulher, ou mais provavelmente sabendo de sua discordância" (*RJTJRS* – 108/454). As perdas e danos no caso consistirão no pagamento do valor atual do imóvel, mas no estado do tempo da transação viciada, e não no presente, se o bem no interregno tiver sido loteado e urbanizado, ou supervalorizado por causas outras.

Segundo alguns, se a promessa de compra e venda só for firmada pelo cônjuge-varão, a esposa terá legitimidade para anular a transação assim operada. A providência de intentar ação anulatória equivale à negativa de dar o consentimento. Se o promitente comprador contestar e pedir em reconvenção perdas e danos pela frustração do negócio, a indenização deve guardar proporcionalidade com os pagamentos feitos por conta do preço, pena de não se revelar justa. Embora válido o raciocínio, não apresenta ele a melhor solução. Iterativa é a jurisprudência atual no sentido de que a falta de outorga uxória não é causa de nulidade do compromisso de compra e venda, vez que o ato corresponde à obrigação de fazer, a qual, descumprida, converte-se em perdas e danos. A regra é extensiva também à cessão ou promessa de cessão de direitos. Através de suas diversas turmas, o Supremo Tribunal Federal assim se tem pronunciado sobre o tema: "Promessa de compra e venda. Falta de outorga uxória. Nulidade suscitada pela mulher desacolhida. Obrigação pessoal assumida pelo marido que se resolve em perdas e danos. O compromisso é gerador de obrigação pessoal de o seu outorgante pagar perdas e danos na hipótese de não cumpri-lo, e isso não é contrário ao art. 1.647, I, do CC, pois no caso a outorga uxória e dispensável" (*RTJ* – 89/212—105/419). "Trata-se de obrigação validamente assumida pelo marido, que, não cumprida, lhe imporá responder por perdas e danos. Nulidade inexistente em casos que tais. O ato não é nulo e corresponde à obrigação de fazer, a qual, descumprida, converte-se em perdas e danos. Inexigibilidade ademais das mesmas formalidades da compra e venda" (*RTJ* – 86/498 – *RT* – 608/231).

5.2. Perdas e danos e direito de preferência na venda de imóvel locado

Segundo legislação inquilinária em vigor, a violação ao direito de preferência do locatário resolve-se sempre em perdas e danos. É o que preconiza a jurisprudência, com apoio na Súmula nº 488 do STF e no art. 25, §§ 1º e 2º, da Lei nº 6.649/79. Esse poder do locatário de adjudicar compulsoriamente o imóvel a ele locado deve ser usado *opportuno tempore*. Violado seu direito de preferência, o exercício depende da inscrição prévia do pacto locatício, pelo menos trinta dias antes da venda, promessa de venda e cessão de direitos, no respectivo álbum imobiliário, "na forma a ser estabelecida em regulamento". Essa regulamentação ainda não ocorreu, e sem ela não poderá ser registrado o contrato de locação. Se alguém equivocadamente conseguir registrar seu pacto, por desinformação do titular do cartório, terá sido inobservada a forma legal, ainda não declinada. A publicidade que resultar desse ato será meramente declarativa, sem força jurídica para conceder-lhe a precedência na obtenção do imóvel, ou o direito e ação a ele relativos.

Sem título registrado no repertório fundiário, o pedido é juridicamente impossível, eis que o direito de preferência do inquilino tem contornos de direito real oponível a terceiros. E o direito real sobre imóvel alheio obtém-se com o registro, a teor do art. 1.227 do estatuto civil. O contrato verbal de locação obviamente afasta a menor possibilidade de aquisição de direito real pelo locatário. Como simples direito pessoal, resolve-se em perdas e danos (*Julgados – TARS* – 52/396). Seguramente, o requisito do art. 25, § 1º, da Lei nº 6.649/79 constitui-se em óbice intransponível: o locatário só pode exercer seu direito de preferência se, pelo menos trinta dias antes da venda, promessa de venda ou cessão de direitos, estiver inscrito no registro imobiliário o contrato locativo. A falta desse registro impede o exercício do direito de preferência para a compra do imóvel locado, podendo a causa ser extinta sem julgamento do mérito (*Jurisprudência Catarinense* – 35/161 – 37/174 – *JTACSP* – 70/167 – 602/170). Nos termos desse último aresto citado, "para que o locatário exerça seu direito de preferência, é necessário o registro imobiliário do contrato de locação, condição que, não satisfeita, acarreta a carência da ação reipersecutória".

Assim, impossibilitada a anulação da escritura ou a desconstituição do negócio jurídico, resta ao inquilino buscar o seu reconhecimento de direito pessoal de natureza indenizatória contra o alienante, através de perdas e danos. E para lograr êxito deverá comprovar a efetiva existência das perdas e danos. "A lei atual não faz alusão expressa às perdas e danos, mas elas são inseparáveis do direito de preferência, sem o qual este não faria sentido algum. Note-se, porém, que devem ser comprovadamente demonstradas, já que inexiste fixação legal do seu *quantum*, pelo descumprimento da obrigação". (Iran de Lima – O Novo Regime da Locação Predial Urbana – p. 99). Aliás, a efetiva comprovação das perdas e danos já era exigência na anterior legislação do inquilinato (*RJTJRS* – 8/308 – 30/342 – *Jurisprudência Catarinense* – 37/274). Ressalta o aresto catarinense que "a falta de notificação do inquilino para o exercício de preferência na aquisição do imóvel não acarreta a nulidade da venda, mas dá ao locatário o direito de pleitear perdas e danos. Não obstante, violado o direito do locatário na aquisição do imóvel locado, não tem ele o direito à indenização por perdas e danos, se não comprovou a existência de prejuízo delas decorrente. Não se pode condenar desde logo, se não foi feita anteriormente a prova específica do dano".

Respeitante à legitimidade, a viúva meeira do primitivo locatário é parte legítima para o exercício do direito da preferência. É ela continuadora do pacto locatício, e sua situação enquadra-se no art. 517 da lei civil, no sentido de que a mulher, como consorte e companheira do esposo é, tanto como ele, destinatária de prelação, na forma assegurada pelo legislador. Cabe-lhe exercer tal prerrogativa em especial se o esposo faleceu antes de terminar pela caducidade o direito de preempção (art. 516, CC). A restrição apontada pelo art. 520 do estatuto civil relaciona-se a herdeiros e cessionários. A viúva do locatário falecido, em vida de quem se alienou o imóvel locado, é parte legítima para a preferência.

A teor do art. 431 do Código Civil, "a aceitação fora do prazo, com adições, restrições ou modificações, importará nova proposta". A aceitação com qualquer alteração deixa de ser aceitação, para tornar-se recusa à proposta feita, ou formulação de nova proposta. Para que se tenha por concluído o contrato, a aceitação deve ser pura e simples. Não aceitando a oferta integralmente, o destinatário a estará rejeitando, o mesmo ocorrendo com a aceitação tardia, com modificações.

Para João Luiz Alves, "as modificações, adições ou restrições da proposta importam, pelo oblato, em recusa; mas, como, com essas alterações, faz ela uma declaração de vontade sobre um determinado negócio, nos termos que expõe, a essa resposta dá a lei a força de nova proposta, como no caso da aceitação tardia" (Código Civil Anotado – 4/178). No mesmo sentido, Clóvis Beviláqua registra que "a aceitação com quaisquer modificações aditivas ou restritivas importa recusa da proposta, como foi feita, e apresentação de outra oferta" (Código Civil Comentado – IV/198).

A propósito do tema, preleciona João Carlos Pestana de Aguiar Silva que o instituto da preferência tem se resolvido em perdas e danos, sem pretensão de transformá-lo em anômalo direito real. Se isso acontecer, "ficará ao desabrigo o direito do adquirente de boa-fé, estimulando-se previsíveis e plúrimos conluios entre vendedor e inquilino. Nalguns exemplos, dentre inúmeros, poderá estar o imóvel vazio e, não obstante, locado com desconhecimento do adquirente; ou poderá, mesmo vago quando da alienação, ser objeto de contrato de locação antedatado e forjado; ou efetivamente havendo locação, dela não ter ciência o adquirente; ou a conhecendo, confiar em notificação inválida. A *meta optata*, tentadora e com inadvertido respaldo legal, será o rompimento do título aquisitivo em prol do supostamente burlado direito de preferência do locatário. Será risco que correrá o adquirente por longo espaço de tempo, tendo-se em vista que o prazo de seis meses, a que alude o art. 25, poderá se dilatar ilimitadamente, pois só tem início 'a contar da transcrição do ato no cartório do RI'. Desmorona-se o princípio da proteção à boa-fé, de que tanto se ocupou o Código Civil" (A Nova Lei de Inquilinato Comentada – p. 70 – *RT* – 605/189).

De qualquer sorte, na legislação inquilinária vigente, a violação ao direito de preferência do inquilino sempre é resolvida em perdas e danos, a serem liquidadas conforme as exigências do caso concreto. Por elas responde o alienante que omite notificar o locatário para exercer sua preferência à aquisição. Entretanto, deixando o notificado fluir *in albis* o lapso de trinta dias, seu silêncio importa em desinteresse na compra do imóvel, que então pode ser vendido a terceiros. A ausência notificatória não tem força de invalidar a transação feita, só conferindo ao inquilino o direito de haver para si o imóvel, quando preenchidos os requisitos essenciais do art. 25 da Lei nº 6.649/79. O direito de preferência do locatário na aquisição do imóvel locado não prevalece, contudo, nos casos de alienação judicial (*Julgados* – *TARS* – 59/169 – 59/254). Também não prevalece quando o imóvel foi transacionado com um de seus condôminos. Neste caso não há que se falar em indenização, vez que este tem prioridade na aquisição do bem comum, com nítida preferência sobre o locatário. O § 1º do art. 25 da Lei nº 6.649/79, reportando-se ao art. 1.322 do Código Civil, expressamente ressalva essa prioridade do co-proprietário na aquisição do imóvel comum, assegurando sua preferência relativamente ao locatário.

5.3. Perdas e danos e ausência de culpa do devedor

Para Fernando Bastos de Oliveira, se algumas vezes o legislador fala em culpa, "jamais a destaca como elemento fundamental e imprescindível da responsabilidade civil legal. Não há nada de escandaloso, aliás. Os casos de responsabilidade civil sem culpa são universais, e cada vez mais aumentarão com a evolução social, que não prescinde da fundamental garantia da integridade da pessoa e das coisas de cada um para a vida em sociedade. O nosso legislador sentiu essa imprescindibilidade e fundou a responsabilidade civil legal no que lhe dá existência – o prejuízo" (A Responsabilidade Civil Legal e o Código Civil Brasileiro – p. 11-12).

Quando a lei impõe o dever de ressarcir sem a prática de ato culposo, o faz baseado na responsabilidade objetiva, ou responsabilidade pelo risco, ou quando o agente praticou o ato antijurídico, ensejador da reparação, amparado no exercício de um direito. A obrigação de reparar o dano por ato ou fato decorrente do exercício de um direito do cidadão arrima-se na legítima defesa e no estado de necessidade, bem como no direito de vizinhança.

Numerosas previsões do Código Civil adotam o sistema da responsabilidade objetiva. Basta lembrar os danos acarretados por preposto de farmacêutico, os decorrentes de ruína de prédio, ou pelas coisas que dele caírem ou forem arremessadas. Grande número de leis esparsas e a própria Constituição da República têm acolhido a responsabilidade pelo risco, posto que nem sempre de forma plena ou integral. Exemplo disso é a Lei do Seguro Obrigatório de Veículos Automotores, a Lei de Acidentes do Trabalho, a Lei reguladora da responsabilidade civil nas estradas de ferro, o Código do Ar e o Código de Mineração, entre outras.

Essa legislação disciplina casos em que o *onus probandi* é transferido ao demandado, ao qual, para eximir-se de responsabilidade, compete provar não ter agido culposamente. O ecletismo do Código do Ar oferece hipóteses em que a responsabilidade é baseada ora na culpa, ora no sistema de inversão do ônus da prova, ora na teoria do risco. A lei acidentária abraçou *in totum* a teoria do risco e, provado o dolo do empregador, a indenização é estabelecida pelo Direito comum, do modo mais amplo possível. Pela Súmula nº 299 do STF, "a indenização acidentária não exclui a do Direito comum, em caso de dolo ou culpa grave do empregador". O Código de Mineração evidencia ter adotado a responsabilidade objetiva, máxime no art. 47, que regula as obrigações atinentes aos exploradores de lavra: "Responder pelos danos e prejuízos a terceiros, que resultarem direta ou indiretamente da lavra." O Decreto Legislativo nº 2.681/12, ainda em vigor, e pioneiro na matéria entre nós, ao disciplinar a responsabilidade civil das estradas de ferro, optou pelo princípio dominante da culpa presumida do transportador, que cede lugar apenas ante a culpa exclusiva da vítima, ou a força maior e o caso fortuito. O transportador tem obrigação de levar o passageiro são e salvo até o seu destino, sendo objetiva a sua responsabilidade. Mas é o seguro obrigatório de veículos que fornece com maior expressão a responsabilidade objetiva, ao dispor no art. 5º que "o pagamento da indenização será efetuado mediante simples prova do acidente e do dano decorrente, independentemente da existência de culpa". A reparação é devida ainda que a vítima seja a única culpada pelo acidente.

Outra incidência de suma importância da responsabilidade sem culpa encontra-se no Direito Público. Todos os órgãos da União, do Estado, Territórios, Municípios e autarquias respondem pelas perdas e danos causados por seus servidores, independentemente da prova de culpa. Contra essas pessoas de direito público interno tem aplicação a teoria do risco administrativo, com inversão do ônus da prova, restando apenas à Administração a comprovação de eximente. Se houve nexo causal e dano, cabe ressarcir e depois acionar regressivamente o servidor. Em tal caso, porém, a culpa e o dolo são requisitos para o aforamento da ação de regresso. Se o funcionário não se houve com dolo ou culpa, ou se tal não restou positivado, não há como compeli-lo a reparar perdas e danos. O sistema da responsabilidade independente da culpa encontra-se insculpido no art. 37, § 6º, da Constituição Federal: As pessoas jurídicas de direito público respondem pelos danos que seus funcionários, nessa qualidade, causarem a terceiros. Caberá ação regressiva contra o funcionário responsável, nos casos de culpa ou dolo.

Em conseqüência, haja ou não culpa, o Estado deverá ressarcir os prejuízos causados a outrem por seus prepostos. Nos casos de responsabilidade objetiva e nos de inversão do ônus de prova, ao prejudicado cumpre apenas mostrar o nexo causal entre o ato e o dano.

5.4. Perdas e danos e pagamento em dinheiro

A reparação de dano por inadimplemento obrigacional equivale à indenização por ato ilícito, tendo por suporte a generalidade do art. 186 do Código Civil. Isso porque no inadimplemento obrigacional a violação do direito e o prejuízo respectivo operam-se por causa do ato ou da omissão do devedor. A obrigação é um vínculo "que adstringe o devedor ao cumprimento do que lhe é imposto pela mesma obrigação. Esse cumprimento tem de ser realizado no tempo pelo modo devido, sob pena de perdas e danos, porque o não cumprimento da obrigação é um ato ilícito que causa prejuízo ao credor" (Clóvis Beviláqua – Código Civil – IV/212).

Fundando-se a reparação civil em pagamento monetário, este não poderá ser defasado. Há de ser o mais completo possível, a fim de não prejudicar o credor. Atento a isso, o art, 404 dispõe que nas obrigações de pagamento em dinheiro, as perdas e danos serão pagas com atualização monetária segundo índices oficiais, abrangendo juros, custas e honorários, sem prejuízo da pena convencional. Se os juros de mora não cobrirem o prejuízo, e se não houver pena convencional, o juiz poderá conceder ao credor indenização suplementar.

Referidos juros de mora são contados a partir da citação inicial (art. 405, CC).

Devido à inflação que sempre existe entre nós, e na prática superior aos índices oficiais, a correção monetária torna-se necessária e indispensável. De igual modo devem ser acrescidos ao montante devido os juros de mora. O legislador os considera devidos somente desde a citação, fato que por si pode ser prejudicial ao credor. Freqüentemente a citação válida surge muito tempo depois do aforamento da causa, e por motivos alheios à vontade do credor, ou seja, sem a menor culpa de sua parte, mas por deficiente funcionamento do aparelho forense.

Nas obrigações decorrentes de ato ilícito, o devedor é reputado em mora desde o dia em que o praticou. Ademais disso, o inadimplemento de obrigação positiva e líquida no seu termo constitui de pleno direito em mora o devedor (arts. 397 e 398, CC).

Quanto à correção da moeda, que tem de ser a mais completa possível, precisa ser contada desde o efetivo prejuízo, a fim de evitar o enriquecimento ilícito do devedor. Configurada a mora, a correção monetária incide desde o vencimento da obrigação. Impera atualmente uma tendência no sentido de que os juros moratórios e a correção monetária devem fluir desde o vencimento da obrigação, uma vez positivada a mora. Afigura-se este o melhor critério de atualização do *quantum debeatur*, nas obrigações líquidas e positivas, cuja mora se caracteriza pelo advento do termo, conforme o princípio de *dies interpellat por homine* (*RJTJRS* – 207/370).

Os dez mil reais de anos atrás valem muito menos agora do que valiam naquela época. Por isso impõe-se corrigir, atualizar, o montante devido, de modo mais eficaz e justo. Estabelecer o início da correção monetária "desde a data da apuração", ou "do cálculo" do valor devido, é algo infeliz e incorreto. Se esse cálculo ou essa apuração ocorrer somente num futuro longínquo, o valor será irreal, incompleto e injusto. A melhor alternativa é, pois, presente a mora, que os juros e a correção monetária sejam computados a partir do vencimento da obrigação.

O juiz tem de procurar sempre fazer a melhor justiça, ainda que a lei seja falha ou incompleta. Já afirmava Betti que os problemas de direito "não são problemas de aritmética e de lógica formal, em cuja solução a lei está vinculada a esquemas conceituais preestabelecidos, mas são, ao contrário, problemas práticos, na solução dos quais – sempre dependendo das várias condições históricas e sociológicas – deve somente adotar-se o critério mais oportuno, que melhor corresponda à contingente apreciação comparativa dos interesses em conflito" (Teoria General Del Negozio Giuridico – p. 469).

A correção monetária não é penalidade, não é acréscimo, não é um *plus*, mas "pura retificação do elemento principal, a que adere, e no qual se confunde. Corrigido monetariamente o elemento principal não traduz soma nenhuma, mas simples transformação que não lhe afeta a individualidade singular" (*RJT* – 79/737).

Lembra Pontes de Miranda que a reparação *in natura* também pode ser feita pecuniariamente: "Pede A a B que leve a C, seu amigo ou seu filho, em Nova Iorque, X dólares, pois B chegará no começo do mês quando C precisa do dinheiro. B não procura C, nem lhe telefona para que vá ao hotel, em que se acha, receber as cédulas. Com isso, fez A, a quem C telegrafou, ter de enviar outros X dólares, com perda de aplicação durante três meses, além de prejuízos para C. Há a ação de indenização, diz-se; não, porque a ação, aí, é de reparação *in natura*. A reparação *in natura* também pode ser em dinheiro. A prestação em reais é que, *in casu*, seria pecuniariamente indenizatória" (Tratado de Direito Privado – 53/254).

5.5. Perdas e danos e cobrança de dívida já paga

Demandar o devedor antes de vencida a sua dívida, acioná-lo por débito já quitado, ou por quantia superior à devida, são atitudes proibidas por lei (arts. 939 e 940, CC), e que ocasionam a imposição de penalizações aos faltosos. A alusão ao vencimento da dívida e a débito já satisfeito pressupõe uma responsabilidade contratual ou uma obrigação previamente assumida. Seria irrisória a sanção cominada se a infração tão-só e necessariamente fosse oriunda de abuso de direito. A indenização decorrente de infração contratual é restrita, menos abrangente do que a proveniente da obrigação da reparação civil. Suponha-se, assim, que haja execução por dívida já satisfeita ou ainda não vencida, com penhora de bens incidente em conta bancária destinada à quitação de prestação de imóvel, e cuja falta tenha implicado em rescisão contratual. As conseqüências aí são muito graves, eis que geraram a perda do bem imóvel quase pago inteiramente. Evidente que as sanções previstas nos arts. 939 e 940 da lei civil não satisfazem, por não implementarem as perdas e danos efetivamente produzidos.

Devido a essa deficiência, ao prejudicado compete fundar sua ação nos princípios gerais da responsabilidade civil, demonstrando o abuso e o exercício irregular do direito de demandar em juízo. A insuficiência e o alcance diminuto desses dispositivos também fazem com que os demandantes apelem para as regras processuais, que prevêem perdas e danos para quem postular em juízo por espírito de emulação, por mero capricho ou por erro grosseiro. A mesma penalização vale para quem extrapolar intencionalmente nos mecanismos de defesa, ou agir com dolo, violência, simulação, fraude ou temeridade. Em todas essas hipóteses, porém, indispensável será a configuração de má-fé por parte do credor. Além disso, a aplicação de mencionadas penas só pode ser pleiteada através de reconvenção, segundo grande parte da doutrina e da jurisprudência. Argumenta-se a propósito que referida penalidade não pode ser requerida em ação posterior. Quando o devedor não formula sua pretensão reconvencional perde o direito de fazê-lo, ocorrendo a preclusão em face do trânsito em julgado da sentença. A nova ação que acaso propuser, esbarrará diante da coisa julgada.

Carvalho Santos não aceita esse posicionamento. A seu sentir, "a pena imposta pelo art. 940 pode ser demandada indiferentemente, por via reconvencional na própria causa da cobrança ilícita, ou por ação independente" (Código Civil Brasileiro Interpretado – XX/343).

Segundo a jurisprudência, de um modo geral, só incide a sanção do referido art. 940 em caso de postulação reconvencional (*RJTJRS* – 82/267 – 95/445 – *Julgados* – *TARS* – 21/207), desde que provada a má-fé do agente. Essa se configura, por exemplo, "se a parte faz lançamento indevido para alterar intencionalmente a verdade, tentando ainda encobrir pagamento da dívida que novamente cobra, o que caracteriza má-fé, impondo-se a multa que se aplica pelo artigo 940 do Código Civil" (*RJTJRS* – 85/405).

Consigne-se, outrossim, ser forte e respeitável a corrente dos que apregoam que, provado o dolo de quem cobra dívida já quitada, a sanção do art. 940 igualmente pode ser aplicada através de ação própria. Na interpretação da norma entendem que "as sanções do art. 940 do CC só podem ser reclamadas em reconvenção ou por ação própria, mas em qualquer caso inaplicáveis sem prova da má-fé" (*RJTJRS* – 46/339 – *Julgados* – *TARS* – 36/503).

Também consoante orientação do Supremo Tribunal Federal aludida sanção só se aplica em havendo má-fé: "Cobrança excessiva mas de boa-fé não dá lugar às sanções do artigo 940 do Código Civil" (Súmula n° 159).

5.6. Perdas e danos e abalo de crédito

Comerciante que erradamente inscreve cliente como mau pagador em serviço de proteção ao crédito, abalando-lhe a confiança e expondo-o a vexames e a situações delicadas perante o público e frente a seu empregador, será responsável pelas conseqüências de seu ato. Essa responsabilização deve corresponder à dimensão do mal causado, eis que, tratando-se de empregado, o episódio pode render ensejo a despedida por justa causa, a teor do art. 508 da CLT.

No ensinar de Aguiar Dias, o dano moral tem a sua tônica na dor, no espanto, na emoção, na vergonha, na injúria física ou moral, "em geral, numa dolorosa sensação experimentada pela pessoa, atribuída à palavra dor o mais largo significado. O dano moral é conseqüência irrecusável do fato danoso" (Da Responsabilidade Civil – 2/721-725). Para Caio Mário da Silva Pereira, além do patrimônio em sentido técnico, o cidadão também titula "direitos integrantes de sua personalidade, como o que atine com a sua integridade física, sua liberdade, sua honorabilidade, os quais não podem ser impunemente atingidos" (Instituições – 2/285). Na verdade, a boa fama, a honorabilidade, o nome respeitável, etc., são valores espirituais de preço inestimável merecedores de todo o resguardo.

Discute-se se o abalo de crédito constitui dano moral ou patrimonial. Sublinha Yussef Said Cahali que o crédito, na conjuntura atual, "representa um bem imaterial que integra o patrimônio econômico e moral das pessoas, sejam elas comerciantes ou não, profissionais ou não, de modo que a sua proteção não pode ficar restrita àqueles que dele fazem uso em atividade especulativa; o abalo de crédito molesta igualmente o particular, no que vê empanada a sua honorabilidade, reduzindo o seu conceito perante os concidadãos; o crédito representa um cartão que estampa a nossa personalidade, e em razão de cujo conteúdo seremos bem ou mal recebidos pelas pessoas que conosco se relacionam na diuturnidade da vida privada. Em realidade, no abalo de crédito, conquanto única a sua causa geradora, produzem-se lesões indiscriminadas ao patrimônio pessoal e material do ofendido, de modo a ensejar, se ilícita aquela causa, uma indenização compreensiva de todo o prejuízo. E considero o prejuízo como um todo, nada obsta a que se dê preferência a reparação do dano moral, estimada pelo arbítrio judicial, se de difícil comprovação os danos patrimoniais concorrentes". A seguir o autor cita arestos gaúchos, no sentido de não se deverem cumular as indenizações por dano moral e patrimonial, não se podendo punir duas vezes a mesma infração (Dano e Indenização – p. 93). A orientação de optar pela reparabilidade do dano moral, com apuração das perdas e danos em liquidação, continua sendo seguida até o presente (*RJTJRS* – 115/320 – *Julgados* – *TARS* – 58/166).

Nas linhas do último aresto invocado, "moral ou patrimonial o dano, certo é que o sofreu o autor. A única dificuldade está em dimensioná-lo, o que, porém, não constitui óbice, em face de nossa legislação, que prevê indenização consistente em dote para a mulher agravada em sua honra. Estimar-se-á em conjunto todo o dano, tanto o moral em sentido estrito, quanto o abalo de crédito. O arbitramento deverá fazer-se obedecendo à peculiaridade da indenização do dano moral, que não parte da idéia de reposição de um desfalque patrimonial, mas em que prepondera um jogo de idéias, isto é, a idéia de punição ao causador do prejuízo e a idéia de proporcionar uma compensação ao ofendido".

O abalo de crédito é dano moral enquanto ao ofendido causar a dor da desmoralização e do descrédito perante a sociedade, e é dano patrimonial à medida que essa desmoralização e esse descrédito implicarem a vida industrial, comercial ou profissional. Arruinar a reputação no mundo da atividade econômica, atacando em público a honradez, denegrindo a moral e desfalcando o patrimônio da vítima, eis as principais finalidades de todo ofensor inconseqüente. O abalo de crédito, aí, inobstante os seus duplos efeitos, não enseja dupla reparação.

Também nesse ponto há de prevalecer o bom-senso, a flexibilidade, e a procura da medida justa para a situação específica. É função do advogado e do juiz neutralizar o mal provocado pelo abalo de crédito, inclusive no pertinente aos gastos com o aforamento da causa. Embora o dano moral esteja também acompanhado de uma diminuição patrimonial do ofendido, o *quantum* indenizatório é apurável unitariamente, somando-se o prejuízo material e o moral, sem constituir-se isso em causa de enriquecimento ou de empobrecimento. Como explica Caio Mário da Silva Pereira, doutrinariamente distinguem-se a indenização por dano material e a reparação por dano moral. "A primeira é reintegração pecuniária ou ressarcimento *stricto sensu*, ao passo que a segunda é sanção civil direta ao ofensor ou reparação da ofensa, e, por isto mesmo, liquida-se na proporção da lesão sofrida. E se, em qualquer caso, se dá à vítima uma reparação de *damno vitando*, e não de *lucro capiendo*, mais que nunca há de estar presente a preocupação de conter a reparação dentro do razoável, para que jamais se converta em fonte de enriquecimento" (Instituições – 2/289).

De outra parte, freqüentemente são levados a protesto títulos creditícios falsos, ou sob qualquer outro motivo indevidos, sem as mínimas condições de serem apontados. Se apesar das irregularidades os protestos se concretizarem, de forma totalmente ilegal, lesarão profundamente o bom nome, a honra e o crédito de comerciantes e pessoas outras, que por dever de ofício devem ter conduta escorreita. Abuso de poder grosseiro em voga também é sacar letra de câmbio contra alguém e protestá-la, sem autorização legal ou contratual. Provadas as perdas e danos advindos de tais atos, impõe-se a reparação atinente.

Tratando-se de protesto infundado, feito mediante apresentação de título já pago, prescrito ou claramente falsificado, as perdas e danos respectivos deverão ser debitados ao Estado, de quem o titular do cartório é servidor. O Poder Público terá ação regressiva contra seu funcionário, que obrou com culpa flagrante no particular. Dependendo das circunstâncias que impulsionaram o apontador e o responsável pela serventia, ambos estarão sujeitos, ainda, à responsabilização criminal, e o serventuário, ainda, às sanções administrativas da corregedoria a que estiver subordinado.

Um protesto assim injustamente realizado, com toda a publicidade, em seus efeitos equipara-se a uma injúria grave, a uma difamação, cuja mácula não se apaga com o simples cancelamento. O mal que origina geralmente é impossível quantificar ou mensurar, pelo que deve ser apurado através de perícia. O protesto e sua publicação em jornal ferem profundamente o ser humano, expondo-o a julgamentos injustos pela opinião pública, e por todo um vulnerável sistema de proteção ao crédito. Conseguintemente, o prejuízo moral defluente é de alta gravidade, que não se desfaz com outra publicação, retificadora da primeira. Para quem se preza, a honra, a personalidade e as demais coisas do espírito ontologicamente são mais valiosas do que o dano material em si mesmo.

Inexistindo negócio jurídico embasador de duplicatas apontadas, nulo será o seu protesto, devendo o responsável pelo aponte ser condenado em perdas e danos. Se estes consistirem em prejuízos como a não-obtenção de financiamentos ou o impedimento da compra de máquinas destinadas à produção de encomendas, esses detalhes influirão decisivamente no cálculo do total devido, a ser estabelecido através de perícia.

5.7. Perdas e danos e embargos de terceiro

Em princípio, os embargos de terceiro não se constituem em via adequada para a concessão de perdas e danos. Não se afiguram meio de pedir, mas de impedir. Por isso julga-se inadmissível, em processo de tal natureza e de rito especialíssimo, o deferimento de perdas e danos, especialmente quando nenhuma prova se fez com tal objetivo (*Jurisprudência Catarinense* – 12/20-137).

Todavia, tratando-se de litigância de má-fé, de abuso no exercício do direito de ação ou de defesa, de conduta processual verdadeiramente temerária e maliciosa, a situação é bem diversa. Impõe-se aí uma solução também adequada aos fatos. Se a parte adversa perdeu tempo e dinheiro com a resistência e a oposição injustificável do devedor, tem-se recomendado penalizar a este com correção monetária e honorários em grau máximo. Por isso, nos embargos do devedor ou de terceiro, em havendo litigância de má-fé, "a conduta do devedor, informada de evidente má-fé, constitui abuso de direito, e rende ensejo à aplicação das sanções previstas no artigo 18, do Código de Processo Civil. Em se tratando de execução, as perdas e danos sofridos correspondem à desvalorização da moeda ocorrida durante a tramitação dos embargos e por causa deles" (*Julgados – TARS – 35/298*), além de outras cominações que o caso concreto possa recomendar ou exigir.

De outra parte, o vencido em embargos de terceiro, de regra tem o dever de satisfazer perdas e danos. Se for o caso, terá direito o vencedor de pleiteá-los em ação ordinária, por danos emergentes e lucros cessantes, em determinadas circunstâncias. Tal pode suceder, por exemplo, na constrição irregular de um veículo, de terceira pessoa, que não o executado. Obtida a insubsistência da penhora via embargos de terceiro, caberá ao cidadão que embargou infundadamente a obrigação de indenizar por perdas e danos, que nem sempre se resumem em custas, honorários e correção. Na penhora irregular de automóvel, além do dano emergente, também o lucro cessante pode ser computado (*RJTJRS* – 12/327), sobretudo em se tratando de táxi ou lotação, caso em que se impõe o ressarcimento das diárias correspondentes ao tempo em que o bem esteve paralisado em virtude da constrição judicial tornada sem efeito.

5.8. Perdas e danos e venda de bens sujeitos a inventário

Nas linhas do art. 439 do Código Civil, quem tiver prometido fato de terceiro responderá por perdas e danos, quando este não o executar. A norma expressamente admite que alguém se obrigue por fato de outrem. Nem mesmo há dispositivo legal do Código ou de lei extravagante que declare a nulidade de escritura de compra e venda, outorgada por herdeiro, relativamente a bens sujeitos a inventário. Esses na realidade já lhe pertencem, dependendo apenas de partilha. A sua alienação pelo meeiro ou herdeiro tem validade, como obrigação pessoal.

Na interpretação do mencionado art. 439, Clóvis Beviláqua entende ser possível prometer a execução de obrigação futura ou já existente, a celebração de contrato, a realização de obra, ou o pagamento em dinheiro. Diz não bastar de bons ofícios em prol dos interesses de alguém, para *ipso facto* responsabilizar-se, sendo necessário assumir a obrigação de obter o fato, que interessa ao outro contraente. Essa promessa é essencialmente uma obrigação de fazer que, não sendo executado, se resolve em perdas e danos (Código Civil – IV/65).

Para Carvalho de Mendonça, "não repugna à moral nem à razão que alguém se obrigue por uma prestação, seja coisa ou fato, dependente de outrem" (Doutrina e Prática das Obrigações – p. 406). Já se tornou corriqueira a ocorrência nas transações que envolvem interesses de incapazes. Para evitar demora e despesas desnecessárias, os pais ou tutores agem em nome deles, "e prometem a ratificação dos menores, mas, apesar dos inconvenientes, a convenção é incontestavelmente válida, porque, em direito, a promessa não cria nenhuma obrigação para aqueles incapazes que, sob o ponto de vista legal, continuam livres de dar ou recusar a ratificação. O promitente responde pela execução tão completamente que, se ela não se verificar, mesmo por fato exclusivo da vontade de terceiro o promitente deve indenizar ao estipulante. É a conseqüência extrema, porém irrecusável, de uma obrigação que deve ser mais ponderada ao ser contraída do que a do fato próprio" (Carvalho Santos – Código Civil Brasileiro Interpretado – 12/28).

De conseguinte, não é nulo o ato de alienação de bens, com a condição de ser lavrada a escritura definitiva após ultimada a partilha. É a rotina no cotidiano das varas de família, em face da necessidade urgente de dinheiro para custear o processo e dos entraves e delongas da própria tramitação do feito, os herdeiros comprometerem seus quinhões, ou parte deles, através de promessa de venda, para oportunamente outorgar a escritura definitiva. Não vai nisso nenhuma nulidade. Entrementes, se com tal expediente alguém for prejudicado, fará jus às perdas e danos pertinentes. A ação em tal caso deve ser proposta contra o alienante ou seus herdeiros, jamais contra o comprador. Veja-se a propósito o fato de viúva-meeira que, através de escritura pública, vende pinheiros reservados a ela e ao cônjuge-varão, em escritura de doação das terras aos filhos do casal. A alienação é feita a terceiro de boa-fé. Isso ocorrendo, não terá condições de prosperar ação de nulidade de negócio jurídico, cumulada com perdas e danos, visando nulificar a escritura. A mulher só terá responsabilidade como alienante pela satisfação de perdas e danos aos herdeiros, em virtude da venda dos pinheiros, na parte pertencente a seu extinto marido. O adquirente de boa-fé, porém, não sofrerá nenhum prejuízo com o episódio, permanecendo intacto o seu título aquisitivo.

A jurisprudência é nesse sentido: "Escritura Pública de compra e venda. Mulher que vende, após a morte do marido, pinheiros reservados para si e para o cônjuge-varão, na escritura pública de doação das terras aos filhos, a terceiro de boa-fé. A ação de nulidade de negócio jurídico cumulada com perdas e danos, contra este, visando a declaração de nulidade da escritura e perdas e danos. Alegada a transmissão a *non domino*. Inexistência. Responsabilidade da mulher alienante pelo pagamento de perdas e danos. Improcedência da ação" (*Jurisprudência Catarinense* – 39/258).

5.9. Perdas e danos e compra e venda mercantil

A indenizatória por perdas e danos decorrentes de descumprimento de contrato mercantil de compra e venda pressupõe inadimplência contratual, que ocorre quando o vendedor, após interpelado judicialmente, deixa de cumprir o avençado. Não se contenta a lei com notificação extrajudicial. Sem interpelação válida, feita *ex vi legis*, não se tipifica a mora do devedor, e, sem ela, prematura será qualquer ação com tal intuito aforada. A interpelação judicial é insubstituível não só por notificação extrajudicial, mas também por citação ou qualquer outro meio que induza em conhecimento do ato.

Não há confundir ação para entrega de mercadoria, com ação de perdas e danos por falta de entrega no tempo e no local avençados. O implemento do requisito da interpelação judicial é erigido em *conditio sine qua non*: na compra e venda mercantil o comprador, para poder exigir perdas e danos em face do inadimplemento do outro contratante, deve previamente constituí-lo em mora, através da forma legal prevista. Quando Carvalho de Mendonça refere que a providência pode ser substituída pela propositura da própria ação (Tratado – VI/796), a sua lição dirige-se aos casos em que o comprador demanda a entrega de mercadoria. Em tal hipótese tem-se admitido que a interpelação para constituir em mora pode ser substituída pela citação válida para a causa. Mas se a finalidade não é a entrega da coisa vendida, e sim a composição de perdas e danos, imprescindível será a prévia interpelação judicial. É intuitivo que tal interpelação não é suprível por qualquer outro modo que não o expressamente previsto em lei para a espécie, como ensinam Cunha Gonçalves (Da Compra e Venda no Direito Comercial Brasileiro – p. 402) e os nossos Tribunais Superiores (*RT* – 198/363 – 258/156 – 274/309 – 384/99). "É pressuposto básico e indeclinável para pleitear reparação em juízo por perdas e danos, a inadimplência contratual, total ou parcial. E esta apenas se verifica quando o vendedor é interpelado judicialmente para a entrega da coisa vendida, não se contentando a lei com a notificação extrajudicial" (*RJTJSP* – 85/150).

Na compra e venda mercantil para entrega futura da mercadoria, o comprador tem à sua disposição duas ações distintas para enfrentar o inadimplemento do vendedor: ação de rescisão contratual e ação para pedir o cumprimento do contrato com perdas e danos. Neste último caso, compete ao demandante na fase cognitória comprovar a existência dos prejuízos. O montante poderá ser relegado para a liquidação, nunca, porém, a existência do dano.

Se a vendedora da coisa procurou o comprador na pessoa de seu representante comercial, compete a ela vendedora, na hipótese de impossibilidade de atendimento da obrigação, comunicar ao comprador a força impeditiva. Não o fazendo, ao se omitir na providência, fará com que permaneça em vigor sua obrigação de fornecimento da mercadoria. Por conseqüência, rescinde-se a avença, e a vendedora sujeita-se a arcar com as perdas e danos que vierem a ser apurados em liquidação.

Na compra e venda mercantil, desde que perfeito e acabado o contrato, cumpre ao vendedor entregar a mercadoria vendida no prazo e nas condições estipuladas, pena de responder por perdas e danos. As perdas e danos aí podem ser fixados com base na diferença de preço à data em que a entrega deveria operar-se e do preço atual na praça. Mas será vedado cumular multa moratória e compensatória com perdas e danos. Não tendo a vendedora entregue o total da encomenda, terá obrigação de satisfazer o valor corrigido da mercadoria faltante, mais perdas e danos.

De outra parte, quem contrata em nome de outrem na qualidade de representante carece de ação para pleitear perdas e danos por inadimplemento, máxime quando o negócio foi realizado diretamente com o representado. Na interpretação dos contratos de tal natureza aplicam-se as regras "que não são criações doutrinárias; são normas, das quais ao juiz, na sentença, não é lícito afastar-se" (Carvalho de Mendonça – Tratado de Direito Comercial – 6/nº 230).

A aceitação traduz-se na comunicação endereçada ao proponente, no sentido de se pretender concluir o contrato de conformidade com a proposta feita. No dizer de Cunha Gonçalves, "em regra basta um sim, ou um aceito ou concordo, havendo outras formas mais explícitas que só na correspondência epistolar se empregam. Quaisquer recomendações que acompanhem a aceitação acerca da execução do contrato não prejudicam o caráter definitivo dela. Se a resposta telegráfica, sendo lacônica – concordo ou aceito – contiver a frase: 'segue carta', não valerá a aceitação como definitiva, porque a carta pode conter limitações ou condições. O contrário se deverá entender se a frase for: 'confirmarei carta'; ou 'segue carta confirmatória'" (Da Compra e Venda no Direito Comercial Brasileiro – p. 84).

Destarte, uma vez aceita sem restrições a proposta telegráfica feita pelo vendedor, ela faz perfeito e acabado o contrato, obrigando o vendedor a entregar a mercadoria vendida no prazo e modo avençados, pena de arcar com perdas e danos. Essas, devidas pela falta de entrega da coisa transacionada, consistirão na diferença entre o preço ajustado e o corrente no mercado no dia em que o contrato deveria ser cumprido, ou na data da interpelação, se for o caso.

5.10. Perdas e danos e evicção

De boa-fé muitas vezes são adquiridos bens de valor, como automóveis e outros, que posteriormente vêm a ser apreendidos pela polícia, sob alegação de se constituírem em objeto de furto. Nessas ocorrências assume capital importância a boa-fé do adquirente, como princípio norteador dos contratos em geral, onde o adimplemento não raro condiz com a ética e a moral dos pactuantes. Nos pactos onerosos prevalece a garantia, ainda que não convencionada pelas partes, vez que o alienante responde de direito, ainda que não o declare. Essa garantia opera *ex legis*, e não *ex contractu*. Por não se fundar na culpa do alienante, vinga a responsabilidade deste, mesmo que imbuído de boa-fé (Caio Mário da Silva Pereira – Instituições de Direito Civil – 3/116).

Segundo conceituação clássica, evicção é a perda da coisa em virtude de sentença judicial, que a confere a outrem, por direito anterior ao contrato aquisitivo. A garantia contra a evicção é reputada conseqüência natural, ainda que não essencial, da obrigação de entregar o bem alienado. Seguem a mesma disciplina da evicção alguns fatos jurídicos que não envolvem propriamente a figura da evicção, mas que a ela se equiparam ou assemelham, gerando os mesmos efeitos jurídicos. Entre tais situações insere-se a de quem adquiriu de boa-fé, de pessoa ou firma idônea determinado automóvel ou outro bem, que posteriormente é apreendido pela autoridade administrativa, por ter procedência ilícita.

Na exegese de alguns juristas inexiste responsabilidade pela evicção, no caso de desapropriação ou busca do bem pela autoridade policial. Entrementes, segundo pondera Arnold Wald, essas interpretações "devem ser aceitas com restrições. Evidentemente que, se por motivos supervenientes à alienação, ocorre a desapropriação ou a apreensão administrativa, nenhuma responsabilidade cabe ao alienante. É a aplicação do princípio *res perit domino*. Se todavia o bem foi vendido como sendo livre e desembaraçado, embora já houvesse decreto determinando a sua desapropriação, entendemos que se trata de um vício de direito pelo qual deve responder o alienante, mesmo se a desapropriação só se efetivou posteriormente à alienação. O mesmo princípio podemos aplicar à apreensão administrativa, que importará em responsabilidade do alienante se o vício de direito for anterior à alienação, como tem acontecido com as apreensões pelas autoridades alfandegárias de automóveis que entraram ilegalmente no país, havendo no caso responsabilidade dos vendedores pela evicção, salvo cláusula em sentido contrário" (Obrigações e Contratos – p. 193).

O desapossamento administrativo seguido à aquisição de boa-fé tem sido igualado ao desapossamento por sentença judicial, como vem sublinhando a jurisprudência: "A jurisprudência mais recente não subordina a evicção à prévia existência de uma sentença judicial decretando o desapossamento da coisa. Basta que o adquirente fique privado por ato inequívoco de qualquer autoridade. Tendo sido apurado que o automóvel antes de ser vendido havia sido furtado de outrem, nada obsta que o comprador se volte contra o vendedor, reclamando, desde logo, a restituição do preço e o reembolso de quantias despendidas com licença e seguro. Tem direito à indenização contra o vendedor o adquirente de automóvel que veio a ser apreendido pela polícia, por se tratar de veículo furtado" (*RT* – 324/134 – 444/80 – 462/86 – 517/68).

É entendimento generalizado, pois, que a apreensão de veículo por autoridade policial, e sua entrega ao legítimo dono, corresponde à situação compreendida no âmbito da evicção. Quem vende algo deve fazê-lo corretamente, de molde a não ensejar nenhum embaraço futuro. Assim, comprando alguém um carro que venha a perder posteriormente em face de vício de importação ou de aquisição antecedente, o vendedor é obrigado a ressarcir o novo adquirente, que dele comprou o veículo (*RT* – 268/354 – 280/300 – 305/338 – 466/126).

A condenação importará na restituição do valor pago, acrescido de correção monetária desde o aforamento da causa, e juros de mora a partir da citação. Salvo estipulação em contrário, tem direito o evicto, a par da restituição total do preço, ou das importâncias que pagou: a) à indenização dos frutos que tiver sido obrigado a restituir; b) à das despesas dos contratos e dos prejuízos que diretamente resultarem da evicção; c) às custas judiciais, *ut* art. 450, III, do Código Civil.

A procedência da demanda de perdas e danos em tais hipóteses o é para os efeitos de restituir a importância paga, com juros moratórios e correção monetária ao preço atual correspondente à coisa em estado de conservação e igual à adquirida na época, equiparando-se à evicção a apreensão posterior por autoridade policial (*JTACSP* – 95/171).

5.11. Perdas e danos e destruição de "trailler" em "camping" particular

Os casos práticos soem oferecer dificuldades em face da disciplinação casuística e não abrangente eleita pelo legislador. Veja-se, por exemplo, o que comumente acontece na convivência dos cidadãos, como quando alguém procura auferir lucros, especificamente na exploração de um "camping". Para tal finalidade mantém área de lazer em local aprazível, uma espécie de clube, com angariação de sócios, que pagam mensalidades e têm direito a guardar os seus veículos nessa área e desfrutar de todas as regalias como quadra de esportes, piscina, sauna, etc. Nos anúncios publicitários o explorador se compromete a efetuar seguro total sobre os "traillers", mas a proposta deixa de ser considerada na hora dos contratos, que são firmados sem nada constar a respeito. Mais tarde um "trailler" é destruído por motivo qualquer. Isso ocorrendo, como fica a questão? Inexiste obrigação contratual de ressarcir para o dono do "camping", e também não há seguro providenciado, embora assumido publicamente nas propostas e anúncios.

Na verdade, quem avençou acampar não poderia intervir no contrato de seguro, que respeita exclusivamente ao proprietário do "camping" e à seguradora. De igual, as propostas feitas em revistas especializadas garantiam seguro total, que ao depois, por descuido dos interessados, não integrou o pacto.

De sabença que a proposta de contrato obriga o proponente, se o contrário não resultar dos termos dela, da natureza do negócio, ou das circunstâncias do caso (art. 427, CC). E referida proposta traduz-se na "firme declaração receptícia de vontade, dirigida à pessoa com a qual pretende alguém celebrar um contrato" (Orlando Gomes – Contratos – p. 68). Aduz o tratadista que o tipo por excelência da proposta *ad incertam personam* é a feita ao público, meio através do qual ordinariamente se realiza. Daí se estabelecerem determinadas obrigações com o sujeito incerto, obrigações geradas de determinada situação jurídica em que os sujeitos que nela figuram se achem entre si ou em relação a uma coisa, de modo que subsista enquanto persistir essa situação, e alcance a quem porventura nela se encontrar. É essa também a lição de Lacerda de Almeida, que exemplifica com o caso de gratificação por anúncios a quem prestar determinados serviços ou preencher certos requisitos. Quanto à obrigação assumida por pessoa indeterminada diz que muitas outras espécies podem ser oferecidas, "que sem controvérsias são para classificar-se nesta categoria. Tais são: as ofertas por circulares, prospectos, preços correntes, cartazes para compras e vendas comerciais ou para qualquer empresa ou negócio; os anúncios de preços de mercadorias feitos pela imprensa ou por qualquer outro meio de comunicação, inclusive letreiros pregados às mercadorias expostas à venda" (Obrigações – p. 64 e 67).

Outros argumentam que o contrato não chegou a perfectibilizar-se da maneira constante na proposta inicial, em face da concordância em alterá-lo parcialmente. Ao firmarem-no, os contratantes nada especificaram relativamente ao seguro anunciado. Absurdo seria indenizar-se com base em algo inexistente. Se o contrato desobriga ao ressarcimento, nada há para reclamar. Como simples fase preparatória do ato de contratar, a proposta não sobrepujaria o ajuste em si, que equivale à lei entre os pactuantes. Inviável seria exigir o cumprimento de cláusula inexistente.

Escreve Darcy Bessone O. Andrade que essa indenização "não encontra o seu fundamento no contrato, mas somente na declaração unilateral, devendo compreender os prejuízos sofridos pelo destinatário, em conseqüência das iniciativas que houver tomado por confiança na oferta. Ao formular a proposta, o ofertante sabe que cria para o destinatário, em virtude de sua iniciativa, uma expectativa de contrato, confiado na qual ele poderá fazer despesas, realizar ou deixar de realizar negócios. É lícito, pois, admitir que a proposta encerre, implicitamente, a obrigação de reparação dos prejuízos decorrentes de ato seu, como será a retratação" (Do Contrato – p. 170 e 180).

Como o direito nessa matéria desabrocha em casuísmos, não rende ensejo a dogmatizações. A realização da justiça dependerá das circunstâncias e das peculiaridades que compõem cada caso concreto. Ao prudente arbítrio judicial cabe, de conseguinte, a tarefa de encontrar a solução que melhor se adapte e que seja capaz de satisfazer os interesses do prejudicado, sem contudo ferir os direitos da parte *ex adversa*.

5.12. Perdas e danos e infringência de arrendamento rural

Em princípio, o parceiro agrícola tem direito de exigir indenização quando seu contrato é rompido por culpa exclusiva do parceiro-proprietário. Infere-se do art. 40 do Decreto nº 59.566/66 que o arrendador é obrigado: a) a entregar ao arrendatário o imóvel rural objeto do contrato na data estabelecida ou segundo os usos e costumes da região; b) a assegurar ao arrendatário o uso e gozo do imóvel arrendado, durante todo o lapso contratual. Assim, se o arrendador alienar a terra antes de findo o contrato, estará impedindo a normal realização do mesmo, obrigando-se a pagar ao prejudicado perdas e danos pelo que deixou de ganhar em virtude do inadimplemento. Daí por que, "descumprido o contrato de parceria agrícola pelo proprietário, que já havia feito um contrato particular de compra e venda do imóvel questionado um ano antes de efetuar o arrendamento, o parceiro faz jus à indenização pelo prejuízo sofrido" (*Jurisprudência Catarinense* – 30/297 – 37/331).

Em caso de descumprimento do ajuste por ambos os contratantes, não há como compor perdas e danos. Sendo ambos culpados, inexigível se torna qualquer indenização, e se nenhum deles agiu culposamente, também descabem compensações, impondo-se a restituição das partes ao *statu quo ante*. Mas, embora reconhecida a culpa contratual, as perdas e danos decorrentes do descumprimento contratual sempre devem ser comprovados, para que a reparação possa lograr êxito.

Eventual transformação da gleba rural arrendada em loteamento urbano não afeta a essência do contrato de arrendamento, que lhe é preexistente, e que continua com a mesma natureza de arrendamento rural. Isso ocorre especialmente se na prática o objeto do pacto continua o mesmo: a atividade agrícola. Contudo, se a alteração proporcionar perdas e danos, estes devem ser ressarcidos, bem como os acaso oriundos do descumprimento da prelação na aquisição da gleba. Consiga o art. 92, § 3º, da Lei nº 4.504/64 que, "no caso de alienação do imóvel arrendado, o arrendatário terá preferência para adquiri-lo em igualdade de condições, devendo o proprietário dar-lhe conhecimento da venda, a fim de que possa exercitar o direito de preempção dentro de trinta dias, a contar da notificação judicial ou comprovadamente efetuada, mediante recibo".

A notificação obrigatória deve preceder a qualquer entabolação negocial definitiva de venda, e assegurará o direito de preempção do arrendatário. Quando este deixar de ser notificado da venda da gleba rural, terá direito de, depositando o preço, haver para si o imóvel. Para tanto a sua postulação deverá ser formalizada dentro de meio ano, a contar da transcrição translativa no ofício imobiliário.

Outro aspecto a referir relaciona-se à existência de pluralidade de candidatos à prelação, como arrendatários e subarrendatários. Tudo está a indicar que a melhor exegese conferida ao art. 92 do Estatuto da Terra é a de que o direito à preferência se estende também aos subarrendatários. Embora a lei não seja muito clara a respeito, por analogia aos comandos da lei inquilinária, esta parece ser a melhor das soluções. Se o arrendatário não quiser ou não puder usar seu direito à prelação, nada impede seja sucedido na relação jurídica pelos subarrendatários, e estes entre si, sucessivamente, de conformidade com sua antiguidade contratual. Tanto as normas do Código Civil, como as regras das leis extravagantes complementam o texto da legislação agrária, nos casos omissos e nos de insuficiente disciplinação. Aliás, o art. 92, § 9º, do Estatuto da Terra atesta que, "para solução dos casos omissos na presente lei, prevalecerá o disposto no Código Civil".

Tem incidência, pois, analogicamente à espécie enfocada, o disposto no art. 24 da Lei nº 6.649/79, assim comentado por Rogério L. Tucci e Álvaro V. Azevedo: "Pluralidade de candidatos, isto é, de interessados no exercício desse direito preferencial, soluciona a lei de emergência – na esteira do teor do § 3º do artigo 16, da Lei 4.494/64 – muito bem o impasse, conferindo essa possibilidade ao mais antigo dos locatários. Desse modo, se, incitados a tanto, diversos inquilinos quiserem, ao mesmo tempo, exercer o direito de preferência na aquisição de um edifício, ou de parte dele, composta também de várias unidades, o mais antigo terá essa prioridade que, não sendo exercitada, passará a outro e, assim, sucessivamente, na ordem decrescente da antiguidade locacional. Esse critério de seleção afigura-se perfeitamente justo, por isso que deveria ter sido adotado, por igual, no caso de existirem vários sublocatários, aos quais, todavia, o legislador do inquilinato preferiu atribuir o exercício do direito de preempção em comum a qualquer deles, se um só for o interessado. Razão não há, com efeito, para se conferir diferente tratamento aos subinquilinos, pois, sendo sublocado o prédio em sua totalidade, não existirá concorrência entre as duas classes, restando contemplar o sublocatário mais antigo com o mesmo benefício que se conferira ao locatário afastado voluntariamente da relação *ex locato*" (Tratado da Locação Predial Urbana – I/271).

Essa breve análise mostra que, na falta de arrendatário, sucede nos direitos deste o subarrendatário, resultando em direito a perdas e danos a inobservância dessa diretriz, desde que positivados forem os prejuízos. Ao estabelecer que a alienação ou a imposição de ônus real ao imóvel não interrompe os contratos de arrendamento ou de parceria, ficando o adquirente sub-rogado nos direitos e obrigações do alienante, o Estatuto da Terra não reclama o prévio registro do pacto no álbum imobiliário. Outrossim, no exercício do poder familiar, os pais podem arrendar imóveis de filhos menores. Investidos na administração legal desses bens, nenhuma irregularidade há em arrendamentos que em tais condições forem efetivados, ante a clareza dos arts. 1.690 e 1.691 do Código Civil.

Corretos, pois, os julgamentos no sentido de que "a alienação do imóvel não interrompe a vigência de contrato de arrendamento, ficando o adquirente sub-rogado nos direitos e obrigações do alienante. Tal sub-rogação se opera por força de lei (art. 92, § 5º, do Estatuto da Terra), sendo irrelevante não contenha o contrato cláusula de vigência, devidamente transcrita. O pai, no exercício do poder familiar, tem a administração dos bens do filho menor, podendo arrendá-los a terceiro. O adquirente que desrespeita o contrato de arrendamento firmado entre o alienante e o arrendatário, impedindo que este último continue a se utilizar do imóvel pelo período faltante, tem a obrigação de indenizar os danos emergentes e os lucros cessantes ao arrendatário desapossado. A prova do fato gerador do direito a perdas e danos e lucros cessantes é ônus que incumbe ao arrendatário, aplicando-se-lhe no particular a regra do artigo 333, I, do CPC" (*Julgados – TARS – 51/214 – Revista Jurídica – 112/217*).

5.13. Perdas e danos e responsabilidade de hoteleiro

A lei emprega o vocábulo *hoteleiro* em sentido amplo, que compreende o arrendatário de hotel ou estabelecimento afim, como pensão, hospedaria, casa de cômodos, etc. Os responsáveis por tais casas também são os responsáveis pelos valores de seus hóspedes, e pela integridade destes, durante o período da hospedagem. O explorador desse ramo comercial em tese responde pela segurança interna dos aposentos do cliente, competindo-lhe prevenir furtos e assaltos, inclusive nas dependências do estabelecimento. Essa responsabilidade alcança os valores entregues mediante recibo, para serem guardados em cofre, e apenas será arredada na hipótese de caso fortuito ou força maior.

A responsabilidade na espécie é objetiva, abrangendo furtos praticados por sócios e serviçais em geral, furtos praticados por terceiros que entrem no estabelecimento, sem finalidade específica, ou para consertos ou reparos nos setores de encanamento, pintura, eletricidade e outros, subtrações de valores confiados à gerência, furtos e roubos perpetrados por ladrão que se infiltra entre os hóspedes, e as perdas e danos decorrentes de incêndio, desabamento, agressões de funcionários, e outros fatores.

A indenização completa compreende aí danos emergentes, ou seja, as perdas e danos efetivamente suportados, mais lucros cessantes, isto é, o que o prejudicado deixou de ganhar em face do tempo parado. Danos morais ou estéticos evidentemente são incluídos no cálculo. Se o hóspede tiver perdido negócio rendoso devido ao incidente, assiste-lhe o direito de postular os lucros cessantes pertinentes.

Quando o porteiro ou vigia recebe as chaves do carro do cliente, ou quando delas se apoderar outro funcionário do hotel, se deixadas na portaria para eventual manobra do veículo guardado nas dependências, e se o automóvel vier a ser furtado ou dirigido por estranho, a responsabilidade por ato ilícito será do proprietário do hotel. Isso, no tangente à preposição, já que o empregador responde pelas perdas e danos causados por seus empregados.

Relativamente aos hospedeiros o Código Civil oferece regramento persuasivo. Disciplina com rigorismo a sua responsabilidade, a ponto de responsabilizá-los pelos danos que os hóspedes se causarem mutuamente. São também responsáveis pela reparação civil, diz o Código, "o patrão, amo ou comitente, por seus empregados, serviçais e prepostos, no exercício do trabalho que lhes competir, ou por ocasião dele; os donos de hotéis, hospedarias, casas ou estabelecimentos, onde se albergue por dinheiro, mesmo para fins de educação, pelos seus hóspedes, moradores e educandos".

Na qualidade de depositário que é, consoante parágrafo único do art. 649 do diploma civil, o hospedeiro é responsável pelos prejuízos acarretados à bagagem dos clientes. Essa responsabilidade é legal, razão pela qual deverá comprovar a culpa ou a concorrência de culpa do hóspede, se pretender exonerar-se de seu dever de indenizar. A sua responsabilidade somente cessará se ele provar "perda ou deterioração por caso fortuito ou força maior, perda ou deterioração por vício da coisa; culpa, ou concorrência de culpa, por parte do hóspede, seus dependentes, ou das pessoas que o acompanham ou visitam", na expressão de Eduardo Espíndola (Dos Contratos Nominados no Direito Civil Brasileiro – p. 314).

Segundo Pontes de Miranda, "há o interesse do hospedeiro em que se tenha, em geral, confiança nas hospedarias. Há o interesse do hóspede em que, ao entregar a bagagem, possa contar com a responsabilidade legal do hospedeiro. Há o interesse do Estado, por ser aberto ao público a hospedaria. A regra jurídica de responsabilidade legal impunha-se. O hospedeiro, como qualquer pessoa, arrisca-se em custodiar o que é do hóspede, mas pode ele elevar o preço da hospedagem para poder pagar o seguro (negócio jurídico estranho ao cliente) e assim cobrir os riscos" (Tratado de Direito Privado – 46/370-371).

As ponderações sempre valiosas de Aguiar Dias não se afastam dessa interpretação: "Os estalajadeiros ou hospedeiros, ao lado da obrigação de segurança quanto à pessoa dos hóspedes, respondem como depositários pelas bagagens dos hóspedes, viajantes ou fregueses, de duplo modo: pessoalmente e pelos furtos e roubos perpetrados pelos seus empregados ou pessoas admitidas na casa. Poderia surgir a objeção de que, tratando-se de fato de terceiro, estes últimos não criam responsabilidade contratual. Não pode impressionar tal consideração. Porque, na realidade, a obrigação do hospedeiro, obrigação de resultado, é garantir à pessoa e às bagagens do hóspede a mesma segurança que o transportador deve ao passageiro. Será, como comumente se expressa, responsabilidade contratual por fato de outrem, mas sempre responsabilidade contratual" (Da Responsabilidade Civil – 1/361).

A lei não distingue entre coisas de maior ou de menor preço, nem entre estas e dinheiro, sendo porém recomendável que importâncias e objetos de alto valor sejam guardados nos cofres da casa.

Outrossim, releva consignar que avisos colocados em quartos, no sentido de que a direção não se responsabiliza por coisas ou pertences dos hóspedes, e por estes deixados nos apartamentos, não têm força de violar a lei, e em relação à vítima são inoperantes e sem valia. Trata-se da cláusula de não indenizar, fixada em forma de aviso nos quartos, e que em geral tem sido rejeitada por ineficaz. Isso, especialmente no tocante à primeira hospedagem, vez que ao ensejo dela se torna conhecida do cliente. Presume-se a familiarização deste com o regulamento da casa, se a hospedagem for repetida ou costumeira. Aguiar Dias adverte que a cláusula fica comprometida "pelo fato de faltar-lhe a aprovação do hóspede ou viajante, que só vem a conhecê-la depois de haver contratado. Os autores e tribunais argumentam, como se vê, com o caso da primeira hospedagem e com de estar o aviso afixado nos quartos dos hotéis. Essa razão, porém, perde sentido quando se trata de hóspede costumeiro" (Cláusula de Não Indenizar – p. 194).

De regra, pois, o hospedeiro responde como depositário, nos termos do parágrafo único do art. 649 do CC, pelos prejuízos causados à bagagem de seus hóspedes. Para eximir-se dessa responsabilidade legal, cumpre-lhe provar a ausência de culpa sua, ou a culpa da pessoa hospedada. Mas a diretriz a observar será a existência ou não de depósito. Configurado este, há obrigação de indenizar, e não se caracterizando tal contrato, nenhuma responsabilidade terá o hoteleiro.

Numerosas outras colocações poderiam ser feitas sobre o assunto, sobretudo na área trabalhista. Impende distinguir aí no que sucede na solidariedade, entre os planos da co-responsabilidade respeitante ao credor, e da partilha interna da responsabilidade entre os coobrigados. A decisão trabalhista nem sempre exaure todas as questões, por se manter nos seus limites competenciais. De ordinário restringe-se a examinar a co-responsabilidade das empregadoras, relativamente ao empregado de uma delas ou de ambas, deixando de apreciar o problema dos lindes internos da responsabilidade de cada uma das coobrigadas, cada uma delas em relação à outra. Assim, a matéria pertinente a uma relação contratual estabelecida entre locadora e locatária refoge à esfera do direito trabalhista.

A responsabilidade solidária reconhecida pela Justiça do Trabalho entre locador e locatário de mão-de-obra temporária, por exemplo, respeita ao credor, que pode ser o empregado. Não exclui o exame, na Justiça comum, da responsabilidade contratual. Em face da locatária, que pagou a condenação laboral integralmente, responde a locadora também por inteiro, quando se obrigara pelos encargos trabalhistas, através de contrato, e só ela dera lugar, por descumprimento da legislação específica, à reclamatória trabalhista e à conseqüente condenação imposta (*RJTJRS* – 119/395).

O mesmo ocorre na alienação do estabelecimento, quando vendedor e comprador entre si ajustam por escrito que os encargos trabalhistas relativamente aos funcionários existentes no ato competem exclusivamente ao alienante. Se ao depois a Justiça Trabalhista condenar o novo adquirente a indenizar os empregados, o adquirente poderá acionar o alienante na Justiça comum, em virtude da responsabilidade contratual que a ambos vincula.

5.14. Perdas e danos na área da informática

5.14.1. Exposição da matéria

Informática é a ciência que trata, com racionalidade e através de máquinas automáticas, da informação ao público, como suporte das comunicações e dos conhecimentos no domínio tecnológico, econômico e social. Realiza-se, de um lado, por intermédio do computador, ou seja, do conjunto de componentes que formam o aparelho em si, e de outra parte, pela soma das programações e processamentos de dados, a serem utilizados no aparelho, para a obtenção de um objetivo. Como necessidade do mundo atual, evidentemente veio a enriquecer a responsabilidade civil, mas sobretudo entre nós, está a reclamar por uma sistematização legal e jurídica mais eficiente e mais segura.

Para uns, a matéria prescinde de qualquer normatização nova, eis que já estaria implícita na legislação existente. A par das normas gerais, aplicáveis seriam ainda as relativas ao ressarcimento das perdas e danos resultantes do ato ilícito, e decorrentes da concorrência desleal entre empresários, do segredo industrial e do dever de fidelidade do empregado. Já para outros, a disciplina exige uma regração original e adequada, eis que os novos conflitos que ela gera não se resolvem com leis tradicionais e obsoletas. Trata-se de uma novidade fenomênica, desenvolvida com certa sofisticação. Predomina, assim, o entendimento de que a responsabilidade civil na informática necessita de disciplinação específica, em face da variedade de hipóteses que surgem e que devem ser solucionadas adequadamente, de acordo com o estágio atual da ciência e da tecnologia.

Três colorações diferentes de responsabilidade despontam na análise do tema:

1) a responsabilidade que exsurge de defeitos e estragos do aparelho, e que pode ser imputada tanto ao fabricante como ao dono ou possuidor. Decorrendo o dano de defeito de fabricação, incidem as regras atinentes à responsabilidade do fabricante, até mesmo a que por ficção jurídica supõe uma relação direta entre ele e o prejudicado. Resultando o dano de estrago do computador, a responsabilidade pela indenização recai sobre o prestador do serviço, em virtude da negligência em não manter em perfeita conservação o aparelho. A informação inexata ou falha, que ensejou prejuízos e que decorreu apenas de defeito da máquina, confere ao comitente o direito de acionar tanto o proprietário do aparelho como o seu fabricante. A responsabilidade é contratual, quando atribuída ao dono da máquina, e extracontratual quando atribuída ao fabricante. Constituindo-se os estragos em causa das perdas e danos, a responsabilidade é contratual e subjetiva;

2) a responsabilidade que decorre de erro na feitura e execução do programa, e que pode atingir a pessoas determinadas como indeterminadas. Exemplo dessa última hipótese temos nos países desenvolvidos relativamente às operações automáticas dos trens, aos controles atômicos e químicos, ao sistema de pouso de aviões, entre outros. O erro na programação ou execução gera uma responsabilidade que varia de acordo com a maneira como os fatos ocorrem, ou como o programador exercita a sua atividade, seja como autônomo ou como empregado. No último caso, o proprietário do aparelho responde como qualquer empregador. Trata-se aí de responsabilidade aquiliana, quando o erro prejudica o cidadão em sua integridade física ou na sua saúde, tanto em conseqüência de inserção de dados errados em programas certos, como de programas incorretos em dados certos;

3) a responsabilidade pelo fato do computador, por uso ilícito dos elaboradores do programa, particularmente os dados pessoais ou reservados. É a utilização indevida do aparelho para fornecer informes pessoais errôneos ou falsos. Tem-se aí um ilícito atípico, por se valer sua sanção privada de fragmentos normativos da legislação concernente a direitos au-

torais, direito laboral, Lei de Imprensa, e ainda do princípio geral insculpido no art. 186 do Código Civil.

Dentre os três regimes que se propõem a proteger a atividade do programador, o dos privilégios de invenção, o do segredo industrial e o dos direitos autorais, este último desfruta da preferência na doutrina e nas legislações. Diante desta sua natureza, os programas de computação classificam-se entre as obras do espírito, por se identificarem com a originalidade subjetiva dessas obras, que na verdade as caracterizam.

De outra banda, os fornecedores de informações e os bancos de dados em geral também podem acionar quem abusiva e ilicitamente reproduz ou utiliza os trabalhos do programador. Figurem-se as obras de compilação, como confecção de dicionários, listas telefônicas, repertórios jurisprudenciais, catálogos ou anuários, que independem de trabalho criativo, mas que são fruto de simples esforço e de certa habilidade. Desde que possam ser inseridas no direito autoral, sua proteção é inarredável. É o caso da concorrência desleal, do uso desonesto do trabalho alheio, tal como ocorre no ato de reproduzir ou projetar em sala pública eventos esportivos ou artísticos.

5.14.2. Perdas e danos e empresas fornecedoras de informes cadastrais

As empresas de informações cadastrais despontam no mundo do comércio moderno com importância e comprometimento cada vez mais salientes. A dinâmica da vida comercial da atualidade faz com que a maioria das empresas de grande porte, desejosa de transacionar com clientela desconhecida ou de situação financeira duvidosa ou precária, só confie nas informações adrede coletadas pelas empresas de informações. Estas efetivamente prestam um serviço fundamental e decisivo na liberação de créditos, razão pela qual têm o dever de estarem aparelhadas com atualizados métodos de informática e de indispensável idoneidade. Para tal finalidade elas existem, e para isso são pagas as pesquisas que fazem e que vendem aos interessados.

Sem embargo de sua eficiência e especialização, elas por vezes emitem fichas cadastrais dos clientes. Assim agindo, causam prejuízos de monta a quem nelas confiou ao contratar os serviços específicos. Não raro dão luz verde para a liberação de verbas vultosas a pessoas físicas e jurídicas em desastroso estado, inclusive já com falência, concordata ou insolvência civil decretadas.

Consoante o art. 2º da Lei nº 3.099/57 e o Decreto nº 50.532/61, os informes cadastrais devem ser fornecidos por extenso, em papel timbrado, e com as assinaturas do gerente ou diretor. Diante do objetivo óbvio para que são solicitadas e expedidas, dos efeitos negativos que podem gerar, e da própria razão de ser de tais empreendimentos, eles necessariamente terão de pautar-se pela seriedade, competência e correção. A natureza das atividades impõe-lhes a obrigatoriedade de obrar com prudência e fidelidade absolutas. Se não trabalharem com total lisura, boa-fé e correção, ou se perpetrarem qualquer outra falha por descuido ou displicência, com isso induzindo alguém a efetuar transações de vulto, que não realizaria se as informações refletissem a verdade, sem dúvida responderão pelas conseqüências de seus atos.

A doutrina orienta-se nesse rumo, ao assentar que, produzida a lesão pela locadora desses serviços, e em face de sua negligência, omissão ou equívoco, ao lesado cumpre intentar a ação reparatória com base no art. 186 do Código Civil, postulando o total das perdas e danos experimentados, acrescidos de juros, correção monetária, custas e honorários da parte *ex adverso*. Para tanto basta-lhe provar a solicitação dos elementos informativos, a imprestabilidade destes, por omissão de dados essenciais, e que se ministrados corretamente, teriam evitado a concessão dos créditos. A essa confiança na informação infiel e enganosa e aos prejuízos acarretados, acrescenta-se a necessidade de comprovação do nexo causal, que se torna indispensável para a procedência da pretensão.

Preleciona a propósito Ulderico Pires dos Santos que as empresas instituídas para a precípua finalidade de prestarem informes comerciais de proteção ao crédito, ao fornecê-los, "deverão fazê-lo com precisão, segurança e seriedade, porque, se não o fizerem, terão de ressarcir os danos daqueles que, ao se louvarem nos mesmos, transacionaram com terceiros e sofreram prejuízos em conseqüência de sua infidelidade". Mais adiante o ilustre professor admoesta que, "não cumprindo essa obrigação principal do pacto com a diligência que se faz mister, deixando de fornecer ao cliente dados concretos e verdadeiros, respondem por perdas e danos (art. 389 do CC), porque a sua obrigação é de resultado" (A Responsabilidade Civil na Doutrina e na Jurisprudência – p. 578-579).

A essencialidade obrigacional centra-se na exatidão, na idoneidade e na segurança. Sem isso, sem essa correção na atividade de informar, não haverá como eximir-se de responsabilidade, vez que as informações são vitais para os fins a que se destinam. É a pesquisa cautelosa, confiável e prudente que deve nortear a todos os trabalhos, garantindo a quem os contratou mediante paga que estará precavido de todos os riscos e perigos na operação que deseja realizar. Trata-se de uma culpa contratual, como visto, onde se objetiva o acautelamento de interesses do locatário.

À locadora dos serviços de fornecimento de fichas cadastrais será permitida toda a espécie de provas em Direito admitidas, inclusive a pericial, para demonstrar ausência de culpa de sua parte. Uma dessas defesas, que geralmente é utilizada, constitui-se na própria maneira de formalização do contrato, onde sói acontecer estar inserida cláusula de irresponsabilidade.

Sustenta-se, assim, que, por constar nos pactos que estes envolvem sigilo ou itens confidenciais, e por procurarem exculpar *ex ante* o locador, este restaria livre de todo e qualquer risco. Sem procedência, contudo, tal entender, porquanto ajustes desse teor não têm valia jurídica. Ao transferirem obrigações essenciais do locador, tentando exonerá-lo de responsabilidade por dolo ou culpa, na verdade não geram efeito nenhum, eis que são ilícitas e ilegais semelhantes disposições. Não há razão ou justificativa para não responsabilizar a quem agir com descuido ou violação do dever de bem informar, tarefa a que se dispôs contratualmente. Vem a pêlo novamente a palavra de Ulderico Pires dos Santos, quando assevera *in verbis*: "A cláusula de irresponsabilidade de que se utilizam essas empresas em absoluto as põe a salvo da má execução do contrato por dolo ou culpa, pois, como bem lembra Aguiar Dias, são ilícitas".

5.15. Perdas e danos na rescisão contratual de revenda de automóveis

Controverte-se a respeito do alcance e da abrangência da Lei nº 6.729/79. A questão é saber se ela disciplina integralmente as perdas e danos a cargo do concedente, na rescisão contratual por prazo indeterminado, de concessão comercial para a distribuição de veículos. Em outros termos, discute-se se a lei especial regula toda a problemática da indenização cabível ao concessionário, e se por isso afasta qualquer responsabilização do concedente por danos não expressos em seus dispositivos.

Há uma primeira posição no sentido de que o ressarcimento deve ultrapassar os lindes da legislação específica, para atingir as normas do Direito comum, sempre que a indenização se mostrar insuficiente, e o prejudicado não resultar inteiramente ressarcido. Do contrário, a reparação seria incompleta, como não a deseja o Direito. Com base em normas do Código Civil, então passam a somar outros reembolsos, como o atinente à compra dos prédios construídos, ou o pagamento das despesas com a construção e a demolição dos mesmos, e que se destinavam ao desempenho das atividades da concessão.

Para outros, porém, é juridicamente impossível admitir semelhantes reparações adicionais, além das expressamente previstas, a não ser que haja convenção expressa. É que a Lei nº 6.729 regulou de maneira integral e completa o assunto, não deixando margem a outras pretensões. Ademais disso, é lei especial que tem prevalência sobre a lei geral. Surgindo conflito entre as duas, prevalecerá a lei especial, que suspende a aplicação das normas gerais. No caso, porém, há norma de direito especial, autorizando a incidência de regras do Direito comum, mas desde que respaldadas em ajuste expresso. Fora disso, se a lei de caráter especial regula exaustiva e completamente a matéria, então afasta a incidência do Direito comum.

A teor do art. 24 da Lei n° 6.729/79, se o concedente der causa à rescisão do contrato de prazo indeterminado, deve reparar o concessionário:

I – readquirindo-lhe o estoque de veículos automotores e componentes novos, pelo preço de venda ao consumidor, vigente na data da rescisão contratual;

II – efetuando-lhe a compra prevista no art. 23, II;

III – pagando-lhe perdas e danos, à razão de 40% do faturamento projetado para um período correspondente à soma de uma parte fixa de 18 meses e uma variável de três meses por qüinqüênio de vigência da concessão, devendo a projeção tomar por base o valor corrigido monetariamente do faturamento de bens e serviços concernentes à concessão, que o concessionário tiver realizado nos dois anos anteriores à rescisão;

IV – satisfazendo-lhe outras reparações que forem eventualmente ajustadas entre o produtor e sua rede de distribuição.

O citado art. 23, II, obriga o concedente a adquirir do concessionário "os equipamentos, máquinas, ferramentas e instalações necessárias à concessão, pelo preço de mercado correspondente ao estado em que se encontrarem, e cuja aquisição o concedente determinar ou dela tiver ciência por escrito sem lhe fazer oposição imediata e documentada, excluídos desta obrigação os imóveis do concessionário".

Os imóveis a que se refere o legislador são aqueles que foram construídos e adaptados para servirem à concessão. Se necessário fosse comprá-los, passariam ao patrimônio do comprador. Sem integrarem os bens do adquirente, não haveria compra e venda. Não caberia, assim, obrigar o concedente ou produtor a ressarcir as despesas efetuadas com a demolição e construção de prédios erguidos pelo concessionário, para servirem à concessão. O fato em si apenas constituiria dever se por lei devesse comprar os imóveis.

A lei visa a proteger os mais fracos, ou seja, os distribuidores ou concessionários da revenda dos automotores, nas suas relações com os produtores ou distribuidores, sem contudo admitir o arbítrio. Dispõe *in totum* sobre a espécie, especificando e prevendo todas as reparações devidas nas mais diversas eventualidades. Sua finalidade é abrangente, sem evidência de omissão, já que resguarda com escrúpulos os interesses das partes, máxime os respeitantes aos distribuidores. Autoriza até a ampliação protetiva do concessionário, através de um *plus* indenizatório, em defesa de qualquer outro risco, condicionando-o, porém, e sempre, à formalização de um acordo prévio.

Ao dispor o ato legislativo sobre toda a matéria referente à concessão mercantil a que dá regramento jurídico, o faz de modo exaustivo, cabal e completo, sem deixar dúvidas quanto à concessão comercial entre produtores e distribuidores. É essa a exegese também ressaltada pelo Prof. João Leitão de Abreu, em parecer sobre o tema, onde destaca a prevalência da norma especial sobre a geral, e o fato de que a lei, ao determinar sua área específica de incidência, trancou a aplicação de regras de caráter geral, do Direito comum. Conclui o ilustrado jurista: "A Lei 6.729, de 28.11.79, especificando, em caráter especial e exaustivo, as perdas e danos devidas pelo concedente em razão do inadimplemento, por parte deste, do contrato de concessão mercantil, por prazo indeterminado, é excludente das perdas e danos previstas nos arts. 389 e 402 do CC". Não havendo cláusula contratual referente a outras reparações, não é possível ampliar as perdas e danos devidas pelo concedente, segundo a lei especial, sob o fundamento de autorização implícita, para isso, contida no n. IV do art. 24 da lei 6.729/79" (*RT* – 632/26).

6. Perdas e danos nas profissões liberais

6.1. Perdas e danos e responsabilidade de engenheiros e arquitetos

6.1.1. Compreensão da matéria

Estabelece o art. 618 do Código Civil que "nos contratos de empreitada de edifícios ou outras construções consideráveis, o empreiteiro de materiais e execução responderá, durante cinco anos, pela solidez e segurança do trabalho, assim em razão dos materiais, como solo, exceto quanto a este, se, não o achando firme, preveniu em tempo o dono da obra". A par da redação um tanto infeliz, o texto não se mostra previdente e não visualiza nenhuma exceção. Não previu ou imaginou o progresso da engenharia e da arquitetura, distanciando-se da realidade da construção civil e tornando-se inaplicável em sua literalidade nos tempos atuais.

Em princípio, a responsabilidade civil do engenheiro e do arquiteto só resulta de ação culposa. Tal poderá ocorrer se tiverem empregado material impróprio, se tiverem feito defeituosamente as sondagens e fundações, se tiverem aceito terreno inadequado para a edificação, sem notificarem o dono da obra, e se efetivamente tiverem executado a construção, apesar dessas irregularidades. Do mesmo modo responderá pelas conseqüências o engenheiro que errar nos cálculos estruturais, no concreto armado ou outro setor, de molde a afetar a estrutura geral da obra.

Entrementes, em sendo o material de construção escolhido pelo proprietário ou por quem ele designou, que não seja o engenheiro-construtor, e se isso constar do contrato, nenhuma responsabilidade terá o engenheiro pela utilização de material de má qualidade. O responsável por eventual dano passará a ser o próprio dono da obra, que assim pactuou e livremente forneceu o material. Se esse revelar-se de todo inadequado e impróprio, evidenciando que não suportará o peso da construção, caberá ao profissional recusá-lo, inclusive recorrendo à Justiça, se preciso, para eximir-se de responsabilidade.

Não convém generalizar na matéria, pois desde a edição do Código Civil até a presente data houve grandes avanços tecnológicos. Cada caso reclama análise isolada, em consonância com o ramo de especialização da engenharia. A solidez e segurança de uma obra pode ser afetada por vários outros setores, de pertinência a profissionais diferentes. Cada qual terá limitada a sua responsabilidade à área que lhe é própria, e na qual atuou com seus conhecimentos especializados. Dependendo da obra, o projeto global divide-se em vários outros subprojetos, atinentes à técnica da engenharia, quando cada responsável técnico responderá somente pelo que fez e assinou, como o subprojeto de cálculos estruturais, o subprojeto de engenharia elétrica ou eletrônica e o subprojeto de especificação de materiais, entre outros. Solidez e segurança podem ser afetadas não só por cálculos equivocados de estrutura e concreto armado, como também de sondagens erradas do solo e subsolo, de estaqueamento impróprio, de fundações inadequadas, de redução de material indispensável, como ferro, cimento, etc.

Se a solidez for atingida ainda na fase de construção da obra, em face do mau desempenho do engenheiro, que não fiscaliza corretamente os executores do projeto, a responsabilidade será do profissional respectivo, facilmente identificável devido à obrigatória anotação da responsabilidade técnica – ART. Aplicar bem a expressão "solidez e segurança da obra" é tarefa nem sempre fácil. Mas seguramente pode ser caracterizada no desabamento ou na ameaça de desabamento, se não originado de caso fortuito ou força maior, e sim de defeito de construção; vícios que, embora não causem desmoronamento, expõem os moradores e transeuntes a riscos e perigos, o mesmo ocorrendo com as fissuras, as infiltrações de água, os deslocamentos de pastilhas e cerâmicas, os vazamentos, etc.

De acordo com a explanação, vejam-se dois casos tipificadores da responsabilidade em exame: a) o engenheiro A elabora e assina determinada planta para a edificação de um prédio. O engenheiro B executa a obra, dirigindo-a e fiscalizando-a. O material é fornecido pelo dono da obra. Dentro do lustro, após concluída a edificação, são constatadas falhas graves, atribuídas à má qualidade do material. O dono da obra responderá sozinho pelos prejuízos, se tiver sido notificado previamente sobre a inconveniência de usar o material impróprio. Não feita a notificação, o engenheiro responderá solidariamente. Se o dano foi devido a sondagens e fundações, à má execução, ou desidiosa fiscalização, ou a erros no projeto, a responsabilidade será do respectivo engenheiro ou arquiteto; b) o arquiteto A faz o projeto. O arquiteto B executa a obra e adquire o material. As sondagens são efetuadas pela firma C. A solidez da obra é afetada pela impropriedade do terreno, que não agüentou o peso da construção, o que não havia sido comunicado oportunamente ao proprietário da obra. Respondem pessoal e diretamente pelas perdas e danos o executor da obra e o das sondagens, vale dizer, o arquiteto B e a empresa C.

Releva atentar que o técnico é o profissional liberal, e mais ninguém. Somente a ele cabe garantir que os meios à sua disposição sejam apropriados para a execução dos serviços contratados. Não é obrigado a concordar com o emprego de material impróprio, pois tem independência técnica e ética a resguardar, e que abrange qualquer impropriedade, inclusive a do terreno que não se presta à construção. Todavia não é nulo o contrato de intermediação entre o dono da obra e seus executores e fornecedores de material, porque inconfundível com os contratos de construção por empreitada ou por administração direta, que só podem ser firmados por profissional habilitado. A responsabilidade pelos defeitos da obra e pela má escolha dos materiais diz respeito aí ao mandatário (*RJTJRS* – 101/322).

Em caso de imperfeição da obra, a obrigação de indenizar não se extingue com a passagem do prazo de garantia do art. 618 do Código Civil. Nesse lapso temporal, a culpa do construtor é presumida. Após sua fluência, durante dez anos, ainda cabe ao dono da obra comprovar a culpa do construtor. Pericialmente positivada, não ficará afastado o direito a perdas e danos. Mencionado prazo é, pois, de garantia. A prescrição da ação do proprietário por defeito da obra é a ordinária (*Revista Forense* – 292/258 – *Revista de Jurisprudência do Tribunal de Justiça do Rio de Janeiro* – 50/285).

Além da responsabilidade legal do art. 618, também há a responsabilidade contratual e ético-profissional. A responsabilização do construtor pela incorreta execução do contrato é prevista no art. 389 do diploma civil. O fato de no estágio atual da profissão participarem numerosas pessoas na construção, com distribuição de tarefas e especialidades, inclusive com transferência de serviços a subempreiteiros, não tem o condão de arredar a responsabilidade geral do construtor. Além dos defeitos da obra, também lhe compete indenizar perdas e danos acaso havidos em decorrência da má execução dos trabalhos. Se o engenheiro não cumpre o contrato na forma e no prazo ajustados, obviamente deve indenizar o dono da obra. A sua responsabilidade aí se mede de acordo com o acréscimo no custo da obra. Tratando-se de construção incompleta, abandonada por empreiteiro sob o pretexto de não ter recebido o preço, que na realidade obteve com sobra, ele dá causa à resolução contratual e obriga-se a restituir o que aceitou a mais, e a ressarcir os prejuízos que tenha causado. A indenização corresponderá ao valor da parte não executada e se estenderá aos danos resultantes de defeitos construtivos oriundos do emprego de material inferior ao especificado no contrato, ou de utilização de mão-de-obra insuficientemente qualificada (*RJTJRS* – 104/366).

6.1.2. Perdas e danos e construção que invade terreno alheio

Questão outra muito freqüente é a da ultrapassagem das divisas do terreno sobre o qual o prédio está sendo erguido. Se ela for mínima, insignificante, de simples centímetros, não oferece maiores dificuldades, pois não obriga a demolir a obra, implicando apenas dever de ressarcir a área. Seria de todo contraproducente e oneroso demais para o construtor imprudente destruir todo o prédio, quando a solução é alcançável de maneira menos dispendiosa. A alternativa de admitir a composição monetária ao invés da demolição encontra ressonância no bom-senso e na eqüidade. Afina inclusive com a norma do art. 1.255 do Código Civil, que estipula indenização a quem de boa-fé edificar em terreno alheio. Inocorrendo malícia, e sendo diminuta a parcela invadida pelo construtor, sua responsabilidade é amenizada, assim, por não importar em dever de demolir, mas de pagar o justo preço ao proprietário da área, na exata proporção dos prejuízos sofridos. A responsabilidade pela indenização afeta somente o construtor, se o dono da obra ou do terreno sobre o qual vinha sendo levantada a construção, em nada influiu no episódio.

Invadindo uma construção terreno alheio, em parcela não maior à vigésima parte deste, o construtor de boa-fé adquire a propriedade da fração invadida, se o valor da edificação exceder o dessa parte, "e responde por indenização que represente, também, o valor da área perdida e a desvalorização da área remanescente".

Pagando em décuplo essas perdas e danos, o construtor de má-fé obtém o domínio da parte invadida, "se em proporção à vigésima parte deste e o valor da construção exceder consideravelmente o dessa parte e não se puder demolir a porção invasora sem grave prejuízo para a construção".

Imbuído de boa-fé o construtor, e excedendo a invasão do solo alheio a vigésima parte deste, adquire a propriedade da parte do solo invadido, e responde por perdas e danos que abranjam o valor que a invasão acrescer à construção, mais o da área perdida e o da desvalorização da área remanescente; se de má-fé, deverá demolir o que nele construiu, pagando as perdas e danos em dobro (arts. 1.258 e 1.259, CC).

Mas, "se a construção invade terreno alheio em parte mínima e não lhe prejudica a utilização, o invasor não deve ser condenado a demoli-la, mas apenas a indenizar a área invadida, segundo seu justo valor", como frisa Washington de Barros Monteiro. Aludindo à proibição de o prédio deitar goteiras sobre o imóvel vizinho, bem como a abertura de janelas ou a feitura de eirados, terraços ou varandas a menos de metro e meio, assinala o mesmo tratadista que, "com essa proibição, visa o legislador a salvaguardar a vida íntima das famílias, resguardando-as, dentro de suas casas, do indiscreto devassamento dos vizinhos. Se não existe, porém, possibilidade de tal vexame, prevalece a liberdade de construção. A distância de metro e meio deve ser contada a partir da linha divisória e não de outra janela do prédio adjacente. Essa distância é a mínima e nada impede que a administração municipal imponha recuo lateral maior, em atenção a considerações estéticas e urbanísticas" (Direito das Coisas – 3/154).

A interpretação a ser dada ao tema deve ser restritiva, não alcançando portas, caixilhos sem movimentação e sem abertura, desde que de vidros opacos ou não transparentes, clarabóias, etc. Essas coisas geralmente refogem à vedação legal, senão prejudicarem os direitos do vizinho, a sua privacidade e bem-estar. Todavia, *ad cautelam* o construtor deve ter bem presente a advertência de que, "proibida a abertura de janelas a menos de metro e meio da linha divisória, assiste ao proprietário do prédio confinante o direito de impedir que a construção prossiga, ou exigir que seja demolida, caso esteja pronta" (Orlando Gomes – Direitos Reais – I/279 – *Paraná Judiciário* – 17/139).

A rescisão de ato jurídico com perdas e danos traz implícita uma ação de locupletamento. Mas, "uma vez reconhecida a responsabilidade pelos danos ocasionados em prédio urbano alheio por escritura pública, obriga-se seu causador solenemente ao cumprimento da prestação devida, sendo defeso alterá-la, mesmo porque reconstruir não se confunde com recuperar" (*RT* – 609/193). Na explicitação do aresto, a reconstrução consiste nos serviços executados na demolição do que ainda houver, para depois se construir uma residência sobre o terreno, ao passo que a recuperação condiz com os serviços feitos visando à reconstrução das áreas destruídas, além de, após execução de todas as tarefas necessárias de instalações, acabamentos e pinturas, deixar a residência em situação mais próxima possível do que ela fora antes da demolição.

A relevância da matéria faz relembrar que, "sendo mínima, a área invadida por construção, descabe a demolição, a composição se fará através de indenização. A responsabilidade pelo pagamento da indenização é tão-só do construtor, e não dos adquirentes do imóvel, pois estes não praticaram ato ensejador de ressarcimento" (*RT* – 606/56 – 440/99 – 493/107).

6.1.3. Perdas e danos e solidez e segurança de prédio

Defeitos com força de comprometer a solidez e a segurança de uma construção, bem como a saúde dos seus moradores, não são as pequenas falhas, relativas a rebocos, revestimentos e outros serviços não fundamentais. O conceito de solidez, quanto à segurança, "não se pode entender que só se refira à ausência de possíveis danos provindos de desabamentos, ou rompimentos de paredes ou tetos ou soalhos, ou arrebentamento de escadas.

Há os perigos de incêndio, de umidade grave, de anti-higiene e de gases. O conceito de segurança não pode ser restringido ao de indanificabilidade atinente à estabilidade da construção, porque se distingue do que concerne à 'solidez' o que se prende à 'segurança'. A solidez liga-se, conceptualmente, ao que se construiu, ao objeto. A segurança alude ao sujeito, embora a causa haja de estar na construção" (Pontes de Miranda – Tratado de Direito Privado – 44/411). Portanto, a segurança condiz com o cidadão, ao passo que a solidez relaciona-se à coisa em si.

Não há exigência de efetiva causação de prejuízos, bastando a existência de perigo. Segundo o mesmo Pontes de Miranda, se os danos ainda não se concretizaram, mas se já são previsíveis, "sejam eles evitáveis ou não o sejam, a responsabilidade do empreiteiro existe porque o prazo do artigo 618 do Código Civil é para alegação da causa, do perigo, e não para a alegação do dano ocorrido. Esse poder previsível somente para muitos anos depois do qüinqüênio. O que o empreiteiro tem de alegar e provar é o perigo. O defeito há de ser concernente à solidez e à segurança. Os outros defeitos do objeto são assunto dos arts. 441-446 do Código Civil, com prazo preclusivo, para o exercício da ação redibitória ou da ação *quanti minoris*" (Tratado – 44/410).

A má execução de serviços hidráulicos, que provoca vazamentos e umidades, tornando o prédio insalubre e sem condições plenas de habitabilidade, tipifica falhas que atingem a solidez e a segurança do prédio, e que obrigam a ressarcir. Igualmente aqueles defeitos construtivos que, apesar de não chegarem a essa afetação, no entanto fazem com que a construção se torne imprópria ao uso normal a que se destinava, também eles se constituem em vícios que responsabilizam o empreiteiro ou o arquiteto. Assim, "se por defeito de construção o prédio apresenta uma umidade prejudicial à saúde ou à habitabilidade do prédio, ou se a fumaça das chaminés entre casa a dentro, tornando intolerável a permanência de qualquer pessoa em determinados cômodos" (Carvalho Santos – Código Civil Brasileiro Interpretado – 17/363).

Na mesma linha, Serpa Lopes afirma que o vício gerador da responsabilidade do empreiteiro "refere-se não só ao caso de destruição total ou parcial, como igualmente a todos os defeitos ou erros capazes de comprometer a conservação da construção, de modo a criar uma ameaça de ruína quer iminente quer virtual, como, por exemplo, as infiltrações no teto, capazes de comprometer a sua segurança, etc." (Curso de Direito Civil – 4/179).

A essa casuística muitas outras hipóteses podem ser agregadas, em consonância com as realidades atuais da construção civil. É o que ocorre, *v.g.*, com telhado de edifício de apartamentos, com inclinação insuficiente e com defeitos outros, propiciando infiltração de água para as economias residenciais, com prejuízo à saúde dos moradores. A construtora não se isentará pela circunstância de haver executado no erguimento do telhado projeto de autoria de outra firma, vez que deveria recusá-lo se desobediente às regras técnicas. De igual, ao empreiteiro descabe pretender eximir-se de responsabilidade, sob alegação de que os condôminos exigiram terraço em lugar de telhado, se ele concordou em modificar o projeto originário, sem preservar sua responsabilidade ante os riscos decorrentes das bruscas variações de temperatura. A par da segurança, o projeto arquitetônico também deve subordinar-se às exigências legais do município e da secretaria da saúde pertinentes. O engenheiro é o responsável pelo atendimento de tais requisitos. Segundo reiterados julgados, "fissuras, desnivelamentos, precoce deterioração de revestimentos e esquadrias, são indenizáveis pelo empreiteiro da obra e pelo arquiteto tecnicamente responsável por ela. Mesmo que, ao contrário do inicialmente contratado, o dono da obra haja fornecido uma parte do material, não se pode presumir, à falta de qualquer prova, que os defeitos constatados sejam atribuídos à má qualidade deste, mesmo porque aceito como bom pelos construtores, que se tem de supor tecnicamente habilitados a avaliar essa qualidade e obrigados a rejeitar material imprestável. Inocorrente a hipótese do artigo 618, *in fine*, do CC e inexistente qualquer notícia de fenômeno extraordinário capaz de influir sobre a qualidade da obra, os vícios têm de ser atribuídos a defeitos construtivos, mesmo aqueles cuja causa a perícia não tenha logrado precisar. Declaração de habitabilidade passada pelo dono da obra quando da sua entrega não exonera o construtor da sua responsabilidade, que decorre da lei" (*RJTJRS* – 90/322 – 113/399 – 113/425 – 114//373).

As perdas e danos podem ser causados também a prédios vizinhos. Se o telhado de imóvel limítrofe é danificado por arremesso de objetos, detritos ou corpos estranhos, durante a construção de edifício, configurar-se-á o dever de ressarcir. Mencionados objetos geralmente são jogados por negligência ou imperícia dos empregados da firma construtora. Os estragos assim produzidos podem ser provados através de prova pericial e fotográfica. A responsabilidade do construtor em tais circunstâncias é manifesta, sendo de bom alvitre sua condenação pelo menor orçamento apresentado, mas com preservação do valor do ressarcimento, através de aplicação de correção monetária (*Julgados* – *TARS* – 36/402).

6.1.4. Responsabilidade do construtor e vícios redibitórios

Inserido no Capítulo VIII, regulador do contrato de empreitada, o art. 618 do Código Civil integra as normas pertinentes a esse tipo de pactos. Por tal razão a responsabilidade que define só cabe no contrato de empreitada, especificamente o de fornecimento de material e mão-de-obra para edificações de certo vulto. Com a conclusão da obra, conforme a avença ou o costume da localidade em que se situa, surge para o dono o dever de recebê-la, de acordo com o avençado. Para tanto cumpre-lhe inspecioná-la previamente, podendo enjeitá-la, se estiver em desconformidade com o contrato. Entretanto, se assim mesmo resolver aceitá-la, apesar dos defeitos constatados, apenas fará jus a postular abatimento do preço (arts. 441-442, CC).

Se após o recebimento surgirem defeitos na obra, que não se revelaram à época da aceitação, mas que se detinham escondidos ou encobertos aos olhos de todos, então incide a teoria dos vícios redibitórios. "Uma vez entregue a obra, pode ela apresentar defeitos aparentes ou ocultos. Para remediar a situação derivada da presença de defeitos aparentes de maior vulto, há os artigos 441-442 do CC; o primeiro destes dispositivos faculta ao dono da obra enjeitá-la se a empreitada se afastou das instruções recebidas dos planos dados ou das regras técnicas em trabalhos de tal natureza; e o segundo abre, para o dono da obra, a prerrogativa de, em vez de enjeitá-la, recebê-la com abatimento do preço. No caso de os defeitos serem ocultos, tratar-se-á de vício redibitório" (Sílvio Rodrigues – Código Civil – 3/259).

Na mesma linha mantém-se o ensinamento de Miranda Carvalho, que acentua somente incidir a regra do art. 618 quando os vícios realmente afetarem a solidez e a segurança da construção: "Embora o art. 441 do CC consagre o princípio geral que vê na aceitação da obra pelo dono a aprovação deste e a cessação da responsabilidade do empreiteiro, casos existem em que é patente, logo ao tempo da entrega da obra, a impossibilidade de se descobrirem muitos dos vícios que a inquinem, capazes de lhe comprometerem a segurança; donde a concessão, pelo artigo 618, do prazo razoável de cinco anos" (Contrato de Empreitada – p. 230).

Essa norma do art. 618 tem conteúdo excepcional, pois só abrange contratos de empreitada com fornecimento de material, só pertine a construções de vulto, e só incide se os defeitos efetivamente ameaçarem a solidez e a segurança da obra.

Nas empreitadas de certo vulto, o empreiteiro de materiais e execuções responde por cinco anos irredutíveis pela solidez e segurança do trabalho, tanto em razão do material como do solo (art. 618, CC).

Adverte a propósito o já citado Miranda Carvalho que a responsabilidade qüinqüenal "não se confunde com a responsabilidade por vícios redibitórios porque se, *lato sensu*, a falta de solidez e segurança da construção considerável – fundamento da responsabilidade qüinqüenal – é um vício redibitório, visto constituir também um vício oculto que torna a construção imprópria a seu fim, *stricto sensu* inexiste a confusão entre os vícios constitutivos do objeto de ambas essas responsabilidades" (Contrato de Empreitada – p. 224).

A responsabilidade pela solidez e segurança de construção tem sido considerada de ordem pública, eis que interessa à sociedade. Por resultar da lei, inaceita modificações ditadas pela vontade das partes. Inobstante afetar ao construtor modo originário, é ela extensiva ao criador do projeto, ao fiscal, e até ao proprietário ou à administração contratante, quando vizinhos ou terceiros sofrerem lesão devido à insegurança da obra.

Como já ressaltado alhures, o lapso prescricional de cinco anos a que se refere a lei é reputado como de garantia, e não de prescrição. Desde que a falta de solidez ou de segurança se apresente dentro de cinco anos de seu recebimento, a ação contra o construtor e demais participantes do empreendimento subsiste pelo prazo prescricional comum, a partir do dia em que apareceu o defeito. Basta que o defeito da obra se apresente dentro do qüinqüênio, para que surja a pretensão contra o construtor, sob o prazo prescricional comum (*RJTJRS* – 117/260).

6.1.5. Solidariedade entre construtor e dono da obra

Proprietário e construtor são responsáveis solidários por prejuízos que as obras de construção causarem aos prédios vizinhos. Trata-se de solidariedade passiva que na técnica processual toma o nome de chamamento ao processo, e não de denunciação à lide. "Embora o chamamento ao processo não seja obrigatório, como a denunciação à lide, quando o réu lança mão do incidente, para obter título executivo contra o devedor principal ou outros devedores solidários, não é permitido ao juiz denegar tal pretensão" (Humberto Theodoro Júnior – Processo de Conhecimento – p. 147). Apesar de algumas vezes vir denominada de denunciação à lide, a exceção argüida deve ser processada na forma e para os efeitos do chamamento ao processo. Atingido em seus direitos e bens, ao lindeiro ou vizinho do prédio em construção ampara o direito de ter-se ressarcido do que injustamente lhe diminuiu o seu patrimônio.

Na apropriada lição de Hely Lopes Meirelles, "a construção por sua própria natureza, e mesmo sem culpa de seus executores, comumente causa danos à vizinhança, por recalques do terreno, vibrações do estaqueamento, queda de materiais e outros eventos comuns na edificação. Tais danos hão de ser reparados por quem os causa e por quem aufere os proveitos da construção. Daí a solidariedade do construtor e do proprietário pela reparação civil de todas as lesões patrimoniais causadas a vizinhos, pelo só fato da construção. É um encargo de vizinhança, expressamente previsto no art. 1.277 do CC que, ao garantir ao proprietário a faculdade de levantar em seu terreno as construções que lhe aprouver, assegurou aos vizinhos a incolumidade de seus bens e de suas posses, e condicionou as obras ao atendimento das normas administrativas. Esta responsabilidade independe de culpa do proprietário ou do construtor, uma vez que não se origina da ilicitude do ato de construir, mas sim da nocividade do fato da construção. É um caso típico de responsabilidade sem culpa, consagrado pela lei civil, como exceção defensiva da segurança, da saúde e do sossego dos vizinhos" (Direito de Construir – p. 295).

Também a jurisprudência tem preconizado essa viabilidade jurídica do chamamento ao processo do proprietário, por solidariedade com o construtor, e vice-versa (*JTACSP* – 94/49).

É objetiva a responsabilidade por danos de vizinhança decorrentes de construção. Nasce do próprio ato ou fato lesivo da edificação e de seus misteres preparatórios e conclusivos. Prescinde-se aí de dolo ou de culpa, e nem sequer se cogita da voluntariedade, nem se indaga se o evento adveio ou não de ato voluntário do agente. Mesmo resultando de ato estranho ou alheio à vontade do construtor, ele e o proprietário da obra responderão pelas perdas e danos causados aos vizinhos e aos bens destes.

O mau uso do prédio responsabiliza o dono por suas conseqüências, ainda que locado estiver, já que incumbe ao locador orientar o seu locatário, e zelar para que a coisa não seja nociva às pessoas e aos bens dos vizinhos. O dano assim causado por inquilino a terceiros gera a responsabilidade solidária entre ele e o locador. "Sendo fato inarredável o mau uso da propriedade por parte do locatário da ré, pode ser exigida desta a reparação dos prejuízos, por culpa *in vigilando*, pois lhe cabia alertar o inquilino da má utilização do prédio locado. É inafastável, por isso, a responsabilidade solidária da ré (Moacyr Amaral Santos – Ações Cominatórias no Direito Brasileiro – 2/543 e 575). Igualmente, a jurisprudência vem proclamando a responsabilidade do proprietário por mau uso do prédio alugado, sendo "inquestionável a legitimação passiva do proprietário, pois é certo que a cominatória deve ser exercida não contra o inquilino, e sim contra o dono do imóvel, mesmo que aquele seja o responsável pelas obras incriminadas" (*RT* – 536/146 – 577/245 – *JTACSP* – 95/103).

O registro da ART no CREA é providência importante em matéria de responsabilização por vícios ou defeitos de construção. Identifica os responsáveis, técnicos, engenheiros e arquitetos, consoante art. 2º da Lei nº 6.496/77, individuando-os com precisão, e determinando o construtor a figurar no pólo passivo da relação processual, para o caso de aforamento de demanda reparatória. Como essa responsabilidade é legal e indelegável, o empreiteiro não pode pretender liberar-se dela, pretextando ser de autoria de outrem o projeto, que o proprietário fiscalizou os trabalhos, autorizando o uso do material impróprio, a execução sobre o solo inadequado, a mão-de-obra desqualificada, e assim por diante.

Observa Cunha Gonçalves que o empreiteiro não pode agir como um autônomo. Notando que os projetos e cálculos "apresentem defeitos graves, de natureza a comprometer a estabilidade ou simplesmente a estética da obra, deverá avisar disto o proprietário, e, não sendo feitas as necessárias retificações, é-lhe lícito ou recusar a empreitada, ou ressalvar expressamente a sua responsabilidade. O fato de o proprietário haver acompanhado dia a dia a construção não exime o empreiteiro da responsabilidade que a lei lhe impõe" (Código Civil – VII/633).

Sucedendo-se dois construtores na construção da mesma obra, o segundo poderá exonerar-se de responsabilidade quanto à parte já construída. Para tanto deverá tomar os cuidados de fazer constar a providência no contrato, examinar previamente as fundações e demais parcelas concluídas, consignando a ressalva em relação à dispensa de sua responsabilidade no registro da ART no CREA. Não se acautelando, se aceitar partes edificadas com defeitos e sem condições de agüentar o peso, estará se responsabilizando por quaisquer irregularidades ou desmoronamentos futuros.

6.1.6. Solidariedade entre administração pública e empresa construtora

Quando o engenheiro ou o arquiteto permitem a afixação de sua placa em determinado local, como que legitimando a execução da obra por quem não tenha habilitação legal, assumem os riscos imanentes ao fato, e a responsabilidade solidária pela má execução da obra. Pela Resolução nº 218/73, do Conselho Federal de Engenharia, Arquitetura e Agronomia, configuram atividades privativas do engenheiro, arquiteto ou agrônomo: a) a direção de obras e de serviços técnicos; b) a execução de obras e serviços técnicos; c) a fiscalização de obras e serviços técnicos. Outrossim, na forma do art. 16 da Lei nº 5.194/66, "enquanto durar a execução de obras e instalações de serviços de qualquer natureza, é obrigatória a colocação e manutenção de placas visíveis e legíveis ao público, contendo o nome do autor e co-autores do projeto, em todos os seus aspectos técnicos e artísticos, assim como os dos responsáveis pela execução dos trabalhos". Ao regulamentar essa norma a Resolução nº 250/77 do Conselho Federal de Engenharia, Arquitetura e Agronomia, em seu art. 4º, parágrafo único, preceitua que, "quando o mesmo profissional participar como autor do projeto ou projetos e executar a obra, instalação ou serviços, o seu nome poderá ser inscrito uma só vez, desde que indicadas as responsabilidades a seu cargo".

Altera-se o quadro quando intervier a responsabilidade da Administração Pública. Esta, pelos danos que seus funcionários nessa qualidade causarem a terceiros, tem sua responsabilidade estendida aos prejuízos acarretados por outros agentes da administração, ainda que a ela não estejam vinculados por função pública. Para tal efeito basta executarem serviço reputado público, desimportando a forma do contrato, que inclusive pode ser por empreitada. Porquanto fato administrativo, a obra pública sujeita-se também às regras específicas da administração, até no concernente a implicações com direitos de particulares.

Vale a pena transcrever a propósito a lição de Hely Lopes Meirelles, no sentido de que, diante do preceito constitucional do art. 37, § 6º, da Constituição Federal, a responsabilidade civil da administração pelos danos de obra pública ao particular, "surge do só fato lesivo da construção, sem necessidade de se comprovar culpa ou dolo de seus agentes, bastando que o lesado demonstre o nexo causal entre a obra e o dano. Essa é a dominante orientação da doutrina e da jurisprudência, calcada no preceito constitucional da responsabilidade objetiva das pessoas administrativas e na justiça comutativa, que impõe se repartam os ônus entre todos aqueles que auferem os benefícios da administração. É o princípio da "repartição dos encargos públicos ou da igualdade dos indivíduos diante das cargas públicas. Até mesmo nas obras públicas empreitadas com empresas particulares prevalece a regra constitucional da responsabilidade objetiva da administração pelo só fato da obra, porque ainda aqui o dano provém de uma atividade administrativa ordenada pelo Poder Público no interesse da comunidade, colocando-se o executor da obra na posição de preposto da administração equiparável, portanto, a seus agentes" (Direito de Construir – p. 248).

A seguir explica o autor que o terceiro prejudicado tem ação direta contra o causador do dano, se este for proporcionado a vizinhos ou terceiros por culpa do construtor, e tiver relação com a obra, mas não constante do projeto nem imposto pelo contrato, como o transporte e o depósito de materiais, ou a instalação do canteiro de obras, a vedação ou a sinalização do local. Nessas situações, acrescenta, a responsabilidade é originariamente do construtor e subsidiariamente da administração, "devendo o lesado dirigir-se diretamente contra aquele ou em conjunto com a administração. Mas, nestes casos, terá de demonstrar a culpa *in diligendo* do construtor e a culpa *in eligendo* da administração, para obter a indenização de um ou de outro, ou de ambos solidariamente". Positivada a culpa de ambos, responderão solidariamente por perdas e danos, sendo inoperante cláusula que atribua responsabilidade exclusiva à empreiteira. Tal disposição não tem eficácia perante terceiros e a vítima, vez que a responsabilidade aí é de ordem pública, de que a administração não pode fugir.

Segundo a jurisprudência, configura-se a responsabilidade civil solidária da administração pública e da empreiteira, por exemplo, "pela morte de criança, afogada em vala aberta na via pública, sem a devida proteção e sinalização. Responsabilidade objetiva e subjetiva do órgão público e subjetiva da empresa. Irrelevância da cláusula de isenção de responsabilidade da autarquia, em face de terceiros, pelos danos causados pela empreiteira" (*RJTJRS* – 108/409).

Essa responsabilidade solidária do Poder Público, revelada em inúmeras circunstâncias, na sucessão de construtores pode ser assumida *in totum* pelo sucessor, em relação ao sucedido, respeitante ao aspecto técnico da responsabilidade: "Tema de partilha da responsabilidade, no caso de dois construtores se sucederem na execução de uma mesma obra. O segundo construtor, ao contratar, poderá expressamente isentar-se de responsabilidade com relação à parte já construída. No caso concreto, tinha o dever de examinar as partes já executadas pela firma que o antecedeu na demolição da obra antes existente e início de construção da residência do autor. Inexistência de ressalva, ao registrar a ART perante o CREA. A aplicabilidade da garantia do art. 618 em favor não apenas do primeiro dono, que contratou com o construtor, mas também em favor de quem adquiriu o prédio dentro do qüinqüênio e depois veio a sofrer com o colapso estrutural decorrente da ruptura de coletor pluvial de grande porte que passa sob as fundações. Responsabilidade concorrente e solidária da Prefeitura pela manutenção de coletor pluvial de grande porte em mau estado de conservação e por não exigir do construtor, ao aprovar as plantas, obras de proteção à obsoleta rede pluvial subterrânea" (*RT* – 603/191).

6.1.7. Solidariedade entre construtor e agente financeiro do SFH

Apesar de o construtor ou proprietário serem os maiores responsáveis pela má execução da obra financiada, nada impede haja responsabilidade solidária entre eles e o agente financeiro. Este último pode ter parcela de culpa pelos vícios de construção verificados em imóvel custeado pelo SFH, e conseqüente legitimidade passiva na indenizatória de perdas e danos, intentada pelo mutuário. A instituição creditícia em princípio deve responder pela negligente aplicação dos recursos captados pelo sistema financeiro de habitação, se financiou a construção e a comercialização de imóveis inadequados ou imprestáveis aos fins específicos. Através de seus técnicos compete-lhe averiguar *in loco* as reais condições do prédio, opinar fundamentadamente sobre o seu valor e a técnica de construção empregada. Em descurando da fiscalização, incide em omissão insustentável, sujeitando-o a arcar com as conseqüências que podem resultar de sua desídia.

É consabido que o SFH coleta numerário através do fundo de garantia e das cadernetas de poupança, endereçando-o precipuamente à construção da casa própria, num gesto de inestimável alcance social. Como intermediário e operador desses recursos captados em todo o país, assume também o dever de zelar pela concretização dos elevados objetivos do sistema. Para isso colhe lucros dos próprios poupadores, e para isso também deve garantir que as aquisições não infrinjam o princípio da boa-fé, necessário em todas as transações, e que não sirvam jamais de fonte de renda indevida para indivíduos inescrupulosos. Ao lado do lucro que aufere há também o ônus da responsabilidade, pertinente à segurança da transação e à ausência de defeitos na obra. Evita-se, assim, que o sistema sirva de instrumento para enriquecer ilicitamente, à custa da pobreza alheia.

O contrato de mútuo para aquisição de casa própria pelo SFH é contrato de adesão, onde o mutuante ou agente financeiro impõe as condições, e onde ao mutuário é negado negociar ou ter voz ativa. Mas a verdade é que tais agentes são co-partícipes de um enorme projeto social, também nos compromissos e nas responsabilidades, eis que *ipso facto* estão comprometidos com os objetivos do instituto. Por tais motivos devem assegurar-se de que o financiamento obtido por seu intermédio se destine à compra de um bem que atenda às exigências mínimas de uso. Se assim não agir, descuidando-se no ato de vistoriar, estará ensejando a utilização desvirtuada dos fundos imobiliários vinculados ao SFH. Comportamento assim desleixoso implica culpa concorrente, eis que gera a efetivação de negócio deficiente e impróprio, que atua em prejuízo do mutuário, o qual não teria feito o empréstimo, se informado da verdadeira situação fática.

Ao instituir a sociedade de poupança e empréstimo, o sistema delegou poderes a esta para representá-lo junto à comunidade. Mas a delegação não abrange só direitos, eis que também os deveres e as responsabilidades lhe são inerentes. Quem financia deve atentar para a idoneidade do construtor, porque a ele se une em transação transparente e despojada de qualquer fraude. Associando-se a um homem irresponsável, ela escolhe mal, agindo com culpa *in eligendo*. O agente financeiro não é só agente do financiamento, ou financiador particular do sistema, mas um delegado do sistema, que viabiliza ao cidadão de poucas rendas a aquisição de sua moradia, em clima de credibilidade e confiança. Se engana e entrega bem de má qualidade, usa displicentemente a delegação recebida do Poder Público, em desacordo com os fins colimados. Evidentemente não tem ele direito de contratar com empresários inidôneos, nem de relaxar na fiscalização quanto à correta aplicação do capital financiado. O adquirente, sim, tem direito a ser resguardado dos inconvenientes da má construção, que soem aparecer após ter assumido os compromissos bancários, e após ter comprometido a sua renda familiar por muitos anos.

Em conclusão, tem o agente financeiro do SFH legitimidade passiva para figurar ao lado do vendedor, na ação ressarcitória de perdas e danos, em face de sua culpa no ato de financiar empreendimentos que desatendem às finalidades do próprio sistema. Posicionam-se nesta direção as manifestações jurisprudenciais (*RJTJRS* – 116/222 – 123/384).

6.1.8. Perdas e danos e plágio de projeto arquitetônico

O uso indevido de produção literária ou artística gera conseqüências de ordem material e moral, isolada ou cumulativamente. A utilização ilícita de uma planta arquitetônica constitui uma ilegalidade, uma ilicitude, cujos efeitos ultrapassam os lindes do equívoco, não se restringindo, por isso, a simples obrigação de desembolsar honorários tabelares. Esses são apropriados ao trabalho feito honestamente a título de remuneração pelos serviços encomendados e desenvolvidos na forma ajustada. Mas tal não ocorre no plágio, onde o usurpador não pode ser penalizado com o só pagamento de honorários, como se tivesse contratado a obra.

A ilicitude da utilização dos trabalhos justifica a imposição de honorário superiores ao montante fixado na tabela, a título de reparação por perdas e danos. E essa penalização poderá importar em duplicação ou triplicação da verba honorária tabelar, conforme as circunstâncias, se for a única indenização postulada. As tabelas de honorários previstas no art. 34, letra "r", da Lei nº 5.194/66, são elaboradas pelos órgãos de classe e registradas pelos Conselhos Regionais de Engenharia, Arquitetura e Agronomia.

Em recente julgamento envolvendo plágio de projeto arquitetônico, o Supremo Tribunal Federal determinou a indenização devida nos moldes acima preconizados: "Tendo sido copiado projeto arquitetônico do recorrente, para a construção de uma residência, por terceiro, cabe a este último, que chegou a realizar a construção, bem como ao que assumiu a paternidade do projeto, a responsabilidade civil decorrente de tais atos, cabendo-lhes, em decorrência, indenizar o autor do projeto" (*RT* – 605/194 – *Revista Jurídica* – 111/87). Trata-se de culpa concorrente, que em tais hipóteses geralmente leva a indenizar em partes iguais, nada impedindo, porém, se fixe a condenação em percentagem maior para um do que para outro. Tudo dependerá das provas carreadas na instrução do feito, como também poderão ser devidas parcelas por dano moral e por dano material, cumulativamente.

Nesse sentido interessante acórdão – de nº 586027047 – acaba de ser publicado pela 5ª Câmara Cível do Tribunal de Justiça do Rio Grande do Sul, com a condenação de agência de publicidade, devido à publicação de anúncios na revista *Veja*, enaltecendo as qualidades de certa motosserra. Uma dessas publicações era de página inteira, e ostentava a seguinte legenda: "Cláudia e Luís Carlos, arquitetos: Estamos realizando nós mesmos nossos projetos aqui no sítio. Sem uma motosserra Stihl, isso seria muito difícil." Sucede, porém, que sem autorização, algumas pessoas tiveram suas casas fotografadas por determinada empresa e que foram usadas para ilustrar os anúncios. A residência de um desses cidadãos fora por ele mesmo projetada, obtendo inclusive o prêmio de melhor projeto de casa-de-campo, em certame realizado em Salvador. Devido à propaganda que dava a autoria do projeto como sendo de Cláudia e Luís Carlos, o verdadeiro autor do trabalho foi injustamente taxado de plagiador. Em face disso, a condenação foi abrangente, no seu todo compreendendo as seguintes verbas indenizatórias: a) um cachê (a ser fixado por perito) pelo uso das fotos de suas casas; b) uma multa em valor correspondente a dez vezes o já aludido cachê, pelo uso indevido; c) uma indenização por danos morais a ser fixada por perito; d) retificação nas páginas da própria revista *Veja*.

Além das perdas e danos de ordem moral e patrimonial, o *decisum* ainda impôs à agência de publicidade o dever de retratar-se publicamente, restabelecendo a verdade na mesma revista, com o nome do verdadeiro autor da planta indevidamente usada na propaganda publicitária e a republicação da fotografia.

Na fundamentação do voto do relator consta que a companhia de publicidade "agiu com violação ao direito moral do autor, consagrado no art. 25, II, da Lei 5.988/73: 'São direitos morais do autor: o de ter seu nome, pseudônimo ou sinal convencional indicado ou anunciado, como sendo o do autor, na utilização de sua obra'. A ofensa atingiu ao direito do arquiteto, expressamente garantido no art. 17, da Lei 5.194/66: 'Os direitos de autoria de um plano ou projeto de engenharia, arquitetura ou agronomia, respeitadas as relações contratuais expressas entre o autor e outros interessados, são do profissional que os elaborar'. A ré desatendeu também o dever que tem toda a agência de propaganda de fazer divulgar somente testemunhos comprovados (art. 17, II, 'a', do Decreto 47.690/66, que regulamentou a Lei 4.680/65); se porventura quisesse usar de depoimento como 'licença publicitária', deveria proceder de modo tal que em nenhuma hipótese se pudesse confundir com um testemunho, como prescreve o 'Código Brasileiro de Auto-regulamentação Publicitária' (art. 27, § 9º). No entanto, no caso dos autos, a propaganda foi feita de modo tal que a licença publicitária se confundiu com um testemunho autêntico, induzindo a erro pessoas ligadas ao ramo, além de apresentar como produto da máquina o trabalho que se queria caracterizar como artesanal, deturpando grosseiramente a criação artística".

6.2. Perdas e danos e responsabilidade médica

A responsabilidade civil no exercício da profissão de médico geralmente ocorre nos seguintes casos:
    a) por negligência, quando causar lesões à saúde do paciente, através de medicação errônea, inadequada ou excessiva, ainda que por meio

de seus auxiliares; quando deixar de fazer cirurgia urgente e por isso o paciente vier a sofrer lesões à saúde, ou redução de sua capacidade laboral; quando se omitir na prestação de socorro e sua omissão der causa à morte ou à perda da capacidade de trabalho, ou a qualquer outro mal de menor gravidade;

b) por imprudência, na hipótese de medicação errada ou excessiva;

c) por imperícia, se ofender a saúde imperfeita ou negligentemente, por falta de preparo ou de cuidados indispensáveis.

Nesses, como em quaisquer outros casos culposos ou omissos, que causem lesão ou morte, perda ou diminuição de capacidade laborativa, ou danos morfológicos outros, impõe-se a responsabilização do facultativo e de todos quantos sob suas ordens participarem do evento danoso. Essa responsabilidade transborda da área cível, com graves implicações na esfera criminal.

Desconsiderar quadro clínico anormal sempre implica responsabilidade civil, pois o médico tem o dever de extrair radiografias e de agir com cautela diante de qualquer anormalidade. Essa diligência se faz necessária desde a situação do ferido levado ao hospital e que pode ter sofrido lesão interna, como a da parturiente que se queixava de alguma anormalidade, sem ter seus reclamos atendidos. Deve indenizar o médico "por desconsiderar quadro clínico anormal do paciente. Necessidade de intervenção cirúrgica dia seguinte, por outro esculápio. Culpa manifesta. Indenização devida. É induvidosamente negligente o médico que, após realizar uma episiotomia em parturiente, não dá maior atenção às suas queixas posteriores, deixando de proceder a um exame mais detalhado, muito embora o quadro anormal, permitindo a formação de um abscesso de graves proporções, com perfuração do reto, que exigiu cirurgia de emergência no dia imediatamente após a última consulta com o profissional, sem que qualquer providência mais atuante fosse tomada. Em tais casos a responsabilidade médica reside na sua omissão, resultando conseqüências perfeitamente previsíveis, acarretando a obrigação do esculápio a reparar os prejuízos" (*RT* – 608/160).

A culpa médica tanto pode consistir em ação como omissão, desde que resultantes efeitos prejudiciais previsíveis. Os juízes, no dizer de Cunha Gonçalves, "não têm de se embrenhar no exame de teorias, de métodos clínicos ou cirúrgicos e de terapêutica. Nesse ponto, a posição do julgador é a mesma que se verifica em face de qualquer outro erro profissional. Ele terá de fazer fé e apreciar a questão segundo o alegado e o provado, sobretudo, aos pareceres dos peritos e aos depoimentos das testemunhas. Ademais, na apreciação da responsabilidade do médico ou cirurgião, têm mais importância os depoimentos das testemunhas do que as opiniões científicas dos peritos, às vezes empenhados em atenuar ou suprimir essa responsabilidade, por espírito de classe, que freqüentemente se sobrepõe à verdade. Nessa apreciação devem os juízes atender também ao grau de competência e serem mais severos para com os especialistas e os cirurgiões de fama" (Tratado de Direito Civil – 12/965).

O julgador não fica adstrito ao teor dos laudos periciais, mas na tarefa de encontrar a verdade deverá usar de todos os meios de prova a seu alcance. A par de seus conhecimentos pessoais de medicina, usará o bom-senso, o espírito crítico, a ponderação, atentando para o *id quod plerunque accidit*. Muitas vezes a negligência profissional assenta no descaso, na demora em atender, na não-extração de radiografias, na alta prematura, na aplicação incorreta de medicamentos, e assim por diante. Na apreciação da culpa, entre as hipóteses que a configuram, a negligência consiste na falta de precauções sem intenção de prejudicar (*RJTJRS* – 96/166).

Em todas essas situações indispensável será sempre a relação causal, ou seja, o dano deve ter surgido durante o ato médico ou devido a ele, ou em decorrência de sua omissão. É o elo entre o fato e o prejuízo. O dano não existiria ou não teria tais características ou proporções, se não tivesse ocorrido o ato ou a omissão do médico. Descobrir a existência ou não desse nexo causal na imensidão fática é tarefa nem sempre fácil. "A difícil questão de saber até onde vai o nexo causal não pode nunca ser resolvida de maneira plenamente satisfatória mediante regras abstratas, mas em caso de dúvida o juiz há de resolver segundo a sua livre convicção, ponderando todas as circunstâncias, segundo lhe faculta a lei processual. O limite do nexo causal é uma questão de fato, para cuja solução todos os critérios sugeridos pela doutrina podem ser válidos ou ter fundo de verdade. Mas não pode ser guia seguro. Na imensa variedade dos casos práticos, singulares, sempre diferentes, rebeldes a qualquer classificação ou sotoposição a uma norma geral, a prática e as especiais condições de fato permanecem, ainda, a única orientação segura" (Agostinho Alvim – Da Inexecução das Obrigações – p. 397).

A existência comprovada da culpa e da relação causal são, pois, pressupostos do dever jurídico de indenizar, por parte do médico no exercício de suas atividades. "Em havendo dúvida, conclui-se pela exclusão da culpa do profissional" (*Revista Forense* – 291/248). Não há lugar, no entanto, para uma inflexibilidade total, pois como acentua Aguiar Dias, o que se constata, aí, "é o progressivo abandono da regra *actori incumbit probatio* no seu sentido absoluto, em favor da fórmula de que a prova incumbe a quem alega contra a normalidade, que é válida tanto para a apuração de culpa como para a verificação de causalidade. À noção de normalidade juntam-se, aperfeiçoando a fórmula, as de probabilidade e de verossimilhança, que, uma vez se apresentem em grau relevante, justificam a criação das presunções de culpa" (Da Responsabilidade Civil – 1/106).

Nas doações e transplantes de órgãos, a responsabilidade médica é disciplinada na Lei nº 9.434/97 e Regulamento, Decreto nº 2.268/97, bem como no Código de Ética Médica, arts. 72 a 75 da Resolução nº 1.246/88, e Resolução CFM nº 672/75.

A retirada de tecidos, órgãos e partes condiciona-se a regras severas, mas flexíveis. O que importa é salvar a vida na iminência de sucumbir. A premência do tempo nem sempre viabiliza prévia autorização para o ato salvador da vida do paciente. Casos de extrema urgência inviabilizam tal anuência, exigindo intervenção de pronto, para salvar a vida do paciente. Atente-se para a situação de duas pessoas que se acidentam no trânsito e são operadas ao mesmo tempo. Uma falece durante a operação, e a outra necessita com urgência do órgão do recém-falecido, para poder sobreviver. Ante a imperiosa e inadiável necessidade da cirurgia, ela é o único meio possível de manter a vida, fato que por si legitima e supre a falta de consentimento, exigida por lei.

A obrigação médica é reputada uma obrigação de meio, e não de resultado. A negligência médica "caracteriza-se pela inação, indolência, inércia, passividade. É a falta de observância aos deveres que as circunstâncias exigem. É um ato omissivo" (Genival Veloso De França – Direito Médico – p. 88). Acrescenta Wanderby Lacerda Panaseo que, "quando se propõe um tratamento, o precípuo objetivo é de se comportar dentro de uma condição ética, de diligência, cuidados, atenções, utilizando os recursos em sua disponibilidade, procurando, enfim, todos os meios a atingir a cura. Se seus meios e a sua atividade não atingirem o resultado de cura, não descumpriu um contrato; seria inadmissível outra concepção. A jurisprudência de todas as legislações assim o compreende. A sua inadimplência se projetaria se lhe faltassem as condições éticas e contratuais assinaladas, isto é, cuidado, atenção e diligência".

Apesar disso, salienta o mesmo autor, se a obrigação é de meio, e não de resultado, mesmo assim há outra obrigação tácita, que pertine a "uma cláusula de incolumidade". O dever médico abrange inclusive a obrigação de informar devidamente tudo o que se relacionar com a doença, e a cuidar que não se realize nenhum prejuízo fora das circunstâncias do momento" (A Responsabilidade Civil, Penal e Ética dos Médicos – p. 112).

Configurar-se-á responsabilidade delitual, *v.g.*, se o médico emitir atestado falso, se negar socorro a necessitado, se deixar enfermo contagiar outrem com doença grave, se permitir a doente mental perigoso evadir-se do nosocômio e causar danos a terceiros, etc. A responsabilidade, outrossim, é extensiva ao fato de terceiro, como prepostos e representantes. Tal sucede com os hospitais, quando respondem pelos atos de seus empregados, médicos e enfermeiros, ocasião em que a presunção de culpa atinge os diretores das casas de saúde, ainda que não sejam médicos.

6.3. Dano estético praticado por médicos, odontólogos e farmacêuticos

A responsabilidade médica é contratual, embora o Código a coloque entre as obrigações por atos ilícitos. Entre o médico e o cliente estabelece-se um acordo de vontades, um pacto, onde um oferece os seus serviços e o outro se compromete a pagar uma contraprestação. Ao profissional cumpre agir com zelo, com diligência, com aptidão científica e com toda a prudência. Mas sem demonstração de culpa, sem prova de imprudência, negligência ou imperícia, não poderá ser compelido a ressarcir qualquer dano estético, material ou moral puro.

Atuará culposamente o médico se, diante de caso sem gravidade e sem urgência, submeter cliente a cirurgia de alto risco e que deixe seqüelas indeléveis, sem antes obter a anuência do interessado, familiares ou representantes legais. O menor excesso aí poderá constituir agressão à integridade física ou psíquica, apta a gerar efeitos indenizatórios. Numerosas são as atividades médicas capazes de causar danos estéticos ou morais: aplicações de radioterapia, operações curativas, injeções mal feitas, anestesias, enfim, uma infinidade de situações, entre as quais está a própria cirurgia plástica ou estética. O ressarcimento dessas ofensas à boa aparência não são mais encaradas com a mesma ótica do passado. De lá para cá houve marcante evolução no particular. O facultativo que no exercício de suas funções obrou com culpa, ainda que levíssima, deve reparar o dano produzido, cabendo ao lesado o ônus da prova. Inobstante cuidar-se de responsabilidade contratual, à vítima é lícito fundar seu pedido na violação de direitos extracontratuais, se preferir tal opção para obter sua indenização integral.

Nos casos de dano estético ocasionado em consultório particular, a culpa será sempre presumida. Havendo pessoa jurídica ligada ao ato culposo causador do dano estético, como um hospital, uma delegacia, uma prisão, ela será diretamente responsável, vez que a responsabilidade passa a ser objetiva, restando-lhe o direito de regresso contra o causante do evento danoso.

Aplicam-se as mesmas regras aos odontólogos, cuja culpa presumida é prevista no Código Civil. Entre outros, podem ser alinhavados os danos estéticos por eles causados, a extração de arcas em jovens, máxime do sexo feminino, e nas mesmas condições a extirpação dos dentes queixais, a extração desnecessária de dentes, que deforme a aparência da pessoa, a colocação de pontes, pivôs ou outros recursos, que afetem ou anulem a dicção, ou qualquer outro ato causador de traumas e pioras na imagem do cliente.

Ao dentista cabe usar também outras cautelas no trato do paciente. Assim, se este for alérgico à anestesia e esta assim mesmo for aplicada e causar lesões ou a própria morte, quem responderá civil e criminalmente pelo fato é o odontólogo. A responsabilidade civil do médico e do odontólogo compreende os atos culposos ou omissivos deles próprios e de seus assistentes, auxiliares, atendentes ou enfermeiros, enquanto sob sua direção ou supervisão.

Outrossim poderá o dano estético advir de culpa do farmacêutico, geralmente através de aplicação inadequada de curativos e injeções por ele e seus funcionários ou prepostos. A má aplicação de injeções e curativos, a contaminação de bactérias, o uso de seringas, agulhas ou outros instrumentos mal esterilizados, já usados em outros enfermos, etc., são fatores aptos a gerarem lesões graves, deformidades permanentes, inclusive paralisia e deformação de membros. Quando tais males são acarretados em farmácias, drogarias ou casas de saúde, essas entidades responderão objetivamente pelo dano estético, ressarcindo-o integralmente. A responsabilidade é direta e objetiva da pessoa jurídica. Se de direito privado, impõe-se a denunciação à lide do causador direto do dano.

Segundo sistemática vigente, os médicos, cirurgiões, farmacêuticos, parteiras e dentistas são obrigados a satisfazer o dano, sempre que da imprudência, negligência ou imperícia, em atos profissionais, resultar morte, inabilitação de servir ou ferimento.

Quanto ao farmacêutico, ele responde solidariamente pelos danos estéticos de seu proposto, o que evidencia a responsabilidade objetiva, com presunção *juris et de jure* da responsabilidade do preponente pelos atos do preposto. Nesse caso haverá inversão do ônus da prova, cabendo ao empregador demonstrar não ter agido com culpa, para eximir-se do dever de indenizar perdas e danos (Súmula nº 341 – STF).

O arbitramento do *quantum debeatur* no dano estético observará os seguintes detalhes: a) a idade, o sexo, a posição social da vítima, e as regiões corporais deformadas, com realce à face e demais partes expostas; b) a gravidade da lesão, com vistas à extensão e profundidade constantes da prova técnica; c) os rendimentos, o cargo ou o trabalho do lesado, e a sua situação econômico-financeira; d) os danos emergentes, os lucros cessantes, os juros compostos, os honorários, tudo corrigido na forma da lei, até o efetivo pagamento, e demais requisitos que o caso concreto recomendar ou exigir.

6.4. Perdas e danos e lesão corporal que acarretou dano estético

No caso de lesão ou outra ofensa à saúde, a reparação alcançará despesas de tratamento e lucros cessantes, "além de algum outro prejuízo que o ofendido prove haver sofrido". Nesse *plus* há espaço para o dano estético e o moral. Basta que a vítima tenha alterado suas funções originais, para merecer a indenização, ou que se sinta diminuída, ou sujeita a vexames, ainda que não ostente deformação acentuada. A redação do texto não é das mais felizes, e tem ensejado injustiças. Para A. Almeida Júnior, o dano estético "precisa ser de certo vulto, proporcional à gravidade da pena. Deve constituir um incômodo permanente, um vexame constante para o ofendido. A simples linha cicatricial, por exemplo, ainda que no rosto, não é dano estético suficiente para caracterizar esta lesão. O dano estético há de ser visível" (Lições de Medicina Legal – p. 186).

Respaldados em semelhante exegese e no texto legal, têm entendido alguns não tipificar dano estético a lesão que não apresentar sinal visível no corpo do paciente, por encoberto pela vestimenta, inclusive manga de paletó: "Provado que a vítima de ato ilícito perdeu com o fato um ano de estudos, procede o pedido de pagamento de dano emergente. Não se responsabiliza o causador do dano estético, se este não se apresenta visível, protegido, mormente, pelas vestes da vítima" (*Jurisprudência Catarinense* – 37/141).

À evidência injusta é quejanda solução, que se prende a uma exigência de há muito obsoleta e inadequada. Basta que o ferimento exista no corpo, ainda que em partes não expostas publicamente, e tidas como íntimas. Os costumes e a dinâmica da vida atual mudaram muito e ainda estão em constante evolução. Na intimidade a dois inexiste parte corporal invisível, e na freqüência às praias, aos clubes e piscinas, o mesmo ocorre, sendo protegíveis todas as partes do corpo humano. A expressão aparência externa deve ser compreendida como atinente a toda a escultura corporal, a toda a estética humana, vestida ou descoberta. Porquanto dano moral, o dano estético também tem lancinantes reflexos patrimoniais na existência de qualquer cidadão, e não só na da jovem solteira, ou da mulher ou viúva em condições de convolar núpcias. Não só o ferimento *ad deformitatem*, mas também outras lesões menos graves podem ter repercussões na vida profissional. O dano estético deve traduzir-se em toda e qualquer alteração morfológica da pessoa, que lhe modifique para pior o aspecto original.

Há coisas que valem mais do que dinheiro. Não são estimáveis em pecúnia. A prefixação do preço da dor seria inadmissível e causaria muitas injustiças às partes. A dor moral não comporta avaliação com arrimo em despesas materiais, por ignorar-se de antemão quanto possa valer determinado sofrimento, nem quais as circunstâncias que o envolvem, e que devem ser sopesadas com ponderação. Dor e dinheiro são conceitos que se repelem, na espécie.

A cumulatividade de parcelas indenizatórias tem suscitado algumas controvérsias. Todavia tem prevalecido a opinião de que o ressarcimento compreende entre as parcelas devidas também a relativa ao dano estético. Referida duplicação de soma "não deve ser entendida apenas em relação à pena pecuniária cominada para o delito, mas referentemente a todas as parcelas contempladas no texto principal (Washington de Barros Monteiro– Obrigações – 2/434 – Sílvio Rodrigues – Responsabilidade Civil – p. 235).

Diante da falta de objetividade e clareza, a jurisprudência tem-se orientado com prudência, frisando ainda serem acumuláveis a pensão devida por ato ilícito e a previdenciária (*Julgados – TARS – 55/249 – 42/338 – 32/328 – 47/266 – RTJ – 80/536*).

6.5. Perdas e danos e defeito estético em mulher jovem e bonita

A Constituição Federal e o Código Civil igualam o homem e a mulher, implantando uma perfeita isonomia entre ambos. Não há mais distinguir entre eles, em matéria de direitos e obrigações. Na sociedade conjugal os dois foram postos em pé de igualdade.

Entrementes, a própria natureza da mulher por vezes atrai para ela um tratamento diferenciado. Tem ela proteção especial do mercado de trabalho, mediante incentivos específicos (art. 7º, XX), aposentadoria com tempo de serviço ou idade, inferiores aos do servidor masculino (art. 40, III), isenção do serviço militar obrigatório (art. 143), etc.

A maior diferenciação, porém, opera-se nos ajardinados da estética, ou da beleza feminina. Os tratamentos serão mais benéficos para a moça, do que para o rapaz. A cicatriz na face de uma bela jovem há de ser melhor indenizada do que o gilvaz no rosto de um rapaz, onde até pode representar um detalhe importante de virilidade ou de masculinidade. Ao invés de enfeiar, pode constituir-se num item gerador de auto-estima e de bem-estar para consigo mesmo e para com outrem.

O ferimento que deixou iguais marcas na face de uma mulher jovem e bonita também há de ser mais valorizado do que aquele produzido no rosto de mulher idosa e de aparência menos atraente. A mesma diferenciação vale entre a jovem que lida com o público, que se apresenta em novelas, filmes, desfiles, etc., e aquela que se radica na zona rural, e que não dá muito valor à sua aparência externa.

O legislador teve presente estas particularidades ao dispor que a indenização se mede pela extensão do dano (art. 944, CC). Importante verificar o que o defeito estético representa para a vítima, se ela se sente diminuída, etc. Evidente que as conseqüências serão mais expressivas quando a vítima estiver na flor da idade, e quando usar sua aparência física para o bom êxito de sua profissão de artista, atriz ou modelo.

Nas reparações por dano moral e por dano estético, possível é adotar-se o salário mínimo na fixação da respectiva verba indenizatória. A jurisprudência está pacificada em tal sentido, salientando que "é possível a fixação da indenização em salários mínimos, a prudente arbítrio do julgador" (*STJ – RJTJRS* – 218/33).

O dano estético acarreta danos patrimoniais ordinariamente, e danos morais sempre. Tem o poder maléfico de diminuir a pessoa, provocando-lhe sentimentos de menosprezo e de rebaixamento, com maior repercussão no estado psíquico de moças, mulheres e integrantes da sociedade em geral. "Que dizermos da mulher cortejada, da mulher endeusada pelos dotes físicos, da mulher disputada, erigida em centro de atrações sociais, de alto coturno, tornada feia da noite para o dia pelo só motivo do acidente fatal e que visse irremediavelmente fanada a frescura da própria epiderme, experimentando a necessidade de aparelhos ortopédicos de correção de defeitos ou do uso constante do olho de vidro ou da dentadura artificial, por exemplo? E a própria atriz cinematográfica, a modelo, a cantora de TV? Que seria para ela, mais de lastimar: o dano econômico, grande, que viesse a sofrer como conseqüência do dano estético, ou os puros danos morais pela beleza perdida?" São indagações fundadas, feitas pelo mesmo Wilson Melo da Silva, em 1961, ao mesmo tempo que lembrava ser próprio da mulher lastimar muito mais um dano à sua beleza do que um dano ao seu patrimônio. Salienta, *in verbis*: "É sem limites a dor da mulher que se afeia. Ela jamais se conforma com a triste evidência de uma beleza abruptamente fanada em virtude de um dano estético para o qual não haja, nem ao menos, a esperança de uma recomposição cirúrgica. E que dizer-se, então, daqueles danos estéticos outros, após os quais ela se venha a sentir, não apenas irremediavelmente feia, mas também fisicamente repulsiva?" (*Revista Forense* – 194/26-33).

6.6. Ressarcimento do dano estético no direito trabalhista

O acidente do trabalho acha-se incorporado na Previdência Social, sendo previdenciários os benefícios reservados aos acidentados durante o trabalho ou em função dele. Tais benefícios são postulados ao Instituto de Previdência Social, para cujos cofres o empregador é obrigado a recolher o seguro social. Isso faz com que a teoria do risco esteja cedendo lugar à teoria do seguro social. Tal sucede porque o acidente do trabalho, para o trabalhador e seus dependentes, acarreta um estado de necessidade "do mesmo grau do que o derivado dos demais riscos sociais cobertos pela Previdência, como o da doença, o da velhice, etc. Em segundo lugar, porque transposto o acidente do trabalho para o âmbito da Previdência, o trabalhador tem assegurado o recebimento de prestação que se mantém enquanto perdura sua incapacidade para o trabalho, solução socialmente mais desejável do que o pagamento de indenização que pode ser rapidamente dissipada. Em terceiro lugar, porque, no que toca à teoria do risco profissional, repousando ela na pressuposição do exercício de atividade perigosa, a extensão do sistema em que se consubstancia, a outras áreas, não deixa de implicar contradição com seus próprios fundamentos e, no que concerne à teoria do risco de autoridade, porque esta é insuficiente para explicar a extensão da legislação de acidentes a trabalhadores sem vinculação empregatícia" (Octávio Bueno Mangano – Lineamentos de Infortunística – p. 12).

A lei acidentária e seu decreto regulamentador disciplinam e tarifam os acidentes trabalhistas e seus respectivos benefícios. Exemplificativamente, o acidentado que se impossibilitou para o exercício da mesma atividade que desempenhava faz jus a um auxílio-doença, ao passo que, se puder ficar nas mesmas funções, terá direito a um auxílio-suplementar. Referido auxílio-suplementar, em se tratando de dano estético, será o benefício a ser recebido pelo trabalhador acidentado, de conformidade com o regulamento do seguro de acidentes do trabalho, que expressamente contempla a hipótese, sob a rubrica de "prejuízo estético".

Note-se, porém, que a lei trabalhista é particularmente parcimoniosa. Para ela só constitui lesão estética o ferimento grave que se localizar na cabeça do trabalhador. As feridas disseminadas por outras regiões do corpo não são classificadas como tal. Aliás, nessa legislação consta explicitamente que "a perda anatômica de membro, a redução de movimentos articulares ou a alteração da capacidade funcional de membro não serão considerados como prejuízo estético, podendo, porém, ser enquadrados, se for o caso, nos quadros respectivos".

No quadro nº 4 do regulamento encontra-se consignado o seguinte: "Prejuízo estético, em grau médio ou máximo, quando atingidos crânio, e/ou face, e/ou pescoço. Nota I: só será considerada como prejuízo estético a lesão que determine apreciável modificação estética do segmento corpóreo atingido, acarretando aspecto desagradável, tendo-se em conta o sexo, a idade e a profissão do acidentado."

De mister, de conseguinte, que o ferimento proporcione prejuízo apreciável, em alguma região occipital do obreiro, para que se possa caracterizar o dano estético indenizável.

No Direito comum não é assim. Podem o laudo e a sentença afastar o dano estético independente, por si indenizável, mas conceder o prejuízo estético, como componente do grau de incapacidade, o que é coisa diversa. O benefício tem sido reconhecido por vezes, a certos funcionários, "como o auxiliar de escritório, em que a aparência é fator importante nas contratações, afigurando-se evidente o agravamento da incapacidade em função do 'prejuízo estético', sem que, obviamente, se confunda esse componente da pensão com aquele 'dano estético' referido e que dizia respeito ao pedido independente e isolado. Diferenciação entre dano estético e prejuízo estético. Hipótese em que é evidente o agravamento da incapacidade em função do prejuízo estético" (*JTACSP* – 95/192).

6.7. Reparação conjunta por dano estético e redução da capacidade laboral

Quando o dano estético não prejudica a capacidade laborativa, incidem o art. 949 e parágrafos do Código Civil. Se, ao contrário, a deformidade influir no exercício profissional, terá aplicação o art. 950 do mesmo diploma. Este, em sua prolixidade, preceitua que, "se da ofensa resultar defeito pelo qual o ofendido não possa exercer o seu ofício ou profissão, ou se lhe diminua o valor do trabalho, a indenização, além das despesas de tratamento e lucros cessantes até o fim da convalescença, incluirá uma pensão correspondente à importância do trabalho, para o qual se inabilitou, ou da depreciação, que ele sofreu". A palavra *pensão* significa o rendimento periódico devido a alguém para a sua subsistência, sem contraprestação do beneficiado. Ela é assegurada através de um capital instituído pelo devedor, e que consiste em imóveis ou títulos da dívida pública, capital esse gravado com o ônus da inalienabilidade e impenhorabilidade, *ut* art. 602 da lei processual civil.

A dificuldade reside na cumulabilidade, ou não, de perdas e danos por dano estético e perdas e danos por redução da capacidade laboral. A doutrina e a jurisprudência dividem-se a respeito. Para uns, a reparação do dano patrimonial absorve a do dano morfológico. Para outros, ocorrendo danos de dois tipos, devida é a dupla indenização. Sem isso a reparação não seria integral nem justa. O profissional que lida com o público, se sofreu perda de sua capacidade de trabalho em virtude de dano estético, também sofre grande dor moral, por sentir diminuída a sua estética e beleza corporal, de tanta valia e importância subjetiva para o sexo feminino em especial.

Sem dúvida, essa segunda corrente tem maior sensibilidade e oferece melhores condições de alcançar a justiça nos casos concretos. Se o ferimento produz duplo efeito ao lesado, dupla também deve ser a reparação. Uma jovem professora, uma artista, um apresentador de televisão, enfim, qualquer ser humano que exerce sua profissão em contato com o público, preza a sua aparência, que lhe é fundamental. Não seria justo conceder-lhe uma só verba, a título de pensão, deixando de lado o dano estético e a dor moral, que praticamente acabam com a sua carreira. Por isso tende-se decididamente a ampliar os raios de incidência da cumulatividade, não esquecendo jamais a compensação parcial da dor, cujo preço é inestimável quase sempre. "Se a vítima experimenta ao mesmo tempo um dano moral derivado de aleijão e um dano patrimonial defluente da diminuição de sua capacidade para exercer seu ofício, deve receber dupla indenização, aquela fixada moderadamente e esta proporcional à deficiência experimentada. O demandado tem a obrigação de indenizar a incapacidade parcial e permanente para o trabalho, assim como o prejuízo corporal, consistente no prejuízo psíquico e estético" (*Julgados – TARS –* 34/278 – 37/419).

Aliás, desde longa data o Supremo Tribunal Federal vem proclamando que "não nega vigência ao direito, mas o interpreta razoavelmente o acórdão que concede indenização pelo dano estético ou morfológico, além do que corresponde à incapacidade para o trabalho da vítima pela amputação de ambas as pernas". A fixação, aduz, é questão delicada, e que fica a critério do juiz, e não se confunde com a indenização por lucros cessantes, nem com a resultante da incapacidade laboral permanente (*RTJ –* 47/316 – 57/786 – *RT –* 367/137). Desde aquela data até o presente a tese foi crescendo, sendo atualmente vencedora nos pretórios do país, eis que indispensável na grande maioria dos casos a sua aplicação.

A indenização prevista no art. 949 engloba despesas de tratamento e lucros cessantes, "além de algum outro prejuízo que o ofendido prove haver sofrido". A reparação contemplada no art. 950 consiste em pensão relativa ao trabalho para o qual o lesado se inabilitou. Além dessas verbas, em casos excepcionais e de extrema gravidade, tem-se admitido computar mais outra parcela para o dano puramente moral, em face da situação de determinadas pessoas, suas atividades profissionais, o sexo, o estado civil e fatores outros que o recomendem. Não implica isso multiplicidade reparatória pelo mesmo fundamento legal. Os fundamentos legais são diferentes, e têm sua sede nos arts. 949 e 950 do estatuto civil, os quais incidem separadamente. A incidência de um não exclui a de outro. No dizer de Pontes de Miranda, "os suportes fáticos são diferentes: a mulher que tem direito ao que se prevê no art. 949 não perde o direito à indenização por perda do trabalho. Ali só se cogita de aleijamento ou deformação em suas conseqüências estéticas" (Tratado de Direito Privado – 53/285).

Procede a cumulação indenizatória por danos estéticos e pensão por redução da capacidade laboral, sempre que incoincidentes o dano estético e o dano físico, gerador da redução da capacidade laborativa. É o que se dá, *v.g.*, com a fratura das duas pernas e deslocamento com fratura no queixo: "Se a vítima experimenta ao mesmo tempo um dano moral derivado do aleijão, e um dano patrimonial defluente da diminuição de sua capacidade para exercer seu ofício, deve receber dupla indenização, aquela fixada moderadamente e esta proporcional à deficiência experimentada." É esse o antigo ensinamento do Supremo e de Sílvio Rodrigues, ainda válido para os tempos atuais. (*RT* – 57/876).

6.8. Estipulação de perdas e danos por defeito estético

Os danos morais amiúde superam em valor e expressão os danos patrimoniais. O respeito à pessoa humana, a seus direitos, às coisas do espírito e do bem-estar, impõe seja ela ressarcida, ou ao menos compensada parcialmente por dano estético acaso suportado. Não se trata a rigor de *pretium doloris*, muito menos de imoralidade indenizatória, porque imoral seria premiar o malfeitor com isenção de indenizar o ilícito cometido. O *quantum debeatur* é de fácil determinação na sua parte material, composta das despesas de tratamento, lucros cessantes e danos emergentes. Mais difícil é avaliar e medir os sofrimentos, a dor, as humilhações e demais efeitos próprios do dano estético. Importa atentar que não se busca dar preço à desfiguração sofrida, mas apenas compensar com justiça o mal, sem obrigação de uma equivalência exata. Na procura dessa compensação, na busca desse valor que seja efetivamente adequado e justo, faz-se necessário um esforço por vezes criativo e ingente. Na falta de norma legal específica, dever-se-á recorrer à analogia, aos costumes, à jurisprudência e aos princípios gerais de direito. Também nesta área o direito não é estático, mas dinâmico, exigindo soluções consentâneas com a realidade. A pessoa lesada tem direito à prestação jurisdicional, ainda que a legislação existente seja falha, lacunosa ou silente. Com base nos laudos médicos, na situação de ofensor e ofendido, e todos os demais elementos de prova carreados para os autos, ao julgador cumpre decidir e determinar o valor para o caso concreto. A gravidade do dano sofrido, as circunstâncias pessoais da vítima e o uso do prudente arbítrio do juiz são fatores indispensáveis na tarefa de aferição do ressarcimento.

A discricionariedade judicial também funciona na fixação do dano patrimonial. Para este e para o exclusivamente moral, válida é a regra do arbitramento judicial, inclusive com base no maior salário mínimo vigente no País. A indenização por dano estético requer, porém, que os ferimentos sejam indeléveis e irreversíveis. Atualmente a medicina está preparada para desfazer cicatrizes, através de aplicações e cirurgias restauradoras, inclusive com métodos sofisticados. Se o dano puder ser neutralizado por esses modernos recursos, o ofensor deverá apenas custear as despesas pertinentes e os consectários legais.

De conseguinte, ao julgador é conferida a grande incumbência de arbitrar conscientemente o montante das perdas e danos, que não significará o preço equivalente aos sofrimentos morais da vítima, mas a uma simples compensação, ou consolo, para amenizar os padecimentos. Esse direito de pleitear perdas e danos por deformidade estética é personalíssimo. A outras pessoas que não a vítima, embora diretamente atingidas, desfalece legitimidade para demandar por dano moral, ao contrário do que acontece em outros países, como na França e na Argentina. De igual modo, condenado o réu a custear operação plástica, marcado horário para a intervenção cirúrgica corretiva, se o lesado desistir da operação e não comparecer perante o facultativo, reputa-se perdido seu direito à indenização. Recusando-se a fazer operações restauradoras, a tal não pode ser compelido, impondo-se então ao ofensor reparar os prejuízos advindos da ofensa.

Interessante fato ocorre quando o mesmo ato ilícito causa à mesma pessoa, ao mesmo tempo, lucro e dano. A causa do dano e a causa do lucro identificam-se. Poderia haver compensação, na espécie, ou até devolução de crédito ao ofensor? Wilson Melo da Silva exemplifica com a moça feia, "portadora de um nariz adunco, orelhas mal implantadas, pele do rosto escamosa e verruguenta, a quem a cirurgia plástica, a que fosse submetida logo após o acidente automobilístico que a atingiu gravemente no rosto, houvesse emprestado uma nova feição, propiciando-lhe uma agradável aparência, libertando-a dos antigos defeitos que tanto lhe enfeiavam o rosto moço" (Responsabilidade Civil Automobilística – p. 319).

Orlando Gomes tem por admitida a compensação "nos termos da doutrina da causação adequada, isto é, quando houver conexão natural entre a vantagem obtida e o fato danoso" (Obrigações – p. 63). Todavia, a regra tem sua validade reconhecida somente em termos, ou seja, quando as causas forem as mesmas, e quando o dano e o lucro formarem uma unidade só. Na esfera do dano estético sua aplicação é discutida, dependendo sempre das peculiaridades do caso concreto, a serem examinadas e sopesadas casuisticamente pelo juiz. Uma coisa é certa, porém: a reparação deverá ser integral, sendo vedado ao autor do ato ilícito auferir vantagens da própria ilicitude. No caso citado, a melhoria na aparência da jovem pode ser creditada à sua boa sorte, seguida à má sorte que teve ao sofrer o acidente. Casos há em que o bom-senso recomenda que não se opere a compensação, assim como acontece com o auferido pela vítima de seguros ou institutos de previdência, de natureza, origem e finalidade diferentes.

Um olho de vidro, um dente postiço, etc., jamais sobrepujarão em valia e significado pessoal à estética do olho e do dente verdadeiros, de estimação incomensurável. Ademais disso, ninguém é obrigado a submeter-se a cirurgia restauradora, para a remoção de dano estético, assumindo os graves riscos inerentes ao próprio ato operatório.

De outra parte, a indenização por ato ilícito não afasta o direito à percepção de proventos, podendo, ainda, o dano estético resultar absorvido pelo dano psíquico, como já decidido foi pelos tribunais: "Dano psíquico e dano estético, advindo de lesões sofridas por professora. Comprovado o dano psíquico, afetando a capacidade laborativa, deve o mesmo ser indenizável, mesmo que a vítima passe a auferir proventos em razão da profissão que desempenhava. Não há como se confundir o direito à indenização advindo de fato ilícito, com o de percepção de proventos, porque as relações jurídicas são diversas. Adoção dessa premissa com reservas de parte da minoria. O direito deve proteger a pessoa com visão humanística, com seus predicados, atributos, atentando a um convívio futuro. Absorção do dano estético pelo psíquico acolhido por maioria. Divergência nesse particular, entendendo-se cumuláveis em determinadas circunstâncias" (*AJURIS* – 29/67).

6.9. Dano estético praticado por agentes do poder público

A responsabilidade civil dos órgãos da Administração Pública é objetiva, como insculpido no art. 37, § 6º, da Constituição da República. Significa isso que a reparação dos danos independe da prova de culpa ou dolo do ofensor. À vítima só compete mostrar ter sofrido as perdas e danos, e que estes foram perpetrados por funcionário público no exercício de suas funções. Ao Estado tocará comprovar a culpa exclusiva ou concorrente do lesado. Do contrário, não poderá ser excluída ou atenuada a sua responsabilidade, salvante as hipóteses de caso fortuito e força maior. Tem aplicação, assim, a teoria do risco, com especial atenção à justiça social. Segundo Manoel Gonçalves Ferreira Filho, tal princípio visa a "repartir de modo eqüitativo os encargos sociais. O custo do serviço público, no qual se inclui o dano causado a particulares, deve ser repartido por todos. Se a vítima do dano arcasse com este e tivesse de comprovar a culpa ou dolo para vê-lo ressarcido, estaria suportando mais do que a sua parte, como integrante da comunidade" (Comentários à Constituição Brasileira – 2/184).

A teoria do risco administrativo abrange a qualquer pessoa vinculada à pessoa jurídica de Direito público, ainda que transitoriamente. Assim, o ato ilícito praticado por mesário da Justiça eleitoral, ou por jurado da Justiça estadual, deverá ser reparado objetivamente pela União ou pelo Estado, que ressarcirão integralmente o lesado, podendo ao depois acionar regressivamente o causador dos prejuízos, se tiver obrado com dolo ou culpa, o que lhes cumpre positivar. Essa responsabilidade objetiva da Administração é muito abrangente, tornando-se impossível enumerar todas as situações em que se materializa por atos e omissões, e que podem vir desde o presidente da República, o governador, até do servidor braçal mais humilde da população. Apenas para exemplificar, evocam-se alguns dos atos mais corriqueiros, geradores do dever de indenizar, inclusive por dano estético: o agente do Poder Público, que atropela pedestre com viatura oficial, que tortura presos ou outros cidadãos, que ao perseguir delinqüente ou suspeito de crime atira e fere terceiro, ou danifica bens de outrem, assaltos por falta de policiamento, ou por desleixo ou incompetência deste, buracos abertos em via pública, que ocasionam acidentes com lesões e danos estéticos, desídia na conservação de rede de alta tensão, que fere e desfigura transeuntes, doente mental que foge de internato sob responsabilidade do Poder Público, e acarreta danos estéticos aos cidadãos, licenciamento de indústrias de explosivos, gases, produtos químicos ou tóxicos, ou seus depósitos em locais habitados, com prejuízos à saúde pública, má conservação dos serviços públicos em geral, que em conseqüência causam danos pessoais e estéticos às pessoas, e assim por diante.

Na hipótese de a cirurgia restauradora não ter alcançado o fim colimado, se novo dano resultou da operação estética, o devedor sujeita-se a pagar nova intervenção cirúrgica. Mas se o fracasso é devido ao mau desenvolvimento dos trabalhos operatórios, quer por negligência, imprudência ou imperícia, o facultativo também será obrigado a custear a nova operação plástica que se fizer necessária. Se for funcionário público, à Administração caberá efetuar o pagamento respectivo, sendo-lhe facultado reembolsar-se regressivamente do que tiver despendido. A ação ressarcitória por danos decorrentes de má execução de cirurgia estética destinar-se-á "à devolução das quantias despendidas com a dupla cirurgia, atualizadas, e os respectivos juros; bem assim a custear outra cirurgia reparadora, com todas as despesas necessárias e, por fim, despesas decorrentes de lucros cessantes, ausência ao trabalho e à faculdade", se for o caso. Sem dúvida, a arte médica em tais circunstâncias incursiona em terreno escabroso, assumindo grandes riscos, que devem também ser sopesados caso a caso. "As correlações orgânicas ainda são pouco conhecidas e surgem às vezes resultados inesperados, desconhecidos da nossa vã filosofia" (*RJTJSP* – ed. Lex – 68/227). Mas de um modo geral, configurada a responsabilidade médica, o dano resultante de cirurgia estética deve ser ressarcido, inclusive nas hipóteses em que não restou atingido o resultado previsto, quando se impõe condenar o réu ao custeio de outra cirurgia reparadora (*RJTJSP* – 99/315).

6.10. Perdas e danos e exercício da advocacia

A proliferação de faculdades de Direito, a precariedade do ensino ministrado nessas instituições, mais precisamente em algumas delas, e o surgimento de matéria jurídica sempre mais complexa, ditada pelo dinamismo e pela tecnologia contemporâneos, tudo isso aliado ao despreparo e à desídia de alguns bacharéis, tem feito com que eles por vezes tenham sido compelidos a ressarcir perdas e danos causados a seus clientes. Aconselha a prudência e recomenda a ética profissional que o advogado não aceite causas cíveis sem a menor possibilidade de êxito, e sem antes cientificar o cliente desse fato. A impossibilidade jurídica, as chances remotíssimas, ou qualquer outro obstáculo que *ab ovo* mate qualquer perspectiva de vitória, quer como autor, quer como contestante, devem ser esclarecidas ao constituinte. Se o advogado não proceder assim, se ludibriar o cliente, alimentando-lhe falsas esperanças, com o fim de propiciar cobrança de honorários, estará obrando com dolo ou má-fé, que o forçam a satisfazer perdas e danos que sua atitude gerar. Concernente a seu contrato com o cliente, verbal ou escrito, cabe-lhe cumpri-lo com fidelidade. Agirá com imperícia se intentar determinada espécie de ação, totalmente inadequada ou incabível. Não lhe socorre o erro grosseiro de direito, em face de sua condição profissional. Atuará com negligência e imprudência, se viajar, deixando fluir *in albis* o prazo para contestar ou recorrer, ou se formular petições inconseqüentes e esdrúxulas, sem forma nem figura de juízo. Tipifica erro grosseiro de direito, por exemplo, e grave negligência profissional, esperar para ajuizar demanda até o último dia anterior à decadência do direito da parte, sem que sua inicial esteja instruída com a documentação indispensável, e demais requisitos de lei, que a tornem inepta. Se ela não tiver sido recebida por inépcia, conseqüente ao desleixo do advogado constituído, seu proceder configurará dolo eventual e culpa presumida, impondo-se-lhe o dever de indenizar todas as perdas e danos causados ao cliente, inclusive devolução de honorários devidamente corrigidos.

A perda de prazo para contestar, recorrer, embargar, formular quesitos, etc., quase sempre ocasiona prejuízos de monta, e de difícil reparação, trazendo em si a obrigação de o advogado responder por seus cochilos. A responsabilidade civil do causídico decorre da sua culpa contratual, de conformidade com as normas específicas insertas no Código Civil e nos Estatutos da OAB. É civilmente responsável por toda a orientação errônea que emitir, tanto em pareceres escritos e assinados, como em conseqüência de respostas escritas a consultas ou perguntas, se presentes o dano, a culpa e o nexo causal.

O erro do advogado, diz Pontes de Miranda, "envolve na responsabilidade pelos danos causados à outra parte assim o advogado como o cliente. Se, a despeito de ter ganho a causa, houve culpa do litigante nos danos que o outro litigante sofreu, há a ação de indenização pelo ato ilícito. Idem, se o dano foi causado pelo perdente. Se A foi vitorioso no processo, há a condenação da parte vencida nas custas e, por vezes, quanto aos honorários do advogado, mas isso não pré-exclui que outros danos tenham advindo do litigante vencedor, por culpa do outro litigante, ou do seu advogado. Um dos exemplos é o da publicação na imprensa de petição ou contestação ou outro ato processual com ofensas ao litigante. Mas tais ofensas podem ser apuradas mesmo se somente constam dos autos" (Tratado de Direito Privado – 54/64).

De outra banda ressalta a jurisprudência que o advogado tem por dever do ofício "a obrigação de saber os prazos de defesa estabelecidos no CPC; se os perde, cumpre-lhe indenizar o constituinte. Aplicação do artigo 225, do CPC e da Lei nº 4.215/63, artigo 83, XVIII. De igual, responde civilmente perante o cliente advogado que, agindo culposamente, propõe errônea ação. Tem obrigação de indenizar os prejuízos comprovados nos autos por ter assumido grave risco, adotando tese rejeitada pela jurisprudência dominante. Ademais disso, se à míngua de argumentação o patrono investe injustamente contra o Judiciário e a Magistratura, as invectivas impõem representação contra o profissional ao seu órgão de classe" (*RJTJRS* – 72/715 – 93/420 – *Julgados – TARS* – 38/267).

6.11. Perdas e danos e responsabilidade de engenheiro agrônomo

O lavor profissional do engenheiro agrônomo foi regulado em 1966, através da Lei nº 5.194. Isso aconteceu, portanto, nada menos do que décadas antes da edição do Código Civil, que não previu nem disciplinou a responsabilidade civil desses profissionais qualificados, como o fez com os médicos, farmacêuticos, dentistas e parteiras, no art. 951. Devido a tal fato, a responsabilidade civil dos engenheiros agrônomos segue a disciplina contida na regra geral do art. 186 do mesmo estatuto civil. A apuração da imprudência, negligência ou imperícia é realizada por analogia, ao feitio da aferição da responsabilidade dos profissionais liberais, nas hipóteses em que houver semelhança ou pontos comuns.

As plantas sabidamente vivem e adoecem. No trato de suas doenças e no combate às ervas daninhas que as estrangulam, o procedimento técnico assemelha-se ao do médico. O agrônomo estuda as causas da doença e as ataca com os antídotos adequados. Cumpre-lhe auscultar a origem e a causa da moléstia, aplicando-lhe o remédio adequado para neutralizá-la, assim como o facultativo age em relação aos males que atacam a saúde da pessoa humana. Em razão disso é perfeitamente válido adotar como paradigma as normas pertinentes à profissão do médico, cuja responsabilidade em tese decorre de uma obrigação de meios e não de resultados.

Obrigação de meios é a que contém "a promessa do emprego de certa diligência reputada, em princípio, como capaz de proporcionar um dado resultado, não, porém, a promessa desse resultado. A obrigação de meios implica, pois, dever de atenção e diligência visando a um fim que, todavia, não entra, necessariamente e imperativamente, nesse dever, podendo deixar de verificar-se, não obstante desempenhados satisfatoriamente, os deveres do devedor. Isto é, na obrigação de meios, faz-se a abstenção do resultado, embora não se compreenda um contrato sem resultado, para só considerar a diligência e a atenção com que se perseguiu esse resultado; na obrigação de resultado, abstrai-se, ao contrário, dos meios; o que ao devedor toca a prestação final, não obstante ser claro que dificilmente se poderá obter o resultado se não forem empregados os meios necessários. Conseqüência de aplicação desses conceitos é impor-se ao credor a prova da culpa do inadimplemento da obrigação de meios e, ao revés, a exigência da causa de isenção se se trata de obrigação de resultado" (Aguiar Dias – Da Responsabilidade Civil – I/302).

Entre as múltiplas atividades do engenheiro agrônomo, capazes de ensejar responsabilidade civil, podem ser destacados os casos de aplicação exagerada de herbicidas ou agrotóxicos, que prejudiquem e inutilizem lavouras ou rebanhos de grande porte. Delineada a culpa do profissional, de forma cabal e insofismável, através de perícia técnica, não há como isentá-lo de responsabilidade. No entanto, ao julgador incumbe usar de cautela e circunspeção, dedicando análise profunda e ponderada a esses elementos probatórios. A prova especializada é produzida exatamente para suprir a falta de conhecimentos do juiz, que é leigo na matéria. Assim como nas perícias médicas e nas de qualquer outro ramo da ciência, se o magistrado não dispuser de preparo científico adequado, se não for técnico no assunto, deve evitar reconhecer culpa onde ela não se encontrar evidenciada. O ônus da prova, no particular, é tarefa que compete ao credor da reparação pleiteada.

Consoante julgados da segunda instância, "a responsabilidade civil do engenheiro agrônomo se regula pela regra do artigo 186 do Código Civil, mas sua culpa deve ser aferida analogicamente à dos profissionais cujas atividades à dele se assemelhem e nos pontos semelhantes. Cabe ao credor de indenização decorrente do ato ilícito provar a culpa do causador do dano e a relação de causa e efeito entre este e aquela" (*RJTJRS* – 83/361).

7. Perdas e danos na administração pública

7.1. Responsabilidade objetiva das pessoas jurídicas de direito público interno

A responsabilidade civil das pessoas jurídicas de direito público é objetiva, e está subordinada às regras dos arts. 37, § 6º, da Constituição da República, e 43 do Código Civil. Na responsabilidade objetiva, o lesado não precisa provar o procedimento culposo do agente público. Basta mostrar o prejuízo e o nexo causal entre o evento e o resultado. A atuação lesiva dos agentes públicos, assim, impõe à administração o dever de indenizar, sem perquirição de culpa, mas não há confundir a responsabilidade objetiva com a responsabilidade absoluta, ou com o risco integral. Pela teoria do risco integral, a administração indenizaria sempre, mesmo quando a culpa fosse unicamente da vítima. Essa doutrina não foi adotada pelo nosso ordenamento jurídico, com o qual evidentemente não se concilia.

Importa colocar tais postulados nos seus devidos termos, arredando o radicalismo e buscando o verdadeiro alcance da norma constitucional. Esta traduz mero risco administrativo, estabelecendo simples inversão do ônus probatório. É uma exceção à regra da inexistência de ressarcimento sem prévia comprovação de culpa. Proposta a ação reparatória contra a entidade pública, a ela competirá provar que seu funcionário não agiu culposamente, mas sim a vítima. Inverte-se, assim, a posição: não o autor, mas o réu, deve comprovar. Se a administração deixar de produzir essa prova, responderá pelas perdas e danos, cumprindo ao lesado apenas positivar o prejuízo e sua relação causal com o fato.

Em boa hora nosso Direito consagrou tal doutrina, sob a modalidade do risco administrativo, com adoção, inclusive, em outros setores privados, para os quais foi estendida principalmente pela jurisprudência. Nem poderia o Direito ficar estático e indiferente à realidade, sem acompanhar o progresso dos tempos e dos homens. O Direito é vida, é atualidade, é renovação. Antes de inserir-se nas leis, já se encontra nos fatos humanos, nas aspirações do povo, no espírito criativo do juiz, do advogado e do jurista.

A teoria objetiva enriquece a doutrina da responsabilidade civil, revitalizando-a e adaptando-a às necessidades da vida em constante evolução, criada que foi pelos franceses para suprir as lacunas da teoria subjetiva, e para tornar mais segura e mais harmoniosa a convivência humana. Procura ela ajustar-se à sociedade, altamente mecanizada e dinâmica, e corresponder aos anseios da democracia, que requer um sistema de responsabilidade civil justo e eficiente, pronto para propiciar sem delongas a paz social e o bem comum.

A soberania imanente ao Poder Público não afina com as restrições formadoras da responsabilidade. As razões que qualificam a responsabilidade do Estado não são de ordem pública, mas de alta política. "A *naturales aequitas* é que dá vida e impõe à consciência jurídica a aceitação do princípio", no afirmar de Aguiar Dias (Da Responsabilidade Civil – II/161). Doutrina e jurisprudência são concordes em que o instituto é regido pela teoria do risco administrativo, em prol da pessoa vitimada, como parte mais fraca. Na adoção dessa doutrina perfeitamente se justifica a dispensa da prova de culpa dos agentes, ou de falta do serviço, facultando-se à Administração demonstrar a culpa do lesado, tanto para excluir como para abrandar sua obrigação. Nesses termos, outra coisa não gera o risco administrativo do que inverter o ônus da prova. Se o ato ou fato for exclusivo da vítima, fica eliminada a causalidade adequada para produzir o resultado, relativamente ao terceiro interveniente no ato danoso. Não será responsável a empresa de ônibus, por exemplo, por popular que se joga frente ao veículo em movimento. A culpa aí é exclusivamente do pedestre. Sempre que o episódio for completamente estranho à vontade da empresa, não há como responsabilizá-la. Na explicação de Antônio L. Montenegro, tal ocorre "quando a vítima atravessa a pista, inopinadamente, sendo atropelada, a culpa, então, incide sobre si mesma e não sobre o motorista, sabido que tal acontecimento foge da previsibilidade ordinária" (Ressarcimento de Danos – p. 57).

Não fica impedida a vítima de acionar o próprio agente da Administração que lhe causou os prejuízos, se tal alternativa lhe convier, seja pela idoneidade financeira, seja pela maior celeridade na recomposição das perdas e danos, ou por qualquer outra razão. O fato de a Lei Maior prever direito regressivo ao Poder Público contra o servidor responsável pelo dano, não impede que este último seja acionado conjuntamente com aquele, vez que a hipótese configura típico litisconsórcio facultativo (*Lex – Juriscível do STF* – 89/21).

Ao preceituar que as pessoas jurídicas de Direito público respondem pelos danos que seus agentes nessa qualidade causarem a outrem, a Constituição Federal inclui no âmbito dessa responsabilidade todas as entidades estatais e suas autarquias. A par disso, concomitantemente consagra a adoção da teoria do risco administrativo. A faculdade de mostrar a culpa exclusiva do prejudicado é salutar e necessária, pois impossível seria vedar o princípio também constitucional do contraditório e do uso de todos os mecanismos lícitos de defesa. Sublinha Yussef Said Cahali que "a jurisprudência de nossos tribunais é uniforme e iterativa no sentido de reconhecer a responsabilidade do poder público pela reparação dos danos causados aos particulares como simples conseqüência da obra pública realizada ou em execução, sem qualquer indagação em torno do pressuposto da culpa do serviço ou falha da administração. Aqui, mais do que em qualquer outro ponto, faz-se presente o princípio da solidariedade, de modo a fazer ilegítimo o dano sofrido apenas por um contribuinte isoladamente, quando o objetivo da obra pública visa a favorecer a coletividade" (Responsabilidade Civil do Estado – p. 172).

Escreve a respeito Amaro Cavalcanti que a teoria do risco administrativo "não exige a configuração nem da culpa do agente e nem da culpa do serviço público. Exige apenas a comprovação do ato lesivo e injusto, causado à vítima pela administração. Não se exige qualquer falta do serviço público, nem culpa de seus agentes. Basta a lesão, sem o concurso do lesado, exige-se apenas o fato do serviço, a culpa é inferida do fato lesivo da administração. O risco e a solidariedade são, pois, os suportes desta doutrina, que por sua objetividade e partilha de encargos conduz à mais perfeita justiça distributiva, razão pela qual tem merecido o acolhimento dos Estados modernos, inclusive do Brasil, que a consagrou."

Em estudo sobre a temática, a seu turno Álvaro Alves de Queiroz raciocina que "um Estado que tenha como dirigente um Idi Amim Dada, um Khomeini, um Khadafi, um Stalin, um Hitler, jamais terá uma diretriz, que teria se tivesse à sua frente um Kennedy, um Roosevelt, um Churchill, um De Gaulle. São exemplos que poderíamos mencionar de a direção do Estado ser assumida por personalidades que impõem uma diretriz que impregna todos os escalões administrativos que o compõem. No entanto, mesmo nos regimes mais abertos, em que a cúpula do poder está ocupada por um estadista, de estofo liberal, o perigo dos desvios legais não está afastado. A ação do Estado se manifesta através de órgãos que se superpõem, em gradação hierárquica. Inobstante ser democrática a diretriz que emana dos escalões superiores, há sempre o risco de órgãos subalternos estarem ocupados por pessoas propensas a provocar distorções no direcionamento legal estatuído. E aí então é que o Poder Judiciário, em Estado de Direito, está a postos, pronto a trazer para o banco dos réus a entidade pública faltosa, procurando restaurar a fissura provocada no ordenamento jurídico" (*Revista de Processo* – 25/187).

7.2. Perdas e danos decorrentes de atos judiciais

O exercício da jurisdição desenvolve-se sob os mesmos efeitos das demais funções do Estado, gerando direitos e obrigações como o serviço público em geral. Esse, no ensinar dos administrativistas, em princípio deve apresentar-se com perfeição, sem a menor falha, de modo que a coletividade dele possa beneficiar-se no mais alto grau possível. Ao Estado cabe velar pela regularidade de tais serviços e responder pelas conseqüências do mau funcionamento, inclusive por retardada decisão administrativa. No dizer de Seabra Fagundes, "o administrado, quando solicita qualquer manifestação da administração pública, o faz tendo em vista as leis vigentes no momento em que requer, e tem o direito de ver a sua pretensão apreciada com base nessas leis e dentro dos prazos fixados, ou, na ausência de determinação de prazos, dentro de lapso de tempo razoável" (José Cretella Júnior – Tratado de Direito Administrativo – 8/61 – *RDA* – 20/45 – *RDP* – 57/58).

Há mais de duas décadas já apontava Aliomar Baleeiro a responsabilidade do Estado por não prover adequadamente o bom funcionamento da Justiça, "ocasionando por sua omissão de recursos materiais e pessoais adequados, os esforços ao pontual cumprimento dos deveres dos juízes". Na mesma oportunidade o Min. Odalício Nogueira frisava que ao Estado cumpre acionar convenientemente a engrenagem do serviço público judiciário, proporcionando à parte a prestação jurisdicional a que estava obrigado. E aduzia: "Houve falha do serviço público, não sendo preciso atingir as alturas do risco para decretar-lhe a responsabilidade. Basta invocar o princípio da culpa administrativa" (*RDA* – 90/141). Para Baleeiro "responsável é a pessoa de direito público pela falta de seus agentes em serviço ou por extensão deste, resguardando seu direito de regresso contra os mesmos, se pessoalmente culpados. Claro que pode haver falta anônima do serviço, por fato inerente a este, objetivamente considerado, sem culpa específica do agente público. Assim o art. 37, § 6º, da CF abarca em sua aplicação os órgãos e agentes do Estado, como os chefes do poder executivo, os ministros e secretários do Estado, os prefeitos ainda que não sejam funcionários no sentido de direito administrativo. E com maior razão também os juízes como agentes do Estado para a função jurisdicional deste, que os coloca sob o regime especial de garantias no interesse de tal função. Esse regime especial e a natureza específica de sua atividade não lhes tiram o caráter de funcionário *latu sensu*" (*RTJ* – 64/698).

Na verdade o magistrado não é um funcionário público comum, mas um agente da soberania nacional, um servidor de categoria especial, através de cuja função judicante se exterioriza um dos poderes estatais. É um funcionário investido de jurisdição, detalhe que o resguarda e distingue das demais classes funcionais do Estado.

O art. 133 do Código de Processo Civil, reproduzido no art. 49 da Loman, preceitua que o juiz responderá por perdas e danos quando: "I – no exercício de suas funções, proceder com dolo ou fraude; II – recusar, omitir ou retardar, sem justo motivo, providência que deva ordenar de ofício, ou a requerimento da parte; Parágrafo único. Reputar-se-ão verificadas as hipóteses previstas no nº II só depois que a parte, por intermédio do escrivão, requerer ao juiz que determine a providência e este não lhe atender o pedido dentro de dez dias." O dispositivo em apreço para muitos é inconstitucional, e encerra matéria de extrema delicadeza (José Cretella Júnior – Do Ato Administrativo – p. 333 – Pontes de Miranda – Comentários ao CPC – 2/394). Todavia, segundo o inc. I, se o decisor praticar ato jurisdicional ou administrativo com dolo ou fraude, deverá repor aos cofres públicos o que o Estado tiver pago ao particular a título de perdas e danos. O Estado terá ação regressiva contra ele, se espontaneamente não o reembolsar. O inc. II e o parágrafo único relacionam-se com a responsabilidade pessoal do julgador, impondo-lhe penalidade pelo descumprimento aos deveres do cargo. Não há lobrigar-se aí conflito com o texto constitucional, vez que o legislador pode instituir disciplina especial relativa aos pressupostos da responsabilidade pelos atos danosos que os juízes praticarem no exercício de sua judicância. Também inexiste choque entre os arts. 43, 954 e 1.744 da lei civil, porque, segundo a primeira norma, as pessoas de Direito público respondem pelos atos de seus representantes, e os demais dispositivos editam a responsabilidade do juiz por seus atos, em face de sua situação funcional diferente dos demais membros da Administração Pública.

Há entendimento de que se configura solidariedade passiva do Estado e do juiz, pelos prejuízos por este último causados a terceiros mediante dolo ou fraude. É que hierarquicamente prevalece a Constituição Federal, diante de cujos ditames se curvam as demais leis, como o Código Civil, o CPC, a Loman e o estatuto da magistratura. Por instituir a responsabilidade objetiva do Estado, apregoam a responsabilidade solidária entre este e seu juiz. Em tal caso, sustentam ainda, o lesado poderia escolher entre acionar diretamente o magistrado, se isso lhe parecer mais favorável, ou ambos, ou só o Estado, que terá ação regressiva contra o magistrado.

No entanto, a solução mais racional para a espécie é a alvitrada por Mário Moacyr Porto, em trabalho sobre a "responsabilidade do Estado pelos atos de seus juízes". Colhe-se de sua lição que a conduta funcional do juiz "não se mede e avalia pelo escalão dos funcionários comuns, pelo que as ações e omissões da sua atividade judicante, quando eventualmente causem a terceiro um prejuízo injusto, não envolvem compulsoriamente a responsabilidade das pessoas de direito público, salvo quando a lei ordinária expressamente a determine. Quando a lei ordinária dispuser expressamente que, em relação a uma determinada hipótese, o juiz pessoalmente responde pelos prejuízos causados pela sua conduta ilícita ou arbitrária, aplica-se o dispositivo especial. Se a lei não informa quem deve pagar o prejuízo, cabe ao Estado indenizar, pois o juiz é funcionário público em sentido lato, que só responde pessoalmente e diretamente pelos danos que resultarem de sua conduta ilícita quando a lei expressamente o declarar, assegurada ao Estado a obrigatoriedade da ação regressiva".

Conclui o ilustre jurista potiguar que, ocorrendo a demora "por conta exclusiva da negligência do juiz, a responsabilidade é do juiz, passível de sanções pecuniárias, administrativas e até penais, em prejuízo do disposto no art, 133, II, parágrafo único, do CPC. Se a procrastinação se dá por culpa do juiz e da 'falta de serviço', como é freqüente, responde o Estado com ação regressiva contra o juiz negligente. Na hipótese de as autoridades incumbidas da fiscalização e correição das atividades forenses negligenciarem no desempenho das suas atribuições, haverá culpa *in vigilando*, que implica responsabilidade do Estado e da autoridade faltosa (artigo 37, § 6º, da CF)" (*RT* – 563/9-14).

O retardamento apto a criar direito à reparação pode originar-se não só da desídia do magistrado, mas também do serviço mal aparelhado, e da má distribuição de juízes, servidores e processos. Em muitos lugares há juízes sobrando, e em outros faltando. Há juízes que têm a seu cargo cem processos, e outros mais de dez mil. Defendendo a idéia de que o Estado deve ressarcir os prejuízos que causa ao particular pela demora na prestação jurisdicional, o culto magistrado federal José Augusto Delgado alinha os seguintes fundamentos, que vale a pena transcrever:

a) O sistema jurídico da responsabilidade civil do Estado está vinculado à teoria objetiva;

b) O juiz, mesmo fazendo parte de uma categoria especial de funcionários, age em nome do Estado e atua como membro de um dos Poderes;

c) Estado e juiz formam um todo indissociável, pelo que, se o magistrado causa danos ao particular, por demora na prestação jurisdicional, cabe ao poder público responder patrimonialmente;

d) O artigo 5º, XXXV, da CF, não permite que a lei exclua da apreciação do Poder Judiciário qualquer lesão de direito individual. É o Estado assegurando o pronunciamento judicial como único meio de estabilizar definitivamente qualquer direito conflitado, pelo que deve responder por prejuízos resultantes da sua má atuação em aplicar tal dogma constitucional;

e) A finalidade da tutela jurisdicional é garantir que o direito objetivo material seja obedecido. Para tanto, estabelece a obrigatoriedade de o juiz cumprir determinados prazos fixados pelo direito formal, a exemplificar: os artigos 280 e 281 do CPC, que cuidam do tempo para ser prolatada a sentença e para ser ultimado o procedimento sumaríssimo, bem como para o juiz decidir a impugnação ao valor da causa (art. 261); idem para o pedido de assistência (art. 51, III), o pedido de insolvência (arts. 755 e 758), a liberação da partilha, em inventário (art. 1.032), para determinar emenda ou aditamento à inicial (art. 284), para tomar providências preliminares (art. 323); idem para julgar: divisão não contestada (art. 971), embargos à execução (art. 740), exceções processuais (arts. 308 e 309), prestação de contas (art. 916, § 1º), procedimentos de jurisdição voluntária (art. 1.109), processo cautelar não contestado (art. 803); idem para proferir sentença após audiência (art. 456); e outros mais existentes no CPC e no CPP;

f) constitui garantia individual implícita (art. 5º, § 2º, da CF) a prestação jurisdicional dentro dos prazos fixados pela legislação ordinária, não só com apoio no princípio da legalidade, quando o Estado deve suportar a lei que ele próprio fez, como também por ser inconciliável com o sistema o fato de não gerar responsabilidade o descumprimento do direito positivado.

Cita o articulista decisão do Supremo, condenando o Estado por ato legislativo, enfatizando não haver razão para recusar aplicação do mesmo princípio quando se tratar de ato judicial. Referindo-se especificamente à demora na prestação jurisdicional, salienta haver necessidade de criação jurisprudencial do direito, assegurando ao prejudicado a reparação cabível pela administração: "A realidade mostra que não é mais possível a sociedade suportar a morosidade da justiça, quer pela ineficiência dos serviços forenses, quer pela indolência de seus juízes. É tempo de se exigir uma tomada de posição do Estado para solucionar a negação da justiça por retardamento da entrega da prestação jurisdicional. Outro caminho não tem o administrado, senão o de voltar-se contra o próprio Estado que lhe retardou justiça, e exigir-lhe reparação civil pelo dano, pouco importando que por tal via também enfrente idêntica dificuldade. Só o acionar já representa uma forma de pressão legítima e publicização de seu inconformismo contra a Justiça emperrada, desvirtuada e burocratizada" (*AJURIS* – 29/17-29).

Decisões tardias geralmente não fazem justiça a ninguém. Tramitam nesse imenso Brasil ações cíveis há mais de trinta anos, fato que escandaliza o povo e o enche de descrédito no Judiciário. Daí poder constituir-se em causa a justificar perdas e danos a morosa e ineficiente prestação jurisdicional do Estado.

Apesar da vacilação pretoriana, a tese da responsabilidade civil do Estado por atos judiciais vem se impondo majoritariamente na doutrina brasileira, especialmente com referência aos atos administrativos emanados das autoridades judiciárias, e demais atos ainda não abrangidos pela coisa julgada. Mas tudo faz crer que o princípio da responsabilidade triunfará sobre o da irresponsabilidade num futuro próximo, também em sede jurisprudencial, assim como ocorrente em outros países.

Apenas a título de ilustração basta dizer que entre nós a tese da responsabilidade vem sendo defendida com maestria por renomados juristas da atualidade, como Edmir Netto de Araújo (Responsabilidade do Estado por Ato Jurisdicional – SP – RT, e o Estado-Juiz e sua Responsabilidade – *Boletim de Direito Administrativo* – SP – jan./86 – p. 20); José Cretella Júnior (O Estado e a Obrigação de Indenizar – p. 253); Nelson Luiz Guedes Ferreira Ponto (A responsabilidade Civil do Estado por Atos Jurisdicionais – *Cadernos de Pós-Graduação* – Belo Horizonte-MG – p. 143); Décio Cretton (O Estatuto da Magistratura Brasileira – p. 129); Volnei I. Carlin (A Responsabilidade Civil do Estado Resultante do Exercício das Funções Jurisdicionais – *Jurisprudência Catarinense* – 35/31); Yussef S. Cahali (A Responsabilidade Civil do Estado – p. 201); João Sento Sé (Responsabilidade Civil do Estado por Atos Judiciais – p. 132 e Responsabilidade Civil do Estado-Juiz – *Revista de Direito Público* – 82/132).

Este último autor, em erudito estudo sobre a matéria, salienta a necessidade de constar expressamente em lei a responsabilidade civil do Poder Público por erro judiciário e por funcionamento deficiente do serviço judiciário em geral, sintetizando o seu entender da seguinte maneira:

a) O Estado é civilmente responsável pelos atos de seus juízes;
b) Esta responsabilidade estatal pode derivar da culpa pessoal do juiz, ou da culpa anônima do serviço judiciário, e pode também existir mesmo sem culpa;
c) A responsabilidade do Estado sempre alcança os atos não-jurisdicionais, ou seja, atos do magistrado que não tenham força de sentença. Relativamente aos atos jurisdicionais, ou os julgados propriamente ditos, a responsabilidade estatal igualmente se configura, embora em condições mais restritas;
d) A irresponsabilidade civil da administração por atos judiciais é um princípio injusto, enraizado na jurisprudência, e que deve ser banido do Direito pátrio (*Revista de Direito Público* – 82/140).

Idêntica opinião quanto à responsabilidade civil fora da hipótese de erro judiciário ainda é defendida, especificamente nos casos de revisão e rescisão de sentença, por Pedro Lessa, Amaro Cavalcanti, Lino Leme, Lafayette Pondé, Aguiar Dias e Orozimbo Nonato, entre outros.

Além do retardamento da prestação jurisdicional, também a prolação de sentença violadora de expressa disposição legal tem sido causa de freqüentes danos. Em face do princípio constitucional da ampla ressarcibilidade das lesões aos direitos individuais, ao Estado cumpre ressarcir os prejuízos assim acarretados. Igualmente deve ser responsabilizado por todos os danos defluentes de provimentos judiciais enquadráveis nas hipóteses elencadas no art. 485 da lei processual, no concernente a atos judiciais, desde que efetivamente tenham causado algum dano ao cidadão.

No que tange à coisa julgada, entendimentos há no sentido de que ela não impede a indenização em decorrência da responsabilidade civil do Estado em virtude de atos jurisdicionais. A questão da coisa julgada, conquanto segurança jurídica inerente a tais provimentos, não se presta contudo para limitar ou afastar a responsabilidade estatal relativa aos mesmos atos, quando tiverem danificado alguém. Segundo essa concepção, o instituto da coisa julgada leva mais em conta o valor segurança jurídica, do que o valor justiça. No afirmar de Juary C. Silva, por exemplo, "o que não é possível é valer-se do princípio da coisa julgada para excluir liminarmente a responsabilidade do Estado por atos jurisdicionais" (*Revista de Processo* – 20/171). Endossando o mesmo pensar, Maria Emília Mendes Alcântara escreve que a coisa julgada não se constitui em óbice intransponível, com força de arredar a responsabilidade do Poder Público. Lembra a existência de atos jurisdicionais que não geram coisa julgada, e o fato de que, na espécie, mencionada responsabilidade não provém exclusivamente dos danos resultantes da sentença (Responsabilidade Civil do Estado por Atos Legislativos e Jurisdicionais – p. 31 e 46).

7.3. Perdas e danos originados de liminar e de sentença rescindida

Muitas vezes alguém consegue liminar de reintegração de posse em larga extensão de terras, que usufrui por muito tempo, com todos os seus pertences e benfeitorias, até que a ação é julgada em definitivo. A sentença final, de última instância, obriga-o a devolver a posse a quem demandou, e pagar-lhe perdas e danos pelo uso injusto do imóvel. O possuidor mantenido ou reintegrado faz jus à indenização dos prejuízos sofridos, operando-se a reintegração a expensas do esbulhador, no mesmo local do esbulho. Vale reconhecer, portanto, o direito a perdas e danos, quer em prol do autor, quer do réu, dada a natureza dúplice das possessórias. Abrange mencionada verba o ressarcimento integral de todos os danos, inclusive honorários advocatícios.

As possessórias situam-se na classe das ações duplas ou mistas, em que o demandante pode transformar-se em demandado e vice-versa. Para tanto impende demonstrar que a posse, ao contrário do afirmado na inicial, era exercida pelo réu, e que o autor vinha turbando, ou que a esbulhou. O molestado passa a ocupar o lugar do turbador ou esbulhador. Na sua defesa pode o réu desde logo demonstrar cabalmente a falta do direito do seu adversário e postular a condenação.

Após indagar a quem cabe o direito a perdas e danos acima referido, o nosso insigne Carvalho Santos responde: "Ao possuidor, manutenido ou reintegrado na posse. Não quer isso dizer que tal direito compita sempre ao autor da possessória. Por isso que, de fato esse direito reconhecido, tanto o é em favor do autor, como em favor do réu, dada a natureza dúplice dos interditos." A seguir lembra decisão do Tribunal de Justiça de São Paulo: "Não raro se recorre ao pretório contra ato de outrem como atentatório da posse. No entanto, nem sempre quem reclama tem razão. Vezes muitas o vocábulo atentado se aplica mais a quem reclama do que contra o reclamado" (Código Civil Brasileiro Interpretado – 7/148). "O possuidor manutenido ou reintegrado na posse tem direito a postular indenização por perdas e danos dos prejuízos sofridos que da turbação ou do esbulho resultarem, garante a jurisprudência" (*Jurisprudência Catarinense* – 49/161). Mas na apuração do *quantum* descabe cumular verbas pela renda que o imóvel produziu e pela depreciação do seu uso normal. Sendo ilíquido o pedido, o montante a indenizar deverá sempre ser determinado em liquidação de sentença.

De outra banda, na cumulação de pedidos de rescisão contratual e perdas e danos, dada por juridicamente impossível a rescisão contratual, através de sentença, o fato em si não impossibilita o prosseguimento do feito para a apuração da inexecução parcial do pacto, de compra e venda de pinheiros, por exemplo, expresso no pedido cumulativo de perdas e danos.

O vencido pode deixar de recorrer da decisão judicial desfavorável, apesar de ela ser prejudicial a seus interesses. Nem sempre os processos são bem instruídos, e nem sempre através deles se consegue fazer justiça. Outrossim, a falibilidade é própria dos seres humanos, não sendo de estarrecer o fato de existirem sentenças e acórdãos ofensivos ao direito. Pela Súmula nº 268 do STF, "não cabe mandado de segurança contra decisão judicial com trânsito em julgado". No entanto, excepcionalmente, para sanar irregularidades flagrantes, injustiças dolorosas, quando já não haja mais nenhum outro remédio legal disponível, modernamente os tribunais têm aceito a impetração de "writ", para fins de corrigir o erro e evitar males piores.

Importante aresto do Tribunal de Justiça de São Paulo ressalta que "não obstante o proibitivo consubstanciado na Súmula 268 do STF, tem-se admitido mandado de segurança contra decisão judicial transitada em julgado, se deste ato advier dano irreparável" (RT – 606/144). A fundamentação do acórdão registra caber a medida quando se tratar de ato judicial teratológico, ofensivo a direito líquido e certo, e que acarreta dano irreparável. Outrossim, consigna que o Tribunal, em composição plenária, já explicitara que "a restrição quanto à concessão de mandado de segurança contra ato judicial (art. 5º, II, da Lei 1.533/51) sofreu alteração, diante da constante tendência dos tribunais no sentido de ampliar o campo de incidência da via excepcional. A partir da comunicação apresentada pelo Prof. J. J. Calmon de Passos ao I Congresso de Direito Processual Civil, quando este fez ver que o mandado de segurança seria cabível onde o comum, o ordinário, se mostrasse incapaz de impedir a ameaça ou reparar de pronto a violação ao direito líquido e certo, resultante de ato de autoridade, ainda que judicial (Estudos sobre o Mandado de Segurança – p. 107), verificou-se uma significativa evolução da jurisprudência sobre o tema; e, se estivera apegada, a princípio, ao teor da disposição legal, hoje se admite mandado de segurança contra ato judicial quando do ato impugnado advier dano irreparável cabalmente demonstrado".

Continua o julgado, sublinhando que esse pendor cresceu e se expandiu, alcançando inclusive decisões com trânsito em julgado, inobstante a existência da Súmula nº 268, e que a impetração merece êxito quando manifesta estiver a ilegalidade, o abuso do poder, a injustiça, ofendendo direito líquido e certo, "bem como a irreparabilidade do dano, impossível de ser apurada pelos remédios processuais comuns (cf. Kazuo Watanabe, Mandado de Segurança contra Atos Judiciais, p. 98). Esta nova visualização do instituto não afastou, entretanto, como nem poderia fazê-lo, a sua índole excepcional, a qual persiste, de sorte que o mandado de segurança permanece com as características que lhe são próprias, com o rito que lhe é específico e com a finalidade que o inspirou. Nunca poderá servir, então, de sucedâneo do processo ordinário, colocado à livre opção do interessado entre as demais ações" (*RT* – 599/109).

Não se tratando de ato judicial nos termos do art. 162 do CPC, mas de índole administrativa, praticado no exercício do poder de polícia do magistrado, também cabe *mandamus*, prescindindo-se então do pressuposto do recurso sem efeito suspensivo, desde que presentes o abuso de poder e a grave injustiça. De igual, ainda que recorrível a decisão ao STF, ou sujeita à rescisória, a urgência do caso e a iminência de danos irreparáveis ou de difícil ou incerta reparação, tornam inócuo o apelo a tais medidas, justificando a impetração do "writ". Mas a permissibilidade e o acolhimento da ação mandamental contra ato do juiz só tem razão de ser em casos teratológicos, de flagrante ilegalidade ou abuso de poder, consoante orientação dos pretórios (*Revista Trimestral de Jurisprudência dos Estados* – 38/209 – *RT* – 447/132 – 535/72 – 606/118 – *RTJ* – 70/504 – 71/876 – *JTACSP* – 70/504 – 71/876 – *Revista do Ministério Público do Rio Grande do Sul* – 7/8 – p. 116). Como dito por Celso A. Barbi, relativamente às sentenças ainda não transitadas em julgado, essas normalmente "não podem ser objeto de mandado de segurança, porque a lei prevê recursos para seu exame. Todavia, podem surgir casos em que o recurso previsto em lei seja incapaz de evitar o prejuízo, causado por sentença, devendo-se essa incapacidade à falta de efeito suspensivo. Essas hipóteses são raras, mas não impossíveis. Se acontecerem, a solução compatível com a Constituição e o direito é admitir o mandado de segurança, para evitar o perecimento do direito da parte" (*AJURIS* – 33/50).

Em consonância com a melhor doutrina, o magistrado só responde pelas perdas e danos que nascerem de sua ação ilícita, nas hipóteses em que a lei expressamente o declarar. Omissa a lei ordinária a respeito de quem deve ressarcir, cumpre ao Estado fazê-lo, já que o seu juiz é funcionário público *lato sensu*. Tal acontece com a sentença rescindida, onde a lei silencia, deixando de indicar quem deve arcar com o pagamento do dano acarretado à parte. Se a sentença tiver sido rescindida por elaborada contra expressa disposição legal, como previsto no art. 485, V, da lei processual, o erro pode ser considerado como de entendimento ou da própria vontade. Na primeira hipótese, ainda que se trate de ignorância, a administração deve reparar o dano, eis que sua responsabilidade é de natureza objetiva, sem possibilidade de direito de regresso. Mas se o julgador errou por querer, de propósito, com dolo e má-fé, ao Estado cumpre ressarcir o lesado, e demandar o decisor inescrupuloso, inclusive criminalmente.

Outro aspecto a considerar é a revisão criminal, disciplinada nos arts. 621 a 630 do CPP. Ao lado da rescisória cível pode ensejar reparação de perdas e danos. A revisão da sentença penal condenatória, ao contrário da rescisória civil, não esbarra em coisa julgada, para obter novo *decisum*, elisivo do primeiro. Daí dispor o art. 630 que o tribunal, "se o interessado o requerer, poderá reconhecer o direito a uma justa indenização pelos prejuízos sofridos. Parágrafo primeiro. Por esta indenização, que será liquidada no juízo cível, responderá a União, se a condenação tiver sido proferida pela Justiça Federal ou do Território, ou o Estado, se o tiver sido pela respectiva justiça. Parágrafo segundo. A indenização não será devida: a) se o erro ou injustiça da condenação proceder de ato ou falta imputável ao próprio impetrante, como a confissão ou ocultação de prova em seu poder; b) se a acusação houver sido meramente privada".

Respeitante às liminares, não raro elas são concedidas sem maiores cuidados, e depois tornadas sem efeito, ao ser constatado terem sido fomentadas por meras intrigas, espírito de vingança, ou outras intenções menos dignas. É o que sói acontecer na paralisação de construções, em causas de nunciação de obra nova, onde as perícias revelam geralmente o contrário do que indicara a prova inicial apresentada pelo autor. Se a pretensão for julgada improcedente, com reconhecimento do proceder antijurídico do demandante, o demandado poderá aforar ação autônoma de reparação de danos. Tratando-se de medida cautelar, e havendo-a concedido o juiz, lícito é ao réu demandar o autor pelos prejuízos que referida medida lhe trouxer, se vencer o processo principal (*RT* – 608/175).

Na disciplina do art. 811 da lei adjetiva, "sem prejuízo do disposto no artigo 16, o requerente do procedimento cautelar responde ao requerido pelo prejuízo que lhe causar a execução da medida: – se a sentença no processo principal lhe for desfavorável". A norma encerra duas espécies de responsabilidade, uma subjetiva, que é a da litigância de má-fé, onde se impõe a comprovação do dolo ou da culpa, e outra objetiva, que prescinde de perquirição sobre o elemento subjetivo. Esta última é a do art. 811, para cuja tipicidade basta o fato definido na lei.

A providência cautelar sempre envolve um risco para o postulante, eis que fundada em simples probabilidade, onde o direito está apenas arrimado em fato superficialmente conhecido, e no mero *fumus boni juris*. Por isso, o litigante que aciona com base em probabilidades, assume o risco de decair do seu direito, quando o outro comprovar a falta de razão. Terá de indenizar a parte contrária pelos prejuízos que assim lhe causar, e que compreenderão, além das perdas e danos, os lucros cessantes e os ônus da sucumbência.

Não impede o ressarcimento dos danos resultantes da execução da medida a circunstância de a indenização não ter sido postulada na cautelar ou no feito principal, ou de ter sido omitida na sentença ou no acórdão. A verba é devida por efeito da própria lei, como imposição legal, fato salutar em si mesmo, por evitar a proliferação de cautelares descabíveis. No dizer de Moacyr Amaral Santos, com o apoio em Liebman, "do fato da sentença – sentença como fato jurídico – surgem tais efeitos, automaticamente, por força da lei, como decorrência do efeito principal, dispensando qualquer pedido da parte ou pronunciamento do juiz" (Comentários ao CPC – IV/454).

A apuração dos prejuízos seguirá a via da liquidação, de acordo com a simplicidade ou a complexidade da matéria. Algumas vezes a tarefa será simples, resumindo-se em cálculos do contador, em outras ocasiões comportará maiores indagações, a serem desenvolvidas nos autos do procedimento cautelar, podendo ainda ser solucionada através de mera aplicação da correção monetária. Tal ocorre com freqüência nas liminares que impedem o protesto e o conseqüente aforamento de processo de execução. Vindo a perder a causa principal, o devedor fica obrigado a ressarcir o credor, com a devida reposição dos danos, que geralmente se restringem à desvalorização monetária no interregno entre o protesto frustrado e o efetivo pagamento da dívida, mais os ônus processuais. Decaindo da medida, o autor da cautela "deve arcar com os prejuízos resultantes da sucumbência, entre os quais o da litigância de má-fé, bem como perdas, danos e lucros cessantes. Para tanto, é necessário tão-somente haver relação de causalidade entre o dano e a execução da medida. Comprovado o nexo, cabível a indenização, que deve ser liquidada nos próprios autos do procedimento cautelar, consoante a regra do parágrafo único do art. 811 do CPC" (Galeno Lacerda – Comentários ao CPC – VIII/440).

A adoção da teoria objetiva pelo nosso legislador dispensa a prova de culpa do autor, e afasta a cogitação de concorrência de culpas, mas se o réu tiver agido culposamente, a responsabilidade objetiva poderá ser atenuada.

Entendem uns que a sentença de improcedência do processo deva condenar expressamente o requerente da cautela, para conferir título judicial apto a ser executado. Sustentam outros o contrário, por verem na sentença de liquidação o título exeqüendo. A omissão no *decisum* não impede que no requerimento de liquidação seja examinado o *an debeatur*. No entanto, diante da responsabilidade objetiva, mais consentânea com a natureza da espécie, segue a posição intermediária apresentada por Ovídio Araújo Baptista da Silva: "Esta demanda de liquidação absolutamente não se equipara a uma ação de liquidação de sentença condenatória. Trata-se de ação de liquidação de obrigação de indenizar, com a particularidade de que as perdas e danos ressarcíveis ainda não estão judicialmente declarados existentes. A estrutura da demanda de liquidação do art. 811, e parágrafo único, assemelha-se à ação de liquidação de obrigação de indenizar, com a particularidade de que as perdas e danos ressarcíveis ainda não estão judicialmente declarados existentes. A estrutura da demanda de liquidação do art. 811, e parágrafo único, assemelha-se à ação de liquidação de uma obrigação ilíquida, cuja própria existência ainda se possa controverter, de tal modo que, no juízo da própria ação de liquidação, se deve inserir a preliminar de declaração da obrigação. Não se trata, por certo, de uma questão prejudicial, no sentido dos arts. 469 e 470, a exigir das partes a propositura de uma demanda incidente. O componente declaratório integra o pedido de liquidação como *res deducta*. Há, contudo, diferentemente da ação de liquidação de uma obrigação ilíquida, ainda não declarada por sentença, uma particularidade notável. Enquanto a sentença de liquidação de obrigação ilíquida não produzira título executivo, capaz de sustentar a demanda de execução forçada, pois que a simples liquidação não contém eficácia condenatória, a liquidação do art. 811, parágrafo único, enseja a execução imediata posterior" (Comentários ao CPC – 11/255).

7.4. Perdas e danos causados por serventuário de cartório

7.4.1. Entendimento primeiro

Qualquer prejuízo causado por funcionário público ao particular tem seu ressarcimento garantido pela legislação em vigor. A Constituição da República até instituiu a responsabilidade objetiva do Estado, em prol das garantias do cidadão. Incontroverso é, pois, que o Poder Público é responsável pelos danos que seu servidor, nessa qualidade, causar a outrem, e que tem o direito de acionar regressivamente o ofensor. Tal fato não impede, contudo, que as pessoas jurídicas sejam acionadas juntamente com o funcionário, ante a configuração de litisconsórcio facultativo. Ao prejudicado cabe optar, intentando sua causa diretamente contra o Estado ou só contra o causador direto dos prejuízos, ou ainda contra ambos.

Na lição de Amaro Cavalcanti, quando o funcionário público, "agindo embora nessa qualidade, o fizer de modo ilícito ou ilegal, cabe-lhe responsabilidade solidária com o Estado, podendo ser chamado a responder pelo dano, tanto pelo lesado, como pelo Estado em ação regressiva" (Responsabilidade Civil do Estado – I/53). Todavia, não endereçando sua pretensão contra o Estado, mas só contra o causador direto do dano, deverá o lesado comprovar a culpa ou o dolo do funcionário. É um ônus que assume, arredando a questão de "falta de serviço". Positivada a culpa do preposto, presume-se configurada a culpa do proponente. Acordes com tal interpretação do art. 37, § 6°, da nossa Constituição, os tribunais têm decidido que o fato de se dar mais um direito ao cidadão não afasta o direito que já tinha de buscar o ressarcimento tanto do Poder Público como do funcionário. Isso, "porque, o que se fez foi uma limitação quanto ao Estado, que só pode ir contra seu funcionário provando culpa ou dolo. O que ele deu foi uma garantia a mais ao cidadão acidentado pelo funcionário público. Contra o Estado ele não precisa provar a culpa do preposto. Só o Estado é que tem que provar a culpa do preposto para haver a recuperação do que pagar. Ora, isso não impede que o cidadão escolha contra quem vai demandar" (*RTJ* – 96/237-245). Embora constitucionalmente consagrado o direito regressivo do Poder Público contra seu servidor, o fato não tolhe o direito de opção do lesado. Nenhuma lei lhe proíbe de haver a reparação diretamente do ofensor. A responsabilidade assumida pelo Estado objetiva ampliar as garantias de indenização ao prejudicado. Nada impede, entretanto, que o mesmo escolha contra quem vai demandar (*Jurisprudência Catarinense* – 39/236 – *Revista de Direito Público* – 35/36 – p. 247/249).

Praticado ato ilícito por funcionário de tabelionato ou outro cartório estatal, a ação de perdas e danos pode ser endereçada diretamente contra o responsável pela serventia, sem violar o art. 37, § 6°, da nossa Constituição. O Estado, se condenado for, terá ação regressiva contra o agente primário pelo ato ilícito ensejador das perdas e danos. Doutrina a propósito Yussef Said Cahali que "nada impede promova o prejudicado a ação de reparação diretamente contra o escrivão do cartório, pelos danos causados por seu escrevente, sem que se possa deduzir daí violação do preceito do art. 37, § 6°, da Constituição da República" (Responsabilidade Civil do Estado – p. 149). Essa opinião é aceita pela jurisprudência (*RJTJSP* – 85/143).

Em caso de anulação de escritura é debitada ao tabelião a responsabilidade por dano causado em virtude de erro quanto à natureza do negócio, por omissão de atos de ofício que, praticados, impediriam a consumação do erro. Não registrando a fiel vontade das partes na escritura de compra e venda, sujeitar-se-á a desembolsar perdas e danos a quem resultar lesado em decorrência da desídia funcional.

Elucidam e confortam a exegese as decisões da instância superior: "A ação, por ato lesivo do funcionário público, deverá ser endereçada contra a entidade pública a que serve (CF, art. 37, § 6º, e CC, art. 43). Têm-se admitido ações diretas contra titulares de cartórios ou ofícios, mormente tabeliães, em razão de sua organização que, fugindo aos moldes da administração pública, o é de tipo empresarial decorrente do sistema de custas privatizadas. Lavratura de procuração em que figuram como 'outorgantes' pessoas que não vieram a cartório – falsidade das assinaturas, e nulidade do ato de venda do imóvel em que foi utilizada a procuração falsificada – legitimidade *ad causam* do servidor da justiça, como réu na demanda indenizatória veiculada através de denunciação da lide – o prejudicado pode abrir mão da sua faculdade de dirigir a pretensão contra o poder público, limitando-se a acionar apenas o causador direto do dano: assim, assume o autor o ônus de comprovar a culpa ou dolo do funcionário" (*RJTJRS* – 112/309 – 114/323). Também o Supremo Tribunal Federal numerosas vezes tem reconhecido a possibilidade de acionar conjuntamente o Poder Público e seu funcionário, por ato ilícito por este praticado no exercício funcional: "O fato de a Constituição Federal prever direito regressivo às pessoas jurídicas de direito público contra o funcionário responsável não impede que este último seja acionado conjuntamente com aquelas, vez que a hipótese configura típico litisconsórcio facultativo" (*RT* – 604/253 – *Revista de Direito Administrativo* – 162/236).

Ao tabelião descabe invocar sua condição de funcionário, para transferir a responsabilidade ao Estado, eis que não tem ação regressiva contra este, que a tem contra ele. A vítima não é obrigada a endereçar sua ação contra o Poder Público, mas se a dirigir diretamente contra o servidor, deve comprovar a culpa ou o dolo, vez que a responsabilidade objetiva só condiz com o Poder Público (*Revista de Jurisprudência do Tribunal de Justiça do Rio de Janeiro* – 50/145).

A verdade é que, fiel à sua obrigação de proteger seus súditos, o Estado assume a responsabilidade pelos prejuízos causados por seus agentes, pois visa a resguardá-los da eventualidade de não ter o funcionário patrimônio para recompor as perdas e danos. Verdade também é que, se o servidor tiver bens suficientes, o autor pode até preferir acioná-lo diretamente, evitando os percalços e as delongas próprias das execuções contra a Fazenda Pública, mormente se residir no interior e se o litígio for contra a União e suas autarquias. Vale a pena registrar a propósito o magistério de Amaro Cavalcanti: "Mesmo no exercício dos seus direitos peculiares de funcionário e no desempenho dos deveres correlatos, ele não pode deixar de também responder pelas lesões que porventura cometa contra o alheio direito: é um princípio ou obrigação elementar de justiça. Dúvida pode haver, sim, quando, dada uma responsabilidade 'particular' nas funções do próprio cargo, se quiser determinar se ela deva caber toda ao funcionário, toda ao Estado, ou a ambos solidariamente: mas excluir, desde logo, o funcionário, em princípio, de toda a responsabilidade não é erro menor do que excluir do mesmo modo o Estado, como outros têm pretendido. Segundo nosso juízo, a regra a seguir na matéria deveria ser esta: a) sempre que o funcionário agir fora da sua qualidade própria de representante, a responsabilidade do ato lesivo é sua, exclusivamente dele; b) quando agindo, embora nessa qualidade, o fizer de modo ilícito ou ilegal, cabe-lhe responsabilidade solidária com o Estado, podendo ser chamado a responder pelo dano, tanto pelo lesado como pelo Estado; tendo este, além do emprego das penas disciplinares, o direito de indenização regressiva, se tiver sido obrigado a reparar o mesmo dano; c) quando, porém, o ato do funcionário for praticado conforme as normas legais estabelecidas, a reparação da lesão, porventura resultante, deve ser toda imputável ao Estado somente, ao qual, ainda que tenha de efetivamente indenizá-la, não terá por isso ação regressiva contra o seu representante; porque ele nada mais fez do que cumprir com seu dever de funcionário nas circunstâncias" (Responsabilidade Civil do Estado – I/nº 62).

7.4.2. Entendimento segundo

Adversando esse entendimento, renomados juristas dão outro enfoque à questão, imprimindo maior rigor à responsabilidade estatal. Suas respeitáveis opiniões são no sentido de que o prejudicado não precisa indagar se o servidor é funcionário público, vez que a responsabilidade do Estado deflui do exercício da função pública. Como tal, a ação reparatória deve ser aforada somente contra este. O direito do lesado é constitucionalmente reconhecido, para ser ressarcido pela administração responsável, e não pelo funcionário causante da lesão. O benefício fora instituído em prol da vítima, eis que a pessoa jurídica sempre tem melhores condições para adimplir a condenação do que o seu empregado. Hely Lopes Meirelles assevera incisivamente que a demanda reparatória da vítima "deve ser ajuizada unicamente contra a entidade pública responsável, não sendo admissível a inclusão do servidor na demanda. O lesado por ato da administração nada tem a ver com o funcionário causador do dano, visto que o seu direito, constitucionalmente reconhecido, é o de ser reparado pela pessoa jurídica, e não pelo agente direto da lesão" (Direito Administrativo Brasileiro – p. 598).

Wilson de Souza Campos Batalha, de sua vez, afirma que a responsabilidade civil do Estado não compreende somente os atos dos serventuários e cartórios oficializados, mas também os dos servidores de serventias não oficializadas, por exercerem funções públicas, embora *more privatorum* (Comentários à Lei dos Registros Públicos – p. 102).

Walter Ceneviva reforça esse entendimento, ao realçar que as pessoas jurídicas de Direito público sempre responderão pelos danos que seus funcionários nessa qualidade causarem a outrem. Para ele o núcleo do texto situa-se na palavra funcionários. "Ela significa servidor público, abrangendo todas as pessoas que executam algum serviço público, em caráter permanente ou transitório. Essa amplitude compreende também as serventias do foro extrajudicial. A vítima do dano não precisa saber qual a vinculação do cartório com o poder público. Sabendo que atua a serviço deste, como agente da administração da Justiça, o Estado deve satisfazer a responsabilidade civil resultante de prejuízo do terceiro, interessado no registro." Lembra jurisprudência no sentido de que a Fazenda Estadual responde por ato danoso de escrevente cartorário, sem necessidade de averiguar se é ou não servidor público, vez que a responsabilidade do Estado decorre do exercício da função pública do seu agente. Invoca, ainda, doutrina de Pontes de Miranda, dizendo textualmente: "O Estado responde perante os interessados pelos prejuízos causados pelos oficiais, seus prepostos ou substitutos, por força do disposto no art. 37, § 6º, da nossa Constituição. Satisfeita a indenização, pode o Estado voltar-se contra o causador da violação, se esse obrou com dolo ou culpa, na mesmíssima extensão que o faria se agisse contra um funcionário público da administração direta" (Lei dos Registros Públicos Comentada – p. 52-57).

Na verdade, o vocábulo "funcionário" tem sido encarado com amplitude, significando todas as pessoas incumbidas de realizar algum serviço público, ainda que em caráter transitório. Para o lesado desimporta a titulação do ofensor. O que efetivamente lhe interessa é que ele se encontrava a serviço da administração, no momento em que praticou o dano. Daí acentuar também Celso Antônio Bandeira de Mello que a expressão "funcionário" é empregada no texto não em sentido estrito, técnico, mas em acepção ampla, objetivando alcançar qualquer agente público. Esclarece não ser relevante o título de investidura do ofensor, bastando ser agente público, para que seus atos sejam imputáveis à administração a que serve (Elementos de Direito Administrativo – p. 265).

Grande parte da jurisprudência adota esse posicionamento, dando pela carência de ação por ilegitimidade passiva, se a pretensão reparatória é proposta contra o servidor, e não contra a pessoa jurídica: "Responde o

Estado por ato danoso causado por serventuário de cartório a terceiro, não sendo necessário reconhecer se ele é ou não funcionário público, pois a responsabilidade do Estado decorre do exercício da função pública de seu agente. A ação indenizatória da vítima deve ser ajuizada unicamente contra a entidade pública, responsável pela nomeação do aludido servidor, vedada a inclusão deste na demanda. O lesado por ato da administração nada tem a ver com o funcionário causador do dano, visto que seu direito, constitucionalmente reconhecido, é o de ser reparado pela pessoa jurídica e não pelo agente direto da lesão" (*Jurisprudência Mineira* – 91/182).

Outrossim, "embora não remunerados pelo Estado, os titulares de serventias de justiça extrajudicial são equiparados aos servidores públicos para os efeitos de que trata o art. 37, § 6º, da CF. Comprovado que o oficial do cartório imobiliário forneceu certidão negativa inexata, possibilitando a realização do negócio desastroso, estão firmadas a existência do dano a terceiro e a relação de causa e efeito com o ato do funcionário" (*Revista da Associação dos Magistrados do Paraná* – 42/132).

Todo o cidadão capaz é simultaneamente sujeito de direitos e deveres, sendo responsável por seus atos. Descumprindo obrigações que contraiu ou a que estava adstrito por força de lei, arcará com as respectivas conseqüências. Como responsável pela ofensa ou violação do direito de outrem, seus bens devem garantir a reparação do dano causado. Os arts. 186 e 942 do Código Civil substanciam tal preceito, que transcende os lindes de simples regra de Direito Civil, por ser matéria de teoria geral do Direito, presente nos seus mais diversos ramos da ciência jurídica e social.

Note-se, contudo, que a Constituição da República trouxe importante inovação no particular. Em seu art. 236 dispõe que "os serviços notariais e de registro são exercidos em caráter privado, por delegação do Poder Público". Acrescenta o § 1º que a "lei regulará as atividades, disciplinará a responsabilidade civil e criminal dos notários, dos oficiais de registro e de seus prepostos, e definirá a fiscalização de seus atos pelo Poder Judiciário".

Em virtude dessa norma específica – art. 236, § 1º, da CF de 1988 – não responde mais o Estado por atos notariais, em face da caracterização dessa modalidade de serviço, exercido em caráter privado e por delegação do Poder Público (*Jurisprudência Mineira* – 107/216).

Para outros, porém, mencionada norma não exonerou o Estado de responsabilidade pelos danos causados por notários, no desempenho de suas funções, exercidas em caráter privado, "mas evidentemente públicas, até porque delegadas" (*RJTJRS* – 175/368).

São constitucionais os dispositivos que permitem ao funcionário participar do processo movido contra o Poder Público, já que este, quando executado por ilícito de seu servidor, face ao princípio da regressividade, tem o direito de exigir do agente aquilo que pagou ao lesado. Trata-se de regras que vêm de Constituições anteriores, e que não revogaram em nada o conteúdo do art. 186 do Código Civil. Apenas afirmaram a responsabilidade em razão da culpa. A pessoa prejudicada por conduta de funcionário público negligente, imprudente, imperito ou doloso, tem, pois, a opção de acionar ou o Estado, ou o lesante, ou ambos conjuntamente.

Na responsabilidade objetiva a relação causal se estabelece entre o evento e o dano, e não entre a culpa ou dolo e o dano. A perquirição da culpa do agente só interessa à Administração, com vistas à ação regressiva, competindo ao proponente da indenizatória o ônus de provar que o causador do dano se encontrava no exercício da função pública.

7.5. Perdas e danos e apreensão ilegal de veículo pela polícia

É consabido que, tratando-se de veículo furtado ou roubado, a autoridade policial tem o poder e o dever de apreendê-lo, restituí-lo ao dono, e indiciar o larápio em inquérito. Entretanto, nem sempre isso é tarefa de fácil execução. A própria estrutura do aparelhamento policial muitas vezes faz com que essas obrigações sejam cumpridas apenas em parte. Assim, não raro os veículos são apreendidos por simples suspeita de furto, sem a menor formalidade, sem inquérito e sem processo. Não raro, também, tais veículos, assim chegados às mãos dos policiais, por eles são utilizados publicamente, em serviços particulares e oficiais, quando inclusive chegam a participar de acidentes com danos materiais e pessoais de grandes proporções. Nesses casos, evidente é que a apreensão por simples suspeita e sem formalidade legal jamais poderá subsistir. O Estado deve ser responsabilizado pela ilegalidade, competindo-lhe responder pelas perdas e danos causados ao cidadão, e reintegrá-lo na posse de que foi ilegalmente despojado.

O possuidor tem direito a ser mantido na posse em caso de turbação, e restituído no de esbulho, garante o art. 1.210 do Código Civil. A proteção possessória funda-se na própria posse e tem amparo inclusive na lei máxima, que "garante a propriedade em toda sua plenitude, necessidade econômica que isso é para as sociedades civilizadas de populações compactas, e o Código Civil contém os princípios de realização da promessa constitucional. Mas a posse é propriedade atualizada, propriedade exteriorizada, propriedade visível e, portanto, até a ela se estende o alcance da garantia; a proteção dela é o complemento necessário da proteção da propriedade. É um complemento facilitador da prova da propriedade. Em cada pequena turbação, se tivesse o proprietário visível de provar a sua propriedade, esbarraria num diabolismo, tendo de levar até o primeiro ocupante as suas investigações históricas e a garantia constitucional estaria de fato aniquilada" (Código Civil Brasileiro Interpretado – VII/88 – Carvalho Santos).

A finalidade da ação é recompor a quebra do direito, é restabelecer o esbulhado em sua situação anterior ao esbulho. Por isso não é somente restituído na posse do automóvel, mas também ressarcido dos prejuízos que o esbulho lhe acarretou. As lesões da posse equiparam-se a atos ilícitos, obrigando o esbulhador à reparação mais completa possível, inclusive custas e honorários. A jurisprudência assim tem entendido: "Ação de reintegração de posse. Veículos apreendidos pela polícia sob suspeita de furto. Falta de inquérito ou processo-crime. Perdas e danos. Responsabilidade do Estado" (*Jurisprudência Catarinense* – 39/113).

Já doutrinava Pedro Lessa que, sempre que um cidadão sofrer em conseqüência do funcionamento regular ou irregular de um serviço público, interessado no interesse coletivo, o ressarcimento é devido ao particular, pelo Estado. Aí tem-se um corolário lógico do princípio da igualdade dos ônus e encargos sociais (Do Poder Judiciário – p. 165). E nem poderia a administração ser isenta do dever de indenizar, pois essa isenção seria um contra-senso, seria o mesmo que ignorar que o funcionamento da responsabilidade civil e o princípio de que toda a lesão de direito deve ser reparada, todo o dono ressarcido, e que o Estado, tendo por função principal realizar o direito, não pode chamar a si o privilégio de contratar no seu interesse esse princípio universal de justiça (Clóvis Beviláqua – Código Civil Comentado I/211).

Só quando o Poder Público acionar regressivamente seu funcionário é que o elemento subjetivo passa a ser considerado. Significa isso que, se a toda evidência o servidor não tiver obrado nem com culpa nem com dolo, na produção do dano patrimonial que a Administração satisfez, não será ele legitimado passivo para a demanda regressiva. A responsabilidade civil da Administração independe, pois, da culpa de seus prepostos, a qual somente passa a ser perquirida na ação de regresso, proposta para fins de reembolso do que foi despendido. Todavia, inaplicável é no particular a teoria do risco integral. Se a vítima participou com culpa no evento danoso, ou se deu causa a ele de forma única ou exclusiva, conforme o caso, a responsabilidade estatal será atenuada ou excluída.

Consulta à doutrina adverte ser indispensável sempre apurar "se os atos danosos são praticados por alguém que esteja realizando uma atividade inerente a um órgão estatal, ou execute uma função ou um serviço que seja próprio do estado, ou lhe compita" (Caio Mário da Silva Pereira – Instituições de Direito Civil – I/577).

No mesmo sentir Hely Lopes Meirelles refere que "o essencial é que o agente da administração haja praticado o ato ou a omissão administrativa no exercício de suas atribuições ou a pretexto de exercê-las" (Direito Administrativo Brasileiro – p. 626). Para Yussef Said Cahali, de igual, "interessa, para a determinação da responsabilidade do Estado, encontrar-se o funcionário no exercício da função pública, quando da causação do dano. O que sobreleva, para a vinculação da responsabilidade do órgão administrativo, é o fato de ter tido a oportunidade para a prática do ato ilícito ensejada pela sua condição de funcionário. Sempre que a condição de funcionário tiver contribuído de algum modo para a prática do ato danoso, ainda que simplesmente lhe proporcionando a oportunidade para o comportamento ilícito, responde o Estado pela obrigação ressarcitória" (Responsabilidade Civil do Estado – p. 59).

Conseqüentemente, igualizando-se a conduta do policial à de um particular, se o dano causado o foi em situação estranha ao serviço, o Poder Público não responderá pelo resultado. A par do nexo causal e do dano, de mister, ainda, que o funcionário tenha agido nessa qualidade. Se em nada cooperou para o dano a condição de policial, não há como responsabilizar a Administração.

Lembra Cahali em sua obra anteriormente invocada, episódio decidido pela corte maior, nos idos de 1979: um policial-militar fardado ataca veículo particular, pedindo carona. Obtido o favor, mata o proprietário-condutor, apoderando-se do automóvel. Nesse incidente fatal foi condenada a Administração ao ressarcimento, por força da presunção de segurança que um policial fardado e armado proporciona ao cidadão do povo. Entende-se aí que o Estado é responsável se o agente, em se aproveitando dessa aparência, produz dano em particular.

7.6. Perdas e danos e direitos do encarcerado

A prisão por tempo superior ao previsto na lei ou sentença condenatória caracteriza constrangimento ilegal, remediável através de *habeas corpus*. O direito à vida e à liberdade é o direito mais sagrado do cidadão, motivo pelo qual na carta de guia do condenado deve constar obrigatoriamente a data do término da pena. É obrigação do Poder Público zelar pelo fiel cumprimento dessa carta, e pela integridade da vida e da liberdade do detento, liberando-o assim que findar a apenação. Não o providenciando na hora certa, tipifica-se a coação ilegal. Por outra, ao Estado compete usar o seu aparato de meios e de funcionários, tutelando os reeducandos que lhe são confiados, devolvendo-os à liberdade no tempo exato determinado pelo Judiciário. Não o fazendo, será responsável pela indenização respectiva. Ainda que o preso não tenha emprego fixo ao ser recolhido, alguma atividade deveria estar exercendo. Na falta de elementos seguros, em face da ilegalidade de que foi alvo, costuma-se fixar-lhe o montante indenizatório em valor equivalente a um salário mínimo. Apesar de módico ou modesto, esse *quantum* tem sido reputado como um mínimo satisfatório nas circunstâncias. Assim, se o excesso prisional chegou a um ano, terá direito a doze valores iguais a um salário mínimo vigente à época do efetivo pagamento pelo Poder Público. O dano sofrido e indenizado, na hipótese em exame, é o dano moral, que merece pleno ressarcimento assim como o tem assegurado o dano patrimonial.

Suponha-se que o preso tenha perecido no cárcere, em decorrência de brigas entre detentos, ou até por simples acidente que lhe tirou a vida. Estabelecida a causalidade entre a conduta da Administração e o resultado lesivo, desinteressa a perquirição da culpa. O comportamento do Poder Público aí é considerado objetivamente, com deslocação do ônus probatório. À Administração incumbe provar a sua inimputabilidade, ou seja, que não agiu com imprudência, negligência ou imperícia. Sua responsabilidade só fica arredada se mostrar que o fato se deu por culpa exclusiva da vítima, ou que se situa na órbita da fortuidade. Improvada qualquer causa exonerativa, a responsabilização se impõe de forma objetiva, assim como previsto no art. 37, § 6°, da Constituição da República. A reparação por morte de prisioneiro em estabelecimento correcional por outros sentenciados, e a responsabilidade objetiva do Estado e seu dever de indenizar têm sido reconhecidos reiterada e pacificamente pelos tribunais do País. Desimporta a natureza dos danos acarretados por culpa *in vigilando* da Administração, visto que todos merecem reparação civil. A lei tutela o interesse moral e, portanto, o direito nele consubstanciado, não havendo por que deixar de reconhecer-lhe a responsabilidade em caso de violação. Como lógico e jurídico corolário, não há também negar-se-lhe a autonomia da reparação, como hoje consagrado na doutrina e na jurisprudência (*Revista Trimestral de Jurisprudência dos Estados* – 38/240).

É esse o alcance da responsabilidade civil do Poder Público, seja da União, do Estado ou do Município, ou de suas autarquias: "Pessoa mantida encarcerada além do tempo a que fora condenada. O Estado é responsável pela reparação devida a quem permanece preso além do tempo a que fora condenado. A circunstância de o prejudicado não ter intentado desde logo a medida judicial cabível, para recobrar a liberdade, não pode ser erigida em causa de culpa concorrente pelo dano. A indenização do dano moral é admitida pelo direito brasileiro" (*RJTJRS* – 113/367). "Na morte em conseqüência de acidente sofrido em xadrez de delegacia de polícia há responsabilidade objetiva da administração. A teoria hoje dominante é a que baseia a responsabilidade do Estado, objetivamente, no mau funcionamento do serviço, independentemente da culpa do agente administrativo" (*RJTJRS* – 96/451 – 98/437).

Em linha de princípio não difere a situação de quem morre preso ou retido em prédio público devorado pelo fogo. Se um estabelecimento público se incendeia, com pessoas em seu interior, que chegam a morrer tragadas pelas chamas, a Administração Pública é responsável pela indenização aos dependentes, se não houver comprovação de fortuidade ou de culpa exclusiva da vítima. Os problemas de conservação, de defeitos de instalação elétrica e de atos de alguém atear fogo são fatos atribuíveis à precariedade de vigilância, à "falta de serviço". A falta de vigilância e conservação, ou mesmo a permissão para entrar e conservar-se em local tão perigoso, leva ao dever de reparar os prejuízos daí defluentes, máxime em caso de confissão de culpa externada pela entidade pública.

Todavia, improvados os motivos da presença da vítima no local, apesar da proibição, ou se ela ingressou sob efeitos de álcool ou outra droga, ou por qualquer espécie de culpa, há possibilidade de se partilharem as responsabilidades, com redução do ônus do ente público, em vista da culpa concorrente. Exemplificando, se a Municipalidade confessa em sua contestação que a vítima se encontrava no local, por ter burlado a vigilância, *ipso facto*, confessa a deficiência de sua guarda, ou a culpa *in eligendo* e *in vigilando*. Não provada a razão da vítima no local, contra a proibição existente, esta igualmente concorreu com culpa. Por isso mesmo a culpa é partível ou distribuível, "em face dos condicionamentos atuantes do resultado, com plena prova de relação de causa e efeito entre esse e o fato danoso" (*RJTJRS* – 100/293).

A polícia de todo o país, em sua difícil missão de combater o crime, e no afã de conter os criminosos, vezes sem conta extravasa dos limites traçados pela lei. Freqüentemente chefes de família são alvejados por tiros, depois espancados e torturados até falecerem. As circunstâncias de ocorrências dessa natureza desautorizam admitir que os policiais agiram em legítima defesa, no estrito cumprimento do dever legal, ou no exercício regular de um direito. Na ausência dessas eximentes, outra alternativa não há para o Estado, do que ressarcir os familiares da vítima.

Aos presidiários são reconhecidos numerosos direitos, os quais, uma vez violados, geram a responsabilização do Poder Público. Também a eles a Carta Magna assegura a inviolabilidade dos direitos concernentes à vida, à liberdade dentro dos limites do cárcere, à segurança e à propriedade. A Lei Maior resguarda a sua integridade física e moral. "A poluição do cárcere com seus sectários inúmeros, determinando traumas e doenças mentais no sentenciado, constituem o dano moral, ofensa ao preceito constitucional, também indenizável desde que devidamente comprovado. É a mais completa possível a indenização estatal, com juros e correção monetária, que surge com o dano injusto ao sentenciado, sob o enfoque da teoria do risco administrativo, porque somente assim deixa o sentenciado de ser, apenas, um sujeito de obrigações, para ser também, especialmente, um sujeito de direitos" (*Justitia* – 78/147).

7.7. Perdas e danos e rebaixamento de nível de rua pela administração

Na exegese do art. 37, § 6º, da Constituição da República há consenso geral quanto à obrigação de indenizar que a administração tem, em decorrência da realização de obras públicas. Um desses casos que freqüentemente ocorre, máxime nos municípios novos e nos de franco desenvolvimento, é a alteração do nível das vias públicas. Se tais obras acarretarem perdas e danos a prédios já construídos sob licenciamento e fiscalização da municipalidade, o particular fará jus à respectiva reparação. O conceituado municipalista Hely Lopes Meirelles, ao versar a matéria pertinente aos prejuízos advindos da realização de obras públicas, assevera que, "diante do preceito constitucional a responsabilidade da administração pelos danos da obra pública particular surge do só fato lesivo da construção, sem necessidade de se comprovar a culpa do poder público ou de seus agentes e auxiliares, bastando que o lesado demonstre o nexo causal entre a obra e o dano suportado" (Direito de Construir – p. 347). Em outras de suas obras, o mesmo tratadista se refere à lesão ao patrimônio dos administrados, proveniente de "fatos administrativos", ou seja, da realização de obras ou serviços públicos, afirmando: "Dentre os fatos administrativos que mais freqüentemente causam danos a serem indenizados pela administração, podemos lembrar o rebaixamento ou a elevação da via pública urbana; os acidentes de veículos da prefeitura; o rompimento de galeria de águas e esgotos" (Direito Municipal Brasileiro – p. 172).

Também Aguiar Dias expõe que a responsabilidade civil do Estado pelos danos originados da execução de obras públicas é manifesta e reconhecida sem qualquer oposição. Especificamente na letra "d" de sua obra extraordinária, p. 276, faz menção aos "danos conseqüentes à mudança de nível de via pública" (Da Responsabilidade Civil – 2/276). Essa posição doutrinária coaduna-se perfeitamente com a de outros países, bastando a propósito evocar a lição de Júlio Altamira Gigena, professor da Universidade de Córdoba, que assim discorre sobre o tema: "Os tribunais poderão fixar o montante da indenização pelos danos e prejuízos que essa modificação de nível haja causado aos proprietários fronteiros, porque sua propriedade estará sobre o nível da calçada ou debaixo da mesma. É necessário advertir que o proprietário poderá solicitar indenização dos danos causados quando a mudança de nível se deva a um erro ou negligência dos funcionários ('faute personnelle') e da administração ('faute de service'), ou quando dita modificação haja sido ordenada em virtude de novas normas de urbanismo. Em troca, não corresponderá indenizar quando o proprietário haja construído sua casa sem haver obtido, da autoridade competente, o nível correspondente" (Responsabilidad Del Estado – p. 180).

A alteração do nível de rua é ato lícito. Decorre de obras de urbanização, úteis e necessárias para a coletividade, que visam ao bem comum e são custeadas por todos os munícipes. Não há cogitar-se, de conseguinte, de culpa da administração, com fulcro no art. 186 do Código Civil. Quando a execução proporcionar danos a alguém, à propriedade de um cidadão, evidente é que terá direito ao justo ressarcimento dos prejuízos que sofreu por obra do Poder Público. Assim, a reparação decorre de um ato lícito da Administração, mas enseja e justifica reparação ao particular, quando for o caso. "Ao município é lícito, com vistas ao bem comum, alterar o nível das ruas públicas, mas deve ressarcir ao particular pelos danos que a obra pública ocasionar em prédios já existentes, construídos sob licenciamento e regular aprovação da prefeitura" (*RJTJRS* – 81/399 – *RT* – 229/130 – *Revista Forense* – 237/230).

A reparação devida pode ir desde a reconstrução inteira de prédio demolido, como conserto por fissuras e rachaduras, depreciação do imóvel, construção de muros de arrimo, colocação de pastilhas, azulejos, reforços, etc., e outras obras emergenciais e de proteção. Inadmissível seria que o particular prejudicado não tivesse ao seu dispor mecanismos para obter recomposição das perdas e danos sofridos. Como simples meio através do qual a sociedade possa atingir seus fins, tem obrigação de visar ao bem comum e de não causar danos aos súditos. "Ao lado da atividade jurídica o Estado possui uma atividade social que poderá exercer dentro de certos princípios básicos: a ação social deve ser supletiva da atividade dos indivíduos; deve ter em mira o bem comum, e não o interesse individual ou de grupos, e não deve ocasionar o sacrifício do direito de quem quer que seja" (Mário Masagão – Curso de Direito Administrativo – p. 44).

7.8. Responsabilidade do estado na aquisição e registro de veículo furtado

O registro e o licenciamento de veículo não comprovam sua propriedade. Ao adquirente incumbe acautelar-se e bem verificar a procedência e a correção e legitimidade dos documentos respectivos. Não se afigura fundamental ao aperfeiçoamento do contrato de compra e venda o certificado de registro. Este, a par de não ser prova de domínio, objetiva centralizar o controle dos veículos, para fins de identificação, e para o efeito de responsabilizar pelos tributos e infrações concernentes ao trânsito. O registro e licenciamento condizem com a regularidade formal e posterior da documentação, para fins de circular.

O contrato de compra e venda de automóvel usado não difere substancialmente dos demais contratos. Também nele o vendedor se compromete a entregar e a garantir ao comprador a efetividade do direito sobre o bem, fazendo boa e firme a venda, sem nenhum vício ou irregularidade. Por outra, a tradição do veículo envolve também os atos jurídicos tendentes a colocar o adquirente em posição apta a exercitar o direito que lhe compete. A responsabilidade advém do ato aquisitivo, que é uma transação na qual o Estado não intervém. O registro e o licenciamento não têm o condão de convalidar vícios preexistentes na relação jurídica de compra e venda do automóvel. Ainda que algum funcionário do Detran forneça certificado de registro ao arrepio da lei, o fato não compele o Estado a ressarcir o adquirente. O registro na repartição respectiva não representa garantia de procedência legítima do carro. Se este vier a ser apreendido por tratar-se de *res furtiva*, a indenização deve ser pleiteada do vendedor, e não do Poder Público, vez que a responsabilidade aí não decorre de fato culposo do Estado, não se visualiza relação de causalidade, e o dano promana do ato do próprio comprador.

No adequado pensar de Martinho Garcez Neto, "ninguém compra, de boa-fé, ainda que por preço justo, um automóvel, sem exigir do vendedor a prova da propriedade, a menos que, conhecendo o alienante, tenha segurança absoluta de sua idoneidade, porque, do contrário, sabe que pode estar comprando um objeto furtado ou roubado. E positivamente, um simples registro na inspetoria de veículos não é, nem nunca foi prova de propriedade de um automóvel. Logo, quem se precipita na aquisição, sem observar as cautelas mais elementares, usuais do negócio e recomendáveis conforme o caso, não se pode dizer logrado, nem responsabilizar a outrem. Deve arcar com as conseqüências de um erro que é só seu e de mais ninguém" (Obrigações e Contratos – p. 202).

Firme a respeito também é a jurisprudência, ao frisar que, na aquisição de veículo subtraído e registrado no Detran, "de rigor não é o Estado parte legítima para figurar no pólo passivo da ação, porque não esteve presente, não autorizou, mas ratificou a relação jurídico-material e negocial da compra e venda do veículo automotor (art. 481, do CC), decorrendo sua intervenção, apenas, em plano posterior, para registrar e licenciar o veículo, situação de aspecto meramente formal que autoriza a circulação e diz com condicionantes de segurança, equipamentos necessários e perfeito funcionamento do veículo, no interesse do bem comum. Em suma, o registro e licenciamento não convalidam eventuais vícios ou defeitos anteriores que contaminaram a relação jurídico-material da compra e venda, podendo emergir estes sem que o Estado seja chamado a responder por que, na transação, não foi parte, nem anuiu, de qualquer modo, para garantir a correção da mesma" (*RJTJRS* – 119/355).

Ressalvando a situação do servidor estadual que efetua o registro, o Tribunal de Justiça de Santa Catarina tem salientado através de uma de suas câmaras: "Não participando o funcionário no ato do furto, pois não foi o vendedor do veículo, cabendo ao comprador, de outro lado, usar de cautelas quando da aquisição de veículos usados, não é devida ao Estado a obrigação de indenizá-lo, quando apreendida a *res furtiva*. O certificado de registro de veículo não é essencial ao aperfeiçoamento do contrato de compra e venda, nem constitui prova de domínio, tendo a finalidade de identificar os veículos e seus responsáveis quanto à cobrança de tributos e multas " (*Jurisprudência Catarinense* – 47/189).

Na verdade, a intervenção estatal só ocorre em fase posterior à transação, ao ensejo do licenciamento e da transferência do registro. Tais atos visam unicamente a autorizar a circulação, consoante art. 108 do Decreto nº 62.127/68, e submeter o automóvel a uma prévia vistoria, com vistas à segurança, disponibilidade de equipamentos obrigatórios e perfeito funcionamento, *ut* art. 121 do mesmo diploma.

Descabe aí pensar-se em fraude ou responsabilidade do Poder Público, se a atuação de seu agente só ocorreu em momento posterior a todos os atos ensejadores do comércio realizado, e concretizados unicamente entre as partes contratantes. Se o preposto do Estado em nada contribuiu na concretização do negócio da coisa furtada, não há como enquadrar a administração na relação processual. A demanda deve ser intentada exclusivamente contra o vendedor, pena de ser julgada totalmente inexitosa.

7.9. Perdas e danos e tombamento de bens particulares

Nossa lei coloca sob a égide especial do Poder Público os documentos, obras e locais de valor histórico ou artístico, os monumentos e paisagens notáveis, e as jazidas arqueológicas. Essa proteção oficial manifesta-se precipuamente através de tombamentos com inscrição em livro próprio, ou seja, por meio de declaração do Poder Público – União, Estado ou Município – do valor artístico, histórico, cultural, científico ou paisagístico das coisas que devam ser resguardadas por seu conteúdo intrínseco. A medida opera-se dentro dos parâmetros da legislação federal pertinente, resguardada a matéria relativa ao peculiar interesse.

Classifica-se o tombamento em provisório e definitivo. O tombamento provisório deve tornar-se definitivo no prazo fixado pela lei ou, na sua omissão, em tempo razoável, pois a inércia da Administração em procrastinar prestação de serviço a que legalmente está obrigada constitui abuso de poder, corrigível através de mandado de segurança.

Não raro, sob o pretexto de preservar prédios de valor histórico, as autoridades simplesmente tombam imóveis particulares, deles se apoderando, sem previamente desapropriá-los e sem indenizar os respectivos danos. Nossa legislação expropriatória reputa a preservação e a conservação dos monumentos históricos e artísticos, e a proteção de paisagens e locais particularmente dotados pela natureza, hipóteses de utilidade pública, para fins de expropriação. Terá o ente público o dever de ressarcir o proprietário sempre que o tombamento por ele efetuado acarretar esvaziamento econômico da coisa tombada. Por outra, somente se eximirá dessa obrigatoriedade quando o ato oficial não impedir o uso normal da coisa segundo a sua destinação costumeira, e se não afetar o seu conteúdo econômico. Desde que o titular do domínio se veja despojado da utilização normal da coisa ou da exploração natural do bem, na forma que a vinha exercendo, a indenização será inafastável. E nesse particular, como sabido, em se tratando de imóvel, a reparação será a mais completa possível, somando-se ao justo valor dos bens os lucros cessantes e os danos emergentes, oriundos da privação do uso da coisa tombada. No dizer de Seabra Fagundes, o não fazer o que deve ser feito por força de lei é tão violador do princípio da legalidade quanto fazer aquilo que a lei proíbe. Quando a inércia da Administração acarreta prejuízo ponderável para o administrado, dá lugar à reparação (*RDA* – 49/225).

Implicando o tombamento interdição de uso, a coisa exigirá por parte da autoridade a expropriação e o respectivo ressarcimento. O contrário sucede com aqueles bens, inclusive imóveis, como ordinariamente acontece com os templos, que inobstante tombados continuam com os seus cultos e destinações habituais. Daí salientar Carlos Medeiros Silva que o tombamento compulsório que importe a negação ou a restrição total do direito de propriedade não se pode praticar sem a desapropriação, acompanhada do ressarcimento respectivo (*RDA* – 67/248).

Apontando esta realidade, com a autoridade que lhe é própria, Hely Lopes Meirelles ensina ser obrigatória a reparação dos prejuízos causados pelo Poder Público, quando o tombamento não se constituir apenas em limitação administrativa, mas em verdadeira interdição da propriedade privada. E exemplifica dizendo que o recuo de alguns metros das construções em terrenos urbanos configura mera limitação administrativa gratuita, aduzindo logo a seguir: "Mas, se esse impedimento de construção atingir a maior parte do terreno, tornando a área inconstruível, deixará de ser limitação para ser interdição de uso da propriedade e, nesse caso, ficará o poder público obrigado a indenizar a restrição que aniquilou o direito dominial e suprimiu o valor econômico do bem. Pois ninguém adquire terreno urbano em que seja vedada a construção, como também nenhum particular adquire terras ou matas que não possam ser utilizadas economicamente, segundo a sua destinação normal" (Estudos e Pareceres de Direito Público – 2/167).

De visto, sob qualquer prisma que se focalize a matéria, emerge como irretorquível o direito ressarcitório do proprietário que direta ou indiretamente tiver despojado de valia econômica o seu bem móvel ou imóvel, em virtude de tombamento feito pelo Poder Público. A privação do uso ou da exploração enseja a necessidade de expropriar e de pagar o justo valor, na forma da lei, ou seja, a mais integral possível. O tombamento representa uma limitação administrativa e uma intervenção pública na propriedade privada. Como efeito dessa intervenção os poderes inerentes à titularidade dominial são vulnerados, máxime quando a administração não desembolsa justa indenização. A indenizabilidade pressupõe prejuízo econômico resultante de compressão de direito, sendo de mister a confluência do sacrifício de um direito e do agravo econômico ou perda a ser suprida.

Nem sempre, pois, o tombamento produz dever de reparar. Situações há em que, embora existindo o fato, não existe o dano econômico. Inocorrendo prejuízo ou dano patrimonial, nada há para ressarcir. Aliás, podem surgir hipóteses em que o tombamento dos imóveis mantém seu valor venal ou até o eleve, valorizando-o consideravelmente. Como exemplo disso temos os tombamentos ultimamente realizados em diversas cidades brasileiras, em virtude de seu extraordinário conteúdo histórico e artístico. Trata-se de imóveis que oferecem grande importância e valia para o patrimônio histórico e artístico de toda a humanidade. Confere-se, em tais circunstâncias, um tratamento jurídico uniforme a todos os prédios da cidade, ou de parte dela, os quais com o ato administrativo não chegaram a perder, mas conservaram ou até aumentaram o seu valor de mercado. Em casos que tais excepciona-se a regra comum no sentido de que o tombamento sempre gera obrigação de ressarcir.

Faz-se desnecessário o prévio tombamento do bem, para que este seja protegido por meio de ação civil pública, eis que possível é a proteção também relativamente ao bem cultural não tombado. A Lei nº 7.347/85 não contém nenhuma referência a tal necessidade. Mas se em decorrência da ação civil pública julgada procedente resultaram restrições ou prejuízos à propriedade da coisa ou ao seu uso, embora não tombada, o Poder Público deverá arcar com a indenização devida ao particular. O cabimento da reparação poderá ser objeto de análise na própria demanda civil pública, e nela também poderá ser determinado o *quantum* a pagar, se o dono ou utente acionado denunciarem à lide a entidade estatal respectiva.

Exigir o tombamento para posterior defesa em juízo implicaria obstacularizar e tornar inócua em muitas hipóteses a proteção jurisdicional, "pois se só bens tombados (definitiva ou provisoriamente) pudessem ser protegidos pela ação civil pública, por absurdo nem mesmo uma cautelar, destinada a impedir um dano iminente, poderia ser proposta, se o bem não estivesse tombado. Frustrar-se-ia o escopo da lei, que incluiu não só a reparação do dano, como sua prevenção! Além do mais, partindo do raciocínio de que o bem tenha valor cultural para a comunidade, titulares desse interesse são os indivíduos que compõem a coletividade (por isso que o interesse é difuso). Ora, interesse difuso é transindividual e, portanto, é uma soma de interesses individuais. Seria inconstitucional impedir o acesso ao Judiciário para proteção contra lesões a interesses individuais (ainda que sob a forma difusa), quando não há exigência de lei alguma condicionando a defesa do patrimônio cultural ao prévio tombamento administrativo do bem! Este é apenas uma forma, não a única forma de regime especial de proteção – e apenas administrativa – que um bem de valor cultural pode ensejar" (Hugo Nigro Mazzilli – A Defesa dos Interesses Difusos em Juízo – p. 35).

7.10. Perdas e danos e competência em ação contra magistrado federal

A responsabilização civil do juiz tem apoio na lei. O art. 133 do CPC consigna que ele responde por perdas e danos, nas hipóteses que especifica, e o art. 49 da Lei Complementar nº 35 – Lei Orgânica da Magistratura Nacional – repete o teor da disposição processual. A responsabilidade objetiva do Estado, fundada na teoria do risco, pelos prejuízos causados a outrem por seus funcionários enquanto no exercício de suas funções, coexiste com a responsabilidade judicial, na forma prevista nos textos legais.

A demanda indenizatória fulcrada em ato doloso ou culposo pode ser intentada contra o servidor e o Poder Público, só contra o ente público, ou só contra o funcionário. No último caso, a solução da causa não criará direitos nem obrigações para a Administração, que nem sequer é acionada. Todavia, se como parte o Poder Público for condenado a desembolsar qualquer importância ressarcitória, em decorrência de conduta ilícita de seu servidor, ele terá a seu dispor ação regressiva contra este. Sendo ele um magistrado, responderá por seu ato, eis que obrigado a ministrar justiça em conformidade com a lei, sem prejudicar ninguém. A violação desse dever implica a obrigatoriedade de ressarcir o dano causado.

A questão da competência, nesta área, tem-se revelado fator de procrastinações e demoras na prestação jurisdicional, com graves prejuízos a quem a pediu perante o órgão competente. Em data recente, o Supremo Tribunal Federal apreciou ocorrência que bem retrata esta realidade: uma senhora foi vítima de erro em reclamatória trabalhista, onde o reclamante equivocadamente confundiu seu nome com outro parecido, de uma sócia de sua empregadora, a reclamada. Por indicação do reclamante, o juiz trabalhista determinou a penhora de ações relativas ao aparelho telefônico desta senhora, levando-as posteriormente a leilão. Conseqüentemente a isso, a empresa pública estadual concessionária dos serviços de telefonia desligou o aparelho. Tentando restabelecer a linha junto à companhia de telecomunicações, descobriu a incidência da penhora, com intimação da sócia, e não de sua pessoa, fato que a impediu de embargar oportunamente. Por isso acionou o autor da ordem constritiva e a companhia de telecomunicações, conjuntamente, através de cautelar inominada, objetivando com a providência a religação do telefone e o aforamento posterior da demanda principal.

Distribuída a ação preparatória a uma vara cível, o seu titular declinou da competência para uma das varas fazendárias, onde o magistrado entendeu rebelar-se a autora contra ato de autoridade judiciária do trabalho, que ele, como julgador de primeiro grau, não poderia desconstituir ou modificar, declarando incompetente para a espécie a vara da Fazenda Pública. Interposto recurso, a instância superior também achou que, por tratar-se de apreciação da responsabilidade funcional de decisor federal, a questão escaparia à competência da Justiça comum (*RJTJRS* – 104/334). Remetidos os autos à Justiça Federal, é suscitado conflito negativo de jurisdição, cabendo ao Supremo Tribunal Federal a última palavra sobre o tema, e o chamamento do processo à ordem e ao início de sua tramitação.

Não há dúvida de que a pessoa prejudicada tinha a possibilidade jurídica de acionar a União exclusivamente, ou como litisconsorte do juiz federal, e que preferiu fazê-lo só contra este último. Tal alternativa afastou o interesse da União Federal. A competência da Justiça Federal firma-se por força da participação no feito da União Federal ou suas autarquias, na condição de ré, autora, assistente ou opoente. Claro que à colenda Justiça do Trabalho desfalece competência para julgar a causa de responsabilidade civil, muito embora figure no pólo passivo da demanda, como sujeito passivo, um magistrado trabalhista.

De qualquer sorte, não sendo demandada a União, nem sendo ela litisconsorte necessária, não há como persuadi-la a compor perdas e danos. Proposta a ação somente contra o juiz, "sem que a União seja demandada como ré ou litisconsorte, nem compareça como assistente ou opoente, nem se induza existência de seu interesse jurídico na solução da demanda, não há como estabelecer a competência da justiça federal para o caso, haja vista o disposto no artigo 125, I, da Constituição Federal. Resulta inquestionável a competência da justiça comum estadual para conhecer da ação principal e, conseqüentemente, por força do artigo 800 do CPC, da medida cautelar preparatória" (*RT* – 615/204).

Em tais circunstâncias, o julgamento da espécie compete à Justiça comum estadual, mais precisamente a uma de suas varas fazendárias, segundo dispuser a respectiva organização judiciária, por ser litisconsorte passiva uma empresa mista estadual. Segundo a letra da ementa redigida pelo Supremo, "competente é a Justiça Comum Estadual para conhecer de medida cautelar preparatória de ação de perdas e danos contra juíza trabalhista, por prática ilícita prevista nos arts. 133 do CPC e 49 da Loman, não assumindo a União posição de ré, litisconsorte, assistente ou oponente. Conflito de jurisdição conhecido para declarar a competência da Justiça Estadual" (*RTJ-STF* – 121/460).

7.11. Perdas e danos decorrentes de ato legislativo

A responsabilidade do Estado por ato legislativo é tema de suma importância e que tem agitado os estudiosos do assunto. Se o fato gerador de um dano for a lei, o prejudicado terá direito a ser indenizado? De regra a lei é abstrata, caracterizando-se por sua impessoalidade e generalidade. Destina-se a disciplinar as situações jurídicas de todos os cidadãos, sem particularizar ou individualizar. Não se endereça a um ou a uns poucos, mas a todos os administrados.

De outra parte, será inconstitucional a lei quando ela total ou parcialmente ofender a Constituição, quando não se conciliar com algum dispositivo da Carta Maior. Inconstitucional ainda será considerada a lei que na sua elaboração tiver infringido o trâmite regular, inobservando o *iter legis* traçado na própria Carta Magna, desde o seu projeto até a sua promulgação. A Constituição da República é a lei formal por excelência, diante da qual se curvam todos os outros diplomas legais. Seu texto tem por base a soberania nacional e cria o Direito de forma originária. Ainda que a lei constitucional acarrete danos a particulares, não obriga o Estado a indenizar, em virtude de sua generalidade e impessoalidade, exceto se capciosamente visar e atingir situações especiais e singulares. No momento em que deixar de ser geral e impessoal, não mais se dirigindo a todos os cidadãos, e na prática objetivar interesses ou penalizações de pessoas certas e identificadas, os prejuízos daí resultantes serão ressarcíveis.

As perdas e danos podem ser proporcionadas tanto por lei inconstitucional como por lei constitucional. Se esta última lesar *in genere* os seus destinatários, não há responsabilidade por parte do Estado, eis que os efeitos prejudiciais serão suportados por todos. Mas se prejudicar somente a um cidadão, ou a um número pequeno de pessoas, a lei constitucional na prática se desnuda dessa roupagem, para transformar-se em mero ato administrativo, não imune ao ressarcimento dos malefícios que vier a produzir. A responsabilidade estatal abrange as normas das constituições estaduais e de todas as leis ordinárias federais, estaduais e municipais, que eventualmente lesionarem terceiros. Admissível é, inclusive, o uso posterior do direito de regresso contra os legisladores, quando estes, excepcionalmente, com culpa ou dolo, tiverem redigido o texto causador das perdas e danos.

Expoentes da literatura jurídica de ontem e de hoje apontam esta realidade, salientando que a lei formal em tese, desde que constitucional, não empenha a responsabilidade estatal, vez que o dano perpetrado não onera um só cidadão, mas se divide entre todos aqueles sobre os quais incide. Sempre que a lei inconstitucional assim declarada pelo Poder Judiciário prejudicar o cidadão *uti singuli*, este terá direito a ser ressarcido. Por certo descaberá a reparação quando a atividade for ilícita, imoral ou contrária ao interesse público, ou se conflitar com os interesses maiores da nacionalidade. Todavia, inafastável será a indenização se o ato legislativo sacrificar interesses particulares, para proteger outros interesses particulares.

Segundo pensamento de Guimarães Menegale, toda vez que o ato legislativo ofender direito individual, "é lícito ao prejudicado chamar o Estado à responsabilidade pelo ato de um de seus poderes constituídos. Se o ato legislativo cuja aplicação por inconstitucionalidade se recusou, acarretou danos a alguém, caberá ao prejudicado, em seguida, propor ação por perdas e danos" (Direito Administrativo – p. 509).

Na mesma linha de raciocínio, Amaro Cavalcanti escreve que, após declarada inválida ou inconstitucional uma lei, "um dos efeitos da decisão judicial deve ser logicamente o de obrigar a União, Estado ou Município a reparar o dano causado ao indivíduo, cujo direito fora lesado quer restituindo-se-lhe aquilo que indevidamente foi exigido do mesmo, como sucede nos casos de impostos, taxas, ou multas inconstitucionais, quer satisfazendo os prejuízos provadamente sofridos pelo indivíduo com a execução da lei suposta" (Responsabilidade Civil do Estado – p. 511).

Igualmente, Themístocles Brandão Cavalcanti salienta que a nulidade da lei ou de alguns de seus artigos, por violação de garantias constitucionais, "justifica a responsabilidade, quando de sua aplicação resultar prejuízo patrimonial. É a conseqüência lógica da aplicação de uma lei que, no todo ou em parte, é inexistente, porque fere de frente a norma constitucional" (Tratado de Direito Administrativo – 1/437).

Idêntico ponto de vista ainda é manifestado, entre outros, por Aguiar Dias (Da Responsabilidade Civil – 2/138), e por J. Cretella Júnior (O Estado e a Obrigação de Indenizar – p. 55). Este último autor, com a grande autoridade que lhe é peculiar, sustenta que, mesmo na hipótese de a lei ser constitucional, se ela vier a enquadrar situações personificadas, o Estado deverá indenizar a quem com isso tiver resultado vítima de perdas e danos.

Tal fato não chega a tocar a noção de soberania, porque o responsável pela reparação no caso é a pessoa jurídica pública, como sujeito de direitos e obrigações.

De considerar também o regulamento, que pode ser ilegal, inconstitucional ou exorbitante. Se extrapolar, indo apequenar ou extinguir direitos, ou se de qualquer modo causar danos a outrem, estes são indenizáveis. Tanto no regulamento defeituoso como no formalmente correto, mas sem o requisito da generalidade, que atingir uma só pessoa física ou jurídica, o Poder Público será obrigado a responder pelos malefícios assim acarretados pelo diploma danoso, que deve pautar-se, *secundum legem*, da lei que regulamenta, sem jamais atuar *praeter*, *ultra* ou *contra legem*.

Medidas administrativas que são, os regulamentos e os decretos restringem-se a viabilizar a concretização da lei. Não geram responsabilidade para o Estado legislador, mas representam atributos do seu poder discricionário, e como tal se inserem na problemática geral da reparação de danos pela Administração. Tendo o decreto índole própria de execução, com capacidade de afetar direitos, como ato executório é atacável através de mandado de segurança. Aliás, o Supremo Tribunal Federal assim tem decidido constantemente, apesar da Súmula nº 266, cujo teor dispensa o absolutismo. Freqüentemente a impetração do *mandamus* endereça-se não contra a lei em tese, mas contra a sua aplicação errada, bem como contra atos omissivos, ou seja, atos que a Administração tem o dever legal de executar. Se o "writ" não é meio adequado para atacar a lei, constitui-se contudo em defesa eficaz do lesado pela execução do texto legal.

Especialmente no âmbito municipal são editadas leis que na realidade não passam de atos administrativos, ou que no máximo equivalem a leis apenas em sentido formal. Quando não é determinada norma de conduta, nem em abstrato, nem em geral ou particular, mas quando somente se impõe a realização de um ato, então não há lei em sentido material. É o que geralmente sucede com os atos administrativos de natureza complexa, que sob a forma de lei formal autorizam plebiscitos para a criação de municípios. Inexiste aí norma comportamental, lei substancial, mas lei no sentido apenas formal, que como ato administrativo pode ser atacado via mandado de segurança. Há que se distinguir, pois, os atos normativos que se limitam a editar regras ou comandos, daqueles outros que além disso encerram um caráter executório.

Diante do explanado, permitido é concluir pela responsabilidade do Estado não só em virtude de ato administrativo gerador de efeitos concretos, e de edição de lei danosa, imperfeita e inconstitucional. É responsável também por força de lei danosa constitucional e perfeita, revestida pelo manto da impessoalidade e generalidade, com aparência de regra geral e abstrata, quando na prática ela se endereça apenas a um ou a alguns administrados, atendendo os seus casos particulares.

Em remate, vale transcrever colocações feitas por Maria Emília Mendes Alcântara: Quando um ato legislativo pretexta impor limitações gerais, e acaba impondo sacrifícios de direitos, "não há de se argumentar que a lei é geral, abstrata e impessoal, visto que, em relação aos atingidos por esses sacrifícios, a lei em causa se apresenta com caráter de concreção, permitindo pois a reparação patrimonial. Se a inconstitucionalidade do ato legislativo tiver caráter irrelevante na verificação do dano, que sobreviria de qualquer forma, fosse a lei constitucional, há que se lhe dar o tratamento de ato constitucional lesivo, não sendo exigida a declaração de inconstitucionalidade como um *prius* necessário à ação de responsabilidade do Estado. Garantido constitucionalmente um direito e dependendo o seu exercício de ato legislativo, a omissão legislativa que o transforma em letra não escrita permite a responsabilização do Estado pelos danos verificados, e assegura ao particular a possibilidade de obter pronunciamento judicial quanto às condições e forma de seu exercício, suprindo a ausência da lei" (Responsabilidade do Estado por Atos Legislativos e Jurisdicionais – p. 76).

7.12. Obrigatoriedade e oportunidade de o estado denunciar à lide o seu servidor

O instituto da litisdenunciação, disciplinado pelos arts. 70 a 76 do CPC, deve ser analisado juntamente com a regra do art. 109 do mesmo diploma, que autoriza o aforamento da ação *in eventum*. Cuida-se de cumular a denunciação com a ação de garantia, *ad libitum* do denunciante. A denunciação do Estado a seu funcionário, e a possibilidade de contra ele propor ação regressiva também não se respaldam exclusivamente nos dispositivos processuais citados e nas regras constitucionais pertinentes. Hão de basear-se outrossim na análise ao que dispõe o estatuto dos funcionários públicos civis da União (Lei nº 1.711/52), e a Lei nº 4.619/65.

O primeiro desses diplomas preceitua em seu art. 197, § 2º, que, tratando-se de dano causado a terceiro, responderá o funcionário perante a Fazenda, em ação regressiva, ajuizada depois de transitar em julgado a decisão de última instância que houver condenado a Fazenda a indenizar o terceiro prejudicado. Mencionada norma é geralmente transladada *ipsis litteris* para os estatutos dos funcionários públicos dos Estados e Municípios. O servidor fica, assim, dispensado de desembolsar dinheiro para sustentar sua defesa, até a comprovação cabal do prejuízo ao erário, e até que a Fazenda seja convencida da culpa dele, oportunidade em que, então, poderá acioná-lo regressivamente.

Já o art. 1º da Lei nº 4.619/65 obriga os procuradores da República "a propor as competentes ações regressivas contra os funcionários de qualquer categoria declarados culpados por haverem causado a terceiros lesões de direito que a Fazenda Nacional seja condenada judicialmente a reparar". Estabelece o art. 2º que o prazo para o aforamento da ação regressiva será de sessenta dias a contar do trânsito em julgado da condenação imposta à Fazenda.

Esta última lei não impede o exercício da demanda regressiva cumulada à denunciação da lide, ou seja, a ação de garantia do art. 109 do CPC. Não condiciona o exercício da ação, como o faz o art. 197, § 2º, do estatuto, que encerra uma proibição, um impedimento, vedando a ação regressiva antes do trânsito em julgado da sentença condenatória da Fazenda Pública. A *res judicata* funciona aí como condição especial da ação de regresso, *a latere* das condições genéricas, como a legitimidade de parte, o interesse processual e a possibilidade jurídica do pedido. A par disso, defensável é a opinião de que, sem esta sentença definitiva, à Administração Pública desfalece legítimo interesse econômico para aforá-la, ou que temporariamente não há possibilidade jurídica para o pedido. Ao Estado assiste o direito de não ser acionado antes de sua condenação em caráter definitivo, eis que não é obrigado de ser réu na demanda regressiva sem o prévio implemento dessa condição suspensiva. O direito do ente público aparece quando surge seu dever de reparar. A condição suspensiva do direito, ou seja, a suspensão temporária do *jus actionis*, implica a que, verificada a condição, ou seja, a condenação definitiva da Fazenda, a causa regressiva autônoma prospere.

Segundo a letra do Código, a denunciação é obrigatória, mas na verdade não se trata de obrigatoriedade, e sim de uma faculdade-dever, ou de um ônus para quem titula o direito regressivo. Se não for exercitado, seu detentor estará sujeito a sofrer prejuízos, que podem ir até a perda do próprio direito, fato que ocorre no caso específico de evicção e hipóteses outras em que a lei material obrigar a litisdenunciação, pena de perda do direito de regresso. Mas, como refere Humberto Theodoro Júnior, embora na ação de responsabilidade civil do Estado a denunciação da lide não seja obrigatória, para o exercício da ação de regresso contra o funcionário faltoso, uma vez exercitada, não pode ser recusada pelo juiz (Processo de Conhecimento – I/435).

O instituto visa à economia processual, formando título executivo de regresso no mesmo feito e na mesma sentença. Com o mesmo intuito a cumulação de sujeitos no pólo passivo da ação favorece a Administração, que não precisa denunciar para ver reconhecido seu direito regressivo contra o funcionário. Nada impede que o servidor seja denunciado simultaneamente com a pessoa jurídica de Direito público, eis que a hipótese tipifica litisconsórcio facultativo. Não impondo a lei material a litisdenunciação como pressuposto da ação de regresso, como o faz o art. 456 do Código Civil, sua falta apenas gera ao não-denunciante os seguintes efeitos negativos: a) não terá desde logo título executivo contra o garante; b) o garante não ficará vinculado ao julgamento da causa originária, e na ação regressiva subseqüente poderá argüir em defesa matéria já superada, bem como a injustiça da decisão, para eximir-se de indenizar o prejuízo do titular do direito regressivo.

Como visto, ao detentor do direito regressivo é facultado fazer a simples denunciação, que apenas vincule o denunciado ao resultado do processo, e aforar depois de vencido a ação de regresso, ou cumulá-la desde logo com a ação de garantia. Conseguintemente, sendo as ações acumuláveis à escolha do titular do respectivo direito, lícito é ao ente público efetuar a simples denúncia ao servidor, mas lhe descaberá, então, acumular com a ação de garantia. Aliás, não há falar em dever da Administração de propor a ação, quando na realidade ainda não tem condições de propô-la. Se o Estado não pode acionar regressivamente enquanto não transitar em julgado o *decisum* que o condenou na indenizatória intentada pelo terceiro, se a condenação definitiva é condição da ação de regresso, evidente a impossibilidade de ajuizar a ação *in eventum*, cumulada à litisdenunciação. Ademais disso, não sendo ele "obrigado" a proceder à simples denunciação pena de perder o direito de regresso contra o servidor, unicamente tem o ônus de fazê-lo para vincular o funcionário à sentença, em face das vantagens defluentes. Como a denunciação só cabe nos casos expressos em lei, quando haja margem para o regresso, assim também ela somente é obrigatória quando a lei substantiva a ela atribuir efeitos materiais, como no caso de evicção. Será facultativa se com ela se visar unicamente ao efeito processual de estender a coisa julgada ao denunciado.

Afigura-se adequada, no particular, a lição de Vicente Greco Filho, endossada por Sydney Sanches, no sentido de que os casos de intervenção são de direito estrito, por excepcionarem os princípios consagrados nos arts. 3º e 6º do CPC. Se admitirmos a denunciação ante a simples possibilidade de direito de regresso, diz o autor, "violaríamos a economia processual e a celeridade da justiça, porque num processo seriam citados inúmeros responsáveis ou pretensos responsáveis, numa cadeia imensa e infindável, com a suspensão do feito primitivo". A seguir "lembra o exemplo da ação em que se reclama reparação de dano por acidente de trânsito, em que se poderia denunciar à lide a terceiro que houvesse concorrido para o acidente, e este à Municipalidade que não cuidou da via pública, e esta à fábrica de automóvel, que entregou máquina com defeito, e esta à empresa que fabricou uma ou outra peça, e assim por diante. Tudo em detrimento da vítima do dano, que só encontraria solução para seu caso depois de muita demora. Evita-se, outrossim, a 'intromissão', através da denúncia da lide, de fundamento jurídico novo, ausente na demanda originária, que não seja a responsabilidade direta decorrente da lei e do contrato" (Sydney Sanches – Denunciação da Lide no Direito Processual Brasileiro – p. 120-122).

Dispõe a Constituição no art. 37, § 6º, que "as pessoas jurídicas de direito público e as de direito privado prestadoras de serviços públicos responderão pelos danos que seus agentes, nessa qualidade, causarem a terceiros, assegurado o direito de regresso contra o responsável nos casos de dolo ou culpa". Melhor fora que obrigasse a pessoa jurídica de direito público que satisfez a obrigação a propor a ação regressiva contra o servidor público responsável, que agiu com dolo ou culpa. A obrigatoriedade do exercício bem poderia ter sido concretizada em preceito constitucional, na defesa do erário público.

8. Perdas e danos nas transações bancárias

8.1. Principais atos bancários geradores de perdas e danos

Aos bancos convém escolher bem os seus prepostos e funcionários, e vigiá-los constantemente, para que executem com cautela todos os serviços pertinentes a valores e clientes. Sua culpa pode ser *in vigilando*, quando negligentemente se omitirem na boa vigilância; *in eligendo*, se com imprudência escolherem mal os executores dos serviços, e *in faciendo*, quando com imperícia desenvolverem os trabalhos bancários essenciais. Em todas essas oportunidades responderão direta e objetivamente por perdas e danos causados a seus usuários e clientes. Numerosas são as espécies de prejuízos que a ação ou omissão culposa dos bancários podem ocasionar a clientes e terceiros, que com eles tenham relações negociais. As de maior freqüência assim poderiam ser destacadas:

a) Entrega de talão de cheques a pessoa não autorizada por escrito a recebê-lo, que para conseguir o intento apresenta requisição falsa. As cautelas prévias quanto à autenticidade da assinatura do requisitante são indispensáveis por parte dos prepostos do banco. Em conseqüência disso, ele será responsável por perdas e danos oriundos da omissão e da cobrança dos respectivos cheques, se também o tiverem sido com assinaturas falsas do correntista;

b) Pagamento de cheque falsificado, sem as precauções que o caso exige, ante a assinatura não-verdadeira do título e do alto valor deste. Em tais situações impõe-se a cautela de exigir carteira de identidade e fazer contato prévio com o verdadeiro emitente, ou seja, a pessoa contra quem o cheque é emitido. Se omitir essas medidas, apesar da suspeita, o estabelecimento bancário deverá arcar com perdas e danos defluentes de sua falha.

c) Pagamento de cheque nominal ao portador que exibe carteira de identidade grosseiramente adulterada, sem atentar para a sua aparência, para a fotografia, para a assinatura, ou sem se dar conta da existência de procuração inapta, ou de endossos inautênticos. Em aceitando títulos assim, sem perquirição sobre a veracidade intrínseca e extrínseca, e sem procurar comunicação com o titular da conta, a instituição creditícia sujeita-se a ressarcir integralmente os prejuízos;

d) Depósitos equivocados de cheques, em conta de terceiros não credores, ou carimbos erradamente apostos, como sendo sem fundos, em contrariedade com o estado verídico, são fatos que obrigam a satisfazer perdas e danos de tal modo causados, por total negligência e imprudência;

e) Retenção abusiva de títulos, com intuito de coagir o beneficiário a deixar mais dinheiro na agência, ensejando com isso a prescrição das cártulas, por culpa exclusiva do banco;

f) Aceite em garantia de duplicatas com endossos falsos ou de duplicatas com aceites inautênticos, sem autorização expressa do sacado.

Em todas essas situações expostas, que são poucas entre as muitas que diariamente acontecem, ocorrendo prejuízo por culpa dos funcionários que não se houveram com a diligência indispensável, há obrigatoriedade de reparar perdas e danos, de forma objetiva e direta, pela pessoa jurídica de Direito público. Essa apenas se eximirá de responsabilidade se comprovar a tipificação de caso fortuito, força maior ou culpa exclusiva da vítima.

É próprio de estelionatário o uso de manobras sutis e enganadoras para obter vantagem ilícita, cobrindo sua atividade com o manto da veracidade e da honestidade. Às mais das vezes alcança seus objetivos após longo preparo de caminhos, até vencer todos os obstáculos e conseguir ludibriar a atenção do preposto do banco, inclusive na compensação de cheques. Para ele tarefa muito fácil é alterar três mil para treze mil, colar fotografia falsa na identidade de outrem, adaptar o visual, e assim por diante.

A conduta do agente, a responsabilidade do ente bancário e a legislação pertinente imporão criteriosa análise em cada episódio deflagrado. Mas o ideal da justiça sempre se sobrepõe aos institutos protetivos de interesses individuais, como o denominado sigilo bancário. Esse jamais deverá beneficiar o ofensor mal intencionado, em detrimento da vítima desavisada ou de boa-fé.

Por sua freqüência, relacionam-se mais as seguintes hipóteses ensejadoras de perdas e danos:

a) má aplicação em caderneta de poupança, bolsa de valores ou mercado de capitais;

b) pagamento de cheque, sem atender contra-ordem de quem de direito;

c) pagamento de cheque feito equivocada e displicentemente a falso procurador, sem a prévia verificação dos poderes específicos;

d) pagamento de cheque com erro visível no visto, resultante de falha de programação, na responsabilidade como vistor;

e) entrega errada de título impago a devedor;
f) subtração de numerário e valores outros de cofre de aluguel;
g) perda ou extravio de documentação recebida para formalizar pedido de financiamento;
h) perda ou extravio de malote;
i) não-recebimento de numerário, recebimento inferior ao devido, ou atraso no recebimento ou na remessa ajustada;
j) estorno indevido de depósito de cheque e falta de restituição por extravio;
l) apropriação de dinheiro do cliente por funcionário que o recebeu para depósito ou aplicação;
m) cobrança indevida de multas e taxas por falha de escrituração ou desconhecimento da legislação pertinente;
n) retardamento ou sonegação de informações que deve prestar ao cliente;
o) retardamento ou atraso de protestos ou dilatação de prazos sem anuência dos interessados;
p) atraso no cancelamento de cartões de crédito;
q) abertura desautorizada de conta-corrente, que prejudicou ao cliente em virtude da desvalorização monetária;
r) omissão de lançamento de contribuições de seguro e outras, pagas pelo cliente;
s) aceitação de ordem de pagamento com falsificação da assinatura do beneficiário;
t) transferência indevida de dinheiro para a conta de terceiros;
u) perda ou extravio de títulos aceitos para cobrança;
v) execução equivocada de ordem de compra de ações;
x) furto ou roubo de valores pertencentes ao cliente, quando culposamente o banco não garantiu em seu interior a segurança à pessoa e aos bens da clientela;
z) prejudicial resgate de título aplicado no mercado paralelo; negligente permissão de abono meramente formal: se, em conseqüência, pagou novamente o cheque que havia pago mal, arcará sozinho com a responsabilidade, sem descarregá-lo em pessoa desprevenida, que apenas serviu de abonador, a pedido de funcionário do banco; prescrição de cártula que detém em seu poder, na qualidade de credor.

Recomenda-se, outrossim, *ad cautelam*, que todas as operações, como depósitos, aberturas de créditos, transferências de créditos, pagamentos e movimentações em geral sejam ordenadas por escrito. Incumbe ao banco não aceitar transferências de valores por solicitação verbal ou telefônica. A cautela merece ser redobrada se a importância for avultada, pois se inobservada a regra usual, eventuais prejuízos deverão ser suportados pelo banco, e não pelos clientes. Tem-se por inviável, assim, ordem telefônica para creditamento equiparado a pagamento, bem como transferência de depósitos, que se pretende provar só por testemunhas.

Outra questão prática é as agências bancárias aceitarem efetuar pagamentos de débitos de correntistas, desde que autorizadas e desde que lhes seja entregue a documentação respectiva. Assim manda a praxe se proceda com as contas de luz, água, telefone, impostos, etc. Nesta espécie de contrato, o cliente ordena a seu credor apresentar os créditos no banco autorizado a debitar em sua conta-corrente os valores devidos. Não poderá ser responsabilizado por nada o banco, se o interessado não lhe reclamar os valores, não lhe cumprindo a procura dos títulos, a não ser que tenha contratado expressamente em tal sentido. Se o correntista deseja que o banco desconte determinadas dívidas periódicas de sua conta, deve providenciar a que tais contas sejam entregues pelos credores na referida agência bancária, não podendo esta ser responsabilizada pela falta de apresentação dos créditos na agência autorizada a debitá-los em conta do cliente.

Como qualquer outro profissional, o banqueiro responde contratualmente por suas falhas, ainda que praticadas com culpa aquiliana. Sua responsabilidade até se agrava de certo modo, por lidar com dinheiro de outrem, o que por si justifica uma legislação apropriada. Precisar a dimensão e o conteúdo da obrigação assumida, e o grau de zelo exigível do banqueiro, certamente é tarefa nem sempre fácil, dentro do contexto das situações práticas. Sua responsabilidade inclusive abrange o dano moral que, aliás, encontra terreno propício nessa área. Tal pode ocorrer, *v.g.*, na devolução de cheque sem motivo justificável, ou na falta de pagamento correto de cheques por estabelecimento bancário (*RJTJSP* – 96/366 – 107/203).

Na qualidade de órgãos auxiliares da Comissão de Valores Mobiliários, incumbe às bolsas de valores fiscalizar os respectivos membros e as operações bolsistas realizadas. A fiscalização visa a evitar fraudes e conseqüentes prejuízos aos adquirentes de títulos. O investidor lesado por ação ou omissão de corretora ou do banco Central tem direito assegurado de postular ressarcimento integral. Fundar-se-á sua pretensão na culpa *in omittendo*, competindo-lhe pleitear a reparação judicial contra a bolsa de valores regional, onde se situar a agência responsável pela ordem. A competência de foro resolve-se aí pelo art. 100 do CPC e Súmula nº 363 do STF: "A pessoa jurídica de direito privado pode ser demandada no domicílio da agência ou estabelecimento em que se praticou o fato."

Os valores confiados à guarda e responsabilidade da Bolsa pertencem aos depositantes. Seu uso aleatório importaria em verdadeira apropriação indébita. Não podem ser livremente movimentados, sem anuência ou conhecimento prévio de quem de direito. Aliás, até os atos anteriores à intervenção ou liquidação extrajudicial, se lesivos, devem ser apurados e ressarcidos. Diante da omissão do interventor ou liquidante, é à Bolsa de Valores que cumprirá desenvolver todas as providências tendentes à indenização devida. Os grandes poderes em que as Bolsas são investidas em relação às corretoras guardam proporção com a grandeza das responsabilidades que têm relativamente aos direitos dos investidores.

Note-se que a Resolução nº 922/84 do Banco Central, além de obrigar as Bolsas a manterem um fundo de garantia, criou-lhes também novas responsabilidades. Através desse ato o investidor prejudicado pode pedir administrativamente perante o fundo o ressarcimento a que fizer jus, em havendo lesão a seu patrimônio, praticada pela corretora, seus administradores, empregados ou prepostos, especialmente quando ocorrer:

a) infiel execução de ordem;
b) uso inadequado de dinheiro ou valores mobiliários;
c) encerramento das atividades da corretora;
d) inautenticidade dos endossos nos valores mobiliários entregues pela corretora;
e) ilegitimidade ou impedimento de circularem os valores mobiliários entregues pela corretora.

8.2. Culpa grave do banco e cláusulas exonerativas

Procurando responder à indagação de quem deve pagar os danos resultantes de pagamento de cheque falso ou falsificado, Carvalho de Mendonça ensina que a responsabilidade do sacado desponta quando ele deixa de verificar atenciosamente a autenticidade da assinatura, ou quando a falsificação era facilmente reconhecível. Mas também ao emitente é atribuída responsabilidade civil, pois responde pelo autor da falsificação quando este for dependente ou proposto seu (Tratado de Direito Comercial – 5/542).

Na França, como em outros países europeus, as legislações firmam categoricamente as obrigações do banqueiro, máxime quando for de fácil constatação a falsidade, sem contudo excluir *a priori* a responsabilidade total ou concorrente daquele que emite o cheque. Entre nós, porém, inexiste legislação apropriada e específica. Por isso mesmo o tratamento jurisprudencial difere de conformidade com as peculiaridades de cada caso concreto. Muitas espécies fáticas já demonstram que a teoria da culpa não mais satisfaz plenamente. Numerosas questões e múltiplos detalhes apontam para a teoria do risco profissional, como critério mais idôneo para solucionar certos impasses. Preconiza-se, assim, a responsabilidade do sacado pelas regras do mútuo a que estaria submetido o depósito, que considera irregular. Isso porque a falsificação é operada contra o banco, contra o dono do numerário, que nessa qualidade deve suportar as perdas e danos, a não ser que prove ter o sacado contribuído para a prática do ato.

A dinâmica atual dos negócios faz com que os responsáveis pelas instituições bancárias errem com mais freqüência, dentro dos limites normais da falibilidade humana. Se entregam indevidamente títulos em cobrança à parte devedora, agem com culpa grave, que pode ocorrer, ainda, em inumeráveis oportunidades diferentes. Culpa dessa ordem, confessada ou provada, não pode ser elidida por cláusulas inseridas em contratos de adesão.

A doutrina e a jurisprudência têm encarado com muita reserva a validade de quejandas cláusulas, impressas em contrato de adesão, geralmente com letras muito minúsculas. Sempre que se evidenciar culpa grave dos responsáveis por estabelecimentos bancários, serão eles obrigados a reparar os prejuízos, pena de quebrar-se o mínimo de credibilidade no cumprimento dos contratos. Em suma, têm negado validade absoluta a essas cláusulas, restaurando a confiança que deve imperar nos negócios, conferindo valor prevalente ao que for inserido à máquina, datilograficamente, sobre o que estiver impresso, modo quase inelegível, no referido pacto. Aliás, desde longa data os pretórios assim vêm entendendo: "Culpa grave do banco ao entregar os títulos em cobrança, indevidamente, à devedora. Cláusulas impressas de não responsabilidade não pertinentes ao caso e não excludentes da culpa grave ora proclamada. Prevalência do texto à máquina sobre o impresso" (*RJTJRS* – 42/347).

Outrossim, não terá condições de prosperar pretensão de instituição financeira ou bancária, para ver-se exonerada de responsabilidade por erro na prestação de serviços a ela afetos. Exemplificativamente, se, em desacordo com as instruções recebidas e aceitas, pagar importância a terceiro, importância remetida, sem exigir comprovante de remessa da mercadoria, cuja venda originaria o débito a solver, deve arcar com as conseqüências de seu ato (*RJTJRS* – 116/416). Irrelevante é, no caso, a existência de seguro da mercadoria, impondo-se o dever de ressarcir todos os prejuízos acarretados ao cliente, eis que se trata de responsabilidade bancária por simples erro na prestação de seus serviços ao público.

8.3. Bancário que se apossa de dinheiro do depositante

De sabença geral que a lei protege o crédito público. As instituições bancárias e financeiras devem ter o máximo cuidado na escolha de seus funcionários. A par da habilidade, do adestramento e da competência funcional, outras qualidades importam sobremaneira, e entre essas sobressai a honestidade, a firmeza de caráter e o domínio pessoal. Lidar com dinheiro alheio nem sempre é fácil para muitos, especialmente ante as facilidades de apropriação, quer pelas oportunidades oferecidas pelo próprio sistema bancário, quer pelas novidades que sempre aparecem no mercado de capitais, não entendidas pelo povo, que piamente acredita nos prepostos ou funcionários. "Aplicação fechada", "over night" e "open market" são expressões correntias, mas não perfeitamente compreendidas pela maioria dos brasileiros, que apenas ouve decantar as vantagens e os polpudos lucros que esses sistemas proporcionariam aos investidores.

Não raro acontecem ocorrências lastimáveis como a do bancário que, valendo-se da sua condição funcional, e da confiabilidade que ela lhe enseja, com sagacidade escolhe determinado depositante de caderneta de poupança para desferir-lhe um golpe. Convence essa pessoa de que seu dinheiro aplicado na caderneta não rende muito, que é melhor negócio retirá-lo e aplicá-lo em outro sistema, como o "open" ou "over", o que lhe traria rendimentos bem mais compensadores. Todas as tentativas são realizadas no interior do estabelecimento bancário, durante o expediente normal, à vista do público, com os melhores foros de exação e credibilidade. Além das promessas de alta renda, também há dispensa de ótimo atendimento, com cafezinhos, cumprimentos do gerente, etc., tudo para melhor conduzir e enganar o cliente, que passa a assinar papéis em branco, sem timbre e com timbre, os quais depois são utilizados pelo funcionário, que se apodera do dinheiro e o aplica em seu próprio nome.

Até que o cliente descubra a fraude e tenha esclarecidos os fatos, decorrem meses, com recursos à gerência e à polícia e, o que é pior, com a perda de seus rendimentos e do próprio capital assim empregado. A responsável aí pela reposição das coisas em seu estado anterior é efetivamente a instituição financeira, em face da responsabilidade civil do patrão por ato ilícito do empregado. Os lesados têm todo o direito de ser ressarcidos, cabendo-lhes inclusive exigir a responsabilização criminal do funcionário que os ludibriou e traiu.

Todavia, no caso em exame, as circunstâncias fáticas denotam a configuração de concorrência de culpas. A vítima se houve com imprudência e negligência, por não ter exigido melhor comprovação de seu investimento, com prova documental do negócio, inclusive com timbre e autenticação mecânica da aplicação feita. Se assinou em branco folhas impressas ou semi-impressas, na confiança, tal fato ainda pode ser admitido, mas não exigir comprovação ou garantia de ter aplicado o seu dinheiro retirado da caderneta, "over night", ou "open market", é problema que depõe a seu desfavor, e que o obriga a responder pelos efeitos de sua culpa concorrente, a ser medida em sua intensidade de caso a caso. Mais patente ainda se torna essa culpa se, ao final de tudo, restar positivado que tudo foi pactuado em nome pessoal do funcionário, ao invés da instituição bancária ou financeira.

Em quadros que tais, não há como eximir de responsabilidade o aplicador descuidado. "Todo o relacionamento negocial se travou no interior do estabelecimento da ré, obviamente em horário comercial de trabalho, que dava maior credibilidade. A ré, portanto, na condição de patroa, responde pelo ato da empregada, que agiu em seu local de trabalho, valendo-se de sua condição de empregada, aparentando exercer regularmente sua atividade na empresa demandada. É manifesta a responsabilidade da empresa de crédito por ato de sua empregada lesando cliente da empresa. De outra parte, também está evidenciada a culpa concorrente do lesado, que agiu com imprudência e negligência" (*RJTJRS* – 116/295).

8.4. Bancário que embolsa cheque recebido em sua residência para depositar na conta do cliente

A responsabilidade civil da casa bancária por atos de seus funcionários não pode ser levada a extremos. Interessante questão relaciona-se ao fato de o bancário receber na rua ou em outro local, fora do banco e do expediente normal de serviço, um cheque ao portador para depositar na conta do freguês. Se o funcionário aceita esse cheque sem fornecer comprovante do recebimento, e ao invés de depositá-lo o coloca em seu próprio nome, ou saca o numerário respectivo, o que acontece? A responsabilidade será do banco ou do cliente? Dividem-se as opiniões a respeito do assunto. Uns vêem culpa exclusiva no aplicador que, sem nenhuma cautela, entregou seu dinheiro, sem exigir recibo firmado pela instituição, e sem se garantir com nenhum comprovante da aplicação. Outros sustentam a responsabilidade da empregadora, na condição de corretora de câmbio e valores mobiliários, atribuindo-lhe culpa *in eligendo* e *in vigilando*. Ademais, no particular, ao menos três teorias se propõem a equacionar o problema da responsabilidade bancária: a da culpa, a do risco profissional e a teoria contratualista.

Essa última teoria, a contratualista, ao mesmo tempo que acolhe a teoria do risco profissional, atenua-lhe o rigorismo. Demonstrado ter agido culposamente o cliente, sem o mínimo cuidado, a empresa fica eximida de prejuízo proveniente de fraude de seu funcionário. A teoria contratualista faz presumir a culpa contra a firma, que no entanto pode ser elidida por prova em contrário. Trata-se da teoria da culpa grave do cliente no evento do *falsum*, que assume posição intermediária entre a teoria do risco profissional e extracontratual (Sérgio Carlos Covello – Responsabilidade dos bancos pelo Pagamento de Cheques Falsos e Falsificados – p. 257).

Outrossim, em assuntos de tal natureza há responsabilidade contratual defluente da preexistência de um liame jurídico entre o banqueiro e o prejudicado, justificando-se o ressarcimento em face do descumprimento do pactuado. Quando prejudica sua clientela, através de falha na execução de ordens, ou serviços prestados, o seu comportamento se analisa mediante aplicação das normas do mandato ou da comissão e verificação da existência ou não de culpa ou dolo.

Nosso Direito não repele a idéia da responsabilidade civil do banqueiro com base no risco profissional. É da doutrina e da jurisprudência que aos estabelecimentos bancários compete suportar os riscos inerentes à sua atividade. Apenas ficarão isentos do risco profissional assumido se comprovarem culpa grave do cliente, ou existência de caso fortuito ou força maior. Basicamente, pois, há exclusão de responsabilidade, em inexistindo culpa do agente. Não se vislumbraria culpa de instituição financeira se empregado dela sem autorização, totalmente em desacordo com as normas atinentes, sem autenticação mecânica ou outra segurança, recebesse dinheiro de particulares, fora da instituição, e se apropriasse do mesmo. A culpa exclusiva pelo ocorrido seria atribuível ao próprio freguês, que procedera assim irresponsavelmente, assumindo *in totum* as conseqüências de sua atitude arriscada e pessoal.

Outra posição igualmente defensável centra-se no teor dos arts. 186 e 932, III, do Código Civil, entendendo que o empregador do funcionário que causou o ato lesivo deve responder pelas perdas e danos causados ao patrimônio do cliente. Atua com culpa *in eligendo* e *in vigilando* a empresa que não vigia e que escolhe mal o seu empregado. Praticando os atos em nome do empregador, por conta dele também correm os efeitos, pois de conformidade com a Súmula nº 341 do Supremo Tribunal Federal, "é presumida a culpa do patrão ou comitente pelo ato culposo do empregado ou preposto". Outrossim, nos tempos atuais, o uso e a aplicação que faz a instituição bancária do dinheiro a ela confiado pelos populares, e todas as demais funções e atividades bancárias, repousam na confiança que o estabelecimento inspira à clientela em geral.

Mas para que se configure responsabilidade patronal por ato culposo do empregado, "preciso será que este se encontre a serviço, no exercício do trabalho, ou por ocasião dele. Sem demonstração dessa circunstância, não é lícito concluir pela responsabilidade do preponente. Entretanto, para a caracterização dessa responsabilidade pouco importa que o ato lesivo não esteja dentro das funções do preposto. Basta que essas funções facilitem sua prática. A expressão no exercício do trabalho ou por ocasião dele, constante do artigo 932, III, deve ser entendida de modo amplo e não restrito" (Washington de Barros Monteiro– Direito das Obrigações – 2/397).

A responsabilidade do preponente, por culpa *in eligendo* e *in vigilando*, e a responsabilização do preposto por ato lesivo assim praticado devem ser averiguadas de maneira panorâmica e global, com todos os ingredientes e peculiaridades. Somente a análise aprofundada de todas as particularidades que o fato apresentar é que poderá ditar a solução mais adequada para cada situação. Em princípio, contudo, espécies fáticas e jurídicas de tal natureza envolvem culpa concorrente, por não se poder afastar de antemão a obrigação de bem eleger e de vigiar o funcionário em suas atividades funcionais, e por haver culpa na entrega de dinheiro a bancário, sem qualificação e sem comprovante, fora da sede da instituição.

8.5. Perdas e danos oriundos de operações bancárias e culpa concorrente

Na emissão de cheques sem provisão de fundos ou cheques falsos, impende atentar para a configuração, ou não, de concorrência de culpas. Se a perícia grafológica ou grafotécnica declarar falsa a assinatura aposta ao cheque pago pelo banco, em princípio o ônus pelo pagamento é dele próprio, que deve ter funcionários especializados e competentes para conferir as firmas, máxime se a adulteração tiver sido feita sem habilidade técnica. Agora, se o correntista se portou negligentemente, se não guardou com cuidados seu talonário, ensejando que fosse furtado, ou que caísse em mãos de terceiros, a ele também deve ser debitada parcela de culpa. Pouco ou nada importa o fato de não ter dado tempo para avisar a agência bancária da subtração ocorrida, pois sua culpa está em que não zelou pela guarda devida. A culpa recíproca implica obrigatória repartição de responsabilidades, a ser realizada na proporção da dose de culpa de cada partícipe. A co-respectiva reparação por perdas e danos deverá ser determinada de acordo com o grau de culpa de cada participante. Se o banco e o correntista tiverem obrado com igual cota de culpa, a responsabilidade de cada um será fixada em 50% dos prejuízos havidos. Fora disso, ela se opera fracionariamente, podendo oscilar em 1/3, 1/4, etc.

Daí a correção da Súmula nº 28 do Supremo Tribunal Federal, ainda vigente: "O estabelecimento bancário é responsável pelo pagamento de cheque falso, ressalvadas as hipóteses de culpa exclusiva ou concorrente do correntista." A propósito, tem decidido o mesmo pretório maior que na culpa concorrente "ambas as partes devem reembolsar, por metade, o valor dos cheques, compensados os honorários advocatícios e pagas as custas em proporção", se a concorrência for igualada (*RTJ* – 56/712).

A culpa *in eligendo* do correntista está inserida em todos os atos desvestidos das necessárias precauções, como o de mandar buscar por terceiros o talonário de cheques, não conferi-lo e não guardá-lo com segurança, oportunizar a que outros se apossem dos cheques e os preencham, etc. Há culpa concorrente do correntista sempre que ele de alguma maneira tiver participado da fraude. Pode ela manifestar-se dos modos mais diversos, como o do preposto ou gerente do banco que abre conta-corrente em nome de pessoa fictícia, com isso concorrendo para a prática de apropriação indébita perpetrada por outrem, como o contador de alguma firma com conta no banco. Se essas contas existiam por descuido ou por ineficiência dos fiscais da instituição, a responsabilidade pode ser perquirida na esfera cível, independentemente de que o responsável tenha logrado absolvição na área criminal, por insuficiência probatória. Trata-se de jurisdições independentes, podendo prosperar a cível em caso de absolvição com fundamento no inc. VI do art. 386 do CPP.

Impende notar que o lapso prescricional na hipótese vertente é o previsto para a indenizatória por ofensa ou por dano perpetrado ao direito de propriedade. A hipótese legal não abrange a generalidade dos casos de responsabilidade civil, ou todas as situações em que alguém seja lesado em seu patrimônio. Como esclarece Pontes de Miranda, trata-se de ofensa à coisa, objeto de propriedade, ainda que não se cuide de delito. Tocante à expressão "dano", está, aí, para admitir que também prescreve a ação em igual prazo, se houve dano sem culpa, *v.g.*, nas espécies sobre indenização por encravamento de prédio, e sobre indenização por descida de águas (Tratado de Direito Privado – VI/402).

No sentir da jurisprudência, inocorre discrepância no particular: "A prescrição por ofensa ou dano causado ao direito de propriedade cuida de ofensa à coisa, não abrangendo a generalidade dos casos de responsabilidade civil. Contas bancárias fictícias. O estabelecimento bancário e, em tese em face da culpa do preposto, gerente da agência, ou por culpa direta, adstrito a indenizar, na medida a ser determinada na sentença, prejuízo decorrente de apropriação indébita cometida por empregado de uma firma sua cliente, valendo-se de existência de contas fictícias" (*RJTJRS* – 100/330).

Ao ensejo do acolhimento de todo e qualquer cheque apresentado, cabe ao banco "tomar todas as cautelas necessárias no sentido de evitar ou, ao menos, minimizar as fraudes que possam ocorrer em matéria de cheque, mediante medidas de segurança. Havendo concorrência de culpa do correntista pela negligência, e do banco que paga cheque com firma grosseiramente falsificada, os prejuízos se repartem" (Yussef Said Cahali – Responsabilidade Civil – Doutrina e Jurisprudência – p. 262 e 278). Assim, "a admissão de preposta, totalmente desqualificada para a função de caixa, por parte do banco, patenteia a sua culpa *in eligendo* e impermite se tenha por exclusiva a responsabilidade do sacado, a quem cabe a aferição da regularidade do saque, sob pena de alcançarem os bancos um "bill" de indenidade, de tal forma que fácil lhes seria atribuir sempre o evento à precariedade do exame procedido no momento do depósito dos cheques para posterior redesconto" (*RJTJSP* – 99/153).

8.6. Perdas e danos e remessa de moeda estrangeira a outro país

Atente-se para o seguinte fato: alguém remete dólares a seu prol através de banco brasileiro, para serem pagos mediante ordem de pagamento em agência bancária de cidade européia. A providência é tomada com antecedência, e o banco, no mesmo dia, via telex, determina a seu correspondente a transferência em benefício do remetente, para serem creditados no banco e na cidade estrangeiros. A instituição bancária obtém confirmação no outro dia, de que a importância foi creditada de acordo com a ordem recebida.

Sucede, porém, que o remetente viaja à Europa, hospeda-se em hotel, faz gastos, e não tem dinheiro para pagá-los, eis que os dólares não chegaram no estabelecimento de destino no tempo e no modo ajustados. Para contornar a situação, o favorecido expede vários telex e telefonemas, e empreende outras buscas, tudo resultando inexitoso. Como única alternativa faz empréstimo para saldar suas dívidas e afasta-se do local, continuando viagem, sem poder dispor do numerário remetido. A circunstância de os fundos da remessa não terem chegado a tempo de poderem ser colocados ao dispor do beneficiário lhe causou transtornos e prejuízos de monta, eis que se destinavam a saldar compromissos inadiáveis. O banco procura justificar a falha, alegando não possuir agência na cidade de destino, que a operação de remessa de divisas por isso necessita de intermediação de outros bancos, e que na espécie apenas atuou como mandatário.

Sem dúvida, não procedem as manobras defensivas da instituição bancária. Se o cliente escolheu para remeter suas divisas ao exterior, mediante pagamento de taxa, e se o banco pôs à disposição do público tais serviços, prometendo executá-los a contento, tem o dever de fazê-lo com eficiência, na forma avençada, pena de responder por perdas e danos. Toca-lhe assumir os riscos inerentes à operação, ressarcindo eventuais prejuízos decorrentes da má execução dos serviços. Isso, do mesmo modo que o cliente responde de pronto pelo pagamento da taxa cobrada. Despicienda ao remetente é a necessidade de intermediação de outros estabelecimentos, pois não lhe cabe introduzir alterações no sistema estabelecido pelo banco prestador de serviços. Esse fato, aliás, não depõe a favor do banco, vez que tem obrigação de explorar esses serviços cambiários de modo a não lesar a clientela.

Nos termos do art. 17 da Lei nº 4.595/64, "consideram-se instituições, para os efeitos da legislação em vigor, as pessoas jurídicas, públicas ou privadas, que tenham como atividade principal ou acessória a coleta, intermediação ou aplicação de recursos financeiros próprios ou de terceiros, em moeda nacional ou estrangeira, e a custódia de valor de propriedade de terceiros. Parágrafo único. Para os efeitos desta lei e da legislação em vigor, equiparam-se às instituições financeiras as pessoas físicas que exerçam qualquer das atividades referidas neste artigo, de forma permanente ou eventual". As perdas e danos sofridos em tais circunstâncias decorrem da própria atividade explorada pela instituição bancária, que previamente cobra a eficiência de seus préstimos.

De outra banda, a alegação de que o banco só agiu como mandatário não afeta o beneficiário dos serviços cambiários, e quando muito poderia aplicar-se a quem intermediou a operação de remessa feita sob a responsabilidade do banco que aceitou os serviços, evidentemente com fins de lucro. Configura-se mandato mercantil quando um comerciante confia a outrem a gestão de um ou mais negócios mercantis, obrando o mandatário e obrigando-se em nome do comitente. O mandato requer instrumento público ou particular, em cuja classe entram as cartas missivas: contudo, poderá provar-se por testemunhas nos casos em que é admissível este gênero de prova. Ora, em sendo pessoa física, o remetente não se equipara ao comerciante, nem às instituições financeiras, para os efeitos da legislação vigente (Lei nº 4.595/64).

Por conseguinte, "instituição bancária, ao aceitar proceder a remessa a outro país de moeda estrangeira, é responsável perante o cliente pela pronta entrega da verba transferida no ponto de destino. Irrelevante se outra instituição bancária, como intermediária, retarda o pagamento" (*RJTJRS* – 110/426).

8.7. Perdas e danos e endosso bancário falsificado

A verificação da procedência dos endossos é tarefa que incumbe aos funcionários do banco, antes de aceitarem o título endossado. É verdade que para alguns estudiosos, como Pedro Mário Giraldi, "não é necessário que os endossos sejam autênticos, nem tão pouco interessam a capacidade ou legitimação dos endossantes; exige-se somente a série ininterrupta de endossos e que o portador legitimado esteja de boa-fé e não tenha adquirido o documento com culpa grave" (Cuenta Corriente Bancaria Y Cheque – p. 250). *Data venia*, essa opinião não é das mais felizes. Ao aceitar um endosso inválido e ilegítimo, a instituição financeira ou bancária estará agindo culposamente. Paga mal, por exemplo, se aceita endosso de pessoa física, que o faz em nome de pessoa jurídica, sem que tenha poderes para tal. Aliás, muito freqüentes são os casos em que contadores de firmas favorecidas recebem cheques nominais e indevidamente os endossam para depósito em sua conta pessoal. A não-entrada do valor na firma favorecida deve ser debitada ao banco, que negligentemente deixou de examinar a legalidade do endosso do contador, descontando o cheque e depositando o seu valor na conta do funcionário inescrupuloso.

É dever do banco controlar o encadeamento dos endossos, e não a autenticidade dos mesmos. Se abonar assinatura de pessoa física aposta sob denominação de entidade jurídica, no verso da cártula, estará atestando a autenticidade da firma da pessoa jurídica. A rigor, em assim agindo, opera verdadeira traslação da titularidade do crédito. Como tal, por não ter usado da diligência e da atenção que a espécie requeria, impõe-se ao abonador responder pela autenticidade, ressarcindo as perdas e danos que o favorecido tiver suportado pela errônea atestação. A culpa *in vigilando* insere-se no fato de o banco aceitar o endosso, embora a pessoa que o fizera não possuísse poderes para agir em nome do favorecido.

Em se tratando de funcionário de firma, para que em nome dele possam ser endossados títulos creditícios, de mister é que esteja devidamente apoderado para a finalidade. Se atuar sem mandato, o endosso será falso, irregular e inválido, circunstância que sempre deverá ser averiguada e sopesada pelos bancos. Aliás, há recomendações em tal sentido, emanadas do Banco Central, ordenando bem examinar a autenticidade e a validez dos endossos.

A orientação jurisprudencial pauta-se na mesma linha de raciocínio, e poderia assim ser resumida: "O banco intercalar responde pela validade e autenticidade do endosso. Ao banco sacado só cabe indagar da autenticidade da assinatura do emitente, seu correntista, e da suficiência dos correspondentes fundos: normalmente não está sequer a seu alcance verificar a autenticidade de assinaturas de endossantes e a regularidade de eventuais representações, relativas aquela e esta a pessoas possivelmente desconhecidas dele. Quanto aos endossos, só lhe cumpre controlar, pois, o encadeamento dos mesmos, nunca a autenticidade. Banco que abona assinatura de pessoa física lançada sob o nome datilografado de pessoa jurídica, no verso do cheque onde figura como favorecida esta e a título nenhum aquela, atesta a autenticidade da firma da pessoa jurídica, mesmo porque, de outro modo, sentido algum teria a abonação. Responde o abonador, nesses termos, pela autenticidade, indenizando o favorecido pelos prejuízos que a má atestação lhe venha a causar" (*Julgados – TARS – 32/216 – 28/198 – RJTJRS – 82/470*). "O banco portador responde pela autenticidade da assinatura do último endossante, não, porém, dos demais endossantes. Improcede o pedido indenizatório contra o banco se o cheque foi pago à correntista da agência, cujos documentos bancários dão autenticidade e validade ao seu endosso. O banco sacado que paga cheque endossável é obrigado a verificar a regularidade da sucessão de endossos, mas não a assinatura dos endossantes" (*Paraná Judiciário* – 16/111).

Doutrinariamente, Fran Martins preleciona que, quando um endosso em branco é seguido por outro endosso em branco, "a lei presume que o signatário do último adquiriu a letra pelo primeiro endosso em branco (LU, art. 16). Igualmente, se uma pessoa, de qualquer maneira, for desapossada de uma letra, o portador da mesma, justificando o seu direito pela série ininterrupta de endossos, mesmo que o último seja em branco, não é obrigado a fazer a restituição, a não ser que seja provado que adquiriu a letra de má-fé ou se, adquirindo-a, cometeu culpa grave (LU, art. 16, 2ª al.). Tanto a letra ao portador como a endossada em branco podem, naturalmente, receber outros endossos, sejam em preto, sejam em branco. E mesmo que uma letra ao portador tenha sido posteriormente endossada em preto, esse endossatário, querendo, poderá reendossá-la em branco, continuando o título a circular pela simples tradição manual" (Títulos de Crédito – 1/191).

Também Egberto Lacerda Teixeira doutrina que a seqüência dos endossos justifica o pagamento e isenta de responsabilidade o banco sacado, desde que a aparência regular do título cria no sacado a justificável confiança de estar pagando ao portador legítimo. Aduz que nos títulos cambiários a aparência de autenticidade ou legitimidade freqüentemente "produz efeitos jurídicos idênticos à autenticidade ou legitimidade propriamente ditas. É o que se passa com o endosso". Reputa legítimo portador do título o último endossatário de uma cadeia regular de endossos, desde que a aparência legítima não tenha sido prejudicada. Se, todavia, os endossos não formarem uma cadeia regular e ininterrupta, ou se forem visivelmente falsos, destrói-se a aparência legítima do título e, conseguintemente, todos os portadores subseqüentes serão considerados portadores de má-fé, sem direito ao pagamento" (Do Cheque no Direito Comparado Interamericano, n° 158 – *RT* – 564/187).

Dispunha o art. 40 da lei brasileira que "quem paga não está obrigado a verificar a autenticidade dos endossos". Atualmente, pelo art. 35 da Lei Uniforme, não é exigido o exame da regularidade das firmas dos endossantes, mas a regularidade da sucessão dos endossos. Por outra, a lei vigente não dispensa o exame meticuloso da cadeia de endossos, embora não obrigue ao sacado que paga um cheque endossável a verificação das assinaturas dos endossantes.

8.8. Perdas e danos e pagamento de cheque adulterado e sem fundos

As adulterações de cheques podem manifestar-se de múltiplas maneiras, algumas até sutis e de difícil constatação. Se a própria perícia enfrentar dificuldades invencíveis, para dizer se houve falsidade ou não, injusto seria penalizar o preposto do banco. Entretanto, se a falsificação for perceptível a olho nu, indiscutível será a responsabilidade do funcionário, a quem incumbe sustar o pagamento ante qualquer suspeita fundada, telefonar ao correntista, ou recorrer a mecanismos outros para assegurar-se da possibilidade de poder descontar o cheque. Mais evidente ainda será a sua culpa se pagar cheque sem fundos, quando tinha a seu alcance todos os meios para evitar as conseqüências danosas de seu ato.

Escreve Odilon de Andrade que "a falsificação, se bem que habilmente praticada, não é tão perfeita que olhos experimentados não lhe percebam os defeitos, e os bancos devem ter, para tais casos, empregados especializados, que não se deixem iludir como qualquer leigo" (*Revista Forense* – 89/714). Por isso, ainda que feita a adulteração através do uso de meios mais ou menos sofisticados, pode ela ser detectada *ictu occuli*, sem maior esforço ou habilidade técnica. Tal ocorre, por exemplo, quando for visível a olho nu a descoloração do cheque submetido a lavagem química, diferente da motivada pelo desuso normal.

Explicitando a questão, Aguiar Dias assim se expressa: "O problema é este: o banco celebrou com o correntista um contrato de depósito irregular. O depósito bancário é, com efeito, considerado depósito irregular ou de coisas fungíveis. Neste, os riscos da coisa depositada correm por conta do depositário, porque lhe são aplicáveis pelo disposto acerca do mútuo. Na ausência de culpa de qualquer das partes, ao banco toca suportar os prejuízos" (Da Responsabilidade Civil – p. 356).

Ora, se ao banco incumbe suportar os danos mesmo sem culpa, se os riscos do numerário depositado correm por conta sua, evidente é que não se exonerará de culpa quando pagar cheque sem provisão de fundos, ou quando estiver falsificado de qualquer maneira. É uma decorrência natural e inarredável de sua desatenção e negligência, pois tem o dever de ser diligente e de ter cuidados no lidar com o dinheiro do depositante. Disso não discrepa a orientação jurisprudencial: "Dupla é a negligência do preposto do banco: primeiro, porque não notou a descoloração do cheque submetido a lavagem química, sinal visível a olho nu, como demonstrou a perícia; segundo, porque o pagamento foi efetuado sem suficiente provisão de fundos, sem que a caixa ou a gerência sequer tenha consultado o correntista. São dois elementos cuja conjugação deveria alertar o caixa executivo, pois aquele preposto de instituição financeira não poderia desconhecer o processo de lavagem química do cheque, visível frente à cor padrão adotada pelo banco e não apenas frente ao respectivo canhoto" (*Julgados – TARS –* 56/165). Tem o banco sacado responsabilidade pelos pagamentos dos cheques assinados por pessoa não-sócia do seu correntista, bem assim pelos débitos em benefícios da mesma. Os prejuízos decorrentes do pagamento de cheque falso, ora competem ao sacado, ora ao sacador, conforme seja de um ou de outro a culpa que oportunizou a emissão ou o pagamento, como também pode haver partilha de responsabilidade indenizatória, pela ocorrência de culpa recíproca (*Paraná Judiciário* – 16/114 – 17/69).

Aplicáveis são no tema os princípios referentes à teoria da culpa, inclusive em caso de concorrência. E quando não se lobrigar culpabilidade nem por parte do correntista, nem por parte do banco, a este é debitado o risco inerente ao tipo de negócio exercido. Nessa concepção, quando a assinatura do cliente e a falsa, do cheque, têm semelhança, e a falsificação só pode ser constatada através de perícia, não é de responsabilizar-se a instituição bancária, mas, se a firma do correntista for adulterada claramente, verificável a olho nu, mediante simples confronto com a verdadeira, o banco responderá pelas perdas e danos. Nesse caso terá agido com imprudência e negligência na verificação, impondo-se-lhe a obrigação de reparar. Nos termos da Súmula nº 28, "o estabelecimento bancário é responsável pelo pagamento do cheque falso, ressalvadas as hipóteses de culpa exclusiva ou concorrente do correntista". Como visto, o conteúdo da Súmula já não se adequa mais com perfeição à atualidade. As questões todas que surgem já não podem mais ser solucionadas pela Súmula, tão-somente. Consoante decisão do Tribunal de Justiça de São Paulo, "mesmo diante da Lei Uniforme de Genebra, a imputação de prejuízos pelo pagamento do cheque falso ou falsificado se resolverá sempre pelo estudo da casuística" (*RT* – 444/99). Somente o exame de cada situação concreta indicará quando e em que circunstâncias será possível onerar o banco por inteiro pelas perdas e danos verificados.

Todavia, "banco que paga cheque rasurado grosseira e evidentemente, inclusive quanto ao nome do beneficiário, é culpado exclusivo pelo prejuízo daí advindo para o emitente, nada importando que o pagamento se tenha feito a empregado deste, presumível autor da adulteração e por via do mesmo trasmutado em favorecido. Seja por tratar-se de ato culposo do sacado, seja por caracterizada a injustificada e temporária resistência deste à pretensão, a correção monetária deve operar-se desde a data do dano, vale dizer, a do indevido pagamento" (*RJTJRS* – 110/442).

8.9. Cheque de terceiro e nexo causal

Os cuidados do cidadão não se restringem a zelar por seu talão de cheques, para que ninguém dele se apposse, para imitar sua assinatura e sacar dinheiro. Suas cautelas maiores devem centrar-se também no recebimento de cheques de terceiros. A dinâmica da vida atual, principalmente no comércio regurgitante das grandes cidades, faz com que determinados pagamentos sejam feitos através de cheques que o devedor recebeu de outrem, também em pagamento de dívida. O credor muitas vezes aceita sem formalismos referidos títulos, sem as mínimas cautelas, sem sequer indagar da idoneidade e da identificação de quem assinou as cártulas. E não raro esses cheques contêm assinaturas falsificadas, e vêm a ser devolvidos por tais razões pelo banco, que constata a adulteração e não efetua o pagamento.

Observe-se acontecer freqüentemente na área do comércio o vendedor de mercadorias não só receber cheques assim emitidos, sem a mínima atenção, como ainda devolver importância em dinheiro, para completar o valor. Isso, embora sabendo perfeitamente não ser emitido pelo comprador, mas por pessoa desconhecida. A boa-fé em tais circunstâncias é totalmente suplantada pela falta de cuidados que devem imperar em transações de tal natureza.

O dever de indenizar não pressupõe somente a culpa, mas também o nexo causal. Sem a configuração da causalidade, inviável é compelir alguém a qualquer ressarcimento. Carlos Roberto Gonçalves chama a atenção para o verbo *causar*, empregado no art. 186 do Código Civil: aquele que, por ação ou omissão voluntária, negligência ou imprudência, causar dano a outrem, fica obrigado a repará-lo. Diz o autor que "só se pode falar em responsabilidade civil, se se puder relacionar o dano com a ação ou omissão do agente. É indispensável que haja relação, o nexo de causa e efeito. Inexistindo essa relação, ou sendo rompido o nexo por alguma circunstância, deixa de existir a obrigação de reparar o dano" (Responsabilidade Civil – p. 79).

Com arrimo na asserção final do excerto doutrinário, o terceiro, ao falsificar a firma do dono do cheque, e a omissão de precauções e de cautelas em receber o título do terceiro, são circunstâncias que afastam a causalidade, a relação causal entre a omissão de um e o evento danoso infligido a outro. Não se faz presente, destarte, na conformação fática integrativa, a relação de causa e efeito, ou seja, a "causação" decorrente da omissão, prejudicando necessariamente quem aceitou cheque assim viciado.

Em casos que tais, de recebimentos de cheques de terceiros, estranhos por vezes, e com assinaturas inautênticas ou falsificadas, sem as indispensáveis cautelas do aceitante, a jurisprudência assim se tem manifestado: "Ausência de relação de causalidade entre o fato omissão, que poderia ter ocorrido do titular do talão de cheques, e a resultância danosa do vendedor recorrente, presentes circunstâncias que romperam o nexo causal operador do prejuízo, desobrigando o recorrido de reparar o dano. Para que respondesse o recorrido por sua omissão, impendia que a causação do dano derivasse, exclusivamente, de sua omissão e que nenhuma circunstância diversa cortasse a etiologia entre a omissão e o dano. Embora presentes fato omissivo e dano, sem nexo de causa e efeito, não há que se falar em reparação do prejuízo. A omissão do recorrido ficou superada pelo ato do terceiro, o comprador que foi quem exclusivamente, adjuntando-se à culpa da vítima recorrente, causou o dano ao vendedor, decorrendo eliminada a relação de causalidade entre o fato omissivo e a resultância danosa" (*RJTJRS* – 93/396).

8.10. Perdas e danos e pagamento de cheque roubado

Muitas vezes, após emitido e entregue ao beneficiário o cheque, surgem motivos relevantes a justificar a contra-ordem do emitente ao banco respectivo, para não efetuar o pagamento. São causas que autorizam a providência de sustação, ou ordem de não acolher o cheque em compensação:
  a) a de o emitente do cheque ser vítima de fraude comercial, de difícil ou incerta reparação;
  b) a de, após a emissão, o emitente se dar conta de ter sido vítima de estelionato;
  c) a de pretender evitar danos ao emitente, sejam de qualquer natureza, desde que haja perigo iminente que decorra de prova documental apresentada.

Se o emitente da contra-ordem se tiver louvado em motivação infundada, responderá por perdas e danos, além de estar sujeito à responsabilização criminal pelo mesmo fato. No entanto, se, apesar de verídicos os motivos do pedido de sustação, o banco assim mesmo não acatar a contra-ordem, pagando ou acolhendo o título em questão, estará obrigado ao ressarcimento integral de perdas e danos.

Freqüentes são na atualidade os assaltos, com roubo ou furto de talões de cheques. O meliante depois vai preenchendo cheques e assinando o nome do dono dos mesmos, espalhando-os pela cidade, nas mais diversas lojas e casas comerciais. Os cheques são aceitos tranqüilamente pelas firmas, sem exigirem identidade do ladrão. Todavia, a vítima do roubo ou do furto registra a ocorrência na polícia, extrai cópia xerográfica do registro e a entrega, mediante recibo, no banco expedidor do talonário, a fim de que não pague mencionados títulos. Nessas hipóteses, chegando a ser descontados os cheques, seja por compensação ou diretamente no banco expedidor, ele será o responsável pelos prejuízos defluentes. Em caso de ele mesmo acolher cheque em tais condições emitido, será duplamente responsável pelas perdas e danos, eis que não foi diligente na averiguação da assinatura adulterada, e não cumpriu a contra-ordem, consistente na prévia comunicação da *notitia criminis*. A responsabilidade do estabelecimento bancário erige-se em regra geral, restando-lhe apenas a alternativa de comprovar culpa concorrente ou exclusiva do cliente.

Para Aguiar Dias, "em caso de dano causado ao correntista pelo serviço bancário, a responsabilidade civil pode ser cobrada aos bancos tanto sob a invocação dos princípios subjetivos da culpa provada como com base no princípio do risco profissional ou empresarial". Salienta que a responsabilidade bancária deve ser vista e apreciada em função do contrato do depósito. O depósito bancário é reputado depósito irregular, ou depósito de coisas fungíveis, em que os riscos da coisa depositada correm por conta do depositário, consoante arts. 587 e 645 da lei civil. Na impossibilidade de se poder imputar a culpa na falsificação do cheque nem ao banqueiro, nem ao correntista, "sobre aquele é que deve recair o dano, porque contra ele é que foi urdida a fraude, a seu cargo é que estava o pagamento e, pois, toca-lhe suportar os riscos daí decorrentes" (Da Responsabilidade Civil – p. 352-358).

Todavia, para que se tipifique a culpa do correntista, é preciso que ele se tenha descurado na guarda dos seus cheques. Se ele se houve com os cuidados do cidadão comum, e se os cheques lhe foram subtraídos sub-repticiamente, não há falar-se em responsabilidade de sua parte, pois culpa é inobservância de norma comportamental, e que tem como efeito uma lesão indesejada do direito subjetivo. Sem imprudência, negligência ou imperícia na guarda e conservação de talonário, impossível é lobrigar qualquer parcela de culpa, apta a gerar partilha de responsabilidades.

Na era da computação eletrônica, que nos bancos existe para tudo e para todos, a atividade bancária também deverá avançar e progredir nos demais setores, máxime em matéria de responsabilidade civil e em mecanismos eficientes para detectar qualquer adulteração. Já não basta ao banco limitar-se a um rápido e superficial confronto das assinaturas com os exemplares guardados nos fichários, pois o exame dessas firmas é ônus que lhe incumbe sempre, por dever de ofício. Essa ligeira conferência por semelhança não chega a assegurar a autenticidade do cheque, vez que os imitadores e fraudadores têm a sua técnica para enganar e convencer. "Com a simplificação do pagamento do cheque, dispensando a utilização de meios mais sofisticados de verificação da autenticidade da assinatura do depositante, é óbvio que os bancos assumem o risco de pagamento de cheque falsificado. E assim se comportam, evidentemente, porque mais lucram com a simplificação e velocidade de seus serviços, do que perdem com o eventual pagamento de cheques a falsários. A simples conferência da assinatura por semelhança não basta para assegurar ao banco a autenticidade do cheque, mesmo porque não se falsifica sem imitar o verdadeiro. Responsabilidade do estabelecimento bancário, com risco calculadamente assumido, que, ao pagar cheque falso, dispôs do depósito sem autorização legítima do depositante. Inexistência de culpa do correntista que autoriza a divisão do prejuízo" (*RJTJRS* – 107/397).

Após o desapossamento de talonário, a vítima não deve quedar-se inerte por algum tempo, sem comunicar o ocorrido à polícia e ao banco. Será negligente se não se apressar nessas providências, máxime quando algum cheque for preenchido e levado à cobrança no interregno entre a data do despojamento e a do pagamento pela casa bancária. É da jurisprudência que, "sacador que se vê furtado de talões de cheques e não comunica a ocorrência imediatamente ao banco e à Polícia, fazendo-o tão-somente decorridos alguns dias após ter conhecimento do fato, age com culpa evidente e exclusiva, mormente quando ditos falsos foram emitidos nesse lapso de tempo. A negligência do correntista na guarda do seu talonário e a demora em comunicar a subtração constituem culpa do correntista, excludente da responsabilidade do banco pelo pagamento de cheque falso" (*ADCOAS – Boletim de Jurisprudência* – 1982 – p. 471, nº 85.180 – *Revista Forense* – 292/309).

8.11. Perdas e danos e extravio de título confiado à agência bancária

A agência bancária que recebe título para cobrar e o extravia, por culpa da direção ou de funcionários, tem a obrigação de satisfazer o credor com perdas e danos. O mau funcionamento dos serviços, a desídia e o desleixo dos responsáveis pela instituição financeira obrigam-na a indenizar todos os prejuízos culposamente realizados. O banqueiro responde por dolo, por culpa leve e por risco profissional. Em nada lhe aproveita alegar que a obrigação cambial pode ser restaurada, com a substituição do título, já que se cuida de simples extravio, segundo permissivos dos arts. 907 a 913 do estatuto processual civil. Mais, a ação de substituição só ocorre na perda da cártula ou no desapossamento injusto. Ainda, a sentença na ação de substituição seria de natureza constitutiva, tolhendo por isso ao autor o direito de cobrança em processo de execução.

No endosso-cobrança de títulos cambiários, o extravio das cártulas obriga o banco a compor os danos, em decorrência de sua falha de serviço. Não há como compelir o tomador a aceitar outras cambiais, ao depois, com outra data e sem juros e correção monetária. A propósito, afirma Roberto Barcellos de Magalhães que "o endosso-procuração pode ser feito com restrições, isto é, somente para receber ou para cobrança amigável. Pode também ser amplo, compreendendo o reendosso e o substabelecimento. A cláusula, usada no comércio e nos bancos – 'para cobrança' – no entender de Carvalho de Mendonça, autoriza todos os atos necessários, diretos ou indiretos, para haver a importância do título, inclusive o reendosso e a propositura de ação" (Da Defesa na Execução Cambiária – p. 10). As perdas e danos a ressarcir consistem aí no dano emergente, isto é, nas perdas sofridas, e no ganho que não se obteve, ou seja, no lucro cessante. É essa a lição pretoriana (*Jurisprudência Catarinense* – 21/287 – 21/707).

Incorre na mesma responsabilidade civil o estabelecimento financeiro que encaminha a protesto títulos já quitados pelo devedor. Chegando a medida a consumar-se, poderá ocasionar graves danos morais. A atuação culposa e negligente do banco, nessas condições, sempre será capaz de produzir efeitos danosos também na esfera funcional e no psiquismo do lesado.

A responsabilidade do empregador emerge na movimentação irregular, com desvio ou embolsamento de numerário, ainda que o empregado faltoso seja menor de 18 anos e filho dos depositantes do dinheiro: "Movimentação irregular de depósitos populares, com desvio de numerário praticado por empregado do banco. Irrelevância do fato de ser tal empregado filho dos depositantes, pois inclusive já maior de idade ao tempo da prática dos atos ilícitos. Dever de vigilância do empregador. Nenhuma prova ou indícios de que os pais soubessem da atividade fraudulenta do filho. Emancipação pelo estabelecimento civil com economia própria" (*RJTJRS* – 108/413). Essa responsabilidade abrange os danos praticados por culpa de qualquer empregado ou preposto, quando em serviço, ainda que se trate de empregado eventual. O banco responde civilmente "pelos prejuízos decorrentes do extravio de duplicatas aceitas e avalizadas, que foram confiadas para fins de cobrança. Ainda que não tivesse evidenciada a sua culpa, mesmo assim não se poderia afastar o seu dever de indenizar, pois a teoria do risco profissional respalda o pedido indenizatório, consoante entendimento que vem predominando na doutrina (Arnold Wald – *RT* – 595/31 – 582/258 e Antonio Chaves – *Revista Forense* – 283/114) e na jurisprudência (*RT* – 595/143 – 593/80) a respeito de responsabilidade civil dos estabelecimentos bancários" (*Paraná Judiciário* – 17/117).

A reparação deverá corresponder às perdas e danos sofridos pelo titular da cártula extraviada, e não apenas ao seu valor nominal, ou seja, devem somar o que o lesado efetivamente perdeu, e o que razoavelmente deixou de lucrar, em virtude de desídia bancária (*Julgados* – *TARS* – 59/217).

Outrossim, mencionado endosso-procuração, endosso impróprio, ou endosso *per modum mandati*, autoriza o endossatário a postular a anulação do título. "Por meio desse endosso, o endossatário fica com poderes bastantes (salvo restrições) para praticar todos os atos que caberiam ao proprietário, como apresentar a letra de câmbio ao aceite e pagamento, receber e dar quitação, firmar novo endosso, quer traslativo da propriedade, quer ainda por procuração (neste caso, há o verdadeiro substabelecimento), ressacar, acionar em nome do endossador, promover a anulação nos casos do art. 36 do Decreto nº 2.044/1.908, etc." (Carvalho de Mendonça – Tratado de Direito Comercial Brasileiro – V/nº 702).

8.12. Perdas e danos e não-pagamento de cheque por sacado a pedido do sacador

A contra-ordem de pagamento de cheque, endereçada ao banco respectivo, pode resultar em perdas e danos, após atendida na forma ordenada pelo emissor. A questão é saber se o sacado é civilmente responsável por semelhantes prejuízos. A resposta é negativa. Subscrevendo a lei uniforme do cheque, manteve o Brasil a reserva do art. 16 do anexo II, pertinente à revogação e oportunidade do cheque. Com essa reserva filiou-se nosso País ao sistema da revogabilidade absoluta do cheque, decorrente da norma insculpida no art. 6º da Lei nº 2.591/12. É essa a doutrina de nossos comercialistas (Waldemar Ferreira – Tratado de Direito Comercial – 9/190 – João Eunápio Borges – Títulos de Crédito – p. 186 – Carlos Fulgêncio da Cunha Peixoto – O Cheque – 1/179). Escreve Waldemar Ferreira que a lei especial "não enumerou os motivos legais, nem deu o critério para determiná-los, ficou isso para apreciar judicialmente, de caso em caso. A lei não estabeleceu a forma da contra-ordem, realizada até por aviso telefônico, posteriormente confirmada por carta" (Tratado de Direito Comercial – p. 192).

Nas condições de depositário, o sacado é simples guarda da provisão do emitente, e como tal é obrigado a respeitar suas ordens. Se receber contra-ordem, não deverá pagar o cheque, pena de responder para com o emissor. Não lhe compete apreciar os motivos ou as razões da contra-ordem. O portador de cheque revogado ou cancelado não terá ação cambiária, nem de responsabilidade civil por fato ilícito, contra o sacado que não paga em cumprimento de determinação do sacador (Lauro Muniz Barreto – O Novo Direito do Cheque – 1/270).

A procedência ou não da contra-ordem é matéria a ser discutida com o emissor, e não com o sacado, que é pessoa estranha à relação de direito cambiário, estabelecida entre sacador e portador do título, como ressaltado por Werter R. Faria (Cheque – p. 59). Daí a oportunidade da lição ministrada por Eunápio Borges, na obra anteriormente invocada: "Ao sacador, o dever de cumprir as ordens do emitente: a de pagar, constante do cheque, a de não pagar, resultante da contra-ordem. E, recusado o pagamento do cheque, não perca tempo o portador junto ao sacado; volte-se, sem perda de tempo, contra o emitente, acione-o, se necessário, e ao juiz da causa caberá o exame dos motivos legais ou não – determinantes da contra-ordem. E aplicará ao emitente, se for o caso, a pena prevista na lei. Acautele-se, pois, o sacado: pagando o cheque, apesar da contra-ordem do emitente, será responsável perante este, pelo prejuízo que lhe acarretar tal pagamento" (Títulos de Crédito – p. 186).

A responsabilidade civil do banco reside, pois, no fato de desobedecer à contra-ordem. Se apesar dela efetuar o pagamento, será responsável pelas perdas e danos que sua atitude causar ao emitente, que sustou o pagamento por razões que não precisava declinar. Assiste-lhe o direito de expedir semelhantes contra-ordens, se do seu interesse forem. Nenhuma responsabilidade lhe poderá ser atribuída se, ao contrário, acatar e atender a nova determinação, em substituição à primeira, porquanto "não é responsável civilmente o sacado que, cumprindo ordem do emitente, não paga cheque. O sacado mantém relação jurídica apenas com o sacador, não com terceiro: cumpre ordens do dono do depósito. A procedência ou não da revogação do cheque deve ser discutida com o sacador" (*Julgados – TARS –* 56/130).

8.13. Perdas e danos e subtração de valores guardados em cofre locado a particular

Por serem de interesse da coletividade, os serviços bancários são reputados como essenciais, aplicando-se-lhes a teoria do risco profissional: quem explora atividade de que retira lucros, deve suportar os riscos decorrentes. Na sabedoria romana, *ubi emmolumentum, ibi onus,* ou *ubi commoda, ibi incommoda.* A proteção à vítima assume relevo, com tratamento especial ao mais fraco, já que a outra parte desfruta de posição mais vantajosa quanto ao aspecto econômico e ao contrato de adesão adrede preparado no seu interesse. Nas diversificadas atividades bancárias e nos efeitos jurídicos defluentes, a doutrina e a jurisprudência têm-se revelado amplamente protetivas aos interesses da clientela prejudicada. É a socialização dos riscos, florescentes nesta área, com o intuito de não deixar sem ressarcimento nenhum lesado, inclusive quanto aos danos morais resultantes de falha na execução dos serviços.

A assemelhação ao serviço público está no fato de tais instituições creditícias integrarem o sistema financeiro nacional, e de estarem subordinadas à fiscalização direta do Poder Público, o qual garante os seus débitos através do IOF. Segundo o texto legal, o Sistema Financeiro Nacional integra o Conselho Monetário Nacional, os bancos oficiais e "as demais instituições financeiras públicas e privadas" (Lei nº 4.595/64, art. 1º, V). Ao cliente é difícil e por vezes até impossível conhecer os mecanismos internos da instituição, ante o nível de técnica que o setor tem alcançado. Essa complexidade toda, aliada ao grande abismo entre o banqueiro e o cliente do povo, por si só justifica a adoção da teoria objetiva, com fundamento na doutrina da culpa do serviço, nos moldes já consagrados no Direito público.

A locação de cofre bancário ainda não obteve disciplinação específica entre nós, o que dificulta a sua configuração jurídica, fazendo com que alguns o definam como depósito, outros como locação, e mais outros como pacto misto. A melhor razão parece estar com os últimos, eis que se compõe de elementos próprios de outros contratos, como o revelam as suas características: a) onerosidade; b) bilateralidade; c) comutatividade; d) consenso. É um contrato atípico, de adesão, misto, que, se apenas se limitasse "ao gozo de uma coisa alheia, se converteria em pura locação; se aquele dever de custódia a que se obriga o banco atuasse sobre as coisas introduzidas pelo cliente na caixa, se transformaria em um contrato de depósito; mas não é um nem outro, senão um contrato atípico, integrado por elementos heterogêneos" (Yussef Said Cahali – *RDA* – 56/29).

A função do banco é a de um profissional da segurança, e a do cliente, a de um titular do direito de ter guardados seus valores de modo seguro. A idoneidade da segurança e da integridade do cofre incumbe ao banqueiro, e se constitui em direito de ter guardados seus valores de modo seguro. A responsabilidade do banco incide no risco profissional, competindo-lhe custodiar o local e impermitir que estranhos abram o cofre, sendo responsável por qualquer dano sofrido pelo usuário, por violação, furto ou perda dos valores guardados.

Face à ausência de disciplinação mais apropriada, na interpretação dos contratos mistos, os intérpretes têm-se socorrido dos institutos afins. A propósito, a legislação responsabiliza o comissário pela perda ou extravio de fundos de terceiro em dinheiro, metais preciosos ou brilhantes existentes em seu poder, ainda que o dano provenha de caso fortuito ou força maior, se não provar que na sua guarda usou o zelo que em casos tais empregam os comerciantes acautelados. Também equipara o depositário ao comissário e ao mandatário. Igualmente reputa o credor pignoratício obrigado como depositário a empregar na guarda do penhor a diligência exigida pela natureza da coisa, e a ressarcir ao dono da perda ou deterioração, de que for culpado.

A natureza da espécie, onde predomina o sigilo, desobriga o lesado a provar a culpa do banco, e torna irrelevante o desconhecimento do banqueiro quanto ao conteúdo do cofre violado. Exigir uma prova cabal no particular implicaria negar a prestação jurisdicional devida e menosprezar toda a segurança, solidez e confiabilidade que a instituição bancária inspira ao público. Na responsabilidade contratual de rigor ocorre uma inversão do *onus probandi*, pois cabe ao banco demonstrar sua ausência de culpa. Outrossim, segundo permissivo do art. 335 do CPC, faltando normas jurídicas particulares, o julgador recorrerá às regras de experiência comum, subministradas pela observação do que ordinariamente acontece. O prejudicado usará de todos os meios de prova em direito admitidos, como documentos, testemunhos, confissão, indagações policiais, depoimento pessoal, declarações do imposto de renda, etc. Outros subsídios ainda poderão ser aceitos, como os relativos à atividade profissional do lesado, sua posição social, sua idoneidade moral, sua honorabilidade, seu prestígio, e assim por diante. Aliás, na responsabilidade contratual basta comprovar o inadimplemento, com presunção *juris tantum* de culpa do outro pactuante, inaplicando-se à espécie a máxima do *actori incumbit probatio*. É verdade que por vezes as peculiaridades concretas poderão recomendar a não-aplicação da teoria do risco profissional, nem a da responsabilidade objetiva do banqueiro. Todavia, mesmo assim, milita a favor do locatário do cofre a presunção de culpa *in vigilando* e *in eligendo* da instituição bancária.

Feito o contrato, um pactuante deve pagar a taxa convencionada, e o outro terá a obrigação de prestar os serviços ajustados. O banco passa a responder pelo prejuízo que causar culposamente, ou pela inidoneidade da instalação do cofre ou mesmo por força da teoria do risco profissional. O direito do cliente condiz com a respectiva indenização pelo desfalque havido, e a cada direito corresponde uma ação que o assegure, sendo-lhe lícito ajuizar ação ordinária de perdas e danos, onde o *quantum debeatur* pode ser relegado para a liquidação da sentença, por artigos, se houver fato novo a comprovar. E em caso de dúvida, as cláusulas do contrato de adesão interpretam-se em desfavor de quem as editou.

Tocante à cláusula de não indenizar, geralmente inserida microscopicamente na avença, ela será ineficaz se eximir por dolo. A excludência só caberá em casos de culpa. No furto e roubo sempre se configura o dolo. Tem-se enfatizado a nulidade de disposição contratual que pretenda exonerar de responsabilidade por dolo. Pretensão assim atenta contra os postulados da boa-fé e dos bons costumes, e é *contra legem*, por conflitar com diplomas que obrigam os bancos a adotarem as medidas de segurança pertinentes, como os Decretos Federais n°s 1.034 e 1.103/74. Impossível será transferir para o cliente as perdas e danos na hipótese de falha do sistema de segurança do banco, inobstante a paga de uma taxa para a obtenção dos serviços. Trata-se de uma segurança vendida, que resulta em obrigação do prestador, e que mais se afigura obrigação de resultado do que obrigação de meio. Descabe a deslocação para o cliente da álea consistente na eventualidade de subtração dos valores guardados, pois é exatamente esta álea que o cliente busca afastar com a locação do cofre, e para cuja finalidade paga a remuneração exigida. A carga exclusiva para um só dos pactuantes conduz à nulidade do pacto, eis que a obrigação de vigilância é da essência de tais contratos, não podendo ser excluída mediante simples disposição de não-responsabilidade.

Abordando o assunto, Yussef Said Cahali escreve que, na condição de profissional da segurança, "o banqueiro deve diligência e garantia do serviço, quer dizer, oferece ao cliente um cofre resistente e de acesso cômodo; e mais, a organização que ele assim oferece é de natureza a desestimular o furto, mais exatamente para evitar os efeitos de um sinistro ou de uma subtração qualquer; enfim, ele garante a segurança do seu dispositivo. Assim o banqueiro, alugando as caixas-fortes, propõe mais do que uma simples guarda; ele coloca à disposição do cliente um verdadeiro serviço bancário; enquanto o segredo do depósito empresta ao contrato traços particulares".

Referindo-se à cláusula de não indenizar, frisa que ela "não pode ter a eficácia de excluir a obrigação de vigilância que compete ao banco, pois esta é da essência mesma do contrato; nem mesmo se pode pretender, considerando a natureza do serviço, que referida cláusula seria eficaz quanto a exonerar o banco da culpa leve, reservando-se sua ineficácia apenas para o caso de culpa grave" (*RT* – 591/9).

Ainda que se considerem o furto e o roubo fatos previsíveis, eles não libertam de responsabilidade o banqueiro, a não ser que ele demonstre total inevitabilidade. A própria ocorrência da subtração leva à presunção *juris tantum* de falha nos serviços de segurança, prestados mediante remuneração. Constata-se, no entanto, que uma segurança total, que vença todos os riscos fora do alcance humano, nem sempre encontra guarida nos limites convencionais do contrato de caixa forte. Para preencher a lacuna, sugere-se a formalização conjunta de um contrato de seguro, com indenização tarifada consoante prêmio convencionado, providência que pode materializar-se através de simples cláusula na própria avença locatícia do cofre. Neste caso, evidentemente, com maior retribuição pecuniária ao banco, e assunção deste risco incondicionado, a segurança será cabal, sem a menor exclusão do caso fortuito ou de força maior, para a inteira tranqüilidade dos usuários.

Os momentos atuais são conturbados pelos mais audazes e mais horripilantes assaltos à mão armada, que se sucedem em lugares dos mais diversos, inclusive em órgãos da segurança pública. Os serviços de vigilância, embora prestados com a mais absoluta eficiência, não chegam a eliminar *in totum* os riscos derivantes de atos ou fatos de terceiros. Apenas os minimizam, o que não deixa de ser um conforto para quem guarda grandes valores. O contratante terá uma redução significativa e quase completa dos riscos, porque a erradicação integral fica além do alcance das possibilidades do prestador dos serviços. O que extravasar, projetando a responsabilidade para além dos limites do controle humano, equivale a uma verdadeira garantia, somente cometida às companhias de seguro.

De par com isso, o próprio *modus operandi* dessa espécie locatícia restringe a ocorrência de furtos e roubos. É que o escaninho ou gaveta que abriga os bens é aberto e fechado mediante o uso simultâneo de duas chaves, uma das quais fica em poder do banco e outra em poder do cliente. A chave de um é inútil sem a concomitante utilização da que está com o outro. Sem a introdução de ambas na fechadura do cofre inviabiliza-se o acesso ao interior dos escaninhos. Assim, unicamente com a sua chave o banco não tem condições de apossar-se das coisas guardadas, nem de franquear o acesso a terceiros. Além disso, o cofre-forte ou parte dele de regra é irremovível, porque construído na parede do prédio, sendo por isso mesmo reputado bem imóvel, vez que integra o estabelecimento bancário. O fato de a gaveta ser necessariamente aberta e fechada com as duas chaves atua como fator importante na apuração da responsabilidade civil.

Não significa isso, porém, ser impossível a instrução do feito revelar a responsabilidade do banco pela conservação da caixa e pela defesa contra qualquer irregularidade capaz de danificar a integridade do conteúdo. Tal pode ocorrer, *v.g.*, se o conjunto probatório, máxime a prova pericial, acusar anormalidade mecânica na fechadura do cofre de segurança, ensejando a sua abertura sem a concorrência das duas chaves.

De outra banda, não basta a responsabilidade do estabelecimento bancário. A ele deve somar-se o prejuízo, que é pressuposto necessário do dever de ressarcir. Não bastando a mera presunção, a prova da existência do dano erige-se em *conditio sine qua non* para a composição das perdas e danos cujo pedido deve fundar-se simultaneamente na infração e na lesão.

9. Perdas e danos na ecologia

9.1. Tutela do meio ambiente na legislação em vigor

9.1.1. Normas do Código Civil

O meio ambiente encontra proteção nos arts. 186, 1.277 e 1.280 do Código Civil. Amparados nesses dispositivos, os lesados poderão pleitear reparação pelos prejuízos que tiverem sofrido em decorrência de danos causados ao meio ambiente. O art. 186 embasa pretensões que envolvem ilícito comum, e os dois outros, as postulações advindas de conflitos de vizinhança. Condizem essas normas com a defesa do direito subjetivo do cidadão, no que tange à integridade ambiental e à tutela de sua propriedade em relação a danificações provocadas pela propriedade do vizinho. Assegura a lei o direito do proprietário ou inquilino de um prédio de impedir que o mau uso da propriedade limítrofe prejudique a segurança, o sossego e a saúde dos que o habitam. Muito penoso se torna ao particular se as ofensas à saúde são praticadas por poderosos, geralmente sólidos grupos econômicos, ou órgãos do próprio Estado, com a exploração de indústrias poluentes de todos os matizes, e que são nocivas à saúde pública.

Muitas vezes essas entidades poluidoras arrimam sua atividade em permissão outorgada pelo próprio Poder Público, que autorizou o seu funcionamento, tendo em vista os polpudos impostos que recolhem. Argumenta por isso a Administração com impossibilidades técnicas para impedir os males da poluição, e com a necessidade social de produzir empregos para milhares e milhares de famílias, com isso impulsionando o desenvolvimento e o progresso regional. Essas e outras circunstâncias levam a que, não raro, o lesado se sinta apequenado e impotente para fazer valer o seu direito, e porque ainda se vê na obrigação de comprovar não só a efetiva existência dos danos, mas principalmente a responsabilidade civil do causador.

Nas ações de dano infecto, a interdição de atividade fabril ou industrial "somente pode ser decretada se provado dela decorrer risco à segurança, ao sossego e à saúde da população. De sua vez, a indenização é devida depois de demonstrada a relação de causa e efeito entre a atividade incriminada e os danos sofridos, na forma dos artigos 186 e 1.280 do CC" (*Julgados – TARS* – 43/352). Em tempos mais remotos, quando a evolução industrial e tecnológica era bem menos acentuada, já advertia Carvalho Santos que "na sociedade moderna nenhum direito se admite, em face dos outros, senão dentro dos limites rigorosamente impostos pelas necessidades da convivência, do respeito ao direito alheio, de não produzir incômodos e danos ao seu vizinho, além de certa medida resultante das obrigações impostas pela vizinhança. O mau uso da propriedade se traduz precisamente no ultrapassar aqueles limites".

Fazendo alusão ao sossego amparado pela lei, menciona como proibidas as seguintes atividades, que hoje em dia podem ser acrescentadas por uma infinidade de outras: a) a instalação próxima de indústria barulhenta, como a oficina de um ferreiro; b) a instalação de casas de aparelhos de vitrolas e rádios, com funcionamento contínuo de seus maquinismos; c) abertura de cafés-concertos, "dancings", teatros, etc. d) o ruído de uma vitrola elétrica que impossibilita a recepção útil das emissões de um rádio, que alguém utiliza em sua residência.

Relativamente aos efeitos nocivos à saúde, diz constituir mau uso da propriedade "a instalação de fábricas de tóxicos, cuja exalação vá prejudicar os vizinhos, e a instalação de uma fábrica que produza mau cheiro, como as fábricas de sabão, as charqueadas, etc., e as fábricas que produzem fumaça, gases ou outras emanações deletérias" (Código Civil Brasileiro Interpretado – 8/12).

De outra parte, o proprietário limítrofe tem o direito de exigir caução de dano infecto, para consentir que o dono do prédio vizinho nele penetre para efetuar obras em sua propriedade. O alto risco justifica a medida, inexistindo razão para interpretar restritivamente a *cautio de damni infecto*, de molde a afastá-la da hipótese do art. 1.313 do regramento civil. A caução de dano iminente é remédio ideado para socorrer o vizinho contra obras do dono do prédio limítrofe, que importem em mau uso nas relações de vizinhança, apto a gerar perdas e danos. No dizer de Eduardo Espínola, a ação de dano infecto cabe "em todos os casos de ter o possuidor justo receio de algum dano por fatos do vizinho" (Posse, Propriedade, Condomínio, Direitos Autorais – p. 241). De não olvidar, também, que ao direito de vizinhança corresponde a obrigação de tolerância. Daí reconhecer-se, outrossim, como compensação do dever de tolerância, uma indenização ao proprietário prejudicado (Caio Mário da Silva Pereira – Instituições de Direito Civil – 4/156).

A cumulação de pedido de mau uso de propriedade com perdas e danos é viável, mas não pelo rito sumaríssimo, "salvo ele se ajustar às causas cumuladas (cominatória e reparatória) por força de seu valor, abaixo de vinte vezes o maior salário mínimo do país, ou pela incidência da letra 'd'" (Calmon de Passos – Comentários ao CPC – 3/156).

No sentir da jurisprudência, "se o dano causado no prédio o torna inábil à sua destinação normal, esse é um dano *ad rem,* e não apenas um dano *ad personam.* E não é apenas ao proprietário, o autor, que o prédio se presta à residência. O prédio objetivamente considerado é inabitável, segundo alegado. E, se ele se tornou inabitável em razão das emanações do estabelecimento industrial da ré, tenho aí configurado também um dano *ad rem* e incidindo, na espécie, o procedimento, sumaríssimo, por força do disposto no inciso II, da letra 'd', do artigo 275" (*RJTJRS* – 74/451 – *Revista Julgados do Tribunal de Alçada de Minas Gerais* – 23/197).

Na responsabilidade do Poder Público importa distinguir: se obrar com conduta comissiva danosa, sua responsabilidade funda-se na teoria do risco, e será objetiva; se agir com comportamento omissivo, causando lesão a terceiro, mediante culpa anônima ou falta impessoal de serviço, sua responsabilidade basear-se-á na teoria da culpa. Desde que tenha a obrigação de evitar o dano, sua culpa será subjetiva. A administração é responsável por perdas e danos causados a particulares em razão do nocivo funcionamento de seus serviços, ainda que inidentificáveis os servidores responsáveis. Irrelevante será, na espécie, a circunstância de a firma causadora de danos estar funcionando com autorização das autoridades competentes, e o fato de não ter jamais sido alvo de punição ou de advertência pelos órgãos encarregados do controle do meio ambiente.

9.1.2. Constituição Federal e Mandado de Segurança

Bem recebidas são, neste terreno, as auspiciosas inovações constitucionais, como o mandado de injunção, entre outras. É o que ocorre com a indústria poluidora, instalada sem o estudo prévio e indispensável de impacto ambiental, que deve ser avaliado em audiência pública. Necessitando de regulamentação a matéria, e não sobrevindo ela, a injunção torna-se concessível, para que tenha fim a atividade poluidora.

As mais importantes conquistas processuais em prol do meio ambiente e do consumidor em geral assim podem ser sintetizadas:

I – a legitimação de associações para agirem em juízo na defesa dos interesses dos seus associados;

II – a instalação obrigatória de juizados cíveis especiais, para uma prestação jurisdicional mais ágil e mais eficiente;

III – a instituição da ação popular também para a proteção de direitos coletivos concernentes ao meio ambiente, ao consumidor e ao patrimônio histórico e cultural, bem como a ampliação das atribuições instucionais do Ministério Público, na preservação e na defesa de tais direitos;

IV – a destinação também do mandado de segurança como remédio apto a proteger direitos coletivos, desde que evidenciados os requisitos da liquidez e da certeza;

V – a instituição da defensoria pública, como órgão adequado para orientar e defender os necessitados, sempre que vulnerados os seus direitos;

VI – a instituição do *habeas data*, para fins de abrir as portas ao cidadão para obter informes de bancos de dados, ou a retificação do que neles constar registrado;

VII – a criação do mandado de injunção, para as hipóteses em que a falta de norma regulamentadora inviabilizar o exercício das liberdades e dos direitos constitucionais.

Para a consecução desses objetivos, o art. 5º da Constituição Federal oferece garantias importantes como:

– "qualquer cidadão é parte legítima para propor ação popular que vise anular ato lesivo ao patrimônio público ou de entidade de que o Estado participe, à moralidade administrativa, ao meio ambiente e ao patrimônio histórico e cultural, ficando o autor, salvo comprovada má-fé, isento de custas judiciais e do ônus da sucumbência";

– "são gratuitas as ações de *habeas corpus* e *habeas data* e, na forma da lei, os atos necessários ao exercício da cidadania" ;

– "os direitos e garantias expressos nesta Constituição não excluem outros decorrentes do regime e dos princípios por ela adotados, ou dos tratados internacionais em que a República Federativa do Brasil seja parte".

A Constituição da República assegura que ninguém é obrigado a fazer alguma coisa, ou deixar de fazê-la, senão em virtude de lei. A par disso garante a todos os cidadãos brasileiros a inviolabilidade dos direitos à vida, à liberdade, à segurança e à propriedade. Essa a nossa lei fundamental, diante da qual se curvam todas as demais, que existem em espantosa abundância em nossa vasta nação.

São direitos fundamentais, assegurados por lei fundamental. São direitos personalíssimos, caracterizados como absolutos, porque erigidos *erga omnes*. Também são direitos indisponíveis. O cidadão que tem direito à vida, à saúde, à segurança, à liberdade, *ipso facto* tem direito de lutar por esse direito, de impedir o dano ecológico, e de exigir reparação por perdas e danos aos responsáveis pelo descumprimento. Se o dano ecológico se constitui em ameaça à sua vida, se põe em risco a sua saúde, sua segurança e sua liberdade de ir e vir, assiste-lhe a faculdade e o poder de opor-se a tudo isso, a defender a si e à sua família desses males que os afligem a todos.

Se o ar que se respira, se a água que se bebe, se os alimentos que se ingerem, se tudo isso está irresponsavelmente contaminado por produtos químicos ou agrotóxicos, todos e cada qual não têm só o poder, como também o dever de insurgir-se contra tal estado de coisas, e reclamar providências das autoridades competentes, inclusive mediante provocação do Poder Judiciário.

Legitimado para o exercício da demanda é o titular do direito na relação jurídica existente. O ar, os rios, o mar, os alimentos postos à venda, são coisas do domínio público, não são *res nullius*, mas *res omnium*, coisas de todos, para serem desfrutadas pela generalidade dos homens. "Utilizamos o ar em condomínio, é coisa comum, todos inter-relacionados, de todos e de cada um. Desfrutamos o rio e, se é comum, pertence a cada um. Cada um, portanto, é co-titular desse bem comum, inclusive para defendê-lo legitimamente. Esse titular não precisa esperar pelos outros, ou pelo Estado. Não pode ser privado do ar, da água, do ambiente, pois esse é seu direito personalíssimo à vida, é seu direito constitucional à vida. Ou não vale a Constituição?" (*AJURIS* – 32/37).

Numerosas e sempre mais crescentes são as fontes poluidoras industriais, e que se encontram em franco desenvolvimento e expansão. Cada vez maior, por isso mesmo, também é o número de mandados de segurança que ingressam em juízo, visando a revogar alvarás de funcionamento, de semelhantes geradores de poluição, nocivos ao bem-estar de todos, e mansamente instalados, por vezes, em grandes zonas residenciais. Legitimado ativo para a causa, nas circunstâncias, é o cidadão que tem vulnerado seu direito líquido e certo, consistente na integridade de sua saúde e de sua família, ou mesmo a liberdade de locomover-se, a segurança pessoal e de seus bens, inclusive as entidades representativas da coletividade, como associações ambientalistas, associações de engenharia sanitária, centros de estudos toxicológicos e outras, se instituídas com a finalidade de defender o meio ambiente.

9.1.3. Lei nº 4.717/65

A Lei nº 4.717, de 29/06/65, surgiu para regulamentar a ação popular. Nesse tipo procedimental, a condenação em perdas e danos é corolário lógico da sentença que decreta a invalidade do ato impugnado. A ação popular vem consagrada no art. 5º, LXXIII, da Constituição Federal, como uma necessidade de tutelar o interesse público e moralizar as atividades administrativas dos homens públicos. Visa a resguardar o bem comum através da atuação do próprio cidadão, o qual apodera para provocar o Judiciário e para dele obter anulação de atos lesivos ao patrimônio público (Manoel Gonçaves Ferreira Filho – Curso de Direito Constitucional – p. 296). O patrimônio ambiental é *res omnium*, isto é, coisa de todos. Por isso todos têm interesse jurídico na preservação do meio ambiente e do patrimônio de entidades públicas. Pela mesma razão também a ordem jurídica reconhece a todos o direito subjetivo de defender tais valores, toda vez que resultarem agredidos ou violados.

A lei em exame, ao legitimar o homem do povo, não tem em vista simples prejuízo pessoal e patrimonial, mas se propõe em especial a proteger o patrimônio público como um todo. Assim sendo, esse patrimônio compreende também os bens imateriais, não traduzíveis em termos econômicos, como os interesses ligados ao urbanismo, ao meio ambiente, às paisagens naturais, às jazidas arqueológicas, coisas de valor artístico e histórico, uso indiscriminado de agrotóxicos, exploração de indústrias poluentes, e assim por diante. O que está em jogo é a defesa do interesse coletivo, e o propósito de anular os atos prejudicais à coisa pública, com a conseqüente responsabilização dos agentes. A par de ilegal, o ato impugnado deve ser lesivo, pois se o Poder Público, apesar de ter infringido a lei com seu proceder, este não chegar a ferir o patrimônio público, não haverá lugar para a ação popular. A atuação ilegal, mas não nociva aos bens públicos, não rende ensejo a tal espécie de demanda, reservada que está à hipótese de efetiva lesão. A ilegalidade para os efeitos da lei tem sentido amplo, pois consoante o art. 2°, "a ilegalidade do objeto ocorre quando o resultado do ato importa em violação de lei, regulamento ou outro ato normativo". O conceito abarca, assim, toda e qualquer norma a que o administrador esteja subordinado.

Sujeito ativo da demanda é o cidadão, como representante legítimo da sociedade. Em última análise, é a própria coletividade o sujeito ativo da relação jurídica, mas tal direito não pode ser exercido por pessoa jurídica, vez que, a teor da Súmula n° 365 do Supremo Tribunal Federal, "pessoa jurídica não tem legitimidade para propor ação popular".

Sujeito passivo da causa é a Administração Pública em geral, ou mais precisamente o órgão da administração que for responsável pelos atos ofensivos ao patrimônio público. Todos quantos tiverem praticado ações lesivas ao patrimônio público devem integrar o pólo passivo da lide.

Segundo a jurisprudência, para o êxito da ação popular, dois pressupostos devem estar presentes: "lesividade do ato impugnado e sua ilegalidade, consistente em vício de ordem formal. Ausente a lesividade, desnecessário torna-se o exame da ilegalidade. É irrelevante a lei sob a qual se rege a entidade; onde quer que haja patrimônio público, tem alcance a ação popular constitucional. Todos os envolvidos no ato tido como lesivo, ordenando-o ou executando-o, devem integrar o pólo passivo da relação processual, mas não devem ser citados como réus, os beneficiários reflexos que em nada concorreram para obter as vantagens eventualmente auferidas" (*RJTJRS* – 117/242 – 117/286).

Onde existir patrimônio público, haverá interesse coletivo em sua administração proba e honesta. É patrimônio público tudo o que se constitui em serviço público em geral, tanto da administração direta como da indireta. Tanto pode danificar o patrimônio do povo um ato governamental da administração centralizada ou descentralizada, seja de pessoas estatais ou paraestatais, seja de âmbito federal, estadual ou municipal, desimportando, ainda, que sejam entidades autárquicas, sociedades de economia mista ou outras (José Afonso da Silva – Ação Popular Constitucional, Doutrina e Processo – p. 68 – Alcebíades da Silva Minhoto Júnior – Teoria e Prática da Ação Popular Constitucional – p. 62).

9.1.4. Lei nº 6.938/81

A Lei nº 6.938, de 31/08/81, traçou a política nacional do meio ambiente e legitimou o Ministério Público da União e dos Estados para o ajuizamento de demandas por danos causados ao meio ambiente. O cidadão particular quase sempre se sentia fraco e impotente para contrapor-se aos interesses mais poderosos em jogo, à força política e econômica bem superior, inclusive de multinacionais e do próprio Poder Público. Agora, conferindo poderes e mecanismos a um órgão do próprio Estado, independente e aparelhado, com isenção de custas, despesas e honorários, a prática de depredações e danificações à ecologia se defronta com maior e mais eficiente repressão. Essa lei ainda foi feliz na idéia de responsabilizar objetivamente o causante do dano, bastando a demonstração da existência do prejuízo, sua extensão, e o nexo causal, dispensando-se por completo a indagação sobre a culpa do agente.

A consagração da responsabilidade objetiva foi seguramente uma salutar medida, já muito intensamente ansiada pelos defensores da necessidade de aplicar-se a teoria do risco integral, em matéria de danos ecológicos, quer tratar-se de agente público ou particular. Em artigo doutrinário sobre o tema, Sérgio Ferraz prega o uso de malha fina, "realmente apertada, que possa na primeira jogada da rede colher todo e qualquer possível responsável pelo prejuízo ambiental", até por simples omissão que tenha propiciado um dano à coletividade. Assevera o articulista que isso significa dizer que a culpa, ou o proveito do terceiro que invoca a proteção jurisdicional, "duas figuras que classicamente acabam por excluir a responsabilidade objetiva, não devem ser contempladas em termos de dano ecológico. E mesmo a força maior deveria ser excepcionalmente contemplada. Daremos dois exemplos. O primeiro dirá respeito à força maior. Suponhamos ainda uma vez a região amazônica, uma das grandes e últimas reservas florestais neste país. O poder permite ou, até mesmo, toma a iniciativa da construção de uma estrada, ali. Subitamente, a Corrente de Humboldt muda o seu rumo, em razão de algum cataclisma possível de ocorrer no oceano Pacífico, provocando, com isso, um desequilíbrio em toda a infiltração das massas frias, que chegam até os Andes. E essas condições climáticas encontram, de repente, campo propício para um fator altamente desagregador do meio ambiente, em razão da destruição que a estrada provocou. Como admitir força maior? A estrada, em si, poderia não ser fator de agressão. Mas um fato de impossível previsão encontrou na estrada campo propício para grave dano ecológico. Ora, ao admitir ou executar sua construção, assumiu a administração um risco integral, pelos eventuais prejuízos que adviessem".

A título de ilustração, como exemplo segundo, mostra a situação do proveito ou da co-participação do terceiro que reclama, como a do agricultor que irriga suas plantações com águas de um regato que ele próprio poluíra com despejos de detritos, e que posteriormente restara completamente envenenado, imprestável para qualquer utilidade, pelo fato de um caminhão carregado de ácido ter tombado num buraco da estrada, derramando todo o líquido no riacho.

Nesse caso não há falar-se em exclusão de responsabilidade, pois uma não afasta a outra. Ao contrário, as responsabilidades se somam. Há solidariedade nos prejuízos e nas responsabilidades: "Em termos de preservação ambiental, todas as responsabilidades se somam; nenhuma pode excluir a outra. Essa colocação abre realmente perspectivas extraordinárias, no sentido da solidarização do risco social, em termos de dano ecológico. Exatamente aquilo que dizia Savatier: solidariedade nos prejuízos, sim, mas também solidariedade nas responsabilidades. De sorte que quem quer que tenha concordado, por ação ou omissão, saiba que cedo ou tarde poderá ser colhido nas malhas da lei" (*Revista da Consultoria Geral do Estado do Rio Grande do Sul* – 22/57-58).

9.1.5. Lei nº 7.347/85

A Lei nº 7.347, de 24/07/85, é o diploma mais recentemente editado em defesa do patrimônio ecológico. Sua finalidade primordial é estender a legitimidade antes outorgada ao Ministério Público a diversas entidades públicas e privadas, com poder de representatividade. Lança diretrizes para o exercício da ação pública em virtude de perdas e danos causados ao meio ambiente, ao consumidor, à população, aos bens e direitos de valor artístico, histórico, estético, turístico e paisagístico. A partir da promulgação desse estatuto legal, os interesses denominados difusos, ou seja, os que têm por titular o grupo social ou parte dele, e que condizem com a preservação da natureza, passaram a ser defendidos em juízo também pelas entidades ambientalistas, ou associações com representatividade e interesse em tutelar o bem-estar da população. Com mencionada lei, obtiveram legitimidade para aforar ações, visando à reparação pecuniária pelos danos ecológicos acarretados, tanto por particulares como pela própria administração.

As indenizações pagas a tal título revertem aos cofres de um fundo, dirigido por um conselho federal ou por conselhos estaduais, integrados por representantes da comunidade e do Ministério Público. Esses recursos financeiros serão destinados a reconstituir os bens lesados, na medida do possível.

Os danos ecológicos o homem os pode evitar. Refogem à sua capacidade de prevenir e evitar os desastres ecológicos, que podem ter proporções gigantescas e conseqüências fatais até para grande parte da humanidade. Procurando impedir acontecimentos tão nefastos, que afetam a saúde e os bens de todos, a lei outorgou a essas associações poderes para aforarem ações judiciais e para responsabilizarem os ofensores do patrimônio público. Ao Ministério Público ainda deu condições para requisitar documentação e tudo que necessário for na obtenção de meios de prova idôneos para embasarem e instruírem a demanda judicial civil. Em caso de pedido de arquivamento das indagações procedidas, as respectivas peças deverão ser remetidas ao conselho superior da instituição, para serem apreciadas em nível de chefia, em face da magnitude e da gravidade do problema.

Adverte Armando Henrique Dias Cabral ser inarredável que o infrator, "além de reparar o dano causado, cesse a causa de danificar. E nesse item danoso o poder público sempre está envolvido, porque é ele que zoneia pólos industriais, que fiscaliza as atividades que se tornam danosas ao meio ambiente, e que se omite de policiar essas atividades. Nesse contexto, o direito ao meio ambiente se torna precário, e se distancia da realidade. Todavia, em termos de preservação ambiental mais eficaz do que indenizar lesados por dano nuclear (sejam vítimas a flora, a fauna, ou o próprio ser humano), é instrumentar-se a ordem jurídica com mecanismos práticos e severos para minimizar os efeitos de eventuais danos nucleares, no futuro. Para isso, a aplicação da teoria objetiva da responsabilidade civil à pessoa privada a quem se impute o dano nuclear é enorme progresso" (*Revista da Procuradoria Geral do Estado* – 41/23-24).

Na tutela dos interesses difusos "o tema da legitimação de agir, tipicamente baseado na *summa divisio*, sofre profunda modificação. A legitimação para agir é atribuída a associações, a sujeitos que não agem por si sós (*per se*) apenas, mas pela coletividade. O conceito rígido, tradicional, de legitimação para agir dá lugar a um conceito social. A 'partie individualle' torna-se 'partie collective'" na expressão do professor Mauro Cappelleti, da Universidade de Florença, Itália (*AJURIS* —33/181).

O mérito inicial da edição da Lei nº 7.347/85 é atribuído à tese apresentada em 1938, em Porto Alegre, pelos juristas Waldemar Mariz de Oliveira Júnior, Kazuo Watanabe, Cândido Rangel Dinamarco e Ada P. Grinover. "Essa tese, afora outros aspectos, pretendia conferir legitimidade ativa também às associações que incluíssem, entre suas finalidades institucionais, a proteção ao meio ambiente ou patrimônio artístico, estético, histórico, turístico ou paisagístico, devendo, ainda, estarem constituídas há pelo menos um ano, nos termos da lei civil, com o que poderiam propor ações visando à tutela jurisdicional desses bens. Não cogitava tal proposição da tutela do consumidor. No entanto, essa tese, que foi aprovada por aclamação, posteriormente foi submetida à apreciação de um colegiado maior: a sociedade brasileira, de que recebeu importantes sugestões de aprimoramento, especialmente de representantes do Ministério Público do Estado de São Paulo, dando causa ao projeto de lei, de iniciativa do Poder Executivo, que redundou na Lei nº 7.347/85" (*Revista do Ministério Público do Rio Grande do Sul* – 19/31).

Releva lembrar que essa ação civil pública busca impor tanto uma obrigação de fazer, como uma obrigação de não fazer. Significa isso que na obrigação de fazer o juiz ordena o cumprimento de atividade devida, e na obrigação de não fazer determina a cessação da atividade nociva. Descumprida qualquer uma das sentenças, ou seja, a que impôs prestação de fazer, ou a que impôs a cessação de atividade prejudicial, o juiz poderá cominar multa diária ou outra execução apropriada. A imposição de multa só ocorrerá se compatível for com a condenação, ou suficiente por si mesma. As providências independem de requerimento da parte, podendo o magistrado inseri-las em seu próprio *decisum*.

Embora a sentença produza coisa julgada *erga omnes*, se rejeitar a postulação em virtude de escassez de provas não fará coisa julgada. A ação poderá ser intentada novamente, sob o mesmo fundamento, se novas provas se ajuntarem às que alicerçaram a demanda anterior.

9.2. Perdas e danos e dano nuclear

Na definição da Lei nº 6.453/77, dano nuclear é o dano pessoal ou material gerado como resultado direto ou indireto das propriedades radioativas, da sua combinação com as propriedades tóxicas, ou com outras características dos materiais nucleares, existentes em instalação nuclear, ou dela procedentes ou a ela enviados. Igualmente é reputado dano nuclear o originado de acidente nuclear combinado com outras causas, se impossível distinguir as danificações não nucleares, bem como o acidente nuclear provocado por material nuclear procedente ou enviado à instalação nuclear, consoante certas condições legais especificadas no art. 4º, incs. II e III, do mesmo diploma. A lei ainda considera acidente nuclear "o fato ou sucessão de fatos da mesma origem, que cause dano nuclear". Antes dela, nosso País já dispunha do Decreto nº 58.256/66, concernente à proscrição de experiências com armas nucleares no espaço cósmico, na atmosfera e sob as águas, mais o Decreto Legislativo nº 41/68, regulando a exploração e o uso do espaço cósmico, a lua e demais corpos celestes, e ainda o Decreto Legislativo nº 45/68, pertinente ao alto-mar. Registra esse estatuto que todo o Estado "deve tomar medidas para evitar a poluição dos mares, resultante da imersão de resíduos radioativos, levando em conta as normas e regulamentos elaborados pelos organismos internacionais competentes".

Qualquer instalação atômica está fadada a proporcionar desastres nucleares de proporções e conseqüências incalculáveis. O risco de danos é-lhe imanente, como também o é no transporte de material dessa natureza via terrestre, marítima ou aérea. Toda a usina dessa espécie é propensa a irradiar relações jurídicas das mais diversas, de índole obrigacional, administrativa, penal, ressarcitória ou comercial. Embora ainda não tenhamos um direito atômico em igualdade científico-jurídica com o Direito Penal, Direito Civil e outros ramos da ciência jurídica brasileira, os efeitos danosos provocados pela energia nuclear são perfeitamente indenizáveis. Vitimados a flora, a fauna ou o próprio ser humano, o ressarcimento deve ser apurado através de prova pericial, e concretizado por meio de paga de perdas e danos, se não *in integrum*, ao menos o mais aproximado possível. Na busca da justa recomposição, a pessoa jurídica ou privada com autorização de operar com instalação nuclear tem de sujeitar-se à teoria da responsabilidade objetiva, sob a modalidade do risco administrativo, adotada pelo art. 37, § 6º, da Constituição. Textua o art. 4º da mencionada Lei nº 6.453/77 que "será exclusiva do operador da instalação nuclear, nos termos desta lei, independentemente da existência de culpa, a responsabilidade civil pela reparação de dano nuclear causado por acidente nuclear".

Ocorrendo culpa exclusiva da vítima, o operador fica dispensado de reparar o dano, mas só em relação ao causante, permanecendo sua responsabilidade integralmente quanto às demais vítimas não causadoras do evento. Resta excluída a sua responsabilidade, se o desastre nuclear foi causado diretamente por conflito armado, guerra civil, hostilidades, insurreição, ou excepcional fato de natureza.

De outra parte, a lei restringe o direito de regresso do operador a duas hipóteses: uma, contra quem por contrato escrito admitiu o exercício desse direito; outra, contra a pessoa física que tiver causado o acidente dolosamente.

O *quantum* ressarcitório vem fixado na lei, em importe bastante elevado, para cada acidente nuclear. Mas a União apenas subsidiariamente garante, dentro desse limite, o pagamento das reparações do operador, complementando a quantia na parte em que forem insuficientes os valores provenientes do seguro ou de outra garantia. Originando-se o acidente de material ilicitamente possuído ou utilizado, não pertinente a nenhum operador, a União ressarcirá os danos, dentro dos limites já mencionados, assistindo-lhe direito regressivo contra o provocador do incidente.

De acordo com o magistério de Walter T. Alvares, a energia nuclear "é o objeto precípuo do Direito Atômico, tudo o mais girando em torno dela, como conseqüência. Assim, em virtude de sua existência, da tecnologia de fissão ou fusão atômicas, atuando sobre os elementos nucleares, e só por isto, surgiu a legislação de regência de sua disciplina no meio social, para utilização adequada, sob segurança e proteção. Então o campo nuclear, que se efetiva pela tecnologia atômica, mediante elementos nucleares, através de reatores e outras instalações, esta aglutinação é que efetivamente constitui o fato nuclear, que disparou a elaboração jurídica de envolvimento deste conjunto, ao lado das regras que deveriam controlar seus efeitos e formar as atividades dele decorrentes" (Introdução ao Direito da Energia Nuclear – p. 75).

Aplicável a teoria objetiva ao operador de instalação nuclear, ou seja, à pessoa jurídica autorizada a operar a instalação, ressarcíveis são todos e quaisquer danos nucleares causados, inclusive com perdas e danos. Desliga-se aí a responsabilidade subjetiva das amarras do Código Civil, por estar em jogo interesse público. Um interesse de tamanha importância, relacionado com a saúde de povos inteiros, impõe o abandono do esquema tradicional da responsabilidade com culpa. Qualquer pessoa do povo deve ser responsabilizada objetivamente na forma em que o Estado o é, máxime em havendo contaminação do ar e da água, com mortes de seres humanos.

Tocante ao fator competência, o Estado-membro não a tem para legislar sobre a construção de usinas nucleares ou instalações para o processamento de material radioativo com fins industriais. A vedação consta expressa na Constituição da República e tem sido reafirmada constantemente pelo pretório maior: trata-se de incompetência absoluta (art. 22, XXVI, da CF), que invalida qualquer lei estadual, aprovada em sentido contrário. "A competência para autorizar e localizar instalações nucleares, no país, é exclusivamente da União. Se não se reserva aos Estados-membros competência para legislar, sequer supletivamente, sobre energia nuclear, certo está que não poderão fazê-lo, por meio de emenda constitucional. A limitação constitucional de competência legislativa abrange, em razão da matéria, o poder de emenda, no Estado-membro. Fere também a emenda constitucional estadual impugnando o processo legislativo definido na Constituição Federal, que deve ser respeitado pelos Estados-membros (*Revista de Direito Administrativo* – 162/194).

9.3. Perdas e danos e dano nuclear no direito internacional privado

No direito nuclear, a responsabilidade civil é extremamente grave e drástica, e por isso tem conseqüências também incomensuráveis e infinitamente mais perniciosas. Atingem não só indivíduos isoladamente, mas populações inteiras. Seus efeitos danosos continuam persistindo por muitos anos, contaminando enormes extensões de áreas terrestres e atmosféricas. O exercício de uma atividade tão perigosa, de potencialidades nefastas incalculáveis, em si mesmo encerra uma grande presunção de responsabilidade por risco criado, de uma responsabilidade objetiva no clímax de seu rigor, abrangendo até as perdas e danos oriundos de caso fortuito e de força maior. A responsabilidade com tais caracteres afeta todo e qualquer explorador, seja Estado ou particular.

A seriedade do assunto compele cada Estado a ter sua legislação própria. Essa, relativamente às legislações dos povos do mundo inteiro, em precaução e preocupação, deve procurar harmonia e eficiência. A gravidade do problema tem ensejado no plano internacional numerosos congressos, com estudos de suma importância e profundidade. Numerosos organismos internacionais têm-se ocupado com intensidade e contração ao estudo de todos os benefícios e malefícios que a energia nuclear oferece à humanidade. E os juristas de todas as nações têm-se dedicado com afinco e dedicação constantes à análise das obrigações oriundas dos acidentes nucleares, fundadas no risco objetivo. Sua atividade centra-se também na estruturação de normas e convenções na esfera do Direito Administrativo, Mercantil, Trabalhista, Penal e Civil, principalmente, buscando regras de competência, de organização e de garantias, no campo desse novel ramo do direito. Pacífico é na doutrina e na jurisprudência de todos que exploração dessa natureza, com possibilidade de efeitos tão nocivos e mortíferos, não pode fugir da presunção de responsabilidade pelo risco criado.

Preleciona a propósito o professor Irineu Streger que "o moderníssimo campo aberto às indagações das técnicas mais recentes e ainda em contínua evolução importa em numerosos e novos problemas, muitos deles já exaustivamente estudados no âmbito do direito nuclear, problemas esses que não só impõem o abandono dos esquemas tradicionais da responsabilidade civil, mas exigem regulamentação específica, relativamente às especialidades das questões a resolver, de interesse não só dos Estados, mas de toda humanidade. Pela sua própria natureza de legislação especial, as normas que compõem o novo Direito são de aplicação restrita, fixando-se nos casos que se inserem na sua problemática específica".

Relaciona as limitações, a que se refere da seguinte maneira: a) âmbito de aplicação da lei; b) responsabilidade pelo fato das coisas inanimadas; c) responsabilidade da pessoa; d) responsabilidade do construtor de centrais nucleares; e) indenização a trabalhadores vítimas de radioatividade; f) extensão da indenização em caso de acidente; g) seguros contra riscos atômicos; h) transporte de materiais radioativos; i) prazos para reclamação de indenização; j) competências jurisdicionais; l) prova da responsabilidade civil nuclear.

Acentua, ainda, que todos os itens mencionados revelam que "o argumento da responsabilidade civil pelo emprego da energia atômica deixa claramente transparecer a correlação existente entre responsabilidade objetiva e perigo. E a atividade nuclear importa perigos tão grandes e conseqüências danosas tão imprevisíveis que, por questão intrínseca do direito e de segurança social, é necessário abandonar completamente o princípio da culpa e adotar a forma mais rígida da responsabilidade objetiva, compreendendo inclusive os danos derivados de casos fortuitos ou de força maior. Nesse sentido foram concebidas as diversas leis nacionais existentes e as várias convenções aprovadas" (Reparação do Dano em Direito Internacional Privado – p. 342-343).

O interesse da segurança na construção, implantação e exploração de uma usina nuclear, para fins pacíficos, sem dúvida diz respeito a todos os seres humanos e a todos os povos do mundo, e não somente ao país em que for implantada. A importância do evento e as providências prévias que o devem acautelar e precaver transcendem os limites territoriais e se projetam no infinito do espaço aéreo e terrestre. Daí o significado das forças ostensivas que emergem do direito convencional atinente, impondo a cada Estado não se omitir internamente sobre a grande questão, que ao mesmo tempo envolve Direito público e Direito privado.

Não terão eficácia as normas de entidades internacionais, se não receberem correspondência junto aos Estados, ou seja, se os países não solidificarem direito interno pertinente, que efetive e sedimente o direito ao meio ambiente de seus súditos.

A matéria é palpitante e atual em todo o orbe terráqueo, e a todos preocupa e incita a torná-la menos prejudicial e mais útil à humanidade. Interessante estudo sobre ambiente e responsabilidade civil, do professor Diogo Leite Campos, da Universidade de Coimbra, Portugal, apresenta as seguintes conclusões: "a) reconhecimento a cada pessoa de um direito a um ambiente são, direito cuja tutela lhe pertencerá na medida dos seus interesses, sem prejuízos da defesa pelos entes públicos e associações privadas, dos interesses gerais; b) fixação de limites máximos de poluição, não nocivos para a saúde ou bem-estar humanos, a partir dos quais se desencadearão medidas repressivas e reparatórias contra os agentes; c) no que se refere à imputação do fato ao agente, exige-se um regime de responsabilidade objetiva; d) estabelecimento de presunções de causalidade e definição prévia de zonas afetadas".

Acrescenta o mestre que tudo isso deve ser feito de modo a garantir um elevado grau de automaticidade na prova dos pressupostos da responsabilidade civil. A nível da obrigação de indenizar, diz, "exige-se a generalização do seguro obrigatório da responsabilidade civil e o estabelecimento de fundos de garantia, alimentados pelos beneficiários das atividades perigosas, medidas destinadas a assegurar a indenização do lesado, mesmo quando não se possa precisar a pessoa do responsável" (*Revista de Direito Comparado Luso-Brasileiro*, nº 2 – AJURIS – 33/113).

9.4. Perdas e danos e direito de vizinhança

Inumeráveis são as situações em que o cidadão se vê obrigado à abstenção de atos que implicam mau uso da propriedade vizinha. O proprietário ou inquilino tem o direito de impedir tais atos, quando lhe prejudicarem a segurança, a saúde e o sossego. A infringência gera a obrigação de ressarcir, nos termos dos arts. 1.277 e 1.280 do Código Civil. Observa Virgílio de Sá Pereira que o conceito de mau uso "é relativo e contingente, não se podendo precisá-lo sem ter em conta todas as circunstâncias que ocorrem para cada caso particular" (Manual do Código Civil – VIII/446). O mau uso pode, assim, consistir em plantio de eucaliptos ou outras árvores em linha divisória de propriedades, com prejuízo ao prédio vizinho; na conservação de abacateiros ou outras árvores que deixam cair frutas pesadas no telhado do vizinho, etc. Ademais, comprovado que determinadas reses morreram por terem ingerido veneno colocado no pasto, ou em decorrência de represamento de águas poluídas com veneno ou agrotóxicos, que retornam às pastagens, há causa e efeito entre a ação do agente e o resultado danoso. Cabem perdas e danos cumulativamente com o cumprimento de obrigação oriunda do direito de vizinhança. Portanto, positivada a ocorrência de culpa, os prejudicados têm direito ao ressarcimento do que despenderam com produtos médico-veterinários para salvar o gado restante, mais honorários do médico-veterinário, o valor das reses perdidas, e tudo o mais que foi gasto por causa do evento (*Jurisprudência Catarinense* – 39/258).

No ensinamento de José Joaquim Calmon de Passos, em se tratando de obrigações positivas ou negativas infringíveis, cabe ao postulante requerer a cominação, pena de sujeitar-se a ver indeferida a sua inicial. Mas poderá desde logo pedir perdas e danos, "ou colocar o seu pedido de execução específica em alternativa: adimplir ou responder por perdas e danos. Nesta hipótese, não vemos como se considerar o pedido de cominação. Ele é indispensável, sob pena de inépcia, quando se pretende essencialmente a execução específica e mais ainda se cuide de prestação inavaliável" (Comentários ao CPC – III/168).

Pessoa que põe fogo em sua roça sem precaução nenhuma, indo o vento levar as chamas à lavoura vizinha, destruindo plantações, é obrigada a reparar o dano assim causado. De igual deve reparar os prejuízos ocasionados por construção que invade propriedade vizinha. A amplitude e a extensão desse esbulho devem ser apuradas através de laudos periciais, e a justa indenização compreenderá todos os prejuízos, inclusive o alcance do espaço aéreo do respectivo edifício. A pletora de casos diferentes merece apreciação apropriada e também diferenciada. Em princípio não configura mau uso da propriedade a exalação de ruídos e emanações não excessivas e não prejudiciais à saúde, de um estabelecimento industrial, sediado em local adequado. No sentir da jurisprudência, só o barulho extrapolante, anormal, desnecessário e intolerável é que deve ser inaceito e reprimido. Só em tais condições caracteriza-se a utilização abusiva da propriedade, ou o exercício irregular desse direito (*Jurisprudência Catarinense* – 18/241 – 40/213 – *Jurisprudência Brasileira* – 71/136). Exemplificando, os donos de casas noturnas têm o dever de impedir a projeção de sons fortes para o exterior, evitando ruídos excessivos, para não molestarem os vizinhos, que têm direito ao sossego, ao repouso e à saúde. A ação adequada para evitar o uso nocivo de prédio vizinho é de natureza cominatória, por estipular pena de multa para o caso de prosseguimento de perturbação. De mister, no entanto, que o risco ou o prejuízo resultante do mau uso seja pessoal.

Os bens jurídicos alvo de proteção são a segurança, o sossego e a saúde dos habitantes. O dono da coisa não pode utilizá-la, pois, de modo a molestar o vizinho, pois sem respeito aos direitos de vizinhança não há harmonia social. Daí por que o conceito de uso nocivo da propriedade "não comporta proposição dogmática, mas uma análise de extrema relatividade, em face das mais variadas circunstâncias que informam a questão. O parâmetro é o exceder a medida ordinária do que é suportável. A teoria da anterioridade influi sobre a tolerância em relação à utilização preexistente, mas não pode converter-se em verdadeira servidão. A norma que rege os direitos de vizinhança e pertinente ao mau uso da propriedade não se presta a que os proprietários de novos prédios com destinação mais nobre busquem limpar um quarteirão urbano, impedindo o uso normal de imóveis velhos e decadentes" (*Julgados* – *TARS* – 58/168).

A obrigação ressarcitória pressupõe a existência de nexo causal entre a ação do agente e o dano sofrido pela vítima. Não configurada essa relação de causalidade, não haverá responsabilidade civil. Nos danos causados em prédio por obras em realização no terreno limítrofe, estabelece-se a responsabilidade objetiva e solidária do dono da obra e do construtor. Apenas se admite reduzir a indenização se a obra prejudicada tiver concorrido para os prejuízos, por insegurança própria, ou defeito de construção. A possibilidade de redução existe desde que para o dano tenha contribuído o vizinho prejudicado.

Têm legitimidade ativa para intentar ação de dano infecto todos aqueles que estiverem legitimados para defender sua posse ou propriedade. O fato de estar inserida no capítulo das limitações da propriedade, em atenção ao direito dos vizinhos, não significa que o possuidor não possa usar da ação do dano infecto, proveniente da obra ruinosa. "Castelo Branco enfrentou especificamente o problema da legitimação ativa na ação de dano infecto. É seu magistério: o proprietário ou inquilino de um prédio em que se tenha de fazer obras, no caso de dano iminente, pode exigir do autor delas as precisas seguranças contra o eventual prejuízo. Este princípio insculpido no art. 1.281 do Código Civil frisa que a pretensão nasce do dano iminente, a ser exercida pelo proprietário, ou a quem detenha o imóvel, sendo indispensável tal prova se ingressar em juízo. A ação assiste a todos que estejam expostos aos danos eventuais e exerçam algum direito sobre o prédio afetado: seja de posse, ocupação, uso e habitação. Afinal, todos os que estiverem legitimados para defenderem a posse ou a propriedade. Tradicionalmente, o dano infecto é uma imissão ou interferência ao imóvel alheio. Logo, cumpre repeli-la quem disponha de situação de fato ou de direito sobre a coisa" (Arruda Alvim – Jurisprudência do CPC – 16/9 – *RT* – 364/210).

9.5. Perdas e danos e nunciação de obra nova

Quem constrói ou edifica é obrigado a resguardar o prédio vizinho. Tem o dever de indenizar aquele que construir sem as cautelas necessárias, com prejuízo ao imóvel limítrofe, desimportando a precariedade deste. A ação de nunciação de obra nova socorre ao proprietário ou possuidor, para impedir que a construção nova em imóvel vizinho lhe danifique o prédio. Obra nova é a que iniciou e que ainda não findou. Mas não é só a que se inicia a construir. Também as alterações de obra já edificada são consideradas obras novas para os efeitos legais, desde que não afetem a normalidade de vizinhança, de condomínio, ou a regulamentação ou a postura, baixadas pelo município. Incluem-se, de conseguinte, no conceito de obra nova os acréscimos, as diminuições ou alterações introduzidas em construções já concluídas. O fundamental será sempre que haja construção em andamento, inclusive para alterar ou diminuir a área construída. Cuidando-se de edificação nova, já terminada, e que somente aguarda pintura e reparos internos, já não mais será adequada a ação de obra nova. Em tal caso, a solução alvitrada é o ressarcimento da área invadida, e não a demolição do prédio.

O conceito de obra nova "está intimamente ligado ao de edificação. Edificada que seja a obra, isto é, completa na parte que diz respeito à forma integral da construção já não é obra nova mas obra terminada" (Ernane Fidelis dos Santos – Comentários ao CPC – VI/169-171). Desde que estruturalmente terminada a obra, já não cabe mais a ação de nunciação de obra nova, que tem o sentido de embargar obra em andamento. Como lembra Carvalho Santos, "alguns procuram sustentar que não está concluída a obra, quando ainda lhe faltam a pintura ou o reboco, etc. Mas, para os efeitos da nunciação está evidentemente concluída. Mesmo porque o prejuízo de que se poderá queixar o nunciante é a feitura da obra em si e não do seu posterior revestimento ao acabamento, do reboco ou da pintura. Tudo aquilo que poderia causar prejuízo ao nunciante já está concluído. Estava consumada a lesão do direito. As obras complementares, que visam apenas a parte estética da construção, sem aumentar ou poder agravar o prejuízo já verificado, sem dúvida, não poderão ter influência alguma para os efeitos da nunciação" (CPC Interpretado – V/204).

Idêntica é a orientação pretoriana: "Estando a construção prestes a ser concluída, diante da orientação doutrinária e jurisprudencial, não se admite o exercício da ação de nunciação de obra nova. Mas, tratando-se de obra em construção, e restringindo-se no final o requerimento do nunciante à condenação em perdas e danos, e demonstrada através de prova pericial inequívoca a inobservância de cuidados técnicos, assim como a desatenção às normas de segurança, nas escavações e estaqueamentos realizados em construção de propriedade do réu, deve este ser responsabilizado pelos danos causados" (*Jurisprudência Catarinense* – 35/259 — 38/179 – 49/117 – 30/353).

Destarte, é pressuposto da ação de nunciação de obra nova a existência de um prejuízo iminente. Se a construção já estiver concluída, o dano já se consumou, e não há mais falar em prejuízo iminente, mas em prejuízo concretizado. A reparação das perdas e danos sofridos em tais circunstâncias deverá ser buscada através da respectiva ação ordinária de perdas e danos, sem olvidar o conceito amplíssimo da palavra "obra", emprestado pelo legislador ao parágrafo único do art. 936 do Código Processual Civil. Compreende também colheitas, extração de minérios e cortes de árvores. Pode, assim, abranger qualquer tipo de plantação, como soja, trigo, cana-de-açúcar e outras.

9.6. Perdas e danos e violação de marca

Nossa Carta Magna assegura a exclusividade de marcas e patentes, no decurso de sua vigência. Inviável é duas firmas usarem marcas ou patentes iguais, sem que uma delas não esteja violando o direito da outra, que por primeiro operou o registro legal. Ao proceder novo registro de marca já registrada, o Instituto Nacional de Propriedade Industrial estará incorrendo também em responsabilidade civil, aplicando-se-lhe a teoria do risco. Sua responsabilidade objetiva independerá da responsabilidade subjetiva e solidária do imitador ou usuário de marcas ou inventos alheios.

Se terceira pessoa usar marcas ou patentes registradas em nome de outrem, estará praticando imitação, rendendo ensejo à busca e apreensão da respectiva mercadoria. Todas as vendas realizadas de produtos com uso indevido de marcas e patentes deverão ser restituídas, com acréscimo de juros e correção monetária, e tudo o mais que puder integrar as perdas e danos em sua plenitude e generalidade, em prol do lesado e autor do registro.

Nas violações de registros de marcas não se faz necessário prévio exame pericial, como sucede relativamente aos delitos concernentes aos privilégios de invenção. A verificação da existência de reprodução, imitação ou usurpação de marca registrada é tarefa que incumbe ao magistrado, eis que não depende de conhecimentos especiais e técnicos. "O juiz é que deve decidir, examinando as marcas, se uma reproduz a outra, ou se entre ambas existe a possibilidade de confusão que caracteriza a imitação. Trata-se de prova de fato, que deve ser reproduzida pelos meios já indicados" (João da Gama Cerqueira – Tratado de Propriedade Industrial – 2/1.128).

Depreende-se daí a necessária distinção a estabelecer-se entre marca de indústria e modelo industrial. A marca de indústria, que dispensa prova técnica para se constatar a violação, é o sinal adotado pelo industrial para publicizar e propagar suas produções, distinguindo-as dos produtos fabricados por seus colegas concorrentes. Em outras palavras, é o sinal característico que os singulariza e diferencia dos produtos semelhantes ou idênticos, de outra proveniência, produzidos por outros fabricantes.

Modelo industrial, a seu turno, é "a forma plástica, o molde, padrão, ou todo o objeto que possa servir de tipo, modelo ou matriz para a fabricação de um produto industrial, de modo a imprimir nele uma configuração ou forma, diferente ou distinta da que tenha qualquer outro produto similar, ou a lhe dar uma ornamentação originária e nova, que o torne, também, diferente e distinto de qualquer outro produto, mesmo de igual espécie. Não se exige que o modelo industrial seja inteiramente novo. Tanto basta que se apresente em forma diferente ou disposição ainda não usada" (De Plácido e Silva – Noções Práticas de Direito Comercial – p. 664).

Na forma do art. 5º do vigente Código de Propriedade Industrial – Lei nº 5.772/71 – são privilegiáveis invenções, modelos de utilidade, modelos industriais e de desenho, com asseguração de carta que lhes garanta a propriedade e o uso exclusivo, nas condições codificadas. Claro é, assim, que a marca dispensa a prova pericial, ao contrário do que se dá com o modelo industrial. Em ambos os casos, porém, não basta a simples constatação de uso indevido de marca ou modelo industrial. De um modo geral não é suficiente a indicação do fato gerador do direito, impondo-se, a par disso, a prova da obrigação do demandado, e a real existência das perdas e danos. A simples violação do direito não implica sempre e necessariamente dever de ressarcir. "Direitos há que, mesmo violados, não têm ensanchas de produzir um efetivo e real prejuízo atuante a pronta intervenção do prejudicado ou a maior ou menor incidência da relação de causa e efeito ou nexo de causalidade. Perdas e danos só serão emergentes da comprovação, da demonstração de existência dos prejuízos, desde que tão-somente o fato culposo do uso de marca, ainda que configurado, em tese, crimes de violação de marca e de concorrência desleal, de *per si*, não geram o direito de haver indenização, restando provar além do fato culposo, a etiologia e resultância danosa. Inferências não demonstrativas, ainda que, de modo econômico, deduzidas em razões diversas, não suprem a prova da existência do dano, sonegado ao julgador" (*RJTJRS* – 98/404).

Os inventos privilegiados são protegidos contra as imitações, máxime no que pertine a seus direitos contra os concorrentes. Todavia, não assumem relevância as diferenças mínimas, as semelhanças insignificantes. Na contrafação, comum é despontarem modificações aparentes e minúsculas, sem a menor força de alterar substancialmente a natureza do invento. Segundo a teoria da equivalência, essas diferenças não chegam a descaracterizar o protótipo patenteado, mas se alguém introduzir essas mínimas alterações em produto patenteado por outrem, sem permissão do inventor, obrigado estará a ressarcir as perdas e danos atinentes: "Patente de invenção. Fabricação de produto privilegiado sem licença do inventor. Ressarcimento de perdas e danos com juros simples desde o ato" (*RJTJRS* – 51/249).

9.7. Responsabilidade objetiva nos danos ecológicos

Nas atividades perigosas em geral, a responsabilidade funda-se no risco. Há peculiaridades legislativas a dispensar tratamento apropriado ao assunto, destacando-o dos Códigos, e fazendo-o através de leis específicas, que se afastam da sistemática ortodoxa. No ápice dessas atividades encontram-se as nucleares, que até ensejam a ruptura de princípios fundamentais, comuns às demais espécies, e que se impõem diante da exacerbação dos riscos. Por isso contam com um regime especial de responsabilidade civil, por alguns denominado de "teoria do risco nuclear", impregnado pela socialização dos riscos, e com decisiva participação do Estado e colocação da vítima no centro das preocupações.

No magistério de Carlos Alberto Bittar, as atividades nucleares "ocupam posição singular no contexto da teoria da responsabilidade, recebendo, ademais, regulamentação jurídica especial, caracterizada por certos princípios e por normas que destoam do direito comum, em razão de sua natureza e das infinitas proporções do perigo que em si encerram". Enfatiza que no plano nuclear a teoria objetiva "atinge o nível máximo de exacerbação, com a extensão objetiva da noção do risco e a limitação expressa – e a poucas categorias – das causas de exclusão de responsabilidade (consoante a chamada teoria do risco nuclear). Adota essa concepção a 'forma mais rígida' e 'absoluta' de responsabilidade objetiva, como assinala Comporti" (Responsabilidade Civil nas Atividades Nucleares – p. 141 e 195).

Desta maneira vincula-se o explorador aos riscos de seu proceder com uma amplitude quase que ilimitada, que caracteriza uma responsabilidade absoluta, uma verdadeira obrigação legal de ressarcir. Mas também a reparação do prejuízo ecológico em geral independe da apuração da culpa, fato que até mesmo consta da lei. Tanto a legislação sobre responsabilidade por dano nuclear, como a que protege todo o meio ambiente, consagram essa doutrina em sua plenitude. A responsabilidade oriunda de dano ecológico é extracontratual, em princípio, não se compatibilizando com a teoria subjetiva. Essa inadequação no domínio ambiental prende-se ao fato principal de o poluidor querer sua irresponsabilidade, por estar autorizado a operar pelo próprio Poder Público.

No dizer de Paulo Affonso Leme Machado, "não se aprecia subjetivamente a conduta do poluidor, mas a ocorrência do resultado prejudicial ao homem e seu ambiente. A atividade poluente acaba sendo uma apropriação pelo poluidor dos direitos de outrem, pois na realidade a emissão poluente representa um confisco do direito de alguém em respirar ar puro, beber água saudável e viver com tranqüilidade. Por isso, é imperioso que se analisem oportunamente as modalidades de reparação do dano ecológico, pois muitas vezes não basta indenizar, mas fazer cessar a causa do mal, pois um carrinho de dinheiro não substitui o sono reparador, a saúde dos brônquios, ou a boa formação do feto" (Direito Ambiental Brasileiro – p. 91).

É por isso que o legislador, na Lei nº 6.938/81, além de obrigar o poluidor e o predador a recuperar a coisa, e indenizar os danos, igualmente compele a ressarcir os prejuízos acarretados ao meio ambiente e a terceiros atingidos por sua atividade, independentemente da existência de culpa. Ademais disso, cumula a penalidade administrativa com a reparação judicial, como decorre no art. 14 do mesmo diploma.

Todavia, por melhor que seja, o rigor da teoria objetiva não se basta por si, nem para amenizar os males causados, se não for reforçado por outros mecanismos ou providências. Passeios, protestos, e manifestações ecológicas outras, por vezes apenas se prestam para conscientizar sobre a gravidade da agressão ambiental, da poluição e dos venenos químicos e nucleares. Faz-se necessário também propugnar por uma legislação sempre mais atual e eficiente, para combater e impedir a ação dos poluidores, a par da criação de verbas para garantir a vitória. Adequada à espécie afigura-se, pois, a veemente conclamação feita pelo desembargador catarinense Tycho B. Fernandes Neto: "Que seja lançado o grito de alerta por uma legislação racional, entre a qual ressalta-se a adoção da ampliação do alcance da ação popular; que sejam através formação adequada, afastadas das mentes de alguns magistrados conservadores, e no concernente à problemática ambiental, as conotações essencialmente privatísticas do Direito; que, enfim, assumamos, perante nós mesmos, o patrocínio dessa causa que busca o reconhecimento do direito indispensável de vivermos em um ambiente sadio. Contudo, não esperemos o aplauso fácil que envaidece mas não dignifica. Ao contrário aguardemos ápodos. Aqueles que virem seus interesses acaso ameaçados chamar-nos-ão de, no mínimo, sonhadores. Pouco importa. Mas, poderá ser perguntado: valerá a pena? Respondamos com o vate português: 'Tudo vale a pena quando a alma não é pequena'" (*Jurisprudência Catarinense* – 30/57).

Os problemas ambientais constantemente se renovam e se robustecem, com colorações diferentes e inéditas, cumprindo abordá-los criativamente. Na ausência de normas legislativas próprias, outra alternativa não terá o juiz do que desenvolver máximas jurisprudenciais e de bom-senso, em inumeráveis circunstâncias, e *a latere* dos tradicionais postulados da responsabilidade. Por vezes será solicitado a arredar os vetustos conceitos privatísticos e atentar com certa ousadia para as exigências atuais, em benefício de bem-estar da coletividade.

Os efeitos da implantação da doutrina objetiva na problemática ambiental assim podem ser sintetizados:

a) a irrelevância da pretensão danosa do agente, bastando a existência do prejuízo;

b) a irrelevância da licitude da atividade desenvolvida;

c) a irrelevância da mensuração do subjetivismo, desimportando que a intenção danosa se divida entre diversos cidadãos. O que importa é que sejam acionadas algumas dessas pessoas, ou todas que possam ser identificadas, e que na relação causal o participante seja objetivamente responsabilizado pelo mal que cometeu;

d) a inversão do ônus da prova;

e) a atenuação da importância do nexo causal, ou seja, uma preocupação menor no relacionar a atividade do agente com o prejuízo causado, chegando que apenas potencialmente a ação seja capaz de gerar perdas e danos ecológicos. Essa potencialidade tem sido reputada suficiente para a inversão do *onus probandi* e para a presunção da responsabilidade, cabendo ao demandado a tarefa de procurar excluir a imputação a ele feita, se assim o entender.

O evolver dos tempos reserva ao ser humano, a cada passo, novos desafios, novas adversidades e novos riscos. A ordem pública, porquanto instituto de Direito Constitucional, de Direito Administrativo, de Direito Privado e de Direito Internacional, público e privado, pertine a tudo quanto se revelar indispensável à mantença da ordem social. Incumbe ao Estado zelar pela ordem pública, que é fundamental para a segurança e o bem-estar dos cidadãos, e da qual desponta com relevância, também, a questão relativa à ecologia e ao meio ambiente, que muitas vezes requer providências expeditas e eficientes. A política nacional do meio ambiente é traçada por legislação federal, e embora os municípios possam dispor sobre urbanismo, paisagismo e outros assuntos, é-lhes defeso ultrapassar os limites próprios do seu peculiar interesse. Não cabe ao município definir o que seja dano aos bens protegidos, nem determinar a sanção respectiva, eis que se trata de competência exclusiva da União. Exemplificando, se a lei municipal disciplinar tipos de construção em zona de baixa densidade, aplicando critérios pertinentes à zona de média densidade, estará vulnerando a lei federal específica, o que a nulifica no particular. Neste caso, quando a probabilidade de dano ao meio ambiente e ofensa a bens e direitos de valor estético e paisagístico arrimar-se em prova documental idônea, se tipificados o *fumus boni juris* e o *periculum in mora*, o remédio para contornar a situação deve ser ágil e eficaz. Justifica-se, então, o deferimento de medida cautelar e a conseqüente suspensão de obras aprovadas pela municipalidade, com base em legislação municipal.

Poderiam ser reduzidas a três as conseqüências da adoção da teoria da responsabilidade civil objetiva: prescindibilidade da culpa, irrelevância do caso fortuito ou força maior e irrelevância da licitude da atividade exercida. Quanto à última, a verdade é que, segundo Hely Lopes Meirelles, quando o fato lesivo foi praticado mediante autorização ou licença da autoridade, o demandante deve provar a ilegalidade da expedição, vez que todo ato administrativo é presumido legítimo, somente se invalidando frente à prova em contrário (*RT* – 611/11). Entretanto, a legalidade do ato não é discutida necessariamente na ação civil pública ambiental. Melhor razão tem, no particular, a argumentação exposta por Nélson Nery Júnior, para quem, "ainda que haja autorização da autoridade competente, ainda que a emissão esteja dentro dos padrões estabelecidos pelas normas de segurança, ainda que a indústria tenha tomado todos os cuidados para evitar o dano, se ele ocorreu em virtude da atividade do poluidor, há o nexo causal que faz nascer o dever de indenizar" (*Justitia* – 126/174).

Inconcebível pretender sacrificar alguém, impondo-lhe a obrigação de agüentar ruídos, fumaças, odores, gases, etc., com graves prejuízos à saúde, sem que o agente poluidor receba qualquer punição, embora impossível evitar a total emissão dos malefícios. Já se formou entre nós uma consciência nacional no sentido de que o interesse coletivo deve sobrepor-se ao interesse particular e à atividade deste, em geral voltada unicamente para o fator lucro. Como refere o mesmo articulista Nélson Nery Júnior, "não queremos chegar a dizer que a poluição ambiental deva atingir o nível zero, pois o progresso impõe um alto preço à comunidade, sendo inevitável a convivência povo-poluição nos países em desenvolvimento, bem como nos desenvolvidos. E isto acontece ainda que haja um planejamento como, *v.g.*, criação de parques ecológicos controle demográfico, etc.".

Mas toda essa carga, ou todo este preço trazidos pelo progresso, não podem nem devem ser satisfeitos unicamente pela população. Daí frisar o mesmo autor que aquele que polui "também tem a sua parcela de sacrifício, que é, justamente, a submissão à teoria do risco integral, subsistindo o dever de indenizar ainda quando o dano seja oriundo de caso fortuito ou força maior. E o poluidor assumindo todo o risco que sua atividade acarreta: o simples fato de existir a atividade, somado à existência do nexo causal entre essa atividade e o dano, acarreta o dever de indenizar" (*Justitia* – 126/173).

Irrompido o acidente ecológico por qualquer motivo – falha humana ou técnica, força da natureza ou obra do acaso – ao empreendedor não resta outra alternativa do que indenizar os danos acarretados. O máximo que poderá fazer para atenuar seus gastos será voltar-se contra o causador direto, através de ação regressiva.

9.8. Responsabilidade profissional nas atividades nocivas ao meio ambiente

Responsabilidade civil é tema em permanente evolução, adaptando-se os seus conceitos aos reclamos sociais e à criação constante da jurisprudência. A atividade humana se torna cada vez mais perigosa e mais sujeita a riscos, trazidos pela tecnologia dos inventos modernos. Soma-se a isso o despertar dos meios de comunicação e da informática, a convivência competitiva e hostil entre os homens, a maior conscientização popular quanto aos direitos e deveres de cada um. Tudo isso faz com que o cidadão seja mais exigente para com o Estado, no pertinente a suas reivindicações e necessidades. Mas o instrumental jurídico nem sempre acompanha tais anseios e avanços.

Legitimado passivo na ação ambiental civil é o responsável pelo dano ou ameaça de dano, seja pessoa física, jurídica ou o próprio Estado. As pessoas jurídicas de direito têm co-legitimidade tanto para a propositura das causas cíveis públicas quanto para figurarem no pólo passivo como responsáveis pelas lesões a interesses difusos. Não sendo causadoras diretas das lesões, podem, no entanto, ser responsáveis solidárias pela reparação. Ante a teoria objetiva que rege a espécie, baseada nos riscos, basta o simples exercício da atividade para que o dano obtenha ressarcimento. A vítima precisa apenas demonstrar o nexo causal entre o dano e a ação que o gerou, sem pensar-se em responsabilidade indireta. Irrelevante, assim, o comportamento do agente. Quem aufere os benefícios é o empreendedor, que deve suportar os riscos imanentes à atividade, competindo-lhe por isso mesmo o dever ressarcitório pelo simples fato da relação causal.

Ao cuidar da responsabilidade profissional dos médicos, farmacêuticos, odontólogos e parteiras, o art. 951 do Código Civil refere que eles são obrigados a indenizar os prejuízos decorrentes de sua imprudência, negligência ou imperícia. O princípio é genérico, aplicável a todos quantos no exercício de suas profissões agirem culposamente. Trata-se de responsabilidade delitual, fundada no ato ilícito, e não no contrato, mas o dispositivo legal não se aplica ao profissional que tenha contribuído na modificação do meio ambiente, através de suas funções laborais.

Consoante o art. 7º da Resolução nº 1/86 do Conselho Nacional do Meio Ambiente – Conama – para certas atividades é obrigatório o estudo de impacto ambiental, que deve ser feito por equipe multidisciplinar habilitada, "não dependente direta ou indiretamente do proponente do projeto, e que será responsável tecnicamente pelos resultados apresentados". Semelhante estudo só pode ser elaborado coletivamente, e não por um só profissional, mas a independência da equipe pressupõe também a independência e a qualificação técnica de cada um de seus componentes. É o caso dos integrantes de empresas de consultorias técnicas sobre problemas ecológicos, que eventualmente participam da causação de prejuízos ao meio ambiente, por terem observado ordens de seus preponentes. É a hipótese, também, do profissional que segue as diretrizes do empregador, e que embora ciente da ilicitude, assume os riscos do resultado danoso. Tal ocorre, *v.g.*, com o estudo de impacto ambiental para a instalação de usinas de eletricidade. Se o empreendimento afetou irreversivelmente o clima e o ecossistema regional, com grave prejuízo à saúde pública, ainda que por falha na execução do projeto, deverão os profissionais responder pelos malefícios causados? A resposta é negativa. Nem a empresa de consultoria, nem os artífices que por qualquer desatenção de alguma forma participaram do desencadeamento da catástrofe, terão sobre seus ombros o pesado fardo da responsabilidade pertinente. Do contrário, o fato importaria em perquirição de conduta culposa, inadmitida na espécie, e que não condiz com o fundamento do sistema objetivo, que rege o tema ambiental. Descabe a menor investigação de culpa por parte de terceiro na lide que versa sobre responsabilização por danos ao meio ambiente.

Em síntese, pois, a responsabilidade civil do profissional funda-se no ato ilícito, sendo imprescindível a comprovação da culpabilidade. Por isso mesmo é incabível acioná-lo em demanda civil de responsabilidade por danos ao meio ambiente, onde não se questiona a configuração de comportamento reprovável. Toda a carga de responsabilidade recai sobre os ombros do empreendedor, que todavia terá assegurado o seu direito de regresso. Este poderá ser exercido contra o causante direto do prejuízo, inclusive contra o profissional que cochilou em suas funções, ou que se excedeu no cumprimento de seu ofício, e contra o próprio Estado que aprovou o estudo de impacto ambiental, sem que tivesse condições para tomar resolução de tão drásticas conseqüências.

9.9. Responsabilidade civil por atos de poluição sonora

O excesso de ruídos tem a força de gerar doenças variadas no organismo humano, até mesmo a surdez e a loucura. Dependendo do tempo de duração e da intensidade, pode provocar disfunção em todo o sistema orgânico, com comprometimento do psiquismo e esgotamento físico total. Os problemas neurológicos que gera se refletem na vida familiar e social, atingindo adultos e crianças. Apatias, distúrbios no sono, irritabilidade fácil, eclosão de agressividade e de surtos psicóticos são fatores que geralmente afetam quem convive em locais com barulho acima de 85 decibéis, e que culminam com lesões irreversíveis, em especial auditivas.

Estudos recentes apontam os principais males provocados pela estrepitosa poluição de nossas cidades: a) no aparelho auditivo: redução da audição de até 65%, dependendo do grau de tempo de exposição aos estrondos; b) aparelho cárdio-circulatório: contrição nas artérias coronárias, arritmias, aumento da pressão arterial e do colesterol no sangue; c) sistema nervoso: ansiedade, irritação, insônia, neurastenia e cansaço forte; d) sistema endócrino: desequilíbrio da secreção hormonal com afetação especial sobre as glândulas supra-renais; e) aparelho digestivo: espasmos intestinais e gástricos, mau funcionamento do fígado, com alteração funcional do cólon, cãibras viscerais; f) aparelho genital feminino: distúrbios menstruais, com diminuição do fluxo sangüíneo-placentar durante o estado gravídico, e afetação negativa das condições fetais.

É por isso que o art. 42 da Lei das Contravenções Penais pune a quem perturba o trabalho e o sossego alheios, através de gritarias e algazarras, ou exerce profissão incômoda, ruidosa ou nociva, com infringência à lei, ou que abusa de instrumentos sonoros ou sinais acústicos, ou, ainda, que provoca ou não impede barulho produzido por animais sob sua guarda.

É por isso, também, que a Portaria nº 92/80 do Ministério do Interior reputa prejudiciais à saúde, à segurança e ao sossego público os sons e ruídos que: "a) atinjam, no ambiente exterior do recinto em que têm origem, nível de som de mais de 10 decibéis – dB (A), acima do ruído de fundo existente no local, sem tráfego; b) independentemente do ruído de fundo, atinjam no ambiente exterior do recinto em que têm origem, mais de 70 decibéis (dB – A), durante o dia, e 60 decibéis – DB (A) durante a noite; c) alcancem, no interior do recinto em que são produzidos, níveis de som superiores aos considerados aceitáveis pela Norma NB-95, da Associação Brasileira de Normas Técnicas – ABNT – ou das que lhe sucederem".

É por isso que os Estados, a União e os Municípios devem-se preocupar com o assunto, dispondo sobre a necessidade de controle desse barulho que molesta o bem-estar público, acometendo-a a todos os membros da sociedade, máxime às autoridades sanitárias, policiais, de trânsito e aos prefeitos municipais. O próprio Código Eleitoral em várias ocasiões cuida da temática, restringindo o uso de amplificadores de voz e música, e de tudo o mais que importa em molestação da paz social. "Não será tolerada a propaganda que perturbe o sossego público, com algazarra ou abusos de instrumentos sonoros ou sinais acústicos", adverte o art. 243, em seu inc. VI.

Imagine-se um cidadão que reside com sua família em casa própria no centro de regurgitante metrópole. Pela frente passa uma avenida, onde circulam incessantemente milhares de veículos de passeio, ônibus e caminhões, com descargas e buzinas abertas, silenciosos adulterados, e onde ainda há lugares em que a gurizada chuta bolas contra paredes e portas de latão, num barulho incomum; do outro lado da via pública há edifícios em construção e fábricas em funcionamento, cujos estrondos somados são insuportáveis por qualquer pessoa; do lado direito um colégio funciona em três turnos, com cânticos, gritarias e vozerio de mais de mil estudantes acompanhados de alto-falantes e competições esportivas que irritam a qualquer vizinho; do outro lado erguem-se prédios em que rugem serrarias, escolas de samba, conjuntos musicais, sinos e até uma tribuna democrática, que mais se parece com uma tribuna ditatorial que impõe danos à saúde de todos os circunstantes; nos fundos, estampidos e assobios incessantes de populares e fábricas, que ferem o tímpano do mais insensível morador. Tudo isso somado resulta em orquestração infernal que não pode ser tolerada por alguém, e que não pode ser permitida pela autoridade pública. Fato assim, ademais, desvaloriza os imóveis localizados na região, o que deve ser levado em conta nas ações indenizatórias.

Numerosos são os remédios legais postos à disposição dos prejudicados, no particular, sobretudo os editados pelas Municipalidades respectivas, em face de seu poder de polícia, peculiar interesse e dever de garantir o sossego e a saúde pública. Basta nominar as medidas cautelares, o mandado de segurança, a ação de perdas e danos, a ação cominatória e em especial a ação civil pública, que é um instrumento muito útil e eficaz das pessoas unidas por interesses comuns, quando impossível identificar a todos os atingidos pelas fontes poluidoras.

As postulações podem ser endereçadas diretamente à pessoa física ou jurídica responsável, para fechar o estabelecimento, para abster-se de determinados atos, ou para pagar as perdas e danos acarretados. Desde que forem compatíveis, são cumuláveis as pretensões, e devem ser dirigidas a quem tiver a obrigação de controle e fiscalização nos três níveis da Federação. Aos lesados basta comprovar o descumprimento da lei ou do regulamento e o nexo causal. Se a pessoa jurídica de Direito público tiver responsabilidade no evento danoso, deve ser acionada também. Afinal, cada indivíduo tem o direito de trabalhar e de viver em clima de paz e tranqüilidade, sem agressão ao tímpano e à saúde sua e de sua família. Induvidosamente grandes são as dificuldades a arrostar, pois quem geralmente descumpre a legislação pertinente é o próprio Poder Público, sendo notório que isoladamente o lesado pouco ou nada pode fazer. Por isso mesmo convém que a iniciativa parta das associações, com base na Lei nº 7.347/85. Aliás, de enorme utilidade são tais entidades na defesa dos direitos dos que trabalham e residem nos grandes aglomerados populacionais, responsabilizando, civilmente, a todos quantos geram a poluição sonora causadora de perdas e danos.

10. Perdas e danos e menores e incapazes

10.1. Perdas e danos causados por menor ou incapaz

Os menores de 16 anos são penalmente irresponsáveis, e a lei civil não mais equipara ao maior o jovem entre 16 e 18 anos, para efeitos de ressarcimento por ato ilícito. São inconfundíveis entre si a capacidade contratual e a delitual. As obrigações contraídas por menores entre 16 e 18 anos são anuláveis quando resultarem de atos por eles praticados: I – sem autorização de seus legítimos representantes; II – sem assistência do curador que neles houvesse de intervir. Quanto ao jovem com menos de 16 anos, é ele absolutamente incapaz de exercer em pessoa os atos da vida civil, segundo o art. 3º, I, do nosso diploma legal. Se prejudicar alguém, a respectiva ação deverá ser proposta contra seus pais ou quem tinha a sua guarda.

O agente que se encontrar na faixa etária entre 16 e 18 anos não mais responde solidariamente com os pais, nas obrigações resultantes de responsabilidade civil. Se causar danos enquanto estiver na direção de um veículo, ele próprio deverá recompô-los. Nos termos do parágrafo único do art. 942 do CC, "são solidariamente responsáveis com os autores, os co-autores e as pessoas designadas no art. 932". Da exegese conjunta desses dois artigos decorre a responsabilidade solidária entre o menor e seu genitor, vez que também o menor púbere tem condições de responder com seu patrimônio pelo ressarcimento devido. Daí indagar Pontes de Miranda se, praticado o ato ilícito pelo menor, a responsabilidade recai sobre o seu genitor? E responde afirmativamente: "Sim. O Código Civil, é certo, emprega no seu art. 942, parágrafo único, as expressões 'são solidariamente responsáveis as pessoas designadas no art. 932, I', que é em que se assenta a responsabilidade dos pais pelos atos dos filhos menores que estiverem sob seu poder e em sua companhia; mas é bem de ver-se que o art. 932, I, teve por fito estatuir, não só a responsabilidade solidária, nos casos de ilícitos praticados por maiores de 16 anos e menores de 18, como também a responsabilidade do pai independentemente da responsabilidade do filho" (Tratado de Direito Privado – 9/143).

Ao longo do tempo até a presente data, decisões reiteradas do Supremo Tribunal Federal, consubstanciadas na Súmula nº 341, assentaram como norma ser "presumida a culpa do patrão ou comitente pelo ato culposo do empregado ou preposto". Essa Súmula tem sido aplicada uniformemente e com extensão a todas as pessoas elencadas no art. 932, I, entre as quais se encontram os pais de menores. Consolidou-se essa jurisprudência "porque os juízes sentiram as necessidades da vida moderna e as imposições do progresso, desprezando regras ultrapassadas, que já nasceram velhas" (*RJTJRS* – 62/99).

Está, assim, definitivamente estabelecida a responsabilidade passiva na obrigação reparatória entre pai e filho menor púbere sob o poder e na companhia paterna. Legitimado passivo é o pai, em caso de acidente automobilístico, por ser o dono do carro, nada impedindo, contudo, figure também o filho no pólo passivo da demanda. Mas no particular convém repensar certos conceitos. É entendimento atual que a simples circunstância de o veículo abalroado estar sendo dirigido por um menor, só por si, não implica culpa do proprietário, mesmo porque daí não decorre presunção de imperícia, e porque a culpa não se presume. A inabilitação importa em mera infringência administrativa, como sucede com a contravenção, e não em reconhecimento de culpa. "O fato de o veículo estar sendo dirigido por menor não importa em responsabilidade do proprietário do mesmo" (*RT* – 604-164). Hoje vigora a responsabilidade objetiva dos pais.

Fato comum é resultarem condenados pai e filho, por ilícito cometido por este, na direção de automóvel dos pais. Na execução de sentença, após efetuada a penhora de bens, a mulher ajuíza embargos, na defesa de sua meação. Alega tratar-se de bem reservado, exclusivamente seu, o que fora alvo de constrição, e que seu filho até mesmo já se emancipara. Acrescenta ter pago a coisa penhorada com dinheiro seu, obtido com o exercício de função lucrativa, e que isso lhe dá o direito de ter livre e desembaraçado o seu patrimônio.

Sem embargo da boa argumentação, sucede que o marido foi condenado a ressarcir juntamente com o filho, sendo devedor solidário, e sua esposa é co-proprietária do veículo causante dos danos. Nessa qualidade nem ela será excluída da obrigatoriedade de reparar, sendo irrelevantes os fatos de o filho já ser emancipado, de ela ter pago sozinha o bem constritado, de que este seja coisa sua, reservada. Em sendo ambos os cônjuges co-proprietários do veículo, ambos são também responsáveis pelas perdas e danos que terceiros com ele vierem a causar, sejam filhos, parentes, amigos ou estranhos, desde que a eles tenham oportunizado o acesso e o uso do automóvel.

A responsabilidade por ato ilícito de terceiro é incomunicável, mas comunicável é a responsabilidade pelo fato da propriedade do veículo, que integra o domínio de cada um dos cônjuges. Correto, pois, o entendimento de que, embora excluídas da comunhão obrigações oriundas da prática de atos ilícitos pelo consorte, a mulher responde pelo fato da coisa perigosa, isto é, pela propriedade do carro mal conduzido por seu filho. É ela solidária na obrigação por ser co-proprietária, e por isso mesmo não se exime do dever de compor perdas e danos, ou de ter constritados bens de seu exclusivo patrimônio. A dívida nas circunstâncias deflui da propriedade do automotor que causou os efeitos indenizáveis, sendo irrelevante o fato de o motorista ser filho ou terceiro, se lhe foi facultado o uso do automóvel.

10.2. Perdas e danos causados por menor prestador de serviço não-remunerado

Nas atividades atuais do menor, difícil se torna, por vezes, saber até onde vai a culpa dele, e até onde vai a culpa do pai ou responsável. O dever de vigilância em princípio só deixa de existir com a perda do poder familiar, ou o poder de guarda e direção. Se o menor não se encontrar mais sob a guarda paterna, se tiver ocorrido adoção ou entrega a outrem, pelo juizado de menores ou se internado em colégio, em todos esses casos o genitor exime-se de responsabilidade por ato injurídico do menor. Opera-se aí uma transferência de responsabilidade a quem efetivamente passou a cuidar do menor, em caráter temporário ou definitivo, a exemplo do que ocorre com os tutores e curadores, que respondem pelos prejuízos causados a terceiros por seus pupilos ou curatelados. Como esclarece Caio Mário da Silva Pereira, a lei "faz presumir a culpa dos pais, deduzindo-a do dever de vigilância. Não lhes bastaria, pois a alegação de que tomaram as cautelas normais, e que o filho traiu a sua vigilância, para que se eximam do dever legal. Sua obrigação é ressarcir o dano causado pelo filho menor. E somente se livram forro provando a inimputabilidade genérica, ou a juridicidade do comportamento do filho" (Instituições de Direito Civil – III/388). Em cada ato injurídico do menor impõe-se contudo a análise das circunstâncias, sem perquirição sobre a configuração da culpabilidade. Assim, não é prudente avançar demasiadamente na desobrigação, a ponto de pretender inocentar os genitores, por prejuízos causados por seus filhos menores por imperícia técnica, sob alegação de que o Estado os habilitou ao conceder-lhes carteira de motorista, em se tratando de acidente automobilístico. A isenção, na hipótese, conduziria a extremos inaceitáveis, a par de incentivar a prática de acidentes e atingir a todos os motoristas, sem distinção de idade.

As necessidades da vida atual reclamam soluções adequadas ao tempo e à realidade vivenciada. Já não se penaliza um pai por acidente praticado pelo filho maior de 16 anos, legalmente habilitado, quando no desempenho de suas atividades como preposto do seu empregador. A responsabilidade então mais condiz com o preponente do que com o pai, cujo poder de direção está deslocado, e cujo poder de vigilância fugiu de sua esfera de previsão. Tratando-se de transporte oneroso, portanto, é o transportador, o preponente, e não o progenitor, que deve arcar com as perdas e danos acaso devidos.

A considerar é a freqüência com que menores se utilizam de carros dos pais, indo passear nas praias e cidades vizinhas, em companhia de outros menores, que levam de carona. Se nessas oportunidades houver acidente e um dos jovens se lesionar ou morrer, os genitores do motorista menor em tese responderão pelas indenizações devidas. Veja-se a situação do menor que temporariamente passa a viver com outra família, e se apodera do veículo dessa família às escondidas, com ele atropelando e matando um pedestre. O pai nega-se a indenizar, sob o fundamento de que seu filho se encontrava sob vigilância de outrem, na hora do sinistro. Será responsável a família que acolheu o guri por uns dias? Não. Se ela não o recebeu mediante termo de guarda e responsabilidade, ou outro documento formalizador da transferência legal, o responsável pela atuação do menor continua sendo o seu pai. O fato de o jovem inserir-se momentaneamente no seio de outra família não responsabiliza a esta pelos atos injurídicos que venha a praticar, nem neutraliza a responsabilidade objetiva dos pais. A culpa aí é presumida e objetiva, dentro do espírito da Súmula nº 341 do Supremo Tribunal Federal. Já frisava a propósito Carvalho Santos que os pais não se eximem de responsabilidade se confiarem provisoriamente seus filhos menores a outrem, como o parente, o amigo, o padrinho, ao mesmo tempo em que tecia críticas a julgado que excusava o pai da reparação do dano causado por viatura que o filho dirigia por sua incumbência (Código Civil Brasileiro Interpretado – XX/217).

O modo pelo qual o menor é acolhido por uma família é que determina as conseqüências jurídicas do acolhimento, em caso de ato ilícito do menor, apto a gerar obrigação de ressarcir perdas e danos. Não raro famílias abrigam menores e passam a zelar por eles como se fossem verdadeiros filhos, mas deixam de formalizar o ato de acordo com a lei. É a hipótese do casal que acolhe menor, dispensando-lhe tratamento paternal, apresentando-o em sociedade como filho, matriculando-o em escola e até registrando-o irregularmente em seu nome. De quem a responsabilidade, se esse jovem causa prejuízos a outrem, em decorrência do cometimento de ato ilícito? Serão responsáveis os pais de fato ou os pais legítimos? A resposta encontra-se na legislação menorista, que aponta os primeiros como responsáveis: "Entende-se por encarregado da guarda do menor a pessoa que não sendo pai, mãe, tutor, tem por qualquer título a responsabilidade da vigilância, direção ou educação dele, ou voluntariamente o traz em seu poder ou companhia."

Inobstante contempladas apenas as figuras de pai, tutor e curador, a condição de pupilo emerge da espécie, e o estatuto menorista o reconhece, ao reputar encarregado da guarda todo aquele que, como o casal referido, tomar a si a responsabilidade pela vigilância e direção. Consentânea, pois, a interpretação do pretório excelso, ao decidir que "responde solidariamente pelo dano causado por menor a pessoa que, não sendo seu pai, mãe, tutor, tem, como encarregado da sua guarda, a responsabilidade de vigilância, direção ou educação dele, ou voluntariamente o traz em seu poder ou companhia".

Preceitua o art. 392 do Código Civil que "nos contratos benéficos responde por simples culpa o contraente, a quem o contrato aproveite, e só por dolo, aquele a quem não favoreça". Segundo tal princípio, o transportador só indeniza se tiver atuado com dolo, ao passo que a pessoa transportada responde por dolo e culpa. Comentando o mencionado art. 392, Wilson Mello da Silva explica textualmente: "E, que as disposições de tal artigo devessem se aplicar na hipótese de transporte benévolo ou gratuito, parece a nós fora de dúvida. Tal artigo dispõe de maneira genérica relativamente aos contratos unilaterais, sem restrições, fazendo abarcar, por isso mesmo, em seu bojo, tanto os contratos unilaterais nominados, como os inominados. *Ubi lex non distinguit, nec nos distinguere debemus*" (Da Responsabilidade Civil Automobilística – p. 136). A gentileza de uma carona a um amigo, que por um infortúnio chega a falecer na capotagem do veículo, embora impregnada de culpa, é ato de cortesia e de bondade, ato bom por excelência, e que não pode gerar conseqüências pesadas demais. A não ser que tenha atuado com dolo, o motorista vem sendo poupado de indenizar, por haver um interesse social na incidência da regra do art. 392. Quando "o mundo se defronta com a tão alardeada crise de energia, particularmente a chamada crise do petróleo, na hora em que o poder público faz campanhas publicitárias, aconselhando e estimulando o transporte gratuito, como forma de poupar combustível, necessidade imperiosa que se impõe de forma inarredável, em face do vertiginoso aumento do preço do petróleo, abalando a economia de muitos países e especialmente a do Brasil, na ocasião em que tais fatos acontecem, a busca e constante construção de doutrinas para assegurar a indenização em favor da pessoa transportada gratuitamente, fundada na culpa em sentido estrito, sem dolo do transportador, é não só injurídica, por afrontar o artigo 392 do CC, como se revela contrária ao interesse social, que aconselha o maior emprego possível do transporte gratuito. A responsabilidade civil do transporte gratuito rege-se pelos princípios da responsabilidade delitual, não havendo presunção de culpa" (*Julgados – TARS – 33/306 – 58/275*).

Em síntese, o transporte gratuito é um contrato, eis que contém acordo de vontades, oferta e aceitação. A gratuidade não afasta sua razão de ser, como não a arreda na doação, que é pacto unilateral gratuito. Enquadra-se no art. 392 do estatuto civil a responsabilidade do cidadão que presta um favor ao próximo, nas circunstâncias explicitadas. O transportador gratuito só responde pelos prejuízos que nessa qualidade causar, se tiver agido com dolo ou culpa grave, competindo o ônus da prova ao lesado. Em havendo retribuição econômica indireta, esmorecerá a validade da regra. É o que sucede quando um corretor de imóveis transporta em seu carro um interessado na compra de um imóvel, e no trajeto capota o veículo e lesiona o cliente. Isso ocorrendo, incidirá a Lei nº 2.681, vez que a retribuição indireta mais se identifica com o transporte oneroso, interessado, com vistas a uma vantagem econômica.

10.3. Perdas e danos praticados por menor sob guarda conjunta

Nosso Direito resguarda e tutela sobremaneira os interesses do menor, colocando-os como fundamentais e básicos na equação de qualquer litígio que lhe disser respeito. Essa proteção e esse amparo todo relacionam-se também ao comportamento dos pais, onde o poder familiar é sobretudo um pátrio dever. As Leis nº 6.515/77 e 6.697/79 autorizam o juiz a tomar as mais diversas decisões e providências em prol do menor, podendo inclusive dispor de modo diferente ao regrado pelo legislador. Inclusive está legalmente apoderado para, se o caso o exigir, afastar os menores da companhia dos genitores legítimos, inobstante continuarem convivendo sob o mesmo teto e confiá-los a familiares ou a terceiros, de reconhecida idoneidade. A par disso, está o magistrado investido dos poderes de alterar suas próprias deliberações, em virtude do surgimento de fatos novos, sempre em benefício dos menores.

Os mais abalizados doutrinadores pátrios sublinham unanimemente essa amplitude do poder judicial na matéria específica. Para Sílvio Rodrigues, "em todos os litígios em que se disputa a guarda de filhos, o julgador deve ter em vista, sempre e primordialmente, o interesse dos menores" (Direito Civil – VI/254); para Caio Mário da Silva Pereira, o que serve de inspiração ao juiz "é o interesse dos filhos, sobre quaisquer outras ponderações de natureza pessoal ou sentimental dos pais" (Instituições de Direito Civil – V/189); para Washington de Barros Monteiro, "o critério a orientar o juiz será o do interesse ou conveniência do menor, que há de preponderar sobre direitos ou prerrogativas, a que, porventura, se arroguem os pais" (Curso de Direito Civil – II/226).

Colhe-se da sistemática do nosso Direito a possibilidade jurídica da guarda conjunta de menores. Não veda nossa legislação essa custódia concomitante pelo pai e pela mãe. Apesar de raramente utilizada, em determinadas situações pode ser muito útil e benéfica, tanto para os filhos, como para os parentes ou terceiros e os próprios pais. Em face da amplitude e da elasticidade da legislação pertinente, inclusive das próprias disposições instrumentais, ao magistrado é que incumbe deferir a custódia conjunta, se lhe parecer a solução mais indicada para o caso submetido à sua apreciação, e que melhormente sintonize com o bem-estar presente e futuro do menor.

A utilização do critério enseja situações práticas de capital importância em matéria de responsabilidade civil, em razão de ato ilícito praticado pelo filho custodiado conjuntamente. Alguns estudiosos procuraram colocar maior carga no exercício do poder familiar, outros na guarda jurídica, e mais outros na efetiva guarda física e moral. A última alternativa afigura-se de melhores condições para fazer justiça aos casos concretos: a responsabilidade de quem teve a efetiva guarda e responsabilidade do menor, na hora do evento danoso. Mas nessa área do direito sempre deve haver muita flexibilidade e muita compreensão, com especial preferência a alternativas e opções casuísticas, ordinariamente exigidas por fatores múltiplos e imprevisíveis, que envolvem cada espécie fática e jurídica. Os pormenores e os detalhes de cada caso, sem dogmatismos e sem diretrizes apriorísticas, assumem particular relevância na análise dos fatos e no equacionamento que a eles se der.

Se o menor cometer ato ilícito, quando na direção de um veículo, em princípio será responsável pela reparação respectiva a pessoa sob cuja custódia estiver no momento do sinistro. Se sob guarda conjunta dos genitores, ambos serão obrigados a ressarcir o mal causado. Todavia, se o veículo foi entregue ao filho por um só dos cônjuges, apesar da oposição do outro, a situação assume alguma complexidade: as circunstâncias e as peculiaridades concretas dirão a quem atribuir a responsabilização, total ou parcial. Outrossim, lícito é aos detentores da custódia concomitante avençar formalmente que a responsabilidade, fiscalização e controle do menor, relativamente à prática de acidentes automobilísticos e sua reparação, caberá a um só deles. Tal ocorrendo, não responderá pelo ressarcimento o pactuante inocente ou alheio ao ocorrido, mas a cláusula exonerativa só valerá entre os pactuantes. Totalmente ineficaz e inoperante será ela perante o prejudicado. Ambos os consortes terão legitimidade para figurar no pólo passivo da relação jurídico-processual, e sua responsabilidade é objetiva.

10.4. Perdas e danos causados a crianças e velhos

As lesões em menores constituem dano patrimonial ressarcível. O fato de o menor ainda não exercer trabalho lucrativo não afasta da indenização a verba relativa à redução da capacidade laboral. O trabalho é inerente à condição humana, sendo possível incapacitar alguém para o futuro, para a profissão que potencialmente seria abraçada. A previsão de ganhos com vistas à posição social do jovem, à profissão de seus pais, seus pendores, é algo nem sempre fácil de apurar. Aliás, a estimação de lucros cessantes relacionados ao futuro não é tarefa simples. O salário mínimo serve de subsídio para o cálculo indenizatório, mas se o critério não se bastar, outros poderão reforçá-lo. O que não se justifica é o menor decair do seu *status* e passar por privações, sem compelir-se o malfeitor a um ressarcimento o mais justo possível. Embora a lei mande prestar uma pensão correspondente à importância do trabalho para o qual a vítima se inabilitou, outras soluções por vezes podem ser mais adequadas. O importante é encontrar a fórmula que se harmonize com o justo e com os interesses da vítima. Exemplificativamente, para o caso de menor atropelado por veículo, com ruptura do períneo e do hímen, os tribunais têm determinado indenização na forma de dote, consistente em pensão vitalícia, consoante as posses do ofensor e a situação da vítima. Tocante às repercussões nas futuras relações sociais da moça, entendeu-se razoável equiparar sua situação à da jovem agravada em sua honra. Outros julgados têm acrescentado o *quantum* de uma quantia para a educação do menor, até com professores especializados, ou enfermeiros, se for o caso.

Não prevê a lei até quando deve ser ressarcido o menor. Entendem uns que deva ir até que complete 18 anos, quando, então, enfrentaria o mundo. Outros acham que, se ele ainda não estiver em condições de perceber renda por seu trabalho, injusto seria estabelecer-se para o recebimento da pensão a data da maioridade. Eqüitativo seria aceitar-se para esse fim a idade de 16 anos, quando o menor, deixando de ser impúbere, estivesse apto a dedicar-se com eficiência ao trabalho. Sendo engenheiro o pai do ofendido, pertencendo, assim, a uma classe social em que não é regra os filhos trabalharem já aos 14 anos, ao contrário do que sucede entre os integrantes da classe operária, onde aqueles ajudam os pais assim que, de acordo com a lei, a idade lhes permite trabalhar, o fato deve ser levado em sua devida conta (*RT* – 323/278). Se devem ser tratados igualmente os iguais e desigualmente os desiguais, o menor não é obrigado a receber perdas e danos inferiores por pertencer a família pobre. Grandes cuidados devem ser tomados quando o menor perde seus pais antes de atingir a idade fixada na sentença como termo final do recebimento da reparação. Em face da excepcionalidade do evento terá direito a obter adiantadamente o *quantum* da pensão, que poderá afeiçoar-se à de alimentos, ordinariamente de extrema necessidade. Essa pensão ou lucro cessante terá em vista uma capacidade laborativa em potencial, face a um dano certo e atual.

Relativamente à vítima idosa, bem possível é que o dano não tenha reflexos desfavoráveis no desempenho de qualquer profissão, atual ou futura. Por tal razão, no comum dos casos, o ressarcimento restringe-se aos gastos com a recuperação da saúde. Mas a velhice não afasta o direito do idoso a intervenções cirúrgicas utilizadas pelo jovem, inclusive estéticas, e ao uso de aparelhos ortopédicos, ou quaisquer outros, ou cirurgias outras que a moderna técnica médica e odontológica puser à disposição do ser humano. De igual, se a natureza dos ferimentos exigir enfermeiro permanente, ou internação em nosocômio, as respectivas despesas deverão ser suportadas pelo ofensor. Todavia, a regra comporta exceções. Toda a vez que o ancião comprovar que exercia atividade rendosa ao ser vitimado, fará jus à reparação pertinente, na medida do desfalque patrimonial experimentado. Da mesma forma, se o lesado for um intelectual, um artista, um escritor, um jurista, um cientista, embora na casa dos 68 ou 75 anos, geralmente se encontra ainda em normal estado de produtividade. Sua capacidade de produção até pode exceder a de muitos jovens, tanto em qualidade como em quantidade. Nessas circunstâncias, por certo, inegável é um ressarcimento idêntico à perda efetiva de sua capacidade laboral afetada, reduzida ou estancada, assim como o mais moço o receberia.

A tutela jurídica compreende tanto a aurora como o ocaso da vida, no respeitante a lesões à integridade psicofísica da pessoa. Ambas as idades merecem a mesma compreensão e o mesmo carinho. O dano moral há de ser tratado diferentemente, quando se cuidar de crianças que ainda não têm princípios, quando somente são indenizáveis os danos morais oriundos de feridas físicas. Assim, *v.g.*, menor de 7 anos que tem suas fotos usadas em campanha promovida por entidade publicitária não terá como pleitear indenização através de seu representante, vez que não tem capacidade para compreender o significado dos fatos, e de sofrer dores, angústias e abatimentos, caracterizadores de tais danos. Mas sempre "é indenizável o acidente que cause a morte de filho menor, ainda que não exerça trabalho remunerado", nos termos da Súmula nº 491 do STF, como também o evento danoso que causar defeito físico, que inclusive pode ser irreversível, como a cegueira. Em tal caso, a indenização consistirá no pagamento das despesas com o tratamento e lucros cessantes, até o fim da convalescença, tudo acrescido de "uma pensão correspondente à importância do trabalho para que se inabilitou, ou da depreciação que ele sofreu". Tratando-se de menor tornado cego em razão de ato ilícito, a pensão será vitalícia e resultará da perda da capacidade laborativa (*RJTJRS* – 117/356). O termo "depreciação" usado pelo legislador relaciona-se ao trabalho, e não à pessoa, que não se deprecia.

O direito à pensão fica condicionado à perda da capacidade laborativa, e a pensão representará um sucedâneo da futura remuneração da vítima.

No ensinar de Pontes de Miranda, por tratar-se de ofensa física da qual resultou deformidade, a indenização consistirá nas despesas do tratamento e em uma pensão correspondente à depreciação do trabalho, causada pelo defeito resultante da ofensa (Tratado – 54/190). O menor sem dúvida representa uma ajuda potencial aos pais. A simples expectativa de que futuramente possa exercer trabalho e com ele propiciar assistência à família, já autoriza o reconhecimento desse auxílio potencial, para efeitos indenizatórios. Essa a razão pela qual o ressarcimento é integrado de dano econômico, mas principalmente de dano moral, como compensação pecuniária pela dor sofrida. Essa verba não é destinada especificamente, mas em forma integrada no *quantum* fixado a título patrimonial. É definida uma só parcela, com base no montante do salário mínimo vigente, para cada espécie de dano, o que será pago num só valor mensal aos genitores. Essa pensão oriunda de responsabilidade civil deve sempre ser atualizada, na forma da Súmula nº 490 do STF, e não pode ser paga de uma só vez à família, em virtude do seu caráter alimentar (*RT* – 604/51 – 604/263). Como explicitado no art. 2º do Código Civil, "a personalidade civil do homem começa do nascimento com vida; mas a lei põe a salvo desde a concepção os direitos do nascituro". O nascimento com vida freqüentemente é comprovado através da docimasia de Galeno. "É, pois, razoável dizer-se com Galeno que viver é respirar, e por extensão, com Cásper, viver é respirar, não ter respirado é não ter vivido" (Flamínio Fávero – Medicina Legal – 2/313).

10.5. Limite temporal ressarcitório por morte de menor

A morte de menor que ainda não auferia renda é dano puramente moral, e como tal deve ser ressarcido. Se considerado fosse um dano patrimonial, a tutela reparatória se limitaria às despesas de tratamento, luto e jazigo. Difere a situação quando o menor já desempenhava ocupações rendosas. A reparação aí consistirá numa pensão mensal, cujo valor se determina com base no salário mínimo vigente, afora os gastos com tratamento, luto e funeral, sendo que essas duas últimas parcelas também são devidas se o menor não auxiliar na economia doméstica. Alguns julgados incluem no *quantum* a "verba relativa ao 13º salário, já que tal verba integra o direito de todo trabalhador, e a criança atingida em tão tenra idade não teve sequer oportunidade de alcançando idade laborativa, optar por trabalhar, ou por conta própria ou como assalariada" (*Revista Forense* – 291/257). Para eles, a indenização "deve incluir o 13º salário, até a data em que o filho solteiro completaria a idade de 25 anos" (*Revista Trimestral de Jurisprudência dos*

Estados – 38/234). Outras decisões, porém, frisam que "não se inclui o 13º salário, por se tratar de verba restrita ao campo das relações trabalhistas" (*Juriscível* – 160/157 – *RTJ* – 94/653).

Para efeitos ressarcitórios decorrentes de atos ilícitos, a vítima de menor idade tem direito a ser ressarcida desde os 12 anos. A partir dessa faixa etária, é permitido o seu lavor remunerado, *ut* Constituição Federal, art. 165, X, e Consolidação das Leis do Trabalho, art. 403. Mas até quando o ressarcimento deverá ser pago? O causador do dano, dos ferimentos ou do óbito do menor terá obrigação de pagar a pensão mensal até que data? A resposta a essa indagação não é uniforme. Entendem uns que o dever cessa quando o menor atingir a maioridade, ou seja, 18 anos; outros acham que o término da obrigação só vem aos 25 anos, e mais outros, ainda, que não há limite a prefixar, enquanto viver o beneficiário, e enquanto ele necessitar da pensão como alimentos. A maioria da doutrina e da jurisprudência converge no sentido de que a cessação surge com o implemento dos 25 anos de idade, porque então o jovem estaria apto a casar e a constituir família, *ipso facto* deixando de auxiliar na subsistência paterna.

Na verdade, o dever de alimentos continua após a idade de 25 anos do filho. E nenhum filho que se preze deixa de auxiliar os pais, pelo só fato de ter completado 25 anos. Se tiver condições de sustentar os pais, se estes forem doentes ou idosos, sem meios de subsistência própria, evidente é que pode ser compelido a zelar pelo bem-estar de quem o colocou no mundo. O casamento, por si só, não é motivo para que o filho ou a filha deixe de cuidar dos genitores. Não se afigura conforme com a realidade e com as necessidades da vida atual, o entendimento de que a obrigação de ressarcir por morte de filho menor "cessa quando o menor viesse a completar 25 anos, quando via de regra estaria casado e deixaria de prestar ajuda aos pais" (*Revista da Associação dos Magistrados do Paraná* – 42/234). A verdade é que "não há fixar-se em 25 anos o limite máximo na hipótese de indenização por morte de filho, uma vez que inteiramente divorciada da realidade a assertiva de que nessa idade provavelmente se casa, deixando de contribuir para o sustento dos pais, o que, ademais, não se coaduna com as prescrições da lei civil. Inexiste qualquer suporte legal, ou apoio em regra de experiência, para que se fixe em 25 anos de idade máxime na hipótese da indenização por morte de filho. Inteiramente divorciadas da realidade as assertivas de que o filho após se casar não mais auxilia os pais e que aos 25 anos provavelmente se casa. Essas afirmativas não encontram sustentação em qualquer estatística ou fato notório de conhecimento comum. O filho, mesmo casado, não perde a obrigação de auxiliar os pais; neste sentido os arts. 1.096 e 1.097 do CC. Assim já decidiu esta Câmara na apelação 20.403, de Belo Horizonte, julgada em 20/04/82" (*Revista Julgados do Tribunal de Alçada de Minas Gerais* – 23/154).

É devida a pensão "por morte de filho com mais de 25 anos. A condição de viuvez da mãe e a prova de que o outro filho solteiro, vitimado em acidente, ajudava na manutenção do núcleo familiar, faz presumir a dependência econômica" (*Julgados – TARS – 34/253*). A obrigação persiste enquanto a beneficiária for dependente econômica do acidentado, ainda que este tenha atingido idade superior a 18 ou 25 anos. Esse limite deve adaptar-se às situações de necessidade, sem absolutismos, igualmente nas hipóteses de teto máximo, reputado como sobrevida provável da pessoa, em 68 anos. Há opiniões no sentido de que, se a vítima se encontrava em atividade, com integral capacidade laborativa, aos 70 anos, e deixou viúva por ele sustentada, e que ficou sem o seu apoio financeiro e sem benefício previdenciário, o período pode ser elevado para 75 ou 80 anos.

10.6. Responsabilidade do menor no plano internacional

A presunção *juris tantum* da responsabilidade paterna, defluente do art. 932, I, do Código Civil, pressupõe sempre o comportamento antijurídico do menor. Essa responsabilidade é inerente ao poder familiar ou pátrio dever e ordinariamente é julgada tendo em vista essa dupla função, que impõe obrigações múltiplas, em especial quanto à guarda e responsabilidade. A responsabilidade paterna abrange todos os ilícitos que os filhos menores praticarem, por ser contínua e universal a vigilância que lhes compete. Não significa isso, contudo, que lhes possa ser tirado o direito de produzirem prova exonerativa. É evidente que a vigilância imposta não poderá ultrapassar os limites do humanamente possível. Nessa matéria, o dever de reparar é a regra, ao passo que a exoneração de responsabilidade é a exceção (Albertino Daniel de Melo – A Responsabilidade Civil pelo Fato de Outrem nos Direitos Francês e Brasileiro – p.166).

Praticado culposamente um ato antijurídico por um menor, com reflexos prejudiciais no patrimônio alheio, em território que não seja o da nacionalidade de seus pais, o fato pode gerar complexidades, com o envolvimento dos genitores em conjunto ou separadamente, e com subordinação a regimes legais distintos. A própria aplicação do princípio universal da *lex loci* pode proporcionar dificuldades, se transitória for a estada dos pais e do menor no país em que o menor praticou o ato ilícito.

De notar que o tradicional sistema da *lex loci delicti* nem sempre tem condições de solucionar a contento os problemas ocorrentes. Vez por outra até impende seja trocado por mecanismos menos rígidos e mais eficientes e adequados, dando oportunidade ao julgador para escolher a solução que melhormente sintonize com os interesses das pessoas envolvidas, e em consonância com a natureza das relações em causa.

No Direito de alguns povos, a legislação do domicílio dos progenitores tem sido aplicada preferentemente ao princípio da *lex loci*, em matéria de responsabilidade civil dos pais, por atos lesivos de seus filhos. Essa lei da nacionalidade paterna, também denominada de estatuto pessoal, muitas vezes pode dispor de modo mais favorável aos pais, ou até pode reputar o fato insignificante, sem força de gerar responsabilidade civil, de molde a obrigar a ressarcir perdas e danos. Daí por que "muitos intérpretes e doutrinadores sustentam a força do estatuto familiar para atrair ao seu regime legal a ação de reparação, com base na circunstância de conexão nacional ou domiciliar da pessoa responsável. Argumentam os partidários dessa posição que seria extremamente injusto impor a lei do lugar onde o delito foi cometido a alguém, por exemplo, que de acordo com a sua própria lei é considerado inocente, propugnando, então, pela aplicação da lei que rege o estatuto da pessoa responsável. Nos Estados Unidos o problema evoluiu da lei *loci delicti* para a lei do domicílio do país onde deverão responder pelos atos lesivos dos filhos (Dicey e Morris – The Conflicts of Laws – p. 937). Idêntica opinião encontramos em Binder, para quem a solução preferível é a do estatuto pessoal e não a do lugar do delito" (Irineu Strenger – Reparação do Dano em Direito Internacional Privado – p. 110).

A aplicação atenuada do princípio da competência da lei local tem sido apregoada constantemente, com a sugestão de levar em conta mais o lugar onde os direitos da vítima resultarem lesados, do que o local do fato gerador, em algumas hipóteses. Assinala o autor citado ser válida a regra para todos os casos que envolvam os direitos da pessoa, "porquanto toda ação de reparação de prejuízos causados pela violação de um direito de personalidade funda-se na petição de perdas e danos por culpa, à qual se aplicam as regras comuns da responsabilidade delitual".

Insiste em frisar o autor que a adoção da *lex loci delicti commissi* não é recebida por muitos autores como solução válida, em se tratando de delitos cometidos contra os direitos da personalidade, "pois a adoção de tal critério conduz, com efeito, o juiz a levar em consideração elementos puramente secundários ou fortuitos, tais como os lugares de envio ou recepção de uma carta injuriosa, os lugares de redação ou publicação de um escrito difamatório" (Reparação do Dano em Direito Internacional Privado – p. 116).

10.7. Reparação de dano *ex delicto* perpetrado por menor

A inimputabilidade do menor delinquente não retira da vítima o direito de ser ressarcida. A menoridade não impede que seja acionado o seu pai para indenizar as perdas e danos, tal qual ocorre no ilícito de natureza civil.

Numerosos dispositivos penais e processuais reconhecem esse direito, bastando relacionar apenas alguns deles:

a) o que reputa atenuante o fato de o agente ter reparado o dano antes do julgamento (art. 65, IV, "a", do CP);

b) o que torna certa a obrigação de reparar o dano, em caso de sentença condenatória (art. 91, I, CP);

c) o que autoriza o juiz a revogar o *sursis* quando, solvente o réu, ele frustrar a reparação do dano (art. 81, CP);

d) o que faz depender a reabilitação da efetiva indenização do dano (art. 94, III, CP);

e) o que faz dependente a concessão do livramento condicional da satisfação das obrigações civis resultantes do crime, exceto quando provada a insolvência (art. 83, IV, CP);

f) o que atribui ao Ministério Público a iniciativa de promover o ressarcimento do dano, se a vítima for pobre (art. 68, CPP);

g) o que autoriza a extinção da punibilidade ou a redução da pena, na hipótese de o peculatário culposo ressarcir as perdas e danos (art. 312, § 3º, CPP);

h) os que previnem a segurança da indenização por seqüestro e hipoteca legal de bens do réu, postuladas no juízo cível (arts. 125 a 144, CPP).

Textua o art. 935 da lei civil que "a responsabilidade civil é independente da criminal; não se poderá, porém, questionar mais sobre a existência do fato, ou quem seja o seu autor, quando estas questões se acharem decididas no crime". A norma consagra a dualidade jurisdicional, ou independência de jurisdições. A própria ótica na apreciação da culpa difere de um juízo para outro, não implicando a isenção de responsabilidade criminal isenção de responsabilidade civil. Para a tipificação da última e para embasar o pedido de reparação de danos, basta a simples culpa, ou presunções fortes, ou indícios concordantes e convincentes. Alicerçada a absolvição em insuficiência probatória, remanesce o livre exame da prova no juízo cível. Entrementes, em havendo sentença penal transitada em julgado, negando a autoria ou o próprio fato, a decisão prevalecerá na esfera cível. Inviável será aforar ação cível, se relativamente ao mesmo fato o julgador já tiver decidido que ele não existe, ou que o réu não é o seu autor. Existindo o fato, e tendo o denunciado sido absolvido por escassez de provas, pode assim mesmo ser condenado a ressarcir os danos. De igual, havendo sentença transitada em julgado sobre a autoria e a materialidade, a matéria não poderá ser reexaminada no cível, para fins ressarcitórios. Em tal ocorrendo, resta apenas questionar o *quantum debeatur*.

Na decisão absolutória importam os motivos que a embasaram. Descaberá qualquer ressarcimento nos seguintes casos:

a) quando a sentença reconheceu culpa exclusiva da vítima;
b) quando a sentença reconheceu a inexistência do fato;
c) quando a sentença reconheceu negativa de autoria, ou seja, que o imputado não praticou o fato ilícito;
d) quando a sentença reconheceu qualquer eximente de criminalidade.

Fundando-se a absolvição em outro motivo, afora os anteriormente enumerados, o fato será irrelevante para o efeito da fixação da importância devida, ou seja, do *quantum debeatur*, e não do *an debeatur*. Embora a sentença criminal condenatória sempre tenha efeito preclusivo no cível, o mesmo não acontece com a sentença absolutória, que não possui semelhante efeito.

Quando a absolvição se arrimar na excludente do estado de necessidade, de coação moral irresistível, de estrito cumprimento de dever legal, de exercício regular de um direito reconhecido, ou de estrita obediência à ordem de superior hierárquico, não manifestamente ilegal, *ipso facto* ficará isentado o pai do dever de ressarcir as perdas e danos em tais circunstâncias infligidas a alguém.

Tal não sucede, porém, quando os danos tiverem atingido a terceiros, situação em que o reconhecimento das excludentes não afasta a obrigação civil de ressarcir. Exemplo típico é o do agente que, atuando em legítima defesa, mata a terceiro, por erro de execução. Se tivesse eliminado seu ofensor, nenhuma indenização deveria aos herdeiros, mas em matando outrem, que não o seu agressor, sua obrigação persiste quanto a este e seus herdeiros, inobstante não precisar responder criminalmente pelo fato.

Claro é, destarte, que a inimputabilidade nunca será óbice ao exercício da causa ressarcitória. Jamais ficará impedido o juízo cível de examinar os atos ilícitos cometidos por menores ou incapazes, na busca da reparação devida à vítima. Os representantes legais obrigatoriamente figurarão no pólo passivo da relação processual, embora não sejam sujeitos do dever, porquanto sua intervenção visa a executar obrigação alheia.

De outra banda, o obrigatório ressarcimento em razão de crime não se compactua com a suspensão do processo, até o julgamento da respectiva ação criminal. Se já houver sentença transitada em julgado, sua juntada nos autos é imperiosa, pois dispensa a coleta de novas provas no juízo cível. No entanto, em certos assuntos o juízo criminal opera com prejudicialidade total sobre o cível, erigindo-se em condição indispensável para o exercício da demanda indenizatória. Essa prejudicialidade absoluta se dá na inexistência do fato ou da autoria, previstas no art. 935, e na legítima defesa, hipóteses de excludência da ilicitude e da responsabilidade, *ut* art. 188, I, do Código Civil. Nessas situações, a causa cível não poderá ser aforada antes do julgamento definitivo da ação penal em tramitação, consoante lição dos doutos: "Sempre que a sentença criminal decidir sobre a existência do fato, ou sobre a autoria, quer afirmando-os, quer negando-os, ou seja para absolver, a sua decisão a esse respeito faz coisa julgada em sentido absoluto, deve ser havido por verdade, tanto em relação ao crime, como em relação ao cível, e não pode ser, portanto, contrariada por outra decisão, quer seja criminal quer seja civil" (Câmara Leal – Dos Efeitos Civis do Julgamento Criminal – p. 181). Em determinadas questões, "como existência do fato, autoria e legítima defesa, pendente ação penal, a condenação criminal opera com prejudicialidade absoluta, como condição de exercício da ação civil de ressarcimento transformada, assim, em execução civil do julgado criminal" (*RJTJRS* – 109/401).

A providência da suspensão é de ser tomada, pois, somente nos casos de existência manifesta de alguma excludência legal, firmada em comprovação robusta e insofismável. Em outras palavras, a suspensão da causa cível só tem cabimento quando sobre ela a ação penal tiver prejudicialidade absoluta.

Também os participantes de produtos de crimes são responsáveis pela violação de direitos de outrem. Sua responsabilidade é solidária com a dos autores, cúmplices e demais pessoas indicadas no art. 932 do Código Civil, que termina com os que participaram gratuitamente nos produtos do crime, até a concorrente quantia. Embora o cidadão não tenha participado do delito, mas apenas aceito graciosamente o seu produto no todo ou em parte, fica obrigado a devolvê-lo, ainda que inocente. Não sendo mais possível a restituição, cumpre-lhe ressarcir na proporção de seu locupletamento.

Havendo pluralidade de danadores, todos responderão solidariamente pela indenização. Se um deles tiver ressarcido sozinho a totalidade dos prejuízos, terá ação regressiva contra os outros. Todavia não caberá ação de regresso se foi o responsável indireto quem ordenou a prática do ato lesivo do agente direto. Em tal hipótese, não há cogitar em falta de vigilância. O mencionado art. 932 elenca em seus quatro primeiros itens as pessoas que têm o dever de vigilância sobre as outras, presumindo sua responsabilidade na obrigação de fiscalizar, quando houver necessidade de reparar danos causados. Essa responsabilidade indireta não exclui eventual responsabilidade direta do danador, contra quem cabe ação regressiva, salvante o caso do descendente: quando o autor material do dano é descendente do responsável indireto.

Tratando-se de menor ou de alienado mental, a inimputabilidade do agente material tem a força de excluir também sua responsabilidade, que é deslocada objetivamente para seus pais ou representantes legais.

10.8. Perdas e danos e menor emancipado

A lei convalida a declaração de vontade dos menores de 18 anos, relativamente incapazes, feita sem assistência dos representantes legais. Os atos jurídicos assim praticados por eles não são nulos, mas apenas anuláveis, e só na hipótese de redundarem em prejuízo para o menor. Isso não ocorrendo, o ato terá eficácia plena, como reiterado pelos pretórios: "Para que o ato jurídico praticado pelo menor relativamente incapaz seja anulado, mister se faz que desse ato resulte prejuízo ao menor. Não é outra a finalidade da lei, ao determinar que o relativamente incapaz seja assistido, senão protegê-lo de prática de atos que lhe redundem em prejuízo de ordem patrimonial ou moral. O ordenamento jurídico considera a vontade do relativamente incapaz e atribui a seus atos todos os efeitos jurídicos deles decorrentes. Se praticados sem assistência, são anuláveis caso resultarem em prejuízo do próprio menor" (*RJTJSP* – 97/199).

E se o menor estiver emancipado? Dividem-se as opiniões no particular. Entendem uns que, ainda que o menor púbere seja emancipado, o pai continua responsável pela reparação. Outros não aceitam essa posição, argumentando que, por se fundar a responsabilidade no poder familiar, extinto este pela emancipação, a responsabilidade presumida dos pais também se extingue. Nessa linha de raciocínio, "se o pai concorre para o dano praticado pelo filho emancipado, não há dúvida de que se torna devedor responsável solidário, não em razão do parentesco, mas em conseqüência da sua comprovada participação no evento injusto. Enfim, impõe-se ajustar a lei à vida, os exercícios teóricos dos glosadores às exigências pragmáticas do mundo de hoje" (Estudo de Mário Moacir Porto – *in RT* – 555/11).

Nos termos do art. 5º, parágrafo único, V, do diploma civil, cessa para os menores a sua incapacidade pelo estabelecimento civil ou comercial com economia própria. Para efeitos de reparação civil por ato ilícito praticado por emancipado estabelecido na forma da lei, quando o menor tiver condições de ressarcir as perdas e danos, os intérpretes têm dado elasticidade ao preceito. Assim, se alguém com 17 anos e 2 ou 3 meses é contratado a exercer funções de bancário, não como aprendiz, e mediante pagamento de salário razoável, com o lugar reservado na ficha para a assinatura do responsável em branco, responde por perdas e danos que causar no banco, com a prática de qualquer ilícito. Tal ocorre mesmo que o estabelecimento tenha inserido cláusula na ficha-contrato, no sentido de que o pai ou responsável deve também apor sua assinatura. Não exigindo a eficácia da cláusula, deixando-a *in albis*, não há como responsabilizar o genitor. Daí que, "contratado com salário razoavelmente superior ao mínimo legal, tem-se que o menor de 18 e maior de 17 é de ser tido por emancipado pelo 'estabelecimento civil', com economia própria, tal como prevê o Código Civil na norma já citada. Também por tal motivo apaga-se a responsabilidade que, em princípio, poderia aos pais tocar" (*RJTJRS* – 108/413).

Para se representar no processo de suplemento de idade o menor tem capacidade processual, podendo ele próprio outorgar procuração a advogado, sem assistência de tutor. Isso, se já tiver condições de reger sua pessoa e seus bens, aferição essa a ser feita com vistas à plenitude de sua capacidade civil. Mas não poderá usar a concessão da *venia aetatis* para obter vantagens fora dos limites do Direito privado. Na esfera do Direito público tudo ficará condicionado à regra jurídica especial de que se tratar. A matéria é de interpretação casuística, onde a natureza, a motivação e a finalidade da norma é que ditarão os efeitos da suplementação da idade. Ocorre aí o mesmo que sucede na cessação da menoridade pelo matrimônio, onde o suplemento de idade só gera efeitos de Direito privado.

De atentar-se também para a representação processual do menor que tenha pais separados, e cuja guarda esteja confiada à mãe, quando o pai conservar o poder familiar. Neste caso, o genitor também deve estar em juízo representando o filho, ainda que o casal se mantiver separado judicialmente. Nas linhas do art. 8º do CPC, os incapazes são representados ou assistidos por seus pais, tutores ou curadores, na forma da lei civil. Os filhos menores estão sujeitos ao poder familiar, que no casamento e na união estável compete aos pais. Na falta ou no impedimento de um deles, o outro cônjuge o desempenhará com exclusividade. Em caso de divergência quanto ao exercício, qualquer um deles pode solicitar ao juiz para solucionar o desacordo.

Extingue-se o poder familiar pela emancipação, consoante o art. 5º, parágrafo único, do Código Civil: cessa a incapacidade do menor pela concessão da emancipação. Essa é dada pelos pais, ou por um deles, na falta do outro, mediante instrumento público, independentemente de homologação judicial, ou por sentença, ouvido o tutor, se o menor tiver 16 anos completos.

Quanto ao tema em si, a regra é esta: a emancipação voluntária não desobriga os pais, não arreda a responsabilidade objetiva destes, no concernente às obrigações *ex delicto* dos filhos que vivem em sua companhia ou sob sua dependência. A culpa do pai é despicienda, sendo certo que a menoridade só termina aos 18 anos cumpridos. A emancipação apenas libera o menor da assistência dos genitores na prática dos atos jurídicos. Não se confunde a cessação da incapacidade do filho menor por concessão paterna, com a cessação da responsabilidade dos pais. A responsabilidade paterna decorre dos deveres do poder familiar, sendo independente do fato de ser ou não imputável o filho.

Difere a situação do menor emancipado pelo casamento, que faz cessar *in totum* a responsabilidade paterna. Outra também é a solução para as hipóteses em que o menor já não convive mais em companhia dos pais, quando então falta um dos requisitos do art. 932, I, da lei civil. Outra ainda é a situação quando o menor emancipado pratica ilícito na condição de motorista profissional, empregado de empresa. Neste caso a firma, e não os pais, é que responde solidariamente pelo fato.

Como assinalado por Aguiar Dias, "em nada influi que o menor de mais de dezesseis anos, esteja, para efeito de ato ilícito, equiparado ao maior ou, até, que esteja emancipado, por ato do pai, desde que a emancipação se revela como ato impensado, em face do ato ilícito do menor, acarretando a responsabilidade, quando não com fundamento no art. 932, I, pelo menos em face dos princípios comuns do art. 186. A responsabilidade do pai pelos atos do filho se aplica a todos os atos ilícitos que pratique, em qualquer situação, porque a vigilância que lhe incumbe é universal e contínua, não podendo, pois, pretender que, com relação a determinados atos submetidos a essa vigilância, não se configure a sua responsabilidade" (Da Responsabilidade Civil – 2/568).

Em outros termos, a emancipação do pai ao filho menor constitui-se numa liberalidade ou num benefício outorgado exclusivamente a ele, visando a liberá-lo da assistência e a facilitar-lhe a prática dos atos da sua vida civil. "Desavém ao pai utilizá-la para descartar-se da responsabilidade pelos atos do filho menor, na idade em que os riscos se maximizam – da puberdade até a maioridade, com os dezoito anos – porque torna mascarada a libertação do poder familiar. Nestas circunstâncias, a delegação total da capacidade, outorgada pelo pai ao filho menor, não compreende exoneração da responsabilidade que não se substitui, nem se sucede, para delir a solidariedade nascida do ato ilícito. Não é nulo, mas, ineficaz, o ato da emancipação, em face de terceiros e do menor, prejudicial pela totalidade da carga da obrigação de indenizar, por isso cognoscível o defeito e pronunciável de ofício, no próprio processo" (*Julgados – TARS – 67/219*).

11. Causas exonerativas do dever de ressarcir perdas e danos

11.1. Legítima defesa e estado de necessidade

Perante nossa lei não se consideram ilícitos os atos praticados em legítima defesa ou no exercício regular de um direito, conforme art. 188 do Código Civil. Mas o legislador não define a legítima defesa, nem fornece os seus elementos componentes. Inobstante isso, a reação do lesado subordina-se a certos requisitos. Requisito fundamental é a impossibilidade de recorrer eficazmente à autoridade constituída, na defesa do direito agredido. Além disso, de mister que haja proporcionalidade entre os prejuízos eventuais e aqueles que existiriam, se consumada fosse a agressão. Em se verificando o excesso culposo na reação, o prejudicado poderá exigir ressarcimento.

A responsabilidade do cidadão é tratada diferentemente pelo Direito Penal e Direito Civil. Enquanto para o primeiro ela assenta em tese no princípio do *nullum crimen sine culpa*, no segundo prevalece a tese do *inlege aquilia et minima culpa venit*. Esses critérios fazem com que o agente possa ser absolvido no crime e condenado no cível, pela prática do mesmo ato antijurídico. A sentença penal absolutória que transitou em julgado e que reconheceu o estado de legítima defesa opera coisa julgada no cível. Impossibilita nova discussão sobre a existência da responsabilidade e da excludência, como que legitimando a ação em tais circunstâncias praticada. "Em certas questões, como existência do fato, autoria e legítima defesa, pendente ação penal, a condenação criminal opera com prejudicialidade absoluta, como condição de exercício da ação civil de ressarcimento transformada, assim, em execução civil do julgado", como alhures ressaltado. Aliás, é lição uniforme da doutrina que, "sempre que a sentença criminal decidir sobre a existência do fato, ou sobre a autoria, quer afirmando-os, quer negando-os, ou seja para condenar, ou seja para absolver, a sua decisão a esse respeito faz coisa julgada em sentido absoluto, deve ser havida por verdade, tanto em relação ao crime, como em relação ao cível, e não pode ser, portanto, contrariada por outra decisão, quer seja criminal, quer seja civil" (Câmara leal – Dos Efeitos Civil do Julgamento Criminal – p. 181).

Essa predominância vem acentuada no final do art. 935 do Código Civil: "Não se poderá, porém, questionar mais sobre a existência do fato, ou quem seja o seu autor, quando estas questões se acharem decididas no crime." Aplicáveis são os mesmos princípios à legítima defesa putativa, que tem idênticos efeitos à legítima defesa propriamente dita, desde que o agente não tenha negligenciado na apreciação errônea dos fatos. Nessas hipóteses, as mesmas razões que na esfera criminal afastam a imposição de pena, na área cível arredam o dever indenizatório, desde que não tenha sido atingido terceiro, alheio à agressão injusta ou ao revide desferido.

De outra parte, não é reputado ilícito o ato praticado em estado de necessidade, que confere ao dono da coisa ação para haver o prejuízo sofrido, desde que não culpado do perigo. Mais: Se o perigo ocorrer por culpa de terceiro, contra este ficará com ação regressiva, no caso do art. 188, II, o autor do dano, para haver a importância que tiver ressarcido ao dono da coisa. Ato praticado no exercício de direito reconhecido não tipifica ato ilícito, não contraria o direito. Toda a vez que a conduta humana importar em exercício de um direito, não há cogitar-se de delito ou ilicitude, vez que legitimada pela própria lei substantiva civil. Mas esse exercício não poderá extrapolar. Invadindo terreno alheio, *v.g.*, a atividade antes lícita, consubstanciada no exercício de um direito, poderá implicar abuso de direito, se for excessiva.

Outrossim, o direito de o autor do dano acionar regressivamente o terceiro, para dele haver a quantia despendida ao dono da coisa, não afeta a obrigatoriedade de ampla indenização imposta para os casos em geral. O terceiro nem sempre se faz presente em todos os estados de necessidade, e referida ação regressiva só terá lugar quando o terceiro tiver obrado culposamente.

Também para os tribunais superiores, "se o ato for praticado em legítima defesa, reconhecida no juízo criminal, não mais se pode questionar, no cível, quanto à apreciação do dano. É direito escrito que o reconhecimento da legítima defesa na fase criminal importa em coisa julgada no cível. Alguns autores mantêm opinião divergente, citando-se Carvalho Santos e Pontes de Miranda, sendo que este apenas ressalva o excesso culposo: é indenizável o excesso culposo. Quem causar dano a outrem para livrar-se de perigo iminente responde perante o prejudicado. Fica o autor do dano, porém, com ação regressiva contra o terceiro culpado, para dele haver a importância que tiver ressarcido ao dono da coisa" (*RJTRJS – 52/414 – Julgados – TARS – 34/272*).

Destarte, o estado de necessidade tem o efeito de excluir a ilicitude na esfera criminal, mas não na área cível. No Direito privado não alcança o poder de evitar o ressarcimento de perdas e danos causados a outrem. Já a absolvição no juízo criminal, com base na legítima defesa, faz coisa julgada na esfera cível.

12.2. Perdas e danos e *factum principis*

Causa exonerativa do dever de ressarcir também é o ato de autoridade, conhecido como *factum principis*. Reputado como de força maior, ordinariamente gera o mesmo efeito liberatório. A rigor, não deixa de ser motivo de força maior, embora não decorra da natureza. Assim, ao usar de seu poder de polícia e cassar licença para a construção de obra, a administração exonera de responsabilidade o construtor, mas se ele tiver obrado culposamente, não se tipificará a força maior. A impossibilidade de prosseguir na edificação de obra, cuja licença fora obtida irregularmente, e por isso cassada, não constitui força maior. Só ocorre a eximente se a inexecução advier de causa não imputável ao devedor. Impedido de cumprir seu dever por fato alheio à sua vontade, estará desobrigado o agente de responder por perdas e danos.

Simples modalidade da força maior, o *factum principis* assume relevância nas relações trabalhistas. Neste setor pode ser definido como ato do Governo da União, dos Estados ou Município, que paralise temporária ou definitivamente o trabalho, com força de liberar o empregador de responsabilidade, eis que o próprio Governo ressarcirá os operários por rescisão de seus contratos. O art. 486 da CLT prevê a hipótese, ao dispor que "no caso de paralisação temporária ou definitiva do trabalho, motivada por ato de autoridade municipal, estadual ou federal, ou pela promulgação de lei ou resolução que impossibilite a continuação da atividade, prevalecerá o pagamento da indenização, que ficará a cargo do Governo responsável". A lei exige a ocorrência de paralisação das atividades da empresa, não bastando que o *factum principis* tenha ensejado prejuízos ao empregador. Requer-se que impossibilite a continuação das atividades normais. "Pouco importa que daí resulte a paralisação apenas temporária do trabalho, porque, ainda assim, terá se tornado impossível ao empregador continuar a atividade dando ocupação aos seus empregados. Ao contrário do que acontece com as demais hipóteses de força maior, em que a responsabilidade do empregador tão-somente se atenua, o *factum principis* faz com que ela se extinga, transferindo-a para o Governo do qual haja emanado o ato ou a resolução. A razão dessa diferença, de conseqüência, segundo Russomano, está em que, sendo o Estado democrático essencialmente responsável por todos os seus atos, tem necessariamente de responder pelos direitos atribuídos ao trabalhador, quando ele próprio haja provocado a cessação do respectivo contrato" (Octávio Bueno Magano – Manual de Direito do Trabalho – 2/303).

Deixa de ser *factum principis*, com força liberatória de responsabilidade, o fechamento de indústria nociva à saúde, em funcionamento irregular, ou sem licença do órgão competente, como usina poluente ou nuclear. A atitude do empregador aí resvala para o ilícito civil e penal, concomitantemente, o que à evidência lhe impõe o dever de reparar perdas e danos que sua atuação ilícita tiver ocasionado. Todavia, se o lavor do operário se impossibilitou devido a uma lei nova que passou a considerar ilícita a atividade até então exercida pelo patrão, configura-se, então, a força maior. Não seria justo penalizar o empregador nessas condições, vez que ele arcará com grandes prejuízos em face da proibição imposta pela novel legislação. Segundo Bortolotto, tipifica-se a força maior quando, "por superveniente disposição de lei, a prestação do empregado se torne impossível, em virtude de proibição imposta ao empregador de exercitar um dado ramo de atividade. O caso de fechamento de indústria por ordem da autoridade é um fato que determina a resolução da relação de trabalho ou de emprego, quando, em seguida à determinação, o fechamento tenha caráter definitivo. Quando tiver caráter temporário, haverá apenas interrupção da relação de trabalho" (Diritto Del Lavoro – p. 392).

Para que o empregador possa invocar a seu prol o *factum principis*, de mister é que não tenha concorrido para o fechamento da indústria e rescisão do contrato laboral por meio de vontade, desejo ou culpa.

Relativamente à omissão da lei quanto ao tempo de paralisação, Wagner D. Giglio assim aborda a questão: "Por analogia ao artigo 61, § 3°, da CLT, não se considera como paralisação do trabalho caracterizadora do *factum principis* a de duração inferior a doze dias úteis, pois as noventa horas de trabalho perdidas seriam recuperáveis. Acima desse lapso, a configuração da impossibilidade de continuação da atividade depende da análise de cada caso concreto, consideradas as circunstâncias que o envolvem. Em qualquer hipótese, porém, parece-nos que a paralisação superior a trinta dias romperá o contrato, ainda por analogia, agora ao disposto no art. 474 da Consolidação. Em juízo, o empregador deverá apontar a autoridade responsável pela paralisação, dando as razões que fundamentam a invocação do *factum principis*; se o juiz se convencer de que há indícios da configuração da espécie, após ouvir a parte contrária no tríduo, notificará a pessoa jurídica de direito público para, figurando no processo como chamada à autoria, oferecer defesa no prazo de trinta dias; caso contrário, rejeitará a alegação, que só poderá vir a ser discutida novamente no recurso contra a decisão final, como preliminar do reexame do mérito. E se acolhida a alegação de *factum principis*, os autos serão remetidos ao juízo da Fazenda estadual ou Municipal, conforme o caso, ou à Justiça Federal, se a autoridade responsável for a União" (Direito Processual do Trabalho – p. 124).

11.3. Exercício de direito e cumprimento de dever legal

Os atos praticados no exercício regular de um direito não são tidos por ilícitos. Não tomando a feição de delitos, não se confundem com procedimentos contrários ao direito. Mas o exercício do direito próprio não legitima a violação do direito alheio, pois não há cogitar-se de direito contra direito. Se o desempenho lícito extravasar, invadindo terreno alheio, estará ele se desfigurando, com derrapagem para a ilicitude e o abuso de direito. No Brasil, diz Sílvio Rodrigues, a idéia de abuso de direito "se encontra consagrada no artigo 188, segunda parte, do CC, que determina não constituir ato ilícito o exercício regular de um direito reconhecido. Isso vale dizer, pela exegese *a contrario*, que será ilícito o ato praticado no exercício irregular ou abusivo de um direito. Assim, dentro do quadro da responsabilidade civil, aquele que causa dano a outrem pode ser compelido a repará-lo, não só quando age em desacordo com a lei, como também quando, atuando dentro dos quadrantes de seu direito subjetivo, desatende a finalidade social para o qual o mesmo foi concedido" (Direito Civil – IV/59). É o que se dá com a despedida injusta de operário, fato que poderá render ensejo a indenização por perdas e danos, máxime se do ato decorrerem dificuldades invencíveis de manutenção da família do obreiro.

O reconhecimento judicial de que determinada ação humana foi praticada ao amparo da excludente do estrito cumprimento de dever legal não afasta a ressarcibilidade na área cível. A responsabilidade ressarcitória persiste, sendo perfeitamente lícito ao juízo cível conhecer do episódio culposo e analisá-lo em sua contextura e características, para fins indenizatórios. A eximente apenas objetiva isentar o agente da penalização criminal, e nada mais. Correta, pois, a afirmação de Hélio Tonaghi, no sentido de ser "absolutamente irrelevante ao juízo cível que no criminal se haja decidido ter sido o ato danoso praticado no estrito cumprimento do dever legal. Tal circunstância exclui a ilicitude penal, mas não a civil. Nem do artigo 186, nem do artigo 188 do CC se infere a licitude civil do ato praticado no estrito cumprimento do dever legal. Ao contrário, o que é justo e razoável é que o dano seja ressarcido ou reparado. Na maioria dos casos (aqueles que os alemães chamam de 'polizeinot stand'), o problema cai naquele outro das indenizações em direito público" (Comentários ao CPP – I/138).

Muitas vezes a composição dos danos se impõe, embora a ação do agente pareça encontrar justificativas e razões plausíveis. É a situação do motorista que leva ao hospital pessoa gravemente ferida, e diante da urgência indispensável, estando o paciente com um fio de vida apenas, empreende a maior velocidade possível, sem observar as regras de trânsito pertinentes. Ao ultimar manobra incorreta, atinge outro veículo, acarretando vultosos danos materiais e pessoais. Nessas circunstâncias, ainda que a pressa era necessária e ainda que a atuação do condutor era elogiável sob o ponto de vista humano, mesmo assim a lei não dispensa do dever de reparar os prejuízos causados. O mesmo se dá quando um policial persegue assaltante perigoso, odiado por todos, com o intuito de capturá-lo, ou de evitar assaltos ou homicídios iminentes. Se imprimir velocidade excessiva e inadequada para o local e por isso atropelar pedestre, não se livra da obrigatoriedade de ressarcir os danos que assim tiver ensejado, inobstante ser agente do Estado e da lei, a quem está subordinado.

A propósito, tem preconizado a jurisprudência que "a melhor doutrina é aquela que não aceita que um carro oficial (ou mesmo particular), servindo de 'batedor', ou levando alguém urgente ao hospital ou pronto-socorro, o faça imprudentemente, causando danos. Desse serviço de utilidade pública não pode resultar prejuízo alheio, material ou físico. O CTB prevê que os veículos precedidos de batedores terão prioridade no trânsito e os veículos de polícia, além da prioridade no trânsito, gozam de livre circulação, quando em serviço de urgência, devidamente identificados. Mas não se deve esquecer a regra prioritária do mesmo diploma, que se refere à segurança do trânsito. Não há como isentar o motorista policial e, via de conseqüência, o Estado" (*Julgados – TARS – 41/275*).

11.4. Fatos naturais

São geralmente considerados fatos naturais o terremoto, o tufão, o raio, a inundação, entre outros. Desde que um acidente de qualquer procedência tenha ocorrido de modo imprevisível e inevitável, por força de um fato da natureza, agasalhar-se-á no âmbito da fortuidade. Como tal afastará a incidência da responsabilidade civil, o que já era preconizado por Josserand, na doutrina francesa, "a força maior será constituída pela tempestade, a inundação, a tromba d'água, o estado de guerra, a invasão, o banditismo, a revolução, o motim, o fato do príncipe, isto é, a ordem de autoridade legítima e também o fato de terceiros, como se um veículo se lança sobre outro e fere ou mata os ocupantes deste" (Cours de Droit Civil Positif Francais – II/220).

A análise de cada fato deverá ser desenvolvida com ponderação e serenidade, em conjunto com todas as circunstâncias atinentes. Muitas são as hipóteses, no entanto, em que a eximente brota às claras, não dando margem a discussões inúteis. É o caso, por exemplo, do raio que atinge condutor de automóvel em andamento, deixando-o desmaiado e fazendo com que o veículo se desgoverne e atropele terceiros. A excludente da responsabilidade civil em tal episódio dispensa comentários, por manifesta a sua configuração.

O mesmo já não acontece em outras oportunidades, como naquela em que o motorista não pára seu carro, quando o tempo e o local não recomendam o prosseguimento da viagem. Tal sucede, *v.g.*, se, apesar das condições mínimas de segurança, continua na trajetória, sem se atemorizar com a violenta tempestade que se abate sobre a região, ou a inundação que invade a pista de rolamento, e assim por diante. Induvidosamente deverá responder pelos sinistros e conseqüentes perdas e danos que em tais contingências vier a causar, eis que o resultado danoso era-lhe perfeitamente previsível e evitável. Aliás, todas essas condições atmosféricas adversas, como a neblina, o vento, a fumaça, a geada, a neve, a chuva torrencial, etc., constituem-se num alerta, num sinal de advertência ao motorista que, como opção melhor de cautela, deverá estacionar seu veículo e reencetar viagem somente após desfeitos tais empecilhos, geralmente transitórios. Se despontarem repentinamente, poderão exculpar o condutor, mas se ele, apesar de sentir o perigo representado por essa situação ambiental adversa, assim mesmo continuar viajando, incorrerá em culpa, sem possibilidade de invocar caso fortuito ou força maior, que não se casa com a culpa.

11.5. Defeito mecânico

O defeito mecânico não caracteriza caso fortuito ou força maior. Ao contrário, muita vez revela falta de manutenção do veículo. Quebra de barra de direção, falta de freios, ruptura de qualquer outra peça importante refogem à configuração da fortuidade. Trata-se de vícios da máquina, preventivamente evitáveis através de revisões regulares e periódicas. Ademais, fatos de tal natureza são inteiramente previsíveis, estando ao alcance da pessoa cuidadosa evitá-los. O proprietário de veículo, que o coloca em circulação, tem o dever de fazê-lo nas melhores condições de segurança e trafegabilidade, sem pôr em risco a vida e os bens de outrem. Não usando das cautelas devidas, e com isso acarretando acidente, ao motorista desatento descabe invocar a fortuidade como causa eximente, já que a falha mecânica não exclui a sua responsabilidade civil, e a noção de vício próprio não se confunde com a de caso fortuito. Quem dirige um automóvel *ipso facto* assume os riscos defluentes do ato, inclusive os derivados de imprudência de terceiros. Para Wilson Melo da Silva, "como casos fortuitos ou de força maior não podem ser considerados quaisquer anormalidades mecânicas, tais como a quebra ou ruptura de peças, verificadas em veículos motorizados" (Responsabilidade Civil Automobilística – p. 83).

Incisivo a respeito também se manifesta Arnaldo Rizzardo: "Seja qual for o defeito, não se tipifica a fortuidade, mesmo na condução que tem quebrada a ponta de eixo, porque fatos assim soem acontecer, e quem dirige assume os riscos decorrentes, situados dentro do nível da previsibilidade. Os acidentes, inclusive os determinados pela imprudência de outros motoristas, ou por defeitos da própria máquina, são fatos previsíveis e representam um risco que o condutor de automóvel assume, pela só utilização da coisa, não podendo servir de pretexto para eximir o autor do dano do dever de indenizar" (A Reparação nos Acidentes de Trânsito – p. 65). A jurisprudência não discrepa dessa orientação (*RT* – 421/317 – *Julgados* – *TARS* – 47/251 – 59-163).

As circunstâncias do caso concreto revelarão quase sempre se é ou não hipótese de exoneração da responsabilidade civil. Assim, a quem desce longo e acentuado declive, cumpre usar marcha de força. Não o fazendo, ou se desligar o motor para economizar combustível, obriga-se a frear constantemente, e a expor-se ao risco de ver falhar os freios, o que se insere na previsibilidade. A previsão humana afasta a fortuidade. Contudo, se o cidadão estiver trafegando com cuidado, observando as prescrições legais específicas, e o freio falhar repentinamente, sem a menor culpa do motorista, evidente é que a este cabe invocar a eximente. Tanto a falha absoluta de freios, como seu mau funcionamento, são capazes de impedir a detenção do carro no momento oportuno e devido, sem fazer com que a ação do motorista seja injurídica. É o caso, *v.g.*, do pedestre, conhecido como malabarista, que imprudentemente atravessa a faixa em que circulam centenas de veículos, como que driblando a todos eles para achar passagem. Se atropelado for em tais condições, ainda com mau funcionamento do sistema de frenagem, o evento poderá ser atribuído exclusivamente a ele, e não ao motorista, para quem, então, será considerado imprevisível e inevitável.

11.6. Derrapagem de veículo

Relativamente aos acidentes que resultam de derrapagem de veículos, em decorrência de defeitos na pista, como buracos, areia, pedra britada, acontecimentos atmosféricos e outros, lícito não é, *a priori*, afirmar que essas condições anormais possam erigir-se em caso fortuito ou força maior. Em princípio, a derrapagem não constitui fortuidade. Ao motorista compete conservar seu carro com os pneus e aparelhos de frenagem em estado capaz de poder trafegar com segurança. Essa prudência e precaução devem assegurar-lhe o domínio da máquina, frente a qualquer imprevisto, sem afetar a incolumidade das pessoas e das coisas próximas. A possibilidade de derrapar é algo previsível, e pode decorrer da velocidade e da imperícia, além de outros fatores, como a negligência, a falta de atenção e outros.

As falhas e deficiências da via pública, e os obstáculos nela colocados, a pista escorregadia ou encoberta de pedrinhas, ou circunstâncias outras, não favorecem a situação do motorista precavido e diligente. Só verá arredada a sua responsabilidade em situações excepcionais, como quando a pista de rolamento se tornou derrapante e perigosa por causa de derramamento repentino de óleo, por outro veículo que o antecedia. Isso ocorrendo, se inobstante os cuidados empregados e a velocidade adequadamente desenvolvida, se o sinistro foi de todo inevitável, em virtude de líquido derramado, e só por causa dele, a culpa deverá ser transferida ao motorista que despejou mencionado óleo.

De outra parte, possível é ocorrerem danificações devido a freadas abruptas e indispensáveis para evitar colisão com veículo que de inopino corta a frente ou surge na contramão. Ainda assim, apesar da ilicitude de tais manobras, a ocorrência de derrapagem assim delineada não tem o condão de exonerar de responsabilidade reparatória. O fato de terceiro somente proporciona ao autor direto do acidente a ação regressiva, como também em relação ao que derramou o óleo na pista, se tal fato não se constituir em causa exclusiva do resultado danoso.

A regra geral é, pois, a previsibilidade da derrapagem. A velocidade imprimida, e a direção em que o veículo recebe, de ordinário são fatores desse fato, podendo a previsibilidade do motorista ser suplantada só excepcionalmente pela total e exclusiva imprudência da vítima: "Para o agente, a previsibilidade do resultado lesivo decorre da experiência comum do normal convívio societário. É aquela expectativa de procedimento usual. Quando porém o comportamento da vítima desgarra desta expectativa, ou quando as circunstâncias estruturam acontecimentos excepcionais, que refogem completamente da prática convivencial diuturna, desconfigura-se a previsibilidade na acepção jurídica, que é a possibilidade de o mesmo agente antever o desenlace prejudicial adveniente, tanto de sua conduta como de outrem" (*Julgados – TARS* – 59/42).

11.7. Distância regulamentar

Incontáveis acidentes acontecem devido a batidas na traseira do veículo que trafega na frente do outro. Geralmente o motorista anda tranqüilamente atrás de outro carro, quando de repente colide na traseira do automotor que o antecede, seja porque este diminuiu a marcha, porque interrompeu seu curso normal, ou porque acionou os freios. Posteriormente, ao ser acionado em juízo, atribui responsabilidade pela colisão ao fato de ter freado o condutor que viajava à sua frente. Entende que essa freada abrupta caracteriza caso fortuito ou força maior, apto a despojá-lo de responsabilidade pela batida.

Seguramente carece de consistência defesa assim estruturada, eis que não apresenta as menores possibilidades de êxito. Nessa espécie de choque, prevalece a presunção de culpa do dirigente do veículo que colide na traseira daquele automóvel que segue na sua frente. Essa presunção *juris tantum* funda-se no fato de que, ou o motorista não guardou a distância mínima, recomendada pela segurança, ou inobservou a velocidade adequada para o local, ou não atentou para o que acontecia à sua dianteira, ou, ainda, não usou da necessária perícia para conjurar dificuldade previsível que se lhe apresentava.

Referido intervalo entre um e outro automotor relaciona-se às características da pista e do local, sendo aceita nos denominados engarrafamentos a distância de dois a três metros. Em vias desafogadas ou mais livres, tal margem é evidentemente maior. Adverte o regulamento do CTB que "é dever de todo condutor de veículo guardar distância de segurança entre o veículo que dirige e o que segue imediatamente à sua frente". Ao próprio condutor que segue atrás de outro cumpre calcular e aferir a metragem que para ele representa distância suficiente para evitar colisão devido a qualquer manobra repentina do carro que se movimenta diante de si.

Sem dúvida a grande maioria dos condutores que jogam seus carros na traseira de outro veículo que anda à sua frente, na mesma direção, vê-se condenada a reparar os estragos assim ocasionados. De notar, contudo, que a presunção que contra eles se arma não o é em termos absolutos, pois sempre cederá ante prova em contrário. Desde que resultar comprovado que o dirigente do automóvel abalroado efetuou manobra anormal, imprudente e imprevisível, surpreendendo o outro condutor, sem lhe deixar as condições mínimas de livrar-se da batida, não haverá como condená-lo a ressarcir perdas e danos.

De consignar, também, que a presunção de culpa inexiste no transporte gratuito, onde a responsabilidade civil é regida pelos princípios da responsabilidade delitual. Mas perfeitamente possível é configurar-se culpa recíproca, com partilha do ônus reparatório, no abalroamento por trás, em se cuidando de transporte particular ou oneroso.

11.8. Mal súbito e ofuscamento de motorista

Acometido de mal súbito, que lhe tira os sentidos ou até lhe causa a morte, o motorista é totalmente subjugado por força superior, que o despoja de toda e qualquer consciência ou vontade. Infortúnio de tal gravidade e natureza por certo configura a força maior, pois deixa o condutor do veículo sem a mínima possibilidade de resistência, aniquilando-o e fazendo-o impotente para afastar ou impedir o resultado danoso. O motorista não tem interferência ou contribuição nenhuma, razão pela qual dele também deve ficar afastada a responsabilização por eventuais perdas e danos. O que se caracteriza em tais circunstâncias é uma fatalidade, que neutraliza e dissolve qualquer pretensão reparatória, vez que não gera responsabilidade civil. Argumentar em sentido contrário, ou pretender que o lesado não possa resultar com prejuízo, não conduz a uma solução razoável e justa.

A propósito, os tribunais têm decidido que "o mal súbito que acomete motorista hígido, levando-o a perder o controle do veículo, equipara-se ao caso fortuito, o qual exclui a responsabilidade civil" (*Revista Forense* – 453/92). Aliás, inexiste qualquer discrepância, no particular havendo pacificidade na doutrina e na jurisprudência no sentido de que, uma vez comprovada a existência do mal súbito, através da competente prova médica, afastada ficará automaticamente a viabilidade de responsabilizar por perdas e danos o motorista acometido.

Difere a situação do ofuscamento, que não exonera de responsabilidade. Quem se põe ao volante e empreende viagem deve estar preparado para dominar e vencer semelhantes dificuldades, e quanto mais fortes as luzes projetadas, mais presentes devem estar as medidas acauteladoras. Sofrido o deslumbramento, perturbada ou perdida a visibilidade, impõe-se a cautela de diminuir ou interromper o curso da viagem. Quem assim não agir, estará se comportando imprudentemente, pois lhe era perfeitamente previsível que a continuação da marcha poderia trazer conseqüências indesejadas, desimportando que o ofuscamento seja provocado por faróis altos de veículos procedentes do sentido contrário, ou de raios solares, ou de outros refletores aptos a perturbar e a fazer perder o controle da direção do veículo.

Todavia, também age com imprudência o motorista que se aproxima do sentido contrário, e ao fazer a ultrapassagem não abaixa as luzes, com isso concorrendo para a colisão. O grau de sua culpa deve ser medido, pois de acordo com ele se dará a partilha de responsabilidades na reparação dos danos materiais e pessoais. A conservação de luz alta na aproximação de veículo do lado oposto, a par de constituir-se em infração às regras de trânsito, igualmente caracteriza a culpa de quem assim procede e participa do sinistro.

Na lição dos pretórios, tipifica-se a culpa "no emprego de faróis altos, diante da aproximação em sentido oposto de um ônibus. Justamente pelos perigos que esse procedimento acarreta é obrigatório, segundo a legislação de trânsito, o uso da luz baixa na ultrapassagem. Qualquer motorista experiente sabe, aliás, das enormes dificuldades que a infração a essa norma cria para o outro condutor, ofuscado pela intensidade dos potentes faróis de um caminhão. Se é certo que o motorista do ônibus deveria estar alertado inclusive para essa eventualidade, e pôr-se em condições de superá-la, mediante especiais cautelas, nem por isso se há de inocentar o caminhoneiro que, abusiva e irresponsavelmente, provoca o deslumbramento".

11.9. Estouro de pneu e desapossamento de veículo

O estouro de pneu, a ruptura de molas, freios, barras de direção e partes outras do veículo são geralmente qualificados como vícios da própria coisa, previsíveis e evitáveis. Por isso mesmo não se enquadram na conceituação de caso fortuito ou força maior. Certas situações despontam, porém, onde a ausência de culpa é tão manifesta, e a falta de sorte tão clara, que alguns autores defendem a fortuidade como causa do acidente. Veja-se o caso de quem retira um carro novo da agência, trafega poucos metros, em velocidade normal, quando um dos pneus dianteiros estoura e faz com que o veículo atropele um transeunte. Defensável aí a existência de fortuidade, consistente num defeito intrínseco da borracha ou componentes outros, um vício oculto da coisa, ou qualquer matéria cortante já inserida na mercadoria. Há entendimentos que tais contingências eximem totalmente o motorista de responsabilidade, ao passo que outros acham necessária a incidência à espécie da teoria objetiva ou do risco. Se o lesado não pode ficar sem ressarcimento, também o agente sem culpa não merece ser forçado a ressarcir. A melhor solução para casos que tais é a de o proprietário do veículo ressarcir as perdas e danos, para depois reembolsar-se regressivamente do vendedor, se este não se dispôs a uma composição amigável. De ordinário, pois, o estouro de pneu é reputado vício do próprio veículo, e por isso mesmo previsível e em condições de ser evitado. Mas excepcionalmente outra alternativa poderá melhor consultar os interesses das partes. Há fatos previsíveis mas inevitáveis, em si ou em suas conseqüências, e contra um estouro de pneu novo pode ser impraticável qualquer medida preventiva ou cautelar. Não parece estranho, pois, chegue o conceito clássico de fortuidade a afeiçoar-se a certa mobilidade, e a identificar-se mais com o elemento subjetivo, com a ausência do fator culpa, para justificar a isenção do dever de ressarcir.

No caso fortuito ou de força maior, o fato deve ser necessário, irresistível e inevitável. Estariam presentes esses elementos no fato antijurídico praticado com veículo furtado ou roubado? Por outra, o dono do automóvel responderá por perdas e danos causados com seu carro pelo larápio ou assaltante? A resposta é negativa. Se o veículo foi guardado com cuidados, fechado a chaves, e assim mesmo tiver sido surripiado, o proprietário não responderá pelos prejuízos acarretados contra a sua vontade e permissão. O desapossamento era inesperado, imprevisível e inevitável, e a evitação restara projetada fora de seu alcance. Daí dizer Alvino Lima que, "se o dono do automóvel não autorizou sua circulação, e foi diligente na custódia, mas, a despeito de seus cuidados e diligência, o terceiro, condutor do carro, dele se apoderou ilegalmente, este fato do terceiro é causa exoneradora da responsabilidade do proprietário" (A Responsabilidade Civil pelo Fato de Outrem – p. 303).

A espécie fática e jurídica então passa para a esfera da fortuidade, que socorre a todos quantos guardam com zelo e cuidado os seus veículos. Aplica-se a mesma regra no caso de furto de carro estacionado em via pública, com as portas devidamente fechadas a chave, e com os vidros cerrados, sem chaves expostas no interior, enfim resguardado contra qualquer subtração. O furto em tais circunstâncias configura caso fortuito ou força maior, eximindo o proprietário de responsabilidade por perdas e danos causados a outrem por quem se apoderou ilegalmente do carro. Não seria justo nem racional qualquer outra pretensão contra o dono do automotor, que não incorreu em culpa, e contra quem descabe invocar a teoria do risco.

11.10. Perdas e danos e fato de terceiro

O fato de terceiro equipara-se ao caso fortuito e à força maior apenas no concernente à imprevisibilidade e à falta de culpa daquele que produz o dano. Somente exonera quando se constituir em causa estranha que elimine totalmente o nexo causal. Embora o Código não o regule especificamente, sua ocorrência pode ser solucionada à luz do art. 186. Para responder por perdas e danos, é necessário que o ato que os gerou seja imputável ao seu autor. Entre a atuação deste e do terceiro, o último deve ser reputado responsável pelo evento, eis que a relação de causalidade e o dever de indenizar são estabelecidos com o terceiro.

Os princípios do Decreto nº 2.681/12, reguladores da responsabilidade civil das estradas de ferro e estendidos a todos os transportes urbanos pelos tribunais, contêm essa afirmação: "O fato de terceiro não exonera o transportador de responder pelo dano causado ao passageiro." A Súmula nº 187 do STF, de sua vez, reza que "a responsabilidade contratual do transportador, pelo acidente com passageiro, não é elidida por culpa de terceiro, contra o qual tem ação regressiva".

O fato de terceiro não se confunde com a responsabilidade por fato de terceiro. Esta também é conhecida como responsabilidade por representação, por força da qual o cidadão passa a responder pelos atos de seus auxiliares, ou quando se faz substituir na execução de uma prestação. Igualmente não se confunde com o fato de outrem. Numerosas vezes o ordenamento jurídico impõe a obrigatoriedade de ressarcir, sem que o devedor tenha agido culposamente. Quando o dever de reparar independer da culpa, o ato decorre do exercício de um direito, ou se insere na órbita da responsabilidade objetiva ou pelo risco.

Preleciona a propósito Wilson Melo da Silva que "em princípio, o ato de terceiro pode erigir-se, ou não, em caso fortuito ou de força maior. A questão seria mais de fato que de direito. Se o fato de terceiro, referente ao que ocasiona um dano, envolve uma clara previsibilidade, necessidade e, sobretudo, marcada 'inevitabilidade', sem que, para tanto, intervenha a menor parcela de culpa por parte de quem sofre o impacto consubstanciado pelo fato de terceiro, óbvio é que nenhum motivo haveria para que não se equiparasse ele ao fortuito. Fora daí, não. Só pela circunstância de se tratar de um fato de terceiro, não se tornaria ele equivalente ao *casus* ou à *vis major*" (Da Responsabilidade Civil Automobilística – p. 70). Portanto, o fato de terceiro só exime de reparar, relativamente ao causante direto do prejuízo, se o fato de terceiro se constituir em causa estranha e for imprevisível ou inevitável. No trânsito, *v.g.*, não podem ser tidas como causa estranha coisas imanentes ou próprias à atividade. Exemplo clássico de causa estranha, que comumente se apresenta, é o da pedra jogada de sopetão contra o pára-brisa do veículo, impedindo a visibilidade do condutor, e ensejando a colisão com outro carro. Fato assim repentino, inesperado e alheio às ocorrências normais do tráfego, é juridicamente idôneo para exonerar o motorista de responsabilidade pelo evento. Mas sempre que o fato de terceiro não for causa estranha ao trânsito, e não tiver as feições do imprevisível e do inevitável, não será apto a excluir do dever de ressarcir as perdas e danos acarretados.

A jurisprudência tem proclamado que o fato de terceiro "consiste na ação de fato estranho ao trânsito, e serve de excludente da responsabilidade indenizatória. Todavia, se o fato de terceiro for inerente, ou não estranho ao trânsito, o causador direto do fato lesivo remanesce responsável pelos danos, cabendo-lhe, tão-somente, regresso contra o terceiro. Aquele que causa dano a outrem para livrar-se de perigo iminente responde perante o prejudicado. Fica ao autor do dano, porém, ação regressiva contra o terceiro culpado, para dele haver a importância que tiver ressarcido ao dono da coisa. O empresário agro-pastoril responde pelos danos causados a terceiros, no recinto da empresa, por seus propostos. Age com culpa quem provoca disparo de arma de fogo perto de residência onde se encontram crianças" (*Julgados – TARS – 34/241 – 34/272 – 43/368 – 50/392 – RJTJRS – 74/507*).

11.11. Perdas e danos e caso fortuito ou de força maior

O conceito de caso fortuito ou de força maior contém dois elementos, um objetivo e outro subjetivo. O primeiro condiz com a inevitabilidade do evento danoso, e o segundo, com a ausência do fator culpa. A inevitabilidade impossibilita impedir o acontecimento, que se lança fora do alcance humano. Liga-se à teoria objetiva da culpa, porque calcado no inevitável, e por não levar em conta nem a culpa, nem a previsibilidade. O segundo elemento condiz com a doutrina subjetiva, com especial importância à culpa do agente. Ao cidadão será impossível obviar o resultado se, estranho à sua vontade, ele for gerado por uma causa irresistível e invencível. A teor do art. 393, o caso fortuito e a força maior verificam-se no fato necessário, cujos efeitos não eram possíveis de evitar ou impedir. Trata-se, pois, de efeitos fora do alcance do homem médio. Embora o caso fortuito e a força maior sejam figuras de idêntico efeito liberatório, tem-se distinguido que o primeiro decorra de fatos ligados ao homem, como a guerra e a greve, e a segunda, de fatos da natureza, como o terremoto e o furacão. Ao definir as expressões como "o fato necessário, cujos efeitos não era possível evitar ou impedir", o legislador oportunizou divergências de interpretação. O fato necessário condiz com a impossibilidade do cumprimento da obrigação, como exemplifica Agostinho Alvim: "Suponhamos que uma pessoa, durante certo lapso de tempo, guarde em casa uma grande soma, que deve entregar a alguém, e ladrões, sabedores do fato, roubem o dinheiro, em condições tais que fosse impossível impedir. Nesta hipótese, a não ser que as circunstâncias especiais do caso aconselhem outra solução, não se poderá admitir a escusa, com base em caso fortuito. Com efeito, se não era possível a defesa atual contra os ladrões, era possível em todo o caso, prevenir o acontecimento, recolhendo a um Banco, pelo tempo que fosse necessário, a importante soma que se tinha em casa" (Da Inexecução das Obrigações e suas Conseqüências – p. 312).

Não a simples dificuldade, mas a impossibilidade de adimplir é que exonera de responsabilidade. As peculiaridades do caso concreto é que dirão se o descumprimento da obrigação deveu-se a fato imputável ou não ao devedor, se ele deixou ou não de tomar determinadas cautelas a seu alcance. Por certo não se configura a fortuidade para fins de descaracterizar a responsabilidade civil, no escapamento das porcas da barra de direção, e conseqüente desgoverno do veículo. Fato de tal natureza é previsível, e revisões periódicas no automotor terão condições de obviar tais ocorrências, mesmo se tornando indispensáveis quando o veículo já tiver alguns anos de uso e desgaste natural.

No Direito do Trabalho, a força maior por vezes funciona não como efeito liberatório, mas como simples atenuante do dever de ressarcir. É o que sucede, *v.g.*, com a cessação do contrato de trabalho, por ter a força maior afetado mortalmente a economia e as finanças da empresa, quando inocorre extinção da indenização do empregador, mas simples redução do valor até a metade. Assim, findo o contrato laboral por motivo alheio à vontade do empregador, o ressarcimento assemelha-se a algo devido em decorrência do princípio da responsabilidade objetiva. Mas a isenção da responsabilidade só ocorre quando presentes estiverem os seguintes pressupostos: a) inevitabilidade do fato; b) imprevisibilidade do fato; c) abalo na situação econômico-financeira da firma.

A falta ou o racionamento de energia elétrica é algo inevitável, mas previsível, cumprindo ao empregador aparelhar-se devidamente, e prevenir-se contra semelhantes eventualidades. O mesmo se dá com as crises econômicas, pelas quais o empregador deve assumir o risco do negócio de seu ramo. De igual modo, não se configura a força maior na escassez ou falta de matéria-prima, ou incêndio que não afetou substancialmente a situação econômica e financeira da empresa, já que tais fatos são previsíveis. Mas de outra parte há entendimento razoável também no sentido de que a depredação de fábrica ou outro empreendimento, sem chances de defesa e de proteção policial ou administrativa, configura a força maior.

Da leitura conjunta dos arts. 501 e seus parágrafos, 502 e 503 da Consolidação, e art. 393 do Código Civil, conclui-se inexistir perfeita identidade conceitual entre força maior na lei civil e na trabalhista. A CLT não adota o mesmo conceito do Código, e na expressão de A. F. Cesarino Júnior, "deturpou-o, introduzindo referência à vontade do empregador e, redundantemente, também à sua imprevidência, e o limitou às hipóteses em que produza alteração sensível na situação econômica e financeira da empresa. Tirando assim à força maior o seu caráter objetivo e absoluto, com o evidente intuito de reforçar a proteção dispensada ao empregado, isto não obstante, a CLT, de certo modo ampliou o conceito de força maior para nele abranger também a má situação financeira da empresa, desde que não causada por imprevidência do empregador" (Direito Social – p. 304).

11.12. Consentimento da vítima

Inegável é que em certas hipóteses há consentimento indireto, ou aceitação tácita dos riscos, por parte da vítima. Corridas automobilísticas, jogos de futebol, viagens gratuitas com motoristas sabidamente amentais, bêbados ou dopados, são casos típicos de aceitação *ex ante* das conseqüências muito possíveis e normais, que automaticamente podem decorrer. São situações que denotam exclusão de responsabilidade, por anuência tácita do lesado. Todavia, ainda que ele assuma o risco e atue conscientemente, indispensável se torna que renuncie expressamente, exculpando o agente de qualquer ônus ressarcitório. Para tanto deve ser livre e capaz. É o que sucede com o paciente submetido a intervenção cirúrgica para amputar membro ou extrair órgão. E mesmo há direitos indisponíveis, acerca dos quais a ordem jurídica impermite transigência, eis que formam a integridade psicofísica da pessoa. Nesses casos, como naqueles em que a ação do agente é tipificada como crime, inteiramente inoperante será a permissão.

Por vezes a vítima encontra-se em estado de inconsciência, devendo submeter-se a cirurgias de urgência, pena de morrer. Em tal emergência, feita a intervenção de acordo com as prescrições médicas, não há cogitar-se de antijuridicidade. Não raro o médico encontra-se em verdadeiro estado de necessidade, para salvar a vida do cidadão, não lhe sendo possível dispor de tempo para obter o consentimento, nem do paciente, nem de familiares. É o que ocorre com os transplantes de órgãos humanos, cujo consentimento vem sendo exigido pela Lei nº 5.479/68. Veja-se a hipótese do casal que viaja em seu veículo e sofre acidente que os leva à mesa de operação, onde ambos são operados, e um deles chega a falecer, sendo necessário um rápido transplante de órgão para salvar o cônjuge sobrevivente. Em tal configuração especialíssima, ao médico impõe-se o dever funcional de agir sem aquela prévia anuência. Se a rigor a opção tiver violado o direito dos familiares do consorte extinto, é ela plenamente justificada, vez que a rápida cirurgia era o único meio de salvar a vida. Tem-se entendido que, pelas mesmas razões que a autolesão é irrelevante para o mundo jurídico, também o é o prejuízo causado com a permissão da vítima. O perdão, a concordância, a cessão ou o sacrifício do lesado aí tem os mesmos efeitos do dano causado a si próprio. A vítima assume a auto-responsabilidade pelas conseqüências do fato danoso, conseqüências essas que não podem passar de sua pessoa, nem contrariar a moral e os bons costumes.

A concordância da vítima erige-se, pois, em causa justificadora do fato, que só a ela é maléfico. Em nosso Direito, esse consentimento não serve para diminuir a responsabilidade indenizatória do agente, nem para aplicar o concurso de culpas e a divisão dos ônus ressarcitórios. A matéria tem tratamento assemelhado na órbita criminal. Nela o consentimento do ofendido neutraliza o caráter delituoso, em se tratando de bem disponível, como ofensas ao patrimônio. "Aí o interesse predominante é evidentemente de ordem privada, salvo os casos de exceção em que o interesse público torna o bem irrenunciável. Mesmo naqueles em que o fato de ser o ato do agente contrário à vontade do ofendido não é elemento do tipo, o consentimento exclui a possibilidade de crime, por ausência de antijuridicidade. Não há, por exemplo, crime de dano, se o dono da coisa consente na sua destruição, nem viola direito do autor quem age com o consentimento do titular do bem. O mesmo acontece em crimes contra a honra e em alguns crimes contra a liberdade individual ou mesmo contra os costumes" (Orlando Gomes – Direito Penal – 2/20).

11.13. Perdas e danos causados por deficiente mental

Pelo art. 29 do Código Penal, o agente é isento de penalidade se ao tempo da ação ou omissão, por doença mental ou desenvolvimento mental incompleto ou retardado, era inteiramente incapaz de entender o caráter criminoso do fato ou de determinar-se de acordo com esse entendimento. Na área cível, prevalece o entendimento de que o demente não pode ser pessoalmente responsabilizado por perdas e danos, por responsabilidade civil. Trata-se, porém, de tema controvertido, principalmente se o infrator pratica o fato em estado de embriaguez, ou sob os efeitos de psicotrópicos ou drogas de qualquer natureza. Há consenso atual de incluir a responsabilidade dos incapazes em geral no âmbito da responsabilidade objetiva. Não se pode ver culpa na atitude de quem se achava despojado da capacidade de discernimento, na hora em que o dano ocorreu.

Nas legislações portuguesa e italiana, se o lesado não obtém a indenização da pessoa encarregada da guarda do incapaz, é condenado o próprio autor do dano, de conformidade com as suas posses. Assim também o Código Civil brasileiro, em seu art. 928, institui indenização a ser satisfeita pelo incapaz, se o seu responsável não tiver meios suficientes, ou se não estiver obrigado a fazê-lo.

Aludindo à situação daqueles que têm discernimento anterior e conscientemente ingerem álcool e entorpecentes, expondo-se espontaneamente à perda da razão, havendo culpa anterior e intervalos lúcidos, Wilson Melo da Silva apresenta outra opinião. Sustenta serem responsáveis civilmente, em face da incidência na espécie da teoria da culpa anterior, que "ganha vulto e relevo face às condições de vida atual quando o uso da maconha, da heroína, das bolinhas e das drogas já se revela uma praga, notadamente entre os moços, justificando campanhas educativas, legislação de emergência e mesmo repreensões policiais, em dadas hipóteses" (Da Responsabilidade Civil Automobilística – p. 103).

Entretanto, mencionada tese não vem sendo aplicada, por não se poder culpar quem não se encontra no uso da razão. O art. 186 da lei civil pressupõe o discernimento e a imputabilidade. Inquestionável é que a obrigação de ressarcir é condicionada à higidez mental, à livre determinação da vontade. Sem capacidade, inviável se torna aplicar sanções a alguém por responsabilidade civil. O amental é reputado incapaz pelo art. 3°, II, do regramento civil, motivo pelo qual não pode ser responsabilizado por seus atos. A pessoa a responder pelos atos injurídicos é seu curador, o cidadão que obteve a sua guarda e companhia.

Para a jurisprudência, também, "o sistema da nossa legislação civil, em princípio, adota o fundamento da culpa e o artigo 186 do CC pressupõe o discernimento do agente. Daí decorre que o amental não responde diretamente por seus atos, segundo doutrina e jurisprudência dominante no país. Exclui-se da relação processual por ilegitimidade de parte *ad causam* o insano" (*Julgados – TARS* – 55/249).

A fim de contornar certas situações de injustiça, quando o pobre sofre danos causados por rico inimputável, cujo representante é isento de responder pela reparação, algumas legislações preconizam a vialibilidade jurídica de ação contra o incapaz. Por certo trata-se de uma questão de justiça para com a vítima. A solução parece ajustar-se aos casos em que os responsáveis não tiverem obrigação de fazê-lo, ou não tiverem meios para tanto. A alternativa, ainda, sintoniza com o racional e com o equânime, e só é praticável se não privar do necessário sustento o incapaz e seus dependentes.

São absolutamente incapazes os menores de 16 anos e os que, por enfermidade ou deficiência mental não tiverem o necessário discernimento para exercer pessoalmente os atos da vida civil. Por ele reponde o tutor ou o curador, em cuja guarda ou companhia estiverem, independentemente da culpa. Quanto a eles o Código instituíu a responsabilidade objetiva, afastando a necessidade de perquirição sobre a culpa.

12. Fixação das perdas e danos

12.1. Cláusula limitativa de responsabilidade por perdas e danos

Reza a Súmula nº 161 do Supremo Tribunal Federal que "em contrato de transporte é inoperante a cláusula de não indenizar". Essa inoperância é reconhecida também quando a cláusula for fixada em grau mínimo ou irrisório, equivalente no fundo à cláusula de não indenizar, o que é de todo incompatível com a matéria obrigacional e de responsabilidade. Para valer, a cláusula restritiva deve manter-se em nível tal que apenas abrande a obrigação de ressarcir, sem jamais implicar irresponsabilidade. Sem razão e sem bom senso ela não tem condições de subsistir. De mister que o montante indenizatório mantenha equivalência, ou, no mínimo, aproximação com a importância correspondente ao valor da execução do serviço ou contraprestação. Assim, se uma firma cobra a quantia de três salários mínimos para consertar determinado aparelho, não seria justo dar ao freguês um talão declarando-o responsável por importância inferior, para a hipótese de perda ou extravio. Mas essa equivalência nem sempre se faz presente, e algumas vezes até perde sua razão de ser. Nos grandes centros populacionais, a adoção desses pactos, que se assemelham a contratos de adesão, é tida como uma necessidade, justificando-se por si mesma, em benefício da coletividade, eis que sem referida cláusula limitativa os serviços deixariam de ser prestados. O que se impõe é a exigência de um mínimo de tutela para arredar a injustiça, e impermitir que a soma arbitrada vulnere o direito do credor. Se assim não fosse, a cláusula serviria para implantar a injustiça em prol do devedor.

Todavia, inteiramente válida será a convenção dos interessados para limitar o ressarcimento, quando feita sem exageros. Nesses casos, merece aplausos e estímulos, por impulsionar os negócios no mundo econômico e social. Evidentemente desaconselhável será a adoção da cláusula restritiva em todas as hipóteses em que o devedor estiver obrando com dolo ou com culpa grave. Esse modo de proceder não se compatibiliza com o princípio em questão. A propósito, o Código Brasileiro do Ar contém norma específica, em seu art. 106: "Quando o dano resultar de dolo ainda que eventual, do transportador ou de seus prepostos, nenhum efeito terão os artigos deste Código, que excluam ou atenuem a responsabilidade". Na ausência de melhor normatização, a regra é extensiva por analogia à generalidade dos casos, tendo-se por inoponível a cláusula sempre que a conduta do devedor estiver impregnada de dolo ou culpa grave. De igual, em matéria de danos pessoais o emprego da cláusula mostra-se de todo desaconselhável. A vida é um bem indisponível e sem preço. Somente a lei, através do Estado, e não os particulares entre si, é que tem poder para criar critérios indenizatórios, por lesões corporais. Sem divergência doutrinária, a cláusula limitativa em referência não é aceita no pertinente aos danos pessoais.

De outro lado, também se afigura razoável e correta a orientação de não se exigir como *conditio sine qua non* a equivalência da prestação. A proporcionalidade perfeita entre o dano e a importância fixada como indenização implicaria a perda dos próprios objetivos e vantagens de tais cláusulas. Importaria na aplicação dos princípios comuns da reparação de danos, com ressarcimentos amplos e completos, o que retiraria os meios de sobrevivência dos próprios serviços, onde ordinariamente ocorrem, como os prestados por oficinas de conserto, tinturarias, empresas de transporte, etc. Trata-se de serviços que são indispensáveis nos centros populosos, onde ditas cláusulas se constituem em fórmula para diminuir o montante do ressarcimento pelo dano ocorrido nos fornecimentos, com a perda ou extravio da coisa, ou no retardamento da execução do serviço.

Em princípio, pois, deve ser inaplicada a cláusula restritiva, se ela tiver por finalidade eliminar as conseqüências do dolo ou da culpa grave do devedor, ou se atentar contra a ordem pública, ou naqueles casos em que não é permitida a criação do negócio contratual, ou em que afrontar direito expresso do cidadão. No governo dos interesses humanos, assevera Darcy Bessone de Oliveira Andrade, o que sobretudo deve preocupar o legislador é a boa ordem da sociedade, na qual a liberdade e a estabilidade das convenções constituem uma das bases fundamentais (Aspectos da Evolução da Teoria dos Contratos – p. 136).

12.2. O ressarcimento mediante reposição natural

Através do ressarcimento específico, busca-se restabelecer a situação preconizada no contrato, ou destruída pelo ilícito, no caso de responsabilidade extracontratual. Pelo ressarcimento *in natura* substitui-se o pára-lama danificado, recoloca-se a persiana quebrada, conserta-se o aparelho estragado, e assim por diante. Ao credor cabe escolher a forma de indenização que mais lhe interessa. Lícito lhe será também receber a reposição *in natura* e mais uma parcela em dinheiro, se a primeira não completar o total devido. Mas como credor de coisa certa, não estará obrigado a aceitar outra, mesmo que mais valiosa, consoante o art. 313 da lei substantiva civil. Por vezes o objeto antigo, como uma máquina determinada, tem mais valia e mais aceitação mercantil do que o artigo novo, justificando-se complementação pecuniária. O contrário também pode ocorrer, como no caso de reposição de aparelho de televisão, de conserto prejudicial ou impossível. Se não mais existir aparelho igual ao destruído, a solução será a compra de um novo, com o abatimento da diferença de preço. Contudo, se impossível a devolução *in natura*, ou se ela for onerosa demais para o devedor, a melhor alternativa será a pecuniária, recomendada sempre que os gastos forem desproporcionais ou excessivos.

Pelo nosso Código, havendo usurpação ou esbulho do alheio, a indenização consistirá em restituir a coisa, mais o valor das suas deteriorações, ou, faltando ela, em se embolsar o seu equivalente ao prejudicado (art. 952). No âmbito obrigacional, a reparação específica é a regra. Somente após recorrer a ela, passa-se à reparação pecuniária. O postulado da primazia da reparação *in natura* abrange tanto o lesante como o lesado. Na observação de Pontes de Miranda, "se o objeto quebrado é perfeitamente fungível – como é o caso do vaso de cristal da fábrica tal, número tal – o autor do dano pode entregar outro, novo, da mesma qualidade e tamanho. Se há diferença, como se o vaso quebrado tinha assinatura, ou iniciais, que os outros não têm, como é o caso do livro que A perde mas tinha anotações, ou dedicatória do pai de A, ou de alguém de projeção social ou intelectual, há valor a mais, que tem de ser pago".

Aduz o autor que o lesado tem o direito a fixar prazo para que o lesante faça a reparação *in natura*. "Findo o prazo, o lesado pode negar-se a receber o objeto que poderia substituir o objeto lesado, ou a permitir o conserto. Transcurso o prazo, a indenização é o único meio de solução. Com isso, retira-se ao demandado a dilatabilidade do tempo para a reparação. *Aliter*, se o credor já escolheu a reparação *in natura*. Trata-se de manifestação de vontade receptícia, feita a qual se há de entender que o demandado preferiu reparar em dinheiro" (Tratado de Direito Privado – 53/252 e 258).

Recusando-se o devedor a adimplir sua obrigação, se esta não for personalíssima, o credor poderá postular que terceiro a realize, a expensas do devedor. Tratando-se de obrigação de não fazer, e o ato assim mesmo for executado, ao credor será lícito exigir que terceiro o nulifique, à custa do devedor. Fungível o ato, será ele executável por terceiro, mas ao credor é permitido preferir ressarcimento por perdas e danos, ao invés de diferir a tarefa a outrem.

Comentando o assunto, Alcides de Mençonça Lima diz que a simples recusa do devedor em cumprir a obrigação assumida no contrato ou imposta na sentença, "deixa de ser obstáculo invencível quanto à solvência. Desde que seja fungível, o ato poderá ser executado por terceiro, sem que isso viole ou afronte a vontade individual do devedor. O mero inadimplemento não gera, automaticamente, o direito à indenização para o credor. Se for possível conseguir sua realização por terceiro, o credor pode optar por esta solução, sem que o devedor se possa opor à mesma. Nada impede, porém, que o credor prefira o ressarcimento pelas perdas e danos, em lugar de confiar o encargo a estranho. É como se houvesse, assim, verdadeira obrigação alternativa: a) prestação do fato; b) perdas e danos. A escolha compete ao credor, exclusivamente" (Comentários do CPC – VI/723).

Todavia, em sendo a prestação infungível, o credor estará obrigado a aceitar o ressarcimento por perdas e danos, se o devedor descumprir sua obrigação. Não há, assim, um absolutismo na realização da prestação devida. De regra, se for *in natura*, com entrega de objeto idêntico, ou seu valor equivalente, não enseja a reaquisição da coisa primitiva, se esta vier a ser encontrada futuramente. Assim, se alguém extravia artigo de grande valor, pertencente a terceiro, a quem indeniza através de pagamento do preço integral, e se a coisa mais tarde vier a ser achada, o antigo proprietário não terá direito a tê-la de volta. O pagamento recebido, ou a coisa julgada sobre a espécie, desautorizam a devolução, a não ser que as partes tenham convencionado em sentido contrário.

12.3. Princípio da *compensatio lucri cum damno*

Operado o ressarcimento por meio da *restitutio in integrum*, a obrigação está plenamente satisfeita. Qualquer pretensão a aumentos será vedada, e tida por enriquecimento sem causa. O dano experimentado pela vítima não deve servir como fonte de renda. Visando a impedir prestação excessiva, ou locupletamento indevido, invoca-se em prol do ofensor o benefício da *compensatio lucri cum damno*, aplicado à luz da teoria da causalidade. Mas a regra da compensação ficará afastada sempre que o *plus* defluir de razão estranha ao nexo causal entre o fato ilícito e as perdas e danos. Assim, quem por sua inabilitação obtém indenização e ao mesmo tempo verba relativa a seguro ou pensão, não aufere lucros com o evento danoso. O *plus* recebido não é pago pelo ofensor, pois para fazer jus a esses benefícios o interessado teve que pagar o prêmio do seguro e suportar descontos mensais em seus vencimentos.

Impende não confundir a *compensatio lucri cum damno* com a compensação prevista nos arts 368 e 380 do Código Civil, como meio hábil de extinguir obrigações, através de compensação de crédito com débito. Era de desejar que o Código não se omitisse a respeito do assunto, assim como fez com a compensação de crédito e débito, evitando as interpretações divergentes que tem suscitado. A tal passo, sem embargo da orientação adversa, afigura-se correta a exegese segundo a qual a redução da capacidade laboral sempre enseja um prejuízo à vítima. Esse prejuízo persiste quando o ofendido continua a receber seus vencimentos, ou quando obtém aposentadoria. Ao aposentado é lícito exercer atividade suplementar, em toda a plenitude. Não é obrigado a aceitar qualquer restrição pertinente, como também não é obrigado a admitir qualquer diminuição de sua personalidade. A jubilação é um direito que conquistou, em virtude do implemento dos requisitos legais. Ademais disso, a reparação por dano pessoal não tem caráter puramente alimentar. De igual, permanecendo no mesmo emprego, apesar da redução da capacidade laborativa, o fato em si não repercute no direito do lesado, mas se vier a ser despedido, poderá não conseguir outro emprego, em face da desvantagem que o ato ilícito lhe acarretou.

Em muitas situações, o princípio da compensação é o meio hábil para realizar a mais lídima justiça. Se o devedor indeniza perdas e danos no seu estado ideal, tem direito a exigir seja abatido do valor o que for apurado com a venda da coisa danificada. Dando-se a reparação *in natura* mediante entrega de objeto novo idêntico ao destruído, a vítima deverá devolver ao ofensor o que obteve com a alienação do objeto danificado, ainda que seja como sucata. De forma igual, se alguém tem furtado automóvel que mantinha em comodato, e indeniza o comodante pelo justo preço, e se o veículo depois chega a ser recuperado, o ofensor tem direito de ficar com o carro. Do contrário, ele pagaria dupla indenização, e o patrimônio do lesado também enriqueceria duplamente. Outro exemplo é o do motorista que atropela e mata um animal na estrada, indenizando-o no seu justo valor: tem direito de apoderar-se do semovente e a vendê-lo.

Na esfera dos danos não-patrimoniais casos há, como o da cirurgia penosa que ao mesmo tempo gera grande dor e grande alívio no estado geral do paciente, ou o da sensação psicológica forte, de terror ou de mágoa, que pode provocar reação favorável no organismo, restituindo a fala ao paciente mudo, ou devolvendo o poder de caminhar ao paralítico. A recuperação da fala se constitui em bem maior que o susto experimentado, e a faculdade de caminhar, maior bem que o mesmo choque psicológico. De igual modo, o dano estético sofrido através de cirurgia plástica tem condições de neutralizar e fazer desaparecer defeito crasso e de nascença da vítima. Nessas hipóteses todas há uma verdadeira compensação entre o bem e o mal.

Registra Wilson Melo da Silva que só na impossibilidade de reparar ou compensar os danos morais de uma forma também ideal e não econômica, "é que haveria lugar subsidiariamente, para as compensações econômicas. Só, então, se poderia apelar para o poder indireto que o dinheiro teria de proporcionar ao ofendido distrações e prazeres, além da satisfação que lhe levaria o próprio fato em si do desembolso, pelo ofensor, da quantia da reparação, o que, inegavelmente, não poderia deixar de constituir também um castigo a ele imposto" (O Dano Moral e sua Reparação – p. 663).

12.4. Como apurar as perdas e danos

Na condenação genérica, o sentenciante ordena que o vencido pague o que for apurado em liquidação, e na sentença liquidanda define o *quantum* devido, com base nos parâmetros da sentença de conhecimento. A liquidação processa-se necessariamente dentro dos parâmetros rígidos da sentença. Analisa e quantifica somente os danos sofridos e comprovados. Inobservado isso, não haverá aquela unicidade de sentença condenatória objetivamente complexa, apontada por Frederico Marques, em seu *Manual de Processo Civil*. Exemplificando, o devedor inadimplente que recebeu o preço e não entregou a coisa que vendeu, deve reparar as perdas e danos que causou ao comprador. Para tanto, cumpre-lhe repor a desvalorização do dinheiro, a fim de que não se beneficie sozinho com a desatualização do valor monetário correspondente à coisa que, alienada, não restou entregue na forma avençada.

Tratando-se de imóvel transacionado, sem transferência do respectivo domínio no tempo e no modo ajustados, "cabe a indenização por perdas e danos devidamente comprovados na ação. Na liquidação de sentença, o que se faz é a avaliação desses danos, ou seja, o quantum a ser indenizado, rigorosamente dentro dos parâmetros legais do decisum e nada mais pode ser acrescentado" (*Jurisprudência Catarinense* – 37/269). As perdas e danos não poderão superar em valor as vantagens que o lesado auferiria em caso de adimplemento do contrato. Visando ele a promover loteamento de terrenos e intermediar com exclusividade, dentro de certo lapso temporal, a venda dos mesmos, mediante pagamento de comissão, a indenização deve ser definida por arbitramento. Para tal finalidade levar-se-á em conta o valor econômico do contrato, como tal considerando o desfalque patrimonial sofrido pela rescisão. "As decorrentes do inadimplemento da obrigação não podem superar as vantagens, que, razoavelmente, auferiria a parte se a avença fosse cumprida. Além de deverem ser fixados na proporção em que o lesado desempenhou a sua obrigação, as perdas e danos só incluem os prejuízos por efeito direto e imediato da inexecução" (*RJTJRS* – 77/295 – 56/361).

Explica Agostinho Alvim que o dano deve constituir-se em conseqüência necessária da inexecução obrigacional. A expressão "direto e imediato" significa o nexo causal necessário (Da Inexecução das Obrigações e suas Conseqüências – p. 384). Segundo Orlando Gomes, a indenização das perdas e danos "limita-se às que forem efeito direto e imediato da inexecução. A existência desse nexo causal é necessária à configuração da responsabilidade pelo devedor. Da inexecução devem ser excluídos, por conseguinte, os prejuízos que não decorrem diretamente do inadimplemento. Não se indenizam os danos indiretos. Não basta a existência das condições necessárias à verificação dos prejuízos. É preciso, em suma, que o inadimplemento seja causa imediata dos danos. O Código Civil adotou essa orientação, dispondo que o princípio da causalidade imediata deve ser observado, ainda que a inexecução resulte de dolo do devedor" (Obrigações – p. 189).

De envidarem-se esforços especiais sempre, na adequação das perdas e danos realmente devidos, com prevalência do valor mais favorável ao lesado. Para tanto impõe-se a sua correspondência ao valor da época da reparação. "A atualização da indenização de danos materiais decorrentes de ato ilícito deve fazer-se, no momento da reparação, quer por via de nova estimativa, quer pela adoção de índices de correção monetária" (*ADCOAS* – 76/41.351). Pena de frustração, devem ser aferidos pelo valor à época da execução e considerados sob o aspecto positivo e negativo, isto é, com o cômputo do dano emergente e do lucro cessante. Se o ressarcimento tiver sido atenuado em face de concorrência de culpas, a redução será proporcional também quanto aos lucros cessantes e aos danos emergentes. Mas só a lei poderá restringir ou tirar as parcelas referentes aos lucros cessantes e dano emergente. Por vezes a lei até faz com que o lucro cessante não condiga com o prejuízo do lesado. No Código Civil são exemplos disso, entre outros, os seguintes dispositivos: art. 416, cláusula penal; arts. 406 e 407, juros; art. 781, seguro por preço superior ao valor da coisa objeto do contrato.

Outrossim, a lei das desapropriações (Decreto-Lei nº 3.365/41) exclui o lucro cessante, indenizando apenas a propriedade em si. Mas a jurisprudência tem procurado contornar a situação de injustiça, concedendo juros compensatórios a partir da imissão na posse. É essa a forma encontrada para compensar a subtração dos rendimentos gerados pelo bem, o que não deixa de ser modo indireto de reconhecer os lucros cessantes, sob o rótulo de juros compensatórios.

Nas lesões, o *quantum* correspondente ao dano emergente é encontrado com relativa facilidade, pois engloba tudo o que se gastou no tratamento, com médicos, hospitais, transporte, etc. Já os lucros cessantes via de regra oferecem dificuldades na sua apuração, porque dependentes de circunstâncias várias, inclusive futuras e indefinidas. De qualquer maneira, a base de cálculo da indenização requer a observância concomitante dos seguintes fatores, relativamente à vítima: a) sua remuneração; b) sua vida provável; c) seu grau de incapacidade laboral.

Os critérios para liquidar as obrigações haverão de ser buscados basicamente nos arts. 402 a 405, e 944 e seguintes do Código Civil, o que nem sempre é fácil. Dificuldades podem surgir, máxime em se cuidando de bens morais, sem valor pecuniário estipulado. Na ausência de elementos objetivos e firmes, ao julgador resta a senda do bom-senso e da ponderação, dentro da margem de arbítrio que o legislador lhe reservou. Com o auxílio de peritos, mas sem se deixar atrelar aos laudos, com muita sensatez e espírito de justiça, haverá de achar justo valor para o caso concreto. No ensinar de Aguiar Dias, "estabelecido que houve um dano, não pode o juiz, por exemplo, julgar extinta a execução, mas deve empregar todos os recursos de seu prudente arbítrio, examinando até os indícios e presunções para outorgar a reparação ao prejudicado" (Da Responsabilidade Civil – p. 376).

Sempre que as perdas e danos se resolverem com numerário, ou seja, toda vez que puderem ser satisfeitas integralmente com pagamento em pecúnia, terão identidade no plano ontológico e teleológico, desimportando que a lei fale apenas em prejuízos. Esta expressão geralmente abrange o que se perdeu e o que se deixou de lucrar. A quantia em dinheiro destinada a atender a reparação precisa corresponder à finalidade de conservar o poder aquisitivo do beneficiário. Não há confundir, pois, a correção monetária aplicada como técnica apuratória das perdas e danos com a correção da expressão monetária devida.

Apurar-se-ão as perdas e danos de conformidade com qualquer dos tipos de liquidação fornecidos pelo legislador processual. Tudo ficará na dependência da subsunção da espécie fática à disciplinação legal prevista, mas a necessidade de comprovar fatos novos tornará inadequado o rito procedimental da liquidação. Se a prova colhida na cognição resultou em sentença que transitou em julgado, e que reconheceu a existência de perdas e danos, descaberá a rediscussão do assunto na fase de liquidação.

De outra parte, abrangendo a pretensão indenizatória duas ordens e naturezas relativamente aos danos suportados, umas de caráter geral e outras de caráter específico, recomendável é que a liquidação se opere através da chamada liquidação de sentença. É o critério que em tais circunstâncias de um modo geral melhormente afina com a busca do *quantum debeatur*. Também aí a função do processo civil restringe-se a servir de simples instrumento para a realização do direito material.

Com vistas à reparação, impende observar, outrossim, que o Código sanciona mais explicitamente a ilicitude decorrente do dolo processual do que a responsabilidade defluente do risco processual. Todavia não se justifica a distinção quando essencial e teleologicamente as perdas e danos forem idênticas.

No que tange à evicção, o ressarcimento dela oriundo também deve ser o mais completo possível, assegurando sempre o valor atual do imóvel. Se este for readquirido ao verdadeiro proprietário, a verba indenizatória poderá consistir no reembolso do preço pago pela nova aquisição, mais juros moratórios e correção monetária. É essa a inteligência dada ao art. 450, II, do Código Civil, que reconhece o direito do evicto, além da restituição do preço, de obter o ressarcimento dos prejuízos que resultarem diretamente da evicção. Mas o montante não se compensa com os rendimentos obtidos pelos prejudicados com a exploração do imóvel. Mencionados resultados são conquistados por mérito próprio, como fruto de seu trabalho e do capital investido, nada tendo a ver com a indenização devida pela perda da propriedade, em decorrência da evicção.

Reiteradas são as manifestações pretorianas no sentido de que na evicção integral o evicto deve ser ressarcido do modo mais amplo possível. Em face da constante desvalorização monetária, a indenização somente pode ser considerada justa, se apurado o valor do imóvel na época da liquidação (*RTJ* – 80/893 – *RT* – 547/82).

Também Pontes de Miranda ensina que, "se o bem evicto se acha, ao tempo da evicção, aumentado de valor, mesmo se isso não foi devido ao outorgado, o outorgante lhe há de prestar – além do preço – esse prejuízo que lhe advém diretamente da evicção, pois que, com ela, da *plus valia* – foi privado" (Tratado de Direito Privado – 38/236).

12.5. Perdas e danos com correção monetária e juros

A atualização monetária é simples tradução, de hoje, do valor monetário de ontem. Não é favor nem desfavor. Não transitando em julgado no seu *quantum* reajustável, a matéria pode ser solvida em execução de sentença. Na dívida de valor, a decisão condenatória transita em julgado, mas o *quantum* monetário correspondente ao valor continua sendo reajustável até o efetivo pagamento. O trânsito em julgado aí não constitui óbice à incidência da correção monetária, vez que opera dentro dos fatos contemporâneos ao momento em que foi prolatada a sentença condenatória (*RTJ* – 84/1.038 – *RJTJRS* – 105/267 – 105/381). Em seu art. 1º, a Lei nº 6.899/81 sujeitou à correção monetária todos os débitos oriundos de decisão judicial, conferindo idêntico tratamento às dívidas pecuniárias e às de valor. Já no § 1º distingue quanto às dívidas líquidas e ilíquidas. Na execução de título de dívida líquida e certa, a correção começa a fluir desde o vencimento, e nos demais casos, a partir do ajuizamento da causa.

A dívida líquida e certa, consubstanciada em título executivo judicial ou extrajudicial, constitui em mora *ex re* o devedor, dispensando notificação, protesto ou interpelação. Líquida é a obrigação certa quanto à sua existência, e determinada quanto ao seu objeto. Nas obrigações positivas, obrigações de dar e de fazer, a mora começa com o seu termo. Nas obrigações negativas, obrigações de não fazer, com a prática do ato de que se devia abster. A lei processual também especifica quais são os títulos judiciais e quais os extrajudiciais, e reputa inadimplente o devedor que não satisfaz espontaneamente o direito reconhecido pela sentença, ou a obrigação com eficácia de título executivo.

Porquanto a correção monetária corrige a desvalorização da moeda, os juros visam a compensar pela demora no recebimento do devido, inclusive lucros frustrados com o retardamento. Os juros legais vêm da lei, e os convencionais, do contrato. Os juros moratórios decorrem da mora, e os compensatórios equivalem à renda de uma obrigação de capital. A lei permite aos contratantes convencionar seus juros até o limite de 12% anuais, ao passo que os legais são taxados em 6% ao ano, e devem ser incluídos na liquidação ainda que omisso for o pedido inicial ou a condenação. Nos termos da Súmula nº 254 do STF, "incluem-se os juros moratórios na liquidação, embora omisso o pedido inicial ou a condenação". Acrescenta a Súmula nº 255 do mesmo pretório maior que "sendo ilíquida a obrigação, os juros moratórios contra a Fazenda Pública, incluídas as autarquias, são contados do trânsito em julgado da sentença de liquidação". A porcentagem irrisória desses juros, em relação à acentuada desvalorização monetária das obrigações pecuniárias, obrigam recorrer aos reajustamentos consoante índices oficiais da inflação.

Pelo art. 407 do Código Civil, os juros de mora são contados, "às dívidas em dinheiro, como às prestações de outra natureza, desde que lhe seja fixado o valor pecuniário por sentença judicial, arbitramento ou acordo entre as partes". O art. 405, a seu turno, ordena a contagem dos juros da citação inicial, nas obrigações ilíquidas. De conseguinte, nas obrigações líquidas, se os juros têm prazo certo de vencimento, são contados a partir do vencimento do termo, quando nasce a mora. O contrário se dá nas obrigações líquidas e certas, sem prazo determinado. Nelas se torna indispensável a prévia constituição em mora do devedor. Nas obrigações negativas surge a mora no instante em que o devedor pratica o ato a que estava obrigado a abster-se. A contar desse momento são computados os juros.

Nas desapropriações, a observância do prazo de um ano, para a incidência da correção monetária, já não tem mais razão de ser. Desde o advento da Lei nº 6.899/81 não mais se justifica esse lapso temporal. A própria realidade inflacionária conduz a tal conclusão. Os juros moratórios somam-se cumulativamente com os compensatórios, a contar do trânsito em julgado da sentença, e não do trânsito em julgado da decisão homologatória da liquidação (*RJTJSP* – 98/173). A correção monetária cai tanto sobre o valor da indenização, a partir da data do laudo (ou da sentença), como sobre 80% do valor da oferta, a contar da data do depósito. Também sobre esta diferença são computados os juros compensatórios e moratórios (*RJTJRS* – 106/344).

Nos ilícitos civis, que exigem amplo e cabal ressarcimento, prevalece a construção pretoriana, que a Lei nº 6.899/81 não invalidou. Ela não impede a fluência da correção desde o evento, nas hipóteses em que isso já era admitido, passando a estendê-la aos casos em que essa atualização não se aplicava. A correção incide desde a data do prejuízo verificado. "O tratamento corretivo está autorizado pelo sistema legal. E isso não se alterou por efeito da edição da lei 6.899/81, que tem aplicação apenas sobre hipóteses não abrangidas, antes, pela construção jurisprudencial determinativa da correção monetária dos débitos cobrados judicialmente. A indenização por ato ilícito, constituindo dívida de valor, deve ser corrigida a partir do evento, conforme entendimento que já se assentara na doutrina e na jurisprudência, mesmo antes da lei de correção monetária, editada para atender a atualização dos valores não necessariamente decorrentes de ilícito, que não tinham esteio legal ou doutrinário para tanto" (*RJTJSP* – 99/140).

Está apoderado o Poder Judiciário para impor a correção de valores, sem que isso importe em invasão de atividade legiferante, de vez que a jurisprudência também é fonte de direito. Os juros de mora processuais e a correção monetária processual, por serem impostas por força de lei processual, independem de pedido expresso e se aplicam a todos os débitos apurados judicialmente (*Julgados* – *TARS* – 46/244 – 48/262).

A atualização monetária inspira cuidados, ante a instabilidade e insegurança com que os índices da inflação são calculados.

Restringe-se a correção monetária a atualizar o poder aquisitivo da moeda aviltada pela inflação. Despojada de caráter reparatório, é um *minus* que se procura evitar, e não um *plus* a somar ao crédito, tendo cabimento sempre que houver inflação.

O legislador procura assegurar eficiência reparatória à vítima. No art. 389 dispõe que, descumprida a obrigação, o devedor responde por perdas e danos, mais juros e atualização monetária segundo índices oficiais regularmente estabelecidos, e verba honorária.

Responde o devedor pelos prejuízos que sua mora causar, mais juros, atualização dos valores monetários, segundo índices oficiais e honorários de advogado. Quando devido à mora a prestação se tornar inútil ao credor, poderá ele enjeitá-la, e exigir a satisfação de perdas e danos (art. 395).

Nas obrigações oriundas de ato ilícito, o devedor é reputado em mora desde o dia em que perpetrou a ilicitude (art. 398).

Tratando-se de obrigações de pagamento em dinheiro, as perdas e danos serão pagas com atualização monetária consoante índices oficialmente estabelecidos, abrangendo juros, custas e honorários advocatícios, sem prejuízo da pena convencional. Se os juros de mora não cobrirem os prejuízos, e não havendo pena convencional, o juiz poderá conceder ao credor indenização suplementar.

Nas perdas e danos os juros de mora são contados desde a citação inicial (arts. 404 e 405, CC), que é quando fica marcada a mora do devedor. Mas, já existente a mora, o marco dos juros moratórios situa-se no vencimento da obrigação, e não na data da citação, quando se tratar de obrigação positiva e líquida, cuja mora se dá consoante o princípio do *dies interpellat pro homine*, consagrado no art. 397, do Código Civil.

O credor tem direito de receber valores não defasados. Nas obrigações provenientes de atos ilícitos, considera-se o devedor em mora desde que os praticou (art. 398, CC). Nessa e noutras situações os juros e a correção devem incidir desde o efetivo prejuízo, a fim de evitar o enriquecimento ilícito, quando se cuidar de indenização, e não de mera cobrança de dívida. Por isso tem-se decidido que, presente a mora, os juros moratórios e a correção monetária incidem desde o vencimento da obrigação (*RJTJRS* – 207/370).

12.6. Lucros cessantes nas desapropriações

A correção monetária e a multa convencional não se repelem, mas podem coexistir, auxiliando-se mutuamente na busca da justa indenização, como acontece com os juros. Estes parcialmente compensam a demora no adimplir. Sendo compensatórios, integram-se nos lucros cessantes. Mas serão devidos lucros cessantes nos atos expropriatórios? Ordinariamente, nossos tribunais, inclusive o Supremo, têm negado verba a esse título. Na verdade há vultosos prejuízos a considerar nas desapropriações feitas pelo Poder Público. Grande tempo se interpõe entre a tomada material do bem, através da imissão na posse, e o momento em que o preço é efetivamente pago. E as perdas e danos do proprietário relativos a esse período de desapossamento merecem indenizados. Se não o fossem, a indenização não seria integral. Parte do dano não restaria ressarcido. Para contornar esse desequilíbrio, os tribunais resolveram conceder juros compensatórios, a partir da imissão possessória, considerando tal medida um modo de indenizar o proprietário pela impossibilidade de dispor da coisa, e de auferir os frutos que poderia seguramente produzir.

No fundo, essa maneira de atacar e solver a questão não passa de uma alternativa que surte os mesmos efeitos. Se a finalidade dos juros compensatórios é recompor o desfalque patrimonial acusado pela falta de rendimentos que o uso do bem geraria, o mesmo ocorre com os lucros cessantes. Em ambas as figuras há presença de um componente econômico, quer sob a denominação de juros compensatórios, quer sob a nomenclatura de lucros cessantes. Os juros compensatórios, a rigor, representam um lucro cessante. Na prática, levam ao mesmo resultado, com a desvantagem de que os juros compostos devem obedecer à taxação legal. Claro que os lucros cessantes não se presumem, e que pressupõem plena comprovação. Na liquidação apura-se apenas o que restou devidamente positivado na fase cognitiva. Impossível é indenizar aspirações ou esperanças desfeitas, ou lucros potenciais ou hipotéticos. Sem prévia demonstração da real existência das perdas e danos não terão condições de serem ressarcidos.

Não se afigura justa a tese de indenizar apenas o valor venal do bem expropriado. Importa levar em conta quase sempre o critério objetivo, que também observa para efeitos indenizatórios os danos sofridos pelo expropriado em conseqüência da expropriação e do retardamento em receber o preço respectivo. Embora não deflua de fato ilícito, embora não se revista de antijuridicidade, é certo que a desapropriação sempre gera lucros cessantes, pelo impedimento de utilização do bem, e por isso mesmo impõe a restauração do patrimônio do expropriado também nesse particular.

A atualização dos débitos dos precatórios na própria fonte pagadora não se afigura desproposistada. Ao contrário, revela-se recomendável por representar economia processual, evitando repetidas contas de atualização. Por isso vem sendo referendada pelos tribunais e pelas Corregedorias-Gerais de Justiça: "O precatório tem sua satisfação requisitada em moeda corrente do país. Todavia, na conformidade do Provimento nº 3/82, da Corregedoria-Geral da Justiça, traduz, também, a correspondência de seu valor em referenciais, de sorte a ensejar a correção monetária do débito, conforme a legislação vigente, na própria fonte pagadora. Esse procedimento também não atenta contra o orçamento do Estado, elaborado com previsão de índices inflacionários, tanto na receita quanto na despesa. Em suma, a providência ensejará, dentro dos princípios da economia e da celeridade processuais, o atendimento, tanto quanto possível, do mandamento constitucional, no sentido de ser assegurada aos expropriados uma justa indenização; a *contrario sensu* a Fazenda também não deveria exigir dos contribuintes o principal de seus créditos, deixando para exercícios futuros o recebimento dos respectivos conseqüentes, tudo, ao demais, em observância de tratamento paritário perante a justiça" (*RJTJSP* – 85/79 – 87/262 – 92/124 – 94/357 – 98/173 – 99/145 – 99/209 – *RT* – 567/74 – 595/93 e 124 – 597/100 – 597/102 – 598/65). Justa, legal e imperativa é, pois, a medida preconizada, que inclusive tem o beneplácito do Supremo Tribunal Federal, como demonstrado na Representação nº 1.238-7, de São Paulo, em sessão plenária de 7/8/85 (*RJTJSP* – 98/175).

Sem resguardar a reparação fixada, não há justa indenização. É por isso que, com sensibilidade e sem formalismos, têm sido solucionado impasses que tais, surgidos com a desvalorização da moeda, em precatórios pagos parceladamente, e com delongas de anos, por vezes. Judiciosamente têm decidido os pretórios que "é uma imposição de justiça deferir correção monetária, em face da exagerada demora no pagamento da quantia liquidada em ação de perdas e danos. Não importa em desrespeito à coisa julgada, nem em excesso de execução, mas em preservar o que foi fixado na liquidação, em termos reais e não apenas nominais" (*RJTJRS* – 91/204 94/449).

Já hoje o Supremo entende que essa correção do *quantum* viola o art. 117, § 1º, da CF, inadmitindo a fixação de critérios variáveis no futuro. Sugere que, feito o pagamento do precatório, outro se expeça referente à atualização dos valores decorrentes da mora (*RT* – 668/217). Todavia, dependendo da morosidade, da inflação e do montante do débito, tal alternativa pode importar em sucessão interminável de requisitórios, e de flagrante injustiça ao credor.

12.7. Definição prévia das perdas e danos

A dinâmica da vida atual, principalmente no setor dos negócios, tem feito com que os cidadãos se acautelassem contra os dissabores futuros. Uma dessas precauções consiste na estipulação de cláusulas contratuais para a hipótese de mora ou inadimplência. As partes têm liberdade para pactuarem sobre a matéria que é disponível, facultando-se-lhes fixar antecipadamente a quantia indenizatória para o caso de inexecução culposa da avença. É a conhecida cláusula penal, ou pena convencional, que equivale à prefixação das perdas e danos pela inexecução ou retardamento da obrigação. De reconhecido valor prático, evita discussões futuras em torno do assunto, servindo de alerta ao devedor para o fiel cumprimento do contrato, a par de definir o montante da prestação de conteúdo não-patrimonial.

Quando a instituição de determinada cláusula for muito prejudicial a uma das partes, com submissão do mais fraco ao mais forte, o julgador estará apoderado para diminuir a estimativa, desde que parcialmente cumprida a obrigação: "Quando se cumprir em parte a obrigação, poderá o juiz reduzir proporcionalmente a pena estipulada para o caso de mora, ou de inadimplemento" (art. 413, CC). Aliás, a interferência judicial é extensiva a todas as hipóteses de flagrante injustiça para qualquer dos contraentes. Às partes não é permitido dispor de modo diverso do legalmente previsto, por cuidar-se de preceito de ordem pública. Se o prejuízo do lesado superar o montante da cláusula penal, o Judiciário terá condições de arredar a situação de injustiça, a pedido do interessado. Como o valor da cominação imposta na cláusula penal não pode exceder o valor da obrigação principal, segundo dispõe o art. 412 da lei civil, também é de ser observada a proporcionalidade entre as perdas e danos e sua indenização, mais precisamente a equivalência entre o prejuízo e a reparação.

Na inexecução total do contrato a cláusula penal é compensatória, substituindo a dívida principal. Nos demais casos ela é cumulativa. A teor do art. 411 do estatuto civil, "quando se estipular a cláusula penal para o caso de mora, ou em segurança especial de outra cláusula determinada, terá o credor o arbítrio de exigir a satisfação da pena cominada juntamente com o desempenho da obrigação principal".

Devido ao fato de a nulidade da obrigação importar também na da cláusula penal, as partes voltarão ao seu estado anterior e, na impossibilidade da restituição, serão indenizadas com o equivalente em dinheiro. Ao lesado não resta outra alternativa do que intentar ação ordinária, demonstrando a extensão e a profundidade das perdas e danos que lhe trouxe a invalidade do contrato. A pretensão aí estará fundada no postulado do *neminem laedere*, e no da responsabilidade extracontratual.

Também as arras têm a função de pré-avaliar a pena no eventual descumprimento do contrato de compra e venda. Sua finalidade assemelha-se à da cláusula penal. Predetermina o montante da indenização para o caso de inexecução da avença. As arras penitenciais têm caráter puramente indenizatório, ao passo que as arras confirmatórias conferem ao prejudicado o direito de exigir a execução do pacto e o pagamento de perdas e danos, com dispensa de comprovação de real prejuízo. Ao contrário do que sucede com a cláusula penal, nas arras o julgador não pode diminuir o montante da cominação. Por substituírem perfeitamente as perdas e danos, as arras não são somadas ao valor correspondente a perdas e danos.

Em consonância com os ensinamentos legados por Múcio Continentino, "todo o direito das obrigações está intimamente relacionado com a cláusula penal: porque, como escreve Salleiles (Raymond Salleiles – La Theor. de l'Oblig. – nº 14), todos os efeitos da obrigação se resumem numa única palavra: a execução. Pelo fato de poder nascer a cláusula penal concomitantemente à obrigação à qual adere, ou origina-se de um ato posterior, civilistas, entre os quais Windscheid, a denominam, quando simultânea à obrigação principal, 'cláusula penal' e, quando posterior, 'pena convencional'. A diferença é puramente verbal, tratando-se num e noutro casos da mesma obrigação penal, conhecida na denominação vulgar por multa"

Continua o ilustrado autor, explicando que a cláusula penal surge de um acordo de vontades, relativo à indenização de perdas e danos, das quais é sucedâneo. "Por meio dela as partes prefixam e pré-avaliam o montante dos prejuízos que possam sofrer com a inexecução ou retardamento de alguma prestação omissiva ou comissiva, cujo cumprimento assim reforçam, suprimindo as vontades ajustadas uma das atribuições dos Tribunais – a fixação do *quantum* da indenização. Determina a prévia indenização de perdas e danos pelo não cumprimento integral ou parcial da obrigação ou pela mora" (Da Cláusula Penal Brasileira – p. 9-11).

A multa assim fixada tem conteúdo compensatório. É uma cláusula penal compensatória, que antecipadamente estipula a indenização que acaso vier a ser devida por inadimplemento contratual. É uma prefixação de perdas e danos. Mas ela já representa uma pré-avaliação dos prejuízos, descabendo, assim, cumular multa convencionada com lucro cessante. O credor tem o direito de escolher uma ou outra alternativa, de optar entre a multa contratual compensatória e as perdas e danos. Na lição de Sílvio Rodrigues, em caso de estipulação compensatória, as partes, ao arbitrarem o montante, tiveram o escopo de fixar a indenização para o caso de inadimplemento. Ao credor compete exigir ou o cumprimento do contrato, ou o pagamento da multa convencionada, ou as perdas e danos que demonstrar ter sofrido. Salienta não ser permitido "pedir uma coisa e outra" (Direito Civil – II/89).

No seu próprio interesse os contratantes devem ser claros em suas pretensões, pois a cláusula penal fixa antecipadamente o valor das perdas e danos devidos ao contratante inocente, no caso de inexecução, por parte do outro contraente. Constitui, assim, nas palavras de Washington de Barros Monteiro, "liquidação à 'forfait', cuja utilidade consiste, precisamente, em determinar com antecedência o valor dos prejuízos resultantes do não-cumprimento da avença. Estipulando-a, como diz Giorgi, deixam os contratantes expresso que desejaram, por esse modo, furtar-se aos incômodos da liquidação e da prova, que, muitas vezes, não são simples nem fáceis, requerendo tempo e despesa" (Curso de Direito Civil – IV/201).

12.8. Influência da situação econômica na determinação das perdas e danos

De conformidade com a nossa sistemática jurídica, o estado econômico das partes não exerce nenhuma influência na determinação do *quantum debeatur*. Ampliar o montante para o rico e diminuí-lo para o pobre, com relação ao mesmo fato antijurídico, não se afigura a solução mais direita. Na verdade, porém, tal princípio na prática não é absoluto ou inflexível. Embora a lei não oficialize fixar a prestação em consonância com o nível de fortuna do ofensor, os magistrados costumam ponderar e sopesar todos os aspectos e detalhes de cada caso, inclusive o que atine com o *status* econômico-social de réu e vítima. Muitos de nossos mais conceituados juristas recomendam e sugerem a medida, devendo o juiz considerá-la com sensibilidade e prudência. Nesse assunto, as legislações em geral têm conferido a seus julgadores ampla liberdade para dimensionar e aferir todas as circunstâncias do evento, permitindo-lhes, inclusive, certa dose de arbítrio e de discricionariedade.

Inobstante nosso regramento civil tenha silenciado no particular, a omissão já não se justifica mais. A tendência atual da doutrina e da jurisprudência é a efetiva consideração do estado social e econômico dos contendores. Na fixação da importância a título de ressarcimento por ato ilícito, os haveres e as necessidades dos interessados são sopesados e levados em conta freqüentemente nas sentenças judiciais, numa ânsia incontida de fazer-se a melhor justiça na espécie fática e jurídica *sub judice*. Não vale o argumento de que o posicionamento repugna ao senso jurídico de nossos legisladores. A idéia já vem sendo praticada há muito tempo, bastando lembrar que a Lei nº 4.117/62, em seu art. 84, registra que na estimação do dano moral o juiz levará em conta a situação econômica do ofensor. Ora, se esse diploma legal, que é o nosso Código Brasileiro de Comunicações, já encerra semelhante diretriz para o prejuízo moral, nada impede seja ela aplicada por extensão e analogia toda vez que for útil à realização do direito e da justiça, em prol de seus destinatários, que são as pessoas humanas.

Lucros cessantes e perdas, porquanto juridicamente sinônimos conceituais, não se concedem simultaneamente. Se já restou condenado o réu liquidamente a ressarcir perdas e danos em quantia fixa, inviável se torna acrescer lucros cessantes. Cuida-se da mesma verba, que por isso não se duplica.

De outra banda, o acordo, a retratação ou a reconciliação, se homologados judicialmente, têm o efeito de reparar o dano moral experimentado. Aceitando as desculpas do querelado e dando-se por satisfeito, não poderá ao depois o querelante postular perdas e danos pelos mesmos fundamentos. Ademais disso, a maioria dos integrantes do STF "refugam a cumulação do ressarcimento do mesmo dano moral com o pagamento de pensão a título de indenização por lucros cessantes, ou, ainda, consideram inviável a reparação dele quando já absorvida pelo dano material" (*RTJ* – 116/710 – 116/862).

As boas finanças do vencido na causa têm influído também na estipulação da verba honorária, que integra a condenação na responsabilidade civil. Nesse particular, o STF tem distinguido aquelas hipóteses em que a responsabilidade civil decorre de ato ilícito absoluto daquelas em que resulta de inadimplemento contratual decorrente de culpa, ilícito relativo. E o § 5º do art. 20 do CPC se aplica àqueles casos do primeiro tipo, pois para o segundo caso persiste a jurisprudência no sentido de que a base de cálculo sobre a qual incide a verba honorária é o resultado da soma do valor das prestações vencidas e doze das vincendas (*Revista Trimestral de Jurisprudência dos Estados* – 38/236).

12.9. Influência da culpa na apuração do *quantum debeatur*

A indenização por perdas e danos é realizada de acordo com a extensão e a profundidade dos prejuízos. Na estimativa desses influem causas de natureza subjetiva e objetiva, evidenciando-se a culpa como elemento fundamental, como fonte da responsabilidade civil. Mas tem sido rejeitada a culpa como fator de dosagem indenizatória. Pelo Código, nenhuma influência exerce ela na fixação do ressarcimento. Pelo art. 403, "ainda que a inexecução resulte de dolo do devedor, as perdas e danos só incluem os prejuízos efetivos e os lucros cessantes por efeito dela direto e imediato". A gravidade só é examinada se norma expressa o determinar: nos contratos unilaterais responde por simples culpa o contraente, a quem o contrato aproveite, e só por dolo aquele a quem não favoreça. Nos contratos bilaterais responde cada uma das partes por culpa.

Na verdade, a solução adotada pelo nosso legislador nem sempre fará a melhor justiça. Em alguns casos, em havendo excessiva desproporção entre o dano e o grau de culpa, deveria ser adequada a reparação. Já apregoava Ihering que "o grau de perfeição de um direito se determina pela exatidão com que se determina o verdadeiro valor do elemento culpa, nas diversas relações jurídicas" (L'Esprit du Droit Romain – I/100). Parece elementar dever agravar-se a responsabilização em caso de dolo, e atenuar-se em caso de culpa. A ninguém deve cheirar a heresia tal idéia, eis que para outras hipóteses há alvitramento semelhante. Basta lembrar a lei dos acidentes laborais, onde a indenização é limitada quando o empregador não tiver obrado com dolo. Mas, comprovado ato doloso na deflagração do acidente, a reparação ascende a patamares mais elevados, podendo inclusive o lesado recorrer ao Direito comum, acrescentando um *plus* ao montante específico da infortunística. É por isso que, na busca de uma reparação mais justa possível, grandes esforços têm sido envidados em alguns casos, numa verdadeira angústia em suprir lacunas e omissões, indagando-se não raro da possibilidade de graduar o devido consoante a intensidade da culpa do ofensor. Mas de um modo geral a avaliação do prejuízo unicamente interessa, ficando o elemento culpa ou dolo relegado a plano secundário. "Se do ponto de vista moral, sensível é a diferença entre aquele que age dolosamente e o que procede com absoluta negligência, entretanto, em relação aos efeitos, são de gravidade idêntica, em razão idêntica, em razão do que muito natural a exigência de uma idêntica reparação" (Serpa Lopes – Curso de Direito Civil – II/375).

Essa regra não se afigura de todo inflexível, aconselhando por vezes soluções diferentes. Nem sempre os aplicadores da lei se mostram insensíveis à qualificação da conduta do autor do dano. Nem a legislação veda o agravamento da responsabilidade em determinados casos, onde ela própria agrega um *plus*, ora de forma tênue, ora de modo mais acentuado. Assim, segundo o art. 295 do Código Civil, na cessão por título gratuito, o cedente fica responsável perante o cessionário pela existência do crédito, "se tiver procedido de má-fé"; nos termos do art. 940, quem demandar por dívida paga no todo ou em parte, sem ressalvar as quantias recebidas, ficará obrigado a pagar ao devedor o dobro do que houver cobrado. Com atenção a esse dispositivo, o Supremo editou a Súmula nº 159, explicitando que "a cobrança excessiva, mas de boa-fé, não dá lugar à sanções do art. 940". Outrossim, os tribunais costumam condicionar a indenização na repetição de débito, do art. 940 e também a denunciação caluniosa, à presença de dolo, má-fé, temeridade, malícia, etc. Igualmente na sanção de sonegados, inserta no art. 1.992 da lei civil, a existência do dolo do agente é erigida em pressuposto para a imposição da pena.

Nas configurações acima, a lei e a jurisprudência como que têm acrescido algo ao elemento subjetivo, só admitindo a responsabilidade indenizatória se o causador do mal tiver atuado dolosamente. Outras vezes a maior intensidade da culpa influi no próprio montante a pagar. Assim, o art. 443 do estatuto civil penaliza o vendedor de coisa com vício redibitório além da restituição, com o acréscimo de lucros cessantes, perdas e danos, juros, correção e outras despesas, desde que ciente do vício, e quando tiver agido com dolo e má-fé.

De notar que a lei também não dispõe expressamente sobre a concorrência de culpas, ou a partilha de responsabilidade indenizatória em proporção ao grau de culpa de cada concorrente. Mas os tribunais de todas as instâncias têm prodigalizado na divisão ressarcitória, tanto entre vários demandados como entre estes e a vítima. A condenação é proporcional à gravidade da culpa de cada um. Exemplificando, na concorrência de culpas em virtude de imprudente manobra de retorno de um dos motoristas, e de velocidade excessiva de outro, tem-se julgado que "na graduação das culpas, mais grave é a do motorista que encetou o retorno, diante do inesperado da manobra, a cortar o fluxo regular do tráfego. Assim, atribui-se dois terços da culpa à autora, e um terço ao réu" (*Julgados – TARS – 49/431*). Autorizada também deveria ser, pois, a mesma operação se a culpa do agente não for a causa única do evento, se for aquiliana, ou se secundada por circunstâncias outras, estranhas à vontade do causante e ao fato em si. De lembrar, contudo, ser isso inviável quando não se tratar de fato culposo próprio, ou de pessoa ligada ao responsável, como na responsabilidade objetiva, onde em tese inexiste conduta culposa.

Abordando a matéria, Yussef Cahali chega às seguintes conclusões: "Em função dos princípios informadores do nosso direito privado não se mostra juridicamente irrelevante, não só para o fim de responsabilizar o agente *(an debeatur)*, como também para agravar-lhe a responsabilidade indenizatória *(quantum debeatur)*, o exame do conteúdo mais ou menos reprovável do elemento subjetivo, revelado na conduta ilícita. Assim, não se pode singelamente dizer que 'a lei não olha para o causador do prejuízo, a fim de medir-lhe o grau de culpa, e sim para o dano, a fim de avaliar-lhe a extensão' (Agostinho Alvim – p. 215). Pelo contrário, é compatível com a sistemática legal o reconhecimento de que a classificação da culpa (esta em sentido lato) pode fazer-se necessária não só quando se cuida de definir a responsabilidade do autor do dano, como também quando se cuida de agravar ou tornar mais extensa a indenização devida. O sistema legal, inspirado em superiores princípios de eqüidade, tem presente a intensidade da culpa do agente, para determinar-lhe a responsabilidade civil, como também para agravar-lhe a reparação devida. Se o exame do conjunto probatório conduzir o julgador ao reconhecimento da maior gravidade da culpa de qualquer dos litigantes, nada obsta a que se determine a reparação segundo parâmetros percentuais diversos, que melhor atendam à intensidade de cada uma das culpas concorrentes. Na indenização do dano o juiz poderá levar em consideração o grau da culpa do réu, ao fixar o *quantum debeatur* da reparação do prejuízo sofrido pelo autor. Na realidade, intensifica-se no direito moderno a tendência no sentido de admitir-se que, na liquidação do dano, se deve levar em consideração a gravidade da culpa do demandado, na fixação do *quantum* carreado à sua responsabilidade, na reparação do dano sofrido pelo ofendido" (Dano e Indenização – p. 135 e 151).

Considera Antônio Carlos Costa e Silva essencial a aferição do elemento intencional, na apuração das perdas e danos, enfatizando que "nosso sistema de direito civil distingue muito bem as conseqüências da intenção de prejudicar. Assim, se a inexecução resultar de dolo do devedor, as perdas e danos incluem os prejuízos efetivos e os lucros cessantes que resultarem, ambos, por efeito direto e imediato da inexecução (art. 403, CC). Mas se, pelo contrário, o devedor, sem dolo, deixar de cumprir a prestação, no tempo e forma devidos, somente responde pelos lucros que foram ou podiam ser previstos na data da contratação da obrigação. Logo, no último caso, o devedor de boa-fé (aquele que descumpriu a obrigação sem a intenção de prejudicar) somente responde pelos danos previstos. A lei situa o devedor inadimplente, mas destituído de dolo, numa situação menos grave do que aquela na qual coloca o que age com a intenção dolosa" (Tratado do Processo de Execução – II/1.149).

12.10. Liquidação de perdas e danos por artigos, cálculo do contador e arbitramento

Faz-se a liquidação por artigos quando, para definir o montante da condenação, for necessário provar a existência de fato novo. O que é fato novo? Na lição dos doutos, fato novo "não é qualquer outro fora do pedido e da sentença no processo de conhecimento. Não é o dano, o prejuízo, que deverá ser provocado. Esse, em tese, já foi reconhecido: dano houve. A extensão do mesmo, com o modo de ser ressarcido – em quantia, quantidade ou qualidade – é que deverá ser objeto da liquidação, para ser provado e julgado. São os fatos, portanto, que se vão refletir na fixação do valor da condenação ou na individuação do seu objeto. Aquilo que, porventura, não foi pedido no processo de conhecimento e, portanto, deixou de constar da sentença condenatória, ainda que ligado à pretensão, não pode ser incluído na liquidação, devendo ser objeto de outra ação" (Alcides de Mendonça Lima – Comentários ao CPC – VI/609).

Alinhado a esse raciocínio, Amílcar de Castro refere que fato novo é fato não discutido e não apreciado no juízo de conhecimento, e que deve servir de base à liquidação. Esclarece que o fato novo "visa exclusivamente definir, especificar, patentear, esclarecer e mostrar o que na sentença exeqüenda está indeterminado, genérico, encoberto, enevoado. A sentença de liquidação irá completar a condenatória, da qual preenche uma lacuna, aquela parte sua que ficou, por assim dizer, em branco, mostrando apenas qual já era a responsabilidade do executado, sem fugir à regra proibitiva estampada no art. 610 do CPC: é defeso discutir na liquidação novamente a lide, ou modificar a sentença que a julgou" (Comentários ao CPC – VIII/127).

Fatos novos, pois, não são os ocorridos após o julgamento da causa, mas os que não ficaram positivados na mesma e, por isso, necessitam ser provados na liquidação (Alexandre de Paula – CPC Anotado – III/136). À falta de valor líquido e certo nos autos, novo processo é formado em fase de liquidação de sentença, e na forma ordinária. Há citação para contestarem em quinze dias e haverá saneamento e realização de perícia, se necessário. Ao demandante cumpre fornecer todos os dados a seu alcance, para que a prova técnica e a apuração do *quantum* não sejam demorados demais.

No cálculo do contador não há maiores dificuldades. Remetem-se os autos ao contador judicial, para fins de confecção do cálculo aritmético, eis que inexiste indefinição quanto aos valores devidos. Esses são claros e pacíficos, exigindo apenas a feitura de contas e cálculos.

No arbitramento busca-se conferir valor justo a algo através de prova pericial. Nele são computadas todas as verbas devidas ao vencedor, consoante elementos constantes na sentença e nos autos. Absolutamente nada que no processo não constar, poderá constar no laudo de arbitramento.

Liquidar a sentença significa apurar o *quantum debeatur*, que o vencido deve pagar para livrar-se de sua obrigação. Toda a sentença judicial, para poder ser executada, para ser título executivo, deve ser líquida e certa. Contendo ela uma parte líquida e outra ilíquida, será executável desde logo a parte líquida. Liquidar a sentença, em outras palavras, quer dizer torná-la líquida e certa, para que seja também exeqüível. É certa a dívida se não ensejar dúvida sobre a sua real existência; é líquida se não apresentar dúvida quanto a seu objeto e valor intrínseco. Inexistindo fato novo a provar, a liquidação por arbitramento será o meio hábil para apurar a liquidez e a certeza nas mais diversas hipóteses. É o que ocorre, *v.g.*, na rescisão de contrato de compra e venda de imóvel em construção, por inadimplência do vendedor, que não concluiu a obra no prazo avençado. As perdas e danos alojam-se na própria rescisão contratual. Positivados o dano, a culpa e o nexo causal, resta apenas quantificar esse dano. Nas obrigações decorrentes de atos ilícitos nosso Código adotou um sistema casuístico, nem sempre adequado aos fatos da vida atual. Quanto aos danos pessoais, fixou limites e condicionamentos, disciplinando destacadamente cada uma das espécies: homicídio, lesões, ofensas à liberdade, calúnia, injúria, violência sexual.

Explica Mendonça Lima que nas obrigações de fazer inadimplidas o sucedâneo normal será a liquidação das perdas e danos resultantes para o credor e equivalentes à própria obrigação desatendida. Tendo o credor interesse na prestação em si mesma, terá a faculdade de valer-se da pena pecuniária, que representa ameaça ao devedor para coagi-lo a cumprir a obrigação. As perdas e danos não podem superar o valor da obrigação, mas a pena não tem limitação, e durará enquanto não for adimplida, de modo a constituir-se em benefício ao credor, objetivando ensejar-lhe o cumprimento da própria obrigação. "Além disso, o credor terá direito às perdas e danos a serem apuradas, cujo pagamento, se efetivado, também extinguirá a obrigação de o devedor continuar solvendo a pena pecuniária" (Comentários ao CPC – VI/773).

De igual modo assinala a jurisprudência a admissibilidade da conversão da multa diária em perdas e danos, em caso de inadimplemento da obrigação: obrigação de fazer. Cominação de multa diária. Pedido de conversão de perdas e danos pelo exeqüente, se não adimplida a obrigação. Admissibilidade (*RJTJSP* – 98/97).

Qual seria a solução para a hipótese de promessa de compra e venda desfeita por culpa exclusiva do vendedor, que não providenciou a documentação devida? A sensibilidade do julgador há de centrar-se no caso concreto e na realidade em que a decisão é prolatada. Os danos emergentes aí devem consistir na devolução das arras, devidamente corrigidas. Os lucros cessantes, por sua vez, devem equivaler ao pagamento do que o litigante razoavelmente deixou de lucrar. Dependendo das circunstâncias, ainda, viável será a compensação com o crédito do proprietário, pelo tempo em que a outra parte ocupou o imóvel. A segunda parcela, consubstanciada na expressão "o que razoavelmente deixou de lucrar", condiz com a valorização efetiva do imóvel no interregno entre a data do pré-contrato e a da resolução do mesmo, ou a data em que o imóvel foi alienado a outrem.

A obrigação não satisfeita converte-se em perdas e danos. Se a obrigação for fungível, pode o credor pedir a execução a expensas do devedor, e se for infungível, a reparação consistirá no que o credor perdeu ou deixou de lucrar. Os arts. 633 e 638, parágrafo único, autorizam a conversão da obrigação fungível e infungível em perdas e danos. Essas normas processuais explicam o conteúdo dos arts. 247 e 249 da lei civil. Não será preciso citar o devedor, se a conversão tiver sido postulada após a citação dele na forma dos arts. 632 e 638, e não tiver satisfeito a obrigação. Entretanto, sendo lícito ao credor de obrigação infungível pedir a conversão, a citação torna-se imprescindível, porque então o processo iniciará pela liquidação, impondo-se a presença do liquidado.

Na ação de ressarcimento de danos, o ideal é apurar simultaneamente o dano e seu valor. Quando isso não for possível, o montante não definido passa a determinar-se através da liquidação por artigos, onde a decisão sobre o *an debeatur* é completada pela decisão sobre o *quantum debeatur*, tornando-se líquido o ilíquido. Apenas se quantifica o valor por meio da fixação do valor do dano, com a ajuda do contador do juízo, do perito e das provas sobre os fatos novos.

A liquidação por artigos é uma ação ordinária, de natureza jurisdicional, que inicia com a citação e termina com a sentença. Pressupõe sentença de reconhecimento do dever de indenizar, e que não tenha precisado o montante. Essa liquidação, assim, complementa o processo cognitivo, integralizando-se definitivamente a condenação só com a sentença sobre a importância devida. No procedimento haverá sempre petição inicial, oportunização de resposta, instrução e sentença judicial.

As perdas e danos compõem-se através de uma única lide, que engloba o prejuízo, o dolo ou a culpa e o nexo causal. Se estes três elementos restarem provados na fase cognitiva, com a definição exata da quantia devida, então a sentença é satisfativa. Só haverá necessidade de uma segunda relação processual quando preciso for apurar o *quantum*, ocorrendo, assim, uma unidade de lide e uma pluralidade de processos conexos. A sentença condenatória do primeiro processo é inexecutável, por não ter liquidez nem exigibilidade, eis que não quantifica a cifra a pagar. É a segunda sentença, que se baseia na primeira, que determina esse valor do débito.

Os arts. 608 e 610 do CPC traçam o norteamento a seguir: far-se-á a liquidação por artigos quando, para determinar o valor da condenação, houver necessidade de alegar e provar fato novo. Mas na liquidação é defeso discutir de novo a lide, ou modificar a sentença que a julgou. A sentença condenatória anterior explicitará os danos causados, e somente o valor destes é objeto dos artigos de liquidação. A prova do fato novo há de mover-se sempre e tão-só dentro dos parâmetros da sentença transitada em julgado, que deve ser executada com fidelidade ao seu conteúdo, precisamente no que for explícita. A correlação e a harmonia entre ela e o valor a ser fixado devem ser perfeitas, com especial atenção às palavras empregadas pelo decisor.

Aproposita-se nesse passo a orientação de Amílcar de Castro: "Para ser obedecida, não precisa estar escrita a regra de que a sentença deve ser executada fielmente, de modo que não restrinja ou amplie sua genuína inteligência. Importaria infringência à coisa julgada tanto alargar o decidido em favor do exeqüente, como encurtá-lo em benefício do executado. Deve-se, portanto, executar fielmente a sentença pelo que nela estiver disposto, visto que é título formal, executivo, em que não se pode incluir o que expressa ou implicitamente não se contenha em seu contexto" (Comentários ao CPC – VIII/132).

O não postulado na fase de conhecimento, e que por isso não integra a sentença, ainda que justo e ligado à pretensão, refoge ao âmbito da liquidação, só podendo ser pleiteado em ação nova. Assim, se a vítima de acidente não requereu lucros cessantes, estes não poderão ser incluídos ao depois em liquidação. Entretanto, se os tiver pedido *opportuno tempore*, a liquidação poderá abranger os fatos novos pertinentes, como os que consistirem em cirurgias corretivas, e durante cujo tempo ficou impedido de exercer sua profissão lucrativa.

De outra parte, requer-se que a inicial indique com precisão cada item a liquidar, especificando quantias e qualidades, através de articulados. Todavia, se assim não acontecer, não haverá nulidade, podendo o juiz ordenar sejam esclarecidos os pontos obscuros e supridas eventuais irregularidades. O que importa é trilhar o caminho mais curto e mais apropriado, sem atropelar direito de ninguém. Conseqüentemente, se as circunstâncias de fato permitirem definir as perdas e danos por arbitramento, não se procederá pela via mais demorada e mais onerosa da liquidação por artigos. Simples avaliações de bens, em princípio, recomendam o arbitramento, mas se oferecerem complexidade, como na aferição da qualidade de terras, por exemplo, indispensável poderá ser a prova pericial, a realizar-se via liquidação por artigos.

12.11. Reposição de perdas e danos e revisão da liquidação

Na ação reparatória há duas fases distintas: na primeira, a de conhecimento, é declarada a legitimidade da pretensão, tornando certas a existência do dano e a responsabilidade do ofensor; na segunda, que é a executada, fixa-se a extensão do dano, ou seja, o *quantum debeatur*. A perquirição sobre a existência das perdas e danos nunca poderá ser relegada para a etapa executória. Se a sentença não puder declarar o montante devido, por depender de fatos futuros, indispensável se faz a liquidação, com base no dano já reconhecido. A almejada *restitutio in integrum* nem sempre se realiza, tanto na reposição natural como no pagamento em dinheiro. A reparação pecuniária raramente satisfaz por inteiro, mas apesar dos pesares sempre se tem em mira uma justiça ideal, a mais perfeita possível, máxime na responsabilidade civil. Para tanto impende observar metas e princípios, dentre os quais sobressaem os seguintes:
a) no *quantum debeatur*, ao apurar o dano emergente e o lucro cessante, o julgador deve orientar-se por uma profunda análise das circunstâncias de cada caso, com a mais adequada mobilidade que o caso recomendar ou exigir;
b) a concorrência de culpas implica redução proporcional do dano, ou divisão de responsabilidades, consoante o grau de causalidade, inclusive com a necessidade de compensar o lucro com o dano;
c) na liquidação do dano, o instante a considerar é aquele em que o ato ilícito se consumou, sem prejuízo do dano futuro, cujo ciclo ainda não se fechou;
d) nas dívidas de valor a estimativa das perdas e danos deve observar o momento de sua liquidação, para que atenda às oscilações do poder aquisitivo da moeda.
Só excepcionalmente, quando as necessidades o exigirem em prol dos ideais da justiça, é que se admite a revisão da liquidação. Não poucas vezes, após transitada em julgado a sentença condenatória, os prejuízos causados alteram-se para mais ou para menos do patamar fixado. A justiça requer que em tais circunstâncias o ressarcimento seja adequado ao novo estado de coisas, pena de pagar-se mais do que o devido, ou menos, como sói acontecer. O bom-senso revela ser injusto continuar pagando pensão por uma incapacidade física não mais existente, como deixar de adaptá-la para mais, por força de uma agravação surgida, e que era imprevisível na hora do ato sentencial, como a cegueira resultante da aplicação de medicamentos, ou o estado demencial eclodido em decorrência dos ferimentos produzidos na vítima. Nossa legislação não regula tais situações, confiando-as ao prudente arbítrio do juiz, que as resolverá de acordo com os ditames do ordenamento jurídico em seu todo. Como lembra Sérgio S. Fadel, usando expressão de

Afonso Fraga, "certa ou errada, faça do preto branco, do quadrado redondo, a coisa julgada é imutável, ou seja, não poderá de nenhum modo ser alterada, ampliada ou restringida. Tem força de lei, de título oponível a quem quer que seja; deve ser obrigatoriamente acatada e cumprida" (Comentários ao CPC – III/37). Por isso, para contornar a situação, ao negar-se a revisão da sentença de liquidação, permite-se contudo propor nova demanda, para corrigir o descompasso criado. Mas tal é viável somente quando não se tratar de um desenvolvimento previsível da anterior situação: a ação só poderá ser aforada se o fato novo que provocar as alterações tinha sido ignorado e estava fora da previsibilidade dos litigantes. A questão é delicada, impõe cautelas, e jamais poderá atingir a coisa julgada. Na verdade, não é desacatado o princípio da imutabilidade, se através de nova ação um fato novo, modificativo da situação anterior, produziu novas situações a que o direito deva estender seu manto jurídico e tutelar. Nesse terreno, como no de alimentos, são decididas questões jurídicas continuativas e dinâmicas, alteráveis pelas circunstâncias. Por isso mesmo, os julgamentos estáticos, com o passar dos tempos, ficam à margem da realidade e da justiça. Atento a isso, nossa lei processual autoriza a revisão da sentença, desde que se cuide de relação jurídica continuada, e desde que tenha havido modificação no estado de fato ou de direito: "Nenhum juiz decidirá novamente as questões já decididas, relativas à mesma lide, salvo: I – se, tratando-se de relação jurídica continuativa, sobreveio modificação no estado de fato ou de direito; caso em que poderá a parte pedir a revisão do que foi estatuído na sentença" (art. 471, I, CPC).

Recorda Moacyr Amaral Santos que "a nova sentença não desconhece nem contraria a anterior. Ao contrário, por conhecê-la e atender ao julgado, que contém implícita a cláusula *rebus sic stantibus,* a adapta ao estado de fato superveniente. Não é que a sentença determinativa não produza coisa julgada. Ela apenas é suscetível de um processo de integração, decorrente da situação superveniente, a que deve o juiz atender, tendo em vista a natureza continuativa da relação já decidida (Frederico Marques). A ação de revisão ou de modificação deverá ser manifestada em processo distinto do em que foi proferida a sentença revisionada, perante o juiz de primeiro grau que a proferiu, ainda que esta tenha sido objeto de recurso e por este afinal decidida" (Comentários ao CPC – IV/484).

Essa nova sentença gera efeitos *ex nunc*: só a partir dela, a contar da restauração da nova realidade, é que se integram no mundo jurídico.

12.12. Indenização acrescida de verbas relativas a seguros e a pensões

De um mesmo fato podem brotar duas obrigações: a da seguradora, por força contratual, e a do causador do dano, por prática de ilícito. Se a cobertura de um bem for de quinhentos reais, e o prejuízo importar no dobro, diante das regras gerais da responsabilidade civil extracontratual, o lesante é obrigado a repor a diferença verificada. Também deve indenizar o total devido, se o lesado não o exigiu da seguradora, ou se isto lhe foi impossível por qualquer razão, como a liquidação extrajudicial. A vítima tem liberdade de escolha, podendo acionar ou a companhia ou o próprio danador. A relação jurídica que mantém com a seguradora é meramente contratual. Por isso mesmo é disponível ou renunciável o direito de que desfruta junto à seguradora. A regra compreende as coberturas por danos materiais e pessoais, mas relativamente aos primeiros, se já foi recebida de um, não poderá também ser exigida de outro, porque isso representaria um locupletamento sem causa. Não é justo alguém receber mais do que perdeu. O legislador, ao não aceitar o seguro de uma coisa por mais do que vale, e por seu todo mais de uma vez, indiretamente está proibindo a duplicidade indenizatória, ou a indenização por quantia maior do valor real do bem. Visa a norma a prevenir a ação dos inescrupulosos, que não faltariam em pretender tirar vantagens de fatos que não se prestam para tal.

Se a vítima obteve indenização integral da seguradora, nada mais terá a reclamar do lesante. Este apenas poderá ser acionado por eventuais resíduos, como a parcela atinente ao prêmio pago ao ensejo da feitura do contrato e demais gastos efetuados, tudo devidamente atualizado. A realização do pacto e seu pagamento representa um ônus, com desembolso de dinheiro, objetivando a proteção patrimonial, em benefício do pactuante previdente. Se ocorreu o cumprimento da avença logo após o sinistro, foi porque o lesado a suas expensas se empenhara antes, custeando a viabilização da cobertura. Desta maneira, justo é que, se os prejuízos constatados importaram em importância X, satisfeita pela seguradora, o lesado perceba ainda as parcelas correspondentes a tudo quanto desembolsou para obter o seguro, como o valor do prêmio, honorários advocatícios, custas judiciais, e qualquer outra quantia necessariamente despendida para tornar possível o recebimento da verba securitária. Se assim não fosse, se devesse descontar da importância todas as outras parcelas, à evidência não seria completa a indenização. Nos danos pessoais impera a mesma diretriz, em se tratando de gastos identificáveis, como os relativos a medicamentos, despesas médicas, hospitalares, etc. Tudo que for abrangido pela cobertura securitária não será exigível do ofensor. Na qualidade de pagadora, à companhia seguradora será lícito sub-rogar-se nos direitos da vítima que indenizou e demandar regressivamente o danador.

Já no que pertine aos danos pessoais, a situação é diferente, vez que o bem também difere e inadmite quantificação a exemplo do material. Quem ficou deformado, quem foi ferido profundamente, ou quem perdeu um familiar, e que mantinha contrato de seguro pertinente, faz jus à respectiva indenização, ainda que recebido o numerário do seguro. O cidadão diligente que se acautela contra infortúnios, procurando resguardar o que tem de mais valioso, como a sua integridade física e psíquica, não pode ser afastado de uma indenização por ter sido precavido e organizado. Repugna pretender dispensar o ofensor de qualquer dever reparatório, pelo fato de a sua vítima ter sido prudente ao efetuar o seguro. Uma solução deste jaez não seria justa. Aliás, deduz-se dos arts. 789 e seguintes do Código Civil que, por não estabelecerem um teto máximo, uma limitação para a cobertura de valores pessoais, *ipso facto* não restringem nem medem os valores indenizatórios. A reparação devida em decorrência de contrato de seguro de danos pessoais não deve jamais apequenar a indenização devida pelo ofensor.

O mesmo raciocínio vale para a hipótese de o seguro ter sido realizado pelo lesante em prol de terceiros. Nesta suposição a verba pode ser utilizada para a redução dos ônus, já que para tal finalidade a pessoa antecipadamente se onerou, pagando a prestação consistente no prêmio.

No que pertine ao seguro obrigatório de automóvel – RECOVAT – reina grande divergência entre os doutos sobre a sua inclusão ou exclusão do *quantum debeatur*. No vasto campo doutrinário e jurisprudencial prepondera a dedutibilidade da importância referente ao seguro da que deve ser paga a título de indenização. Majoritária e firme é a orientação no sentido de que a verba correspondente ao seguro deve ser abatida do pagamento da reparação do Direito comum. As indenizações são distintas e inacumuláveis, pois o seguro representa forma indireta de amenizar o peso do lesante, sem configurar um *bis in idem* a integrar o *quantum*.

Todavia, prospera também o entendimento de que o valor do seguro não se compensa com o ressarcimento do Direito comum, ante a diversidade de fundamentos que autorizam uma e outra indenização: prática de ato ilícito e legislação securitária, baseando-se a reparação do Direito comum na culpa, fator de que independe o seguro obrigatório. O direito resulta da prática de um ilícito e da conseqüente obrigatoriedade de indenizar os danos, porquanto o direito à percepção do seguro advém do contrato.

Diante da omissão da lei, ambas as alternativas são defensáveis. Não merece censura o magistrado que optar por aquela solução que mais se ajustar às peculiaridades do caso concreto, que oferecer melhores condições de justiça em determinada situação. Na área da Previdência Social foi construído um posicionamento pretoriano para atender às necessidades casuísticas. A pensão previdenciária e a emanada de ato ilícito são acumuláveis, considerando-se que a primeira é devida por causa das contribuições feitas ao instituto, e que a segunda deflui de ato ilícito. O Supremo Tribunal Federal já solidificou este entender através da Súmula nº 229: "A indenização acidentária não exclui a do direito comum, em caso de dolo ou culpa grave do empregador."

Na cobertura contratual poderá haver lei pré-estipulando a indenização, como o faz o art. 103 do Decreto-Lei nº 32/66: "No transporte de passageiros, salvo se for convencionada indenização mais alta, a responsabilidade do transportador por qualquer dano resultante de morte ou lesão corporal do passageiro será limitada, por pessoa, à importância correspondente a duzentas vezes o maior salário mínimo vigente no país." Mas tais quantias prefixadas e as oriundas do contrato de seguro nem sempre bastam para indenizar a vítima e seus dependentes, facultando-se-lhes, então, recorrer também ao ofensor, demandando-o pela diferença faltante. Havendo apólice de seguro com cobertura de danos até certo limite, serão compensáveis as importâncias obtidas através do pacto secundário, com outra reparação superior que acaso seja devida? A resposta é afirmativa, por ser justa e lógica tal solução, máxime em se considerando a precaução elogiável daquele que se acautelou contra danos futuros a outrem, por ato ilícito seu, e do qual nenhum ser humano é imune, nos tempos atuais, de constantes perigos e riscos à vida e à integridade das pessoas.

Como já acenado, persiste o mesmo raciocínio na confluência de indenização e pensões, quer sejam obrigatórias ou facultativas. As primeiras geralmente não satisfazem *in totum*, pelo que são reforçadas pelas segundas. Em qualquer das modalidades, eclodido o evento danoso e existindo a pensão, esta não é abatida do montante a cargo do lesante. As pensões são devidas em virtude de uma relação contratual, e que custou dinheiro para o segurado. Os pagamentos feitos por ele para obter esta pensão não podem beneficiar o ofensor. Farta é a jurisprudência no sentido de que não se deduzem da indenização devida aos beneficiários da vítima do ato ilícito os benefícios da Previdência Social. A percepção dos benefícios previdenciários não impede o recebimento da indenização por ato ilícito, sendo impossível descontar das pensões devidas pelo instituto a reparação pelo evento danoso. No dizer de Martinho Garcez Neto, "não se pode recusar a cumulação de montepios e pensões (benefícios) provenientes do Estado ou de sociedade privada, de previdência social, com a ação de indenização porque esta cumulação se funda na conexão causal entre o ato ilícito e o benefício. Aquele não é causa necessária deste, mas somente 'ocasião'" (Prática da Responsabilidade Civil – p. 116).

12.13. *In dubio pro creditoris*

A preocupação em fixar o justo ressarcimento por vezes se transforma em verdadeira perplexidade e angústia. Ainda não surgiu no mundo uma fórmula capaz de garantir a reparação exata para cada espécie. Mas o juiz não pode eximir-se de sentenciar, sob o pretexto de lacuna ou obscuridade da lei, cumprindo-lhe socorrer-se da analogia, dos usos e costumes, dos princípios gerais do direito e das lições pretorianas. Toda e qualquer lesão à pessoa e a seus atributos pressupõe um dano ressarcível, ainda que sem reflexos patrimoniais. Aliás, o dano moral pode ser muito mais digno de proteção do que um objeto ou uma coisa. Não fixando a lei determinados valores ou referências, ao magistrado caberá mensurar o prejuízo da melhor forma possível, inclusive com recurso a subsídios alienígenos. Aqui como acolá, entre povos de cultura assemelhada, *v.g.*, a dor pela perda de um familiar não se diferencia, nem os percentuais de incapacidade laboral. A perda de um braço, a produção de uma cicatriz, por exemplo, encerra significados e conseqüências não muito distanciadas entre a vítima de um e de outro país. Respeitadas as peculiaridades, não ofende nossa sistemática jurídica a busca de ensinamentos outros, para reforçar os nossos. Será um esforço válido sempre que ajudar na obtenção da justiça para a situação não contemplada pela nossa legislação. Essas dificuldades todas na liquidação das obrigações decorrentes de ato ilícito têm levado alguns autores a apontar o contrato de seguro como única solução para a problemática, porque através dele o encargo de ressarcir incide diretamente sobre a mutualidade dos segurados.

Entretanto, encontrar o mais justo *quantum debeatur* não é o único obstáculo que se apresenta. De mister, outrossim, atentar a que a indenização não passe a representar locupletamento ilícito, sobretudo no dano moral, onde o terreno se torna mais movediço. Difícil é, muitas vezes, mensurar fielmente o prejuízo resultante da irrogação de uma ofensa, a perda ou redução funcional de um membro, e assim por diante. Mas o receio de o montante indenizatório ultrapassar o efetivamente devido não deve ter as dimensões que em geral se lhe confere. Na prática, o medo de avançar demais, até as raias do enriquecimento sem causa, faz com que o lesado sofra prejuízos e arque com todos os efeitos negativos da incerteza. Está na hora de colocar as coisas nos seus devidos lugares, ou seja, a vítima na posição de vítima, e o réu na posição de réu. Quem deve merecer por primeiro e com plenitude a proteção da lei e do ordenamento jurídico é a vítima, e não o ofensor, sempre que não houver meios seguros e matemáticos para a fixação do valor devido. Toda a atenção do julgador deve voltar-se para o vitimado, pois se há um risco de o ofensor indenizar mais do que deve, ou de a vítima receber menos do que tem direito, não é o réu que deve ser beneficiado. Quem pratica um ilícito e assume o dever de ressarcir o dano causado, deve sujeitar-se ao risco de eventual excesso. Por outra, se a iniciativa do ato ilícito foi do lesante, que se transforma em devedor, a ele compete a responsabilidade dos riscos imanentes a seu ato, inadmitindo-se a transferência de qualquer ônus para a vítima. A obrigação de ressarcir traz em si o risco do danador relativamente a incertezas sobre o montante devido, impondo-se que a dúvida seja decidida em seu desfavor. A finalidade intrínseca da reparação é resguardar direitos e compor prejuízos, sem jamais acobertar malfeitores.

Inconfundíveis entre si são os aforismos do *in dubio pro creditoris* e do *in dubio pro reo*. Este último tem destinação totalmente diversa, sendo aplicável apenas na esfera criminal, em face das dúvidas quanto à autoria e a materialidade. Tutela-se aí a liberdade do cidadão, porquanto na indenização por ato ilícito há a confluência de dois interesses privados, postos num mesmo patamar no referente à matéria probante. Pergunta a propósito Antônio Chaves: "Que critério deverá optar o ordenamento jurídico quando, no momento de se reparar o dano causado, as coisas se tenham disposto de tal modo que não seja possível a sua indenização pura e simples, mas somente uma indenização de conteúdo maior ou menor do que o devido, isto é, uma indenização acrescendo um mais ou restringindo-se a um menos?" E responde ele próprio: "A resposta não pode ser duvidosa. Em tais casos não tem aplicação o axioma *in dubio pro reo*. O autor do dano deverá sempre indenizar o mais, embora depois, quando a eqüidade assim o determine, possa reclamar uma compensação pela diferença prestada a maior" (Responsabilidade Pré-Contratual – p. 256).

O cuidado maior será sempre o de satisfazer o credor e deverá servir de bússola para toda a atividade jurisdicional. A lei de processo orienta-se em tal direção, como se vê do art. 646: "A execução por quantia certa tem por objeto expropriar bens do devedor, a fim de satisfazer o direito do credor." Para tal fim o legislador põe à disposição do Judiciário "tantos bens quantos bastem para o pagamento do principal, juros e honorários advocatícios", visando à "satisfação integral" do crédito (arts. 659 e 709, CPC). E não há como se impressionar quando no art. 620 o mesmo legislador ordena que a execução se faça pelo modo menos gravoso para o devedor, pois esta regra só tem aplicação quando por vários meios o credor puder conseguir o que lhe é devido. A norma condiz com as garantias de pagamento da dívida, e não com o montante desta. Também sempre se entendeu que nas indenizações por ato ilícito prevalecerá o valor mais favorável ao lesado. Trata-se de entendimento de grande utilidade, principalmente quando usado com ponderação. Sua incidência não exige que a dúvida seja invencível ou insolúvel, bastando que se apresente como fundada e razoável. É suficiente a probabilidade, a existência de indícios conclusivos, ou a quase implementação de todos os requisitos para obter o bem jurídico pleiteado. O que não se pode permitir é que os culpados e causadores de danos fiquem ilesos, que os lesados restem sem reparação. A segurança da vítima e a responsabilidade do ofensor constituem duas garantias que devem andar juntas, para impedir a impunidade e a fuga do dever de indenizar.

Autores que contribuíram para as conclusões jurídicas adotadas nesta obra

Diversos autores influenciaram nos temas e conclusões abordadas, cujas obras já estão apontadas no próprio texto, por essa razão, preferimos declinar apenas o nome dos doutrinadores que compõem a pesquisa do autor.

A. Almeida Júnior
A. F. Cesarino Júnior
A. Lopes de Sá
Adriano de Cupis
Adroaldo Leão
Agostinho Alvim
Aguiar Dias
Albertino Daniel de Melo
Alcebíades da Silva Minhoto Júnior
Alcides de Mendonça Lima
Alexandre de Paula
Alvino Lima
Amaro Cavalcanti
Amílcar de Castro
Antônio Carlos Costa e Silva
Antônio Chaves
Antônio L. Montenegro
Antunes Varela
Aparecida I. Amarante
Ari Franco
Arnaldo Rizzardo
Arnoldo Medeiros da Fonseca
Arnold Wald
Arruda Alvim
Benjamin N. Cardozo
Betti
Bortolotto

Caio Mário da Silva Pereira
Câmara Leal
Carlos Alberto Bittar
Carlos Roberto Gonçalves
Carvalho de Mendonça
Carvalho Santos
Castro Nunes
Celso Agrícola Barbi
Celso Antônio Bandeira de Mello
Clóvis Beviláqua
Cunha Gonçalves
Cunha Peixoto
Darcy Arruda Miranda
Darcy Bessone O. Andrade
Décio Cretten
Demogue
De Plácido e Silva
Dirceu de Oliveira e Silva
E. V. de Miranda Carvalho
Edgard Moura Bittencourt
Edmir Netto de Araújo
Eduardo Espíndola
Egberto Lacerda Teixeira
Ernane Fidélis dos Santos
Fernando Bastos de Oliveira
Flamínio Fávero
Fran Martins

Frutuoso Santos
Genival Veloso de França
Guimarães Menegale
Hélio Tornaghi
Hely Lopes Meirelles
Henoch D. Aguiar
Humberto Theodoro Júnior
Ihering
Iran de Lima
Irineu Streger
Irmãos Mazeaud
J. J. Calmon de Passos
J. J. Othon Sidou
João Carlos Pestana de Aguiar Silva
João da Gama Cerqueira
João de Matos Antunes Varela
João Eunápio Borges
João Luiz Alves
João Santos Sé
José Afonso da Silva
José Carlos Barbosa Moreira
José Cretella Júnior
José Frederico Marques
Josserand
Júlio Altamira Gigena
Kazuo Watanabe
Lauro Muniz Barreto
Lopes da Costa
Manoel Gonçalves Ferreira Filho
Marcos Afonso Borges
Maria Emília M. Alcântara
Mário Masagão
Martinho Garcez
Martinho Garcez Neto
Moacyr Amaral Santos
Múcio Continentino

Octávio Bueno Magano
Orlando Gandolfo
Orlando Gomes
Ovídio A. Baptista da Silva
P. R. Tavares Paes
Paulo Afonso Leme Machado
Paulo José da Costa Júnior
Pedro Lessa
Pedro Mário Giraldi
Pedro Ruiz e Thomas
Planiol, Rippert e Esmein
Pontes de Miranda
Ricardo Parilli
Roberto Barcellos Magalhães
Rodolfo de Camargo Mancuso
Rogério L. Tucci e Álvaro V. Azevedo
Sálvio de Figueiredo Teixeira
Seabra Fagundes
Serpa Lopes
Sérgio Carlos Covello
Sérgio S. Fadel
Sílvio Rodrigues
Sydney Sanches
U. Pires dos Santos
Virgílio de Sá Pereira
Wagner D. Giglio
Waldemar Ferreira
Walter Ceneviva
Walter T. Alvares
Wanderby Lacerda Panaseo
Washington de Barros Monteiro
Werter R. Farias
Wilson Bussada
Wilson de Souza Campos Batalha
Wilson Melo da Silva
Yussef Said Cahali

IMPRESSÃO:

GRÁFICA EDITORA Pallotti
IMAGEM DE QUALIDADE

Santa Maria - RS - Fone/Fax: (55) 222.3050
www.pallotti.com.br

Com filmes fornecidos.